HEYNE BÜCHER

D1926362

Tip des Monats

In derselben Reihe
erschienen außerdem als Heyne-Taschenbücher:

Johanna Lindsey · Band 23/34
Robert Ludlum · Band 23/41
Johanna Lindsey · Band 23/43
John Saul · Band 23/50
Mary Westmacott · Band 23/56
Marie Louise Fischer · Band 23/63
Daphne Du Maurier · Band 23/64
Evelyn Sanders · Band 23/66
Mary Westmacott · Band 23/73
Dean Koontz · Band 23/76
Johanna Lindsey · Band 23/78
Marion Zimmer-Bradley · Band 23/79
Evelyn Sanders · Band 23/84
Dean Koontz · Band 23/85
Marie Louise Fischer · Band 23/88
Johanna Lindsey · Band 23/91
Ellis Peters · Band 23/92
Utta Danella · Band 23/95
Heinz G. Konsalik · Band 23/96
Marion Zimmer-Bradley · Band 23/98
Dean Koontz · Band 23/101
Charlotte Link · Band 23/102
Johanna Lindsey · Band 23/103
Ellis Peters · Band 23/104
Philippa Carr · Band 23/105
Robert Ludlum · Band 23/106
Marie Louise Fischer · Band 23/107
Heinz G. Konsalik · Band 23/108
Jean Plaidy · Band 23/109
Ellis Peters · Band 23/110
Utta Danella · Band 23/111
Dean Koontz · Band 23/112
Marie Louise Fischer · Band 23/113
Ellis Peters · Band 23/114
Johanna Lindsey · Band 23/115
Sarah Harrison · Band 23/116
Terry Pratchett · Band 23/117
Catherine Coulter · Band 23/118
Dean Koontz · Band 23/119
Catherine Cookson · Band 23/120
Ellis Peters · Band 23/121
Janet Dailey · Band 23/122
Dean Koontz · Band 23/123
Heather Graham · Band 23/124
Philippa Carr · Band 23/125
Catherine Cookson · Band 23/126
John Saul · Band 23/127
Barbara Cartland · Band 23/128
Terry Pratchett · Band 23/129
Johanna Lindsey · Band 23/130
Ellis Peters · Band 23/131
Mary Stewart · Band 23/134
James Bond · Band 23/135

Claudia Keller

ZWEI FRECHE FRAUENROMANE

Der blau-weiß-rote Himmel

Selbst Wunder sind möglich

WILHELM HEYNE VERLAG
MÜNCHEN

HEYNE TIP DES MONATS
Nr. 23/137

5. Auflage

Printed in Germany 1999
Umschlagillustration: Bildagentur Mauritius/Mätzler, Mittenwald
Umschlaggestaltung: Atelier Ingrid Schütz, München
Satz: Buch-Werkstatt GmbH, Bad Aibling
Druck und Bindung: Elsnerdruck, Berlin

ISBN 3-453-11586-4

DER BLAU-WEISS-ROTE HIMMEL

Die Fantasie
ist das einzige Paradies,
aus dem wir nicht
vertrieben werden können

Jean Paul

Wer will wissen, wen ich liebe

»Wer will wissen, wen ich liebe?«, pflegte mich meine Großmutter Justine zu fragen, als ich noch ein Kind war, und wenn ich so unvorsichtig war, auf ihre Frage zu reagieren, so liebte sie doch prompt jenes kleine artige Mädchen aus dem Märchenbuch, das stets seinen Teller leert, ohne zu mäkeln, das sich ohne Geschrei kämmen läßt, Erwachsene immer höflich grüßt und keine dummen Fragen stellt.

Wer möchte nun wissen, wen ich liebe?

Ich liebe jenen Mann aus dem Märchenbuch, der keine dummen Fragen stellt, mich nach dem Frühstück zärtlich in den Arm nimmt und flüsternd auffordert, doch mal unter meinem Teller nachzusehen, denn da läge eine Überraschung für mich. Und wenn ich dann nachschaue, dann liegen da doch tatsächlich zwei Flugtickets für eine Wochenendreise nach Paris und die Eintrittskarten für einen Besuch in der Oper.

Doch ebensowenig wie ich mich erinnern kann, jemals auf Justines hinterhältige Frage geantwortet zu haben, kann ich mich daran erinnern, auch nur ein einziges Mal unter meinem Teller etwas anderes gefunden zu haben als das blaßblaue Muster unserer Frühstückssets.

Das liegt an Ron und der schwierigen Kindheit, die er gehabt hat. Ron hat ein gestörtes Verhältnis zu Wundern, und Überraschungen jeglicher Art erfüllen sein Herz eher mit Mißtrauen. Das hängt wie gesagt mit seiner spartanischen Jugend zusammen, in der dauernd so Sachen wie ›meilenweit zu Fuß gehen‹ und ›bis spät in die Nacht hinein arbeiten‹ vorgekommen sein sollen und in der die allergrößte Freude jenes Äpfelchen gewesen ist, das ihm ein Nachbar einmal geschenkt hat. Deshalb hat Ronny für Scherze wie ›ein Weekend in Rio‹ oder die bewußte ›Fahrt ins Blaue‹ kein Verständnis, und mir was auch immer unter den Teller zu legen, käme ihm erst recht nicht in den Sinn; wie leicht könnte es schließlich verlorengehen.

Dieser ausgeprägte Hang zur Sachlichkeit hat mich bis jetzt davon abgehalten, aus meinem Lebenskameraden ›Ronny‹ einen Ehemann ›Ronald‹ zu machen, auch wenn er mir gleich zu Beginn unserer illegalen Zweisamkeit geschworen hat, stets mit mir durch dick und dünn zu gehen und stets für ›Fair play‹ zu sorgen. Er tut dies seit mehr als sieben Jahren mit großer Geduld, und ich bewundere seine stoische Ruhe, mit der er seinen Job in einem Architekturbüro und meine Launen erträgt. Wenn Streßgeplagte, denen ja nie etwas schnell genug gehen kann, fragen, wann denn nun endlich die Hochzeit sei, so pflegt Ron sie mit hochgezogenen Brauen schweigend zu mustern und schließlich zu sagen: »Eile mit Weile« oder: »Erst wenn das Fundament steht, kann man daran denken, das Haus zu bauen.« Wenn ich an die Zeit denke, die wir darauf verwandt haben, das Fundament zu errichten, so könnte man getrost ein vierzehnstöckiges Hochhaus samt Penthouse darauf errichten.

Ron ist Westfale, mit einem Sechstel britischen Blutes in den Adern. Dieses Sechstel ist schuld daran, daß er seinen Vornamen ›Ronald‹ wie ›Ronnelt‹ ausspricht und über mehrere Jahre mit einem Mädchen aus Sussex eng verbunden war. Zuweilen neige ich dazu, viel Worte um nichts zu machen und dabei noch gewaltig zu übertreiben. Das sind die Momente, in denen er von seiner Betty träumt. Er träumt von der Qualität ihres Schweigens und von ihrem schönen großen Mund, mit den zahlreichen starken, gesunden Zähnen. Und wohl auch davon, wie kerzengerade Betty im Sattel saß. Ron ist kein Charmeur, wildes Augenrollen und Herumgeflirte ist ihm zuwider, eine blumenreiche Sprache seinem Wesen fremd. Wenn er einer Frau seine Sympathie beweisen will, dann klopft er ihr wie einem treuen Pferd auf die Schulter und sagt: »Bist ein braves Mädchen!«

Den meisten Frauen ist das zuwenig.

Mir reicht's! Noch! Ich bin nicht verwöhnt. Und das mit dem ›Fair play‹ ist auch etwas wert. Wer beherrscht diese Regeln noch und lehnt sie nicht als altmodisch ab? Ich weiß Ron absolut zu schätzen, auch wenn er keinerlei Ähnlichkeit mit Dr. René Gerlach, dem smarten Typen aus meinem Lieblingsroman, hat und in seinem ganzen Leben nicht auf die Idee kommen wird, mir Flugtickets unter den Teller zu legen.

»Ich geh' heut abend mal bei Paulchen vorbei«, pflegt der gute

Ron statt dessen zu sagen, wenn die Weihnachtszeit vorbei ist und er meine üble Laune und den grauen Himmel so leid ist, daß er sich gestattet, von Urlaubssonne und braunen Kniekehlen zu träumen.

Ron geht also zu Paulchen in dessen Reisebüro, so wie er alljährlich zu Paulchen geht, weil der sein bevorzugter Brigdepartner ist und Ron überdies Pauls Pferd Flammenco reiten darf, wenn Paulchen selber wegen Überarbeitung nicht dazu kommt.

Zwei Stunden später ist er wieder da, das heißt, er kündigt sein Kommen durch schweres Keuchen und Stufenknarren schon von weitem an, und jedesmal habe ich den schrecklichen Verdacht, daß Paul ihm den schiefen Turm von Pisa zwecks unverbindlicher Ansicht und Probeknipsen mit nach Hause gegeben hat.

Ron schleppt aber nur zwei handliche Zentner Reiseprospekte, die er, ächzend und in den Kniekehlen leicht eingeknickt, in unser Wohnzimmer kippt. »Ja, bist du denn wahnsinnig geworden!« sage ich dann mit jener leicht überhöhten Stimme, die Ron als unweiblich bezeichnet. Dann sieht er mich mit wunden Blicken an und sagt, während er sich den Rücken massiert: »Wieso, Paulchen hat's doch wirklich gern gegeben, und es ist bloß Mittel- und Südamerika, Griechenland, Spanien und die Balearen, die Kanarischen Inseln und der Balkan. Stell dir vor, die Wüste, klassisches Italien, ganz Ägypten und die Nordfriesischen Inseln waren schon gar nicht mehr zu haben. Ich muß im nächsten Jahr doch noch eher losgehen!«

Dann betrachte ich mir den Haufen Prospekte, die wild durcheinander liegen und hier einen tintenblauen Himmel, dort einen Wolkenkratzer und wenigstens fünf Paar knackig braungeröstete Busen zu erkennen geben, und seufze; denn ich weiß, was von mir erwartet wird, während Ron seinen Feierabend genießt und sich ein Länderspiel im Fernsehen ansieht.

Von mir wird erwartet, daß ich diese Berge von Papier durchforste, die einzelnen Länder, Temperaturen, Hotels, Reiserouten und Preise miteinander vergleiche und all das anstreiche, was für mich so in Frage käme. (Und was, wie sich gewöhnlich später herausstellt, im krassen Widerspruch steht zu dem, was Ron sich so gedacht hat!)

Die Aussicht, praktisch *überall* hinfahren und mich als Indianer,

Archäologe, Maler, Tiefseetaucher, Fliegenfänger und Kamelreiter fühlen zu können, wenn ich nur will (und bereit bin, dafür zu zahlen), verwirrt mich beim Blättern in den Reiseprospekten derartig, daß ich schließlich überhaupt nicht mehr wegfahren, sondern zu Hause bleiben und die wundgeblätterten Finger kühlen möchte.

Soll ich mich einer Gruppe wettergegerbter Bergsteiger anschließen und mir ganz allein ein Edelweiß erklettern? Soll ich mich als Hulamädchen verkleiden und Bauchtanz üben oder lieber andere tanzen lassen? Soll ich töpfern, wellenreiten oder in einer Selbsterfahrungsgruppe richtiges Streiten lernen oder doch lieber bei der Weinernte helfen (ein großes Gruppenerlebnis, man sieht, wie alle auf dem Foto strahlen, ein richtiges Gruppenstrahlen!)? Oder soll ich Mylady spielen und mir im Nobelhotel vom Boy die Fußnägel lackieren lassen? Oder doch lieber so richtig zünftig zu Fuß die Heide durchqueren oder mit dem Pferdekarren die Fränkische Schweiz? Nur, das kann man auch in Ungarn tun, und da sehen die Leute auf dem Foto noch bunter aus. Und die Pferde sind niedriger, und die Preise sind es auch. Will ich nicht überhaupt schon lange mal etwas für meine Bildung tun oder doch lieber ganz ohne Bildung in Monte Carlo mein Geld verspielen? Und so weiter und so weiter, und am Ende komme ich immer zu dem Schluß, daß es im Grunde ganz egal ist, wofür ich mich entscheide, denn jeder Urlaub ist etwas für Individualisten, und jeder Individualist kann mit Sonne und dynamischer Erholung rechnen. Und der Reiseveranstalter meint bei jedem Angebot, daß gerade ich der genau richtige Typ dafür sei. Und der gute Ron meint bei jedem von mir angestrichenen Angebot, daß er gerade dafür nicht der richtige Typ sei, und stellt dann die Frage, ob ich mir eigentlich schon mal ganz realistisch ausgerechnet hätte, was das im Endeffekt alles kosten werde. Dann wirft er mit grämlichem Gesichtsausdruck den Prospekt auf den Tisch und verläßt den Raum mit der Bemerkung, daß ja doch alles nur ein ausgemachter Schwindel sei und ich bitte mal an das vergangene Jahr denken möchte. »Komisch«, fügt er dann wohl noch mit einem nachdenklichen Blick in meine Richtung hinzu, »daß bei anderen Leuten immer alles glatt geht!«

Mit seiner letzten Bemerkung hat Ron unbedingt recht.

Es gibt ja, wie man immer wieder feststellen kann, zwei Gruppen von Reisenden, nämlich die, bei denen jede Reise in irgendeiner Weise mißlich verläuft, deren Reiseroute von tropfenden Wasserhähnen, verdorbenen Speisen, hinterhältigen Kellnern, unsauberer Bettwäsche und geklauten Geldtaschen gepflastert ist, und jene, deren Reisen so makellos verlaufen wie ihr übriges Leben auch. Bei den letzteren handelt es sich ganz einfach um Eingeweihte, die immer das Richtige zur richtigen Zeit tun, einflußreiche Leute kennen, alles wohl zu organisieren wissen und die man nicht hereinlegt. Nehmen wir zum Beispiel mal Paul und seine Frau Klarissa, die dreimal im Jahr in Urlaub fahren – eine Tatsache, die mich als solche schon erbost – und denen nie, aber auch nie das kleinste Mißgeschick passiert. Nicht mal ein Sommergewitter zur Grillparty. Wenn es bei Paul und Klarissa einmal regnet, dann gerade dann, wenn sie es sich im Heuschober gerade so richtig gemütlich gemacht haben, und dann kommen auch noch andere Urlauber und suchen Unterschlupf, und die anderen sind ganz reizende Leute (stellt euch vor, auch aus Wermelskirchen!), und es gibt eine Freundschaft fürs Leben. Ja, so wirkt ein verregneter Urlaubstag bei Leuten, die es richtig machen. Erwähnt man zaghaft als Nichtwissender, daß Mallorca zur Hauptreisezeit doch sicher reichlich überlaufen ist, so stößt Klarissa sofort spitze Schreie der Empörung aus, und Paulchen lächelt überlegen.

Dann erzählt er von seinem Mallorcaurlaub vor einigen Jahren, just zur Hauptreisezeit! Aber Klarissa und er haben schon am ersten Abend Juan kennengelernt, der die kleine Taverne unten am Hafen besitzt (Tavernen dieser Art befinden sich immer am Hafen!), die noch nie ein Fuß aus Gelsenkirchen betreten hat und die eigentlich nur den Fischern selbst und vielleicht noch ein, zwei Eingeweihten überhaupt bekannt ist! Und dann ist Juan jeden Tag mit Paulchen zum Fischen gefahren, und sie haben Buchten kennengelernt, die den Mallorquinern selbst total unbekannt sind, und am letzten Abend hat sie Juans Familie zum Essen eingeladen (Kinder, was waren wir blau!), und zum Abschied haben alle geweint. »Es kommt eben darauf an, daß man es richtig macht und von vornherein die passende Reise bucht! Im nächsten Jahr fahren wir nach Korsika, weil da prozentual gesehen noch mehr Einheimische auf einen Touristen kommen als auf Mallorca und diese Insel nun wirklich etwas für Individualisten ist.«

Ein paar Tage später eilt Ron zu Paul und kehrt mit fünf Kilo Korsika zurück, alles auf buntes Papier gedruckt und alles für Individualisten. (Ich sage immer, das Heranschleppen der Prospekte ist das einzige an der Reiserei, was Ronny mit Eifer betreibt, worauf er gewöhnlich sagt: »Die Prospekte sind auch das einzige an der Reiserei, das es umsonst gibt.«) Wir buchen, ohne uns groß zu besinnen, drei Wochen korsische Westküste, und Paulchen beglückwünscht uns zu unserem Entschluß und stellt die Papiere aus, ehe wir es uns anders überlegen können. Er lächelt mir ermunternd zu, als er mir den Stift zur Unterschrift reicht, und sagt, wie vernünftig er es fände, daß wir uns nun auch endlich dazu entschlossen hätten, bei einer Reisegesellschaft zu buchen, und all den mit dem Reisen nun einmal verbundenen lästigen Kram Fachleuten überließen, die ihr Handwerk verstünden. Ich würde lieber mit dem Wagen fahren und mich auf die Fahrt durch Frankreich und die Überfahrt mit dem Schiff freuen, aber Ron sagt, er denke nicht daran, von seinem kostbaren Urlaub allein vier Tage für die Fahrt zu verplempern. Und auch Paulchen hält meine Idee für unvernünftig und sagt, es wäre doch ein Erlebnis besonderer Art, wenn man morgens um sieben noch ganz gemütlich zu Hause frühstückte und den Nachmittagskaffee dann schon auf Korsika genösse.

In Wirklichkeit sieht es dann so aus, daß wir zwar zu Hause frühstücken, den Nachmittagskaffee jedoch auf dem Gelände des Düsseldorfer Flughafens genießen, weil die Reisegesellschaft mehr Plätze verkauft hat, als in dem Flugzeug überhaupt vorhanden sind. Aber das hat Paulchen nicht voraussehen können.

Schließlich kommen wir lange nach Mitternacht auf korsischem Boden an, und der Bus bringt uns tatsächlich unverzüglich an unseren Bestimmungsort. So haben wir den Vorteil, das Massenlager aus Wellblechhütten und die Verpflegungsbaracke erst einmal im milden Licht des Mondes betrachten zu können, was unserem Bestimmungsort und unserer Laune äußerst zuträglich ist. Ebenso wie die circa zweitausend anderen Individualisten, die sich entschlossen haben, Korsika in diesem Lager kennenzulernen, nächtigen wir schließlich auf einer der schmalen Pritschen, die die Innenausstattung der Wellblechhütten ausmachen, kämpfen mit dem zu kleinen Bettuch und der zu kleinen Decke, lauschen auf das Zirpen der Grillen und das Knistern der Fledermäuse auf dem Dach, und

Ron sagt: »Na himmlisch! So individuell und so nah am Busen der Natur!« Dann streiten wir uns noch ein wenig, wer denn eigentlich auf die blödsinnige Idee gekommen ist, nach Korsika zu fahren, und schlafen schließlich erschöpft ein.

Das Massenlager für Individualisten befindet sich mitten in der Steppe, weit weg von jeglicher Zivilisation, und ist von einem hohen Maschendrahtzaun umgeben. Da es sich nicht weit entfernt von einem Ausbildungslager der Fremdenlegion befindet, umschleichen des Nachts die Legionäre unser Lager, so wie in der sibirischen Einöde Wölfe menschliche Ansiedlungen umschleichen. Die Legionäre sind smarte Jungs mit khakifarbenen Käppis auf dem Kopf und bemerkenswert wenig Haaren unter den Käppis. Der Umgang mit ihnen ist uns von unserem Lagerverwalter, der sich Animateur nennt, strengstens untersagt, und den Jungs ist das Herumschleichen von ihrem Lagerverwalter strengstens untersagt, so daß es zu keiner Kontaktaufnahme kommt. Ich bedauere dies sehr, denn die Burschen sehen jung und außerordentlich zäh aus, und man könnte vielleicht Fluchttips von ihnen bekommen, denn an Flucht denken wir vom ersten Tage an. Nur weiß man leider nicht, wann und vor allem wohin man fliehen soll, denn ringsum dehnt sich die Steppe. Wenn dienstags der Reisebus kommt und neue Individualisten ablädt und die, die ihre Zeit abgesessen haben, einsammelt, so ist dies die einzige Möglichkeit, dem Lagerleben zu entrinnen. Schon in der ersten Woche schleichen Unglückliche herum und versuchen, Kontakt mit jenen aufzunehmen, die am kommenden Dienstag entlassen werden sollen, und die Flugtermine zu tauschen, aber meines Wissens hat sich kein einziger Gast bisher dazu bereit erklärt, seinen Abreisetermin gegen eine weitere Woche Korsika zu tauschen, obwohl die Woche ja ganz umsonst wäre und es sogar Prämien gibt. Da sind wir nun und haben drei fröhliche Wochen vor uns. Ich maule, und Ron fügt sich in sein Schicksal.

Er verdrängt einfach all das, was man nicht kann, nämlich schön essen, gut schlafen, denken, spazierengehen, entspannt und allein am Strand liegen, entspannt und allein am Tisch sitzen, Wein trinken und die korsische Küche genießen. Statt dessen geht er dazu über, alles auszunutzen, was das Lager bietet, und das sind Sport und Spiel jeglicher Art.

Wer will, kann Tretboot fahren, Volley-, Faust- und Federball spielen, auf dem Lagergaul in der Runde galoppieren oder auf dem verrosteten Fahrrad, welches der Animateur verleiht, den Maschendrahtzaun abfahren. Voraussetzung für all das ist, daß man nicht zu geschwächt ist, sich morgens ab sechs Uhr in die entsprechende Warteschlange einzureihen und sich anschließend um die knapp bemessenen Spielplätze, die fünf Tretboote oder den Pferderücken zu prügeln. Ron denkt daran, daß er ›dies alles ja schließlich bezahlt hat‹ und eilt von Warteschlange zu Warteschlange, derweil ich an dem überfüllten Strand sitze und trübe auf die Wellen blicke.

Die drei Wochen gehen schließlich zu Ende, und ich ziehe das Resümmee: wo sonst hätten wir die Erfahrung machen können, daß man durchaus wochenlang von altem Käse und pappigem Weißbrot leben kann, daß Individualisten, die man zu großer Anzahl in ein Lager sperrt, mißtrauisch und hinterhältig werden und durchaus seriös wirkende Herren sich nicht schämen, den Animateur anzupöbeln und eines der Tretboote heimlich in ihre Hütte zu schleppen.

Als ›unser‹ Dienstag endlich gekommen ist, bin ich stolz und glücklich und genieße es unendlich, einem jeden, der da mit der Bitte kommt, die Flugtermine zu tauschen, abschlägigen Bescheid zu erteilen, indem ich ihm kurz und prägnant mit dem Finger gegen die Stirn tippte.

Zurück von Korsika, eilt Ron sofort in Paulchens Büro. Ich habe ihn vorher tüchtig aufgestachelt, und er ist gewillt, ihm ordentlich den Marsch zu blasen, obwohl dem Sechstel britischen Blutes in seinen Adern Streitereien verhaßt sind. Aber das, was Paulchen mit uns getrieben hat, war alles andere als ›Fair play‹ gewesen.

Als er zurückkommt, muß ich feststellen, daß er Paul wohl (eher kurz) die Meinung gesagt hat, dann jedoch beide zu einem ganz anderen Thema übergewechselt sind. Paul hat ausgiebig von seinem eigenen Urlaub erzählt, den er in einem wunderschönen gepflegten Hotel im eigenen Lande verbracht hat. »Jedes Apartment mit großer Terrasse und Bad. Täglich großes Frühstücksbuffet«, erzählt Ron. »Die Tennisplätze immer frei!« fügt er träumerisch hinzu.

Obwohl es natürlich feststeht, daß die ganze blödsinnige Idee mit dem Korsikaurlaub einzig und allein Rons Idee gewesen ist (er bildet sich dagegen ein, sie wäre meinem Hirn entsprungen), sind wir uns doch darüber einig, daß wir die nächsten Ferien anders verbringen wollen. Ganz anders! Ich träume davon, mit dem Rucksack durch die Toscana zu wandern (etwas für Individualisten!), und Ron meint, am schönsten wär's vielleicht mal, wenn wir ganz einfach zu Hause blieben.

Aber dann trifft Ron Ruppi und Karla unvermutet beim Jogging im Stadtpark und nimmt eine Einladung zum Abendessen an.

Er erzählt mir sehr zerknirscht davon.

»Wir hatten uns geschworen, den Kontakt zu ihnen abzubrechen, beziehungsweise einschlafen zu lassen«, erinnere ich ihn.

»Ich wollte nicht unhöflich sein«, sagt er und blickt aus der Höhe seiner einhundertachtundachtzig Zentimeter unglücklich auf mich herab. »Ich wollte nicht unhöflich sein!« sagt er noch einmal.

Ich drehe mich um und gehe in die Küche, um mich an der Rührschüssel zu beruhigen. Ron ist manchmal britischer, als mir lieb ist …

Am nächsten Tag greife ich zum Telefon und rufe Karla an.

Ich sage, daß wir am nächsten Samstag leider schon eine Einladung angenommen hätten, eine Tatsache, die Rons Gedächtnis entfallen sei.

»Das macht nichts, Chérie«, sagt Karla. »Dann verschieben wir es einfach um eine Woche.«

»Kommt meine Tante Anja zu Besuch«, sage ich trotzig.

»Um zwei Wochen! Wir können uns gern auch mal irgendwann zwischendurch treffen! Robäärch freut sich so, euch endlich mal wiederzusehen. Und ich auch«, fügt sie hinzu. »Wir richten uns terminlich ganz nach euch!«

Ich sage erschöpft zu!

Als ich den Hörer auf die Gabel lege, fällt mir auf, daß sie ihren Ehemann Robert, genannt Ruppi, neuerdings schick Robäärch nannte und mich gar mit Chérie ansprach. Ich finde das übertrieben! Meine Vorfreude, die beiden wiederzusehen, hält sich in Grenzen.

Robert und Karla sind Rons Freunde, wogegen er behauptet, es wären meine, was völliger Unsinn ist, denn Ron hat sie mit in unsere Beziehung gebracht. Wenn wir auf dieses Thema kommen, (meist nach einem völlig mißglückten Abend bei Ruppi und Karla), neigt Ron dazu, mir einzureden, daß ich sie mit Begeisterung aus seinem ›Junggesellenhaushalt‹ adoptiert hätte. Diese Behauptung ist ebenso lächerlich, als wenn ich mit gierigen Händen nach jenem scheußlichen Porzellankätzchen gegriffen hätte, aus dessen zierlich erhobenem Pfötchen der Frühstückskaffee rinnt – eine der ›Antiquitäten‹ aus Rons früherem Leben. Der Vergleich hinkt, aber nur ein bißchen.

Gut und schön! Ruppi und Karla sind also weder Rons noch meine Freunde, aber wir sind ihre Freunde, und wer glaubt, daß es unmöglich ist, gegen den eigenen Willen der Freund von jemandem zu sein, der kennt diese Abart seelischer Grausamkeit noch nicht. Das funktioniert nämlich so: Du willst verreisen. Am Tag zuvor ruft Ruppi an und wünscht dir gute Fahrt, und du sollst am Brenner aufpassen, da sei ihm mal ein Reifen geplatzt, und ob du die grüne Versicherungskarte hast und die Zeitung abbestellt … du unterbrichst ihn schnell und sagst, daß du noch schrecklich viel zu tun habest, der Koffer sei zum Platzen voll und du würdest noch einen zweiten besorgen müssen! Mußt deshalb in die Stadt, mußt deshalb leider das Gespräch jetzt sofort abbrechen. Du hast es dir gerade mit der Zeitung und einem Cognac gemütlich gemacht, freust dich auf eine wohlverdiente Ruhepause nach diesen hektischen Stunden, schon klingelt es an der Tür und ein glücklich strahlender Ruppi bringt dir seinen Koffer, den großen aus Schweinsleder, und seine Autokarten, denn deine taugen nichts, und eine extra gut ausgearbeitete Reiseroute, wobei ihm übrigens einfällt, daß es vielleicht besser wäre, wenn du gar nicht erst über den Brenner …

Karla kommt ein Viertelstündchen später mit einem Abschiedstrunk unter dem Arm und lächelt und strahlt und sagt, daß sie sich natürlich um deine Blumen kümmern wird, während du weg bist, aber das ist doch gar keine Frage, natürlich wird sie das tun, und kneift deinem Liebsten schelmisch in die Wange und sagt: »Daß du mir nicht fremdgehst, während ich hier euren ganzen Haushalt auf dem Hals habe«, und dann lacht sie und sagt: »Ist ja alles nur Spaß«, und dein Mann öffnet derweil die dritte Flasche, denn Ruppi und Karla haben Zeit, es ist Freitag, und samstags schlafen sie immer bis mittags – schlafen noch, während du ausgestattet mit ihren Koffern und ihren Karten todmüde in irgendeinem Stau brütest.

Sie lassen es sich nicht verbieten; sie werden die Treppe putzen, die Blumen gießen, nach der Heizung sehen und regelmäßig durchlüften ... »Dafür ruft ihr dann sofort an, wenn ihr wieder da seid, und wir kommen dann gleich auf einen Willkommensschluck.«

Kommst du zurück, so ist dein Heim mit Blumen geschmückt, und alle Räume sind gut durchgelüftet und so ordentlich, daß du mit Schrecken an die Flusen unter den Betten denkst, die du vor der Abreise ihrem Schicksal überlassen hast, und wenn du die Bettdecke lüftest, dann sind die Flusen weg. Du rufst an, um dich zu bedanken, und Karla ist am Apparat und sagt: »Ihr seid sicher müde, aber auf einen Drink könnt ihr doch noch kommen.« Sie habe auch ein kleines Essen vorbereitet, denn so direkt nach einer anstrengenden Fahrt, da wolle man sich ja am liebsten an einen gedeckten Tisch setzen, nicht wahr ...? Du möchtest am liebsten eine Dose Würstchen öffnen und dann baden und dann in dein Bett, aber man kann ja nicht so sein, wo sie sich doch so freuen und sich so viel Mühe gegeben haben! Man schleppt sich also noch hin und ißt und trinkt und erzählt ein bißchen von der Reise, und Karla hört gelangweilt zu, weil sie sich viel lieber über deine Wohnung unterhalten möchte und: »Proppers Nachglanz, den hab' ich mal auf der Treppe ausprobiert, du, damit kriegt man die Stufen wieder richtig gut hin, du solltest das auch mal ausprobieren, der Rest steht im Besenschrank!« Mit Schrecken denkst du an deinen Besenschrank, den du immer schon mal gründlich aufräumen wolltest, und wenn du am nächsten Morgen nachsiehst, dann ist er aufgeräumt, und sogar die Besen, die dir immer entgegengefallen sind, wenn du die Tür geöffnet hast, sind am Stielende mit Gummiploppen versehen, so daß man sie ordentlich aufhängen kann.

Du rufst an und bedankst dich ganz herzlich und bietest mit knurrenden Zwischentönen deine Hilfe während ihres Urlaubs an und nimmst dir insgeheim vor, bei dieser Gelegenheit sogar Karlas ganzes Silber zu putzen und die Wasserhähne zu polieren, aber Karla lacht gurrend und sagt, das sei nicht nötig, nach der Wohnung schaut immer die Oma, und die Treppe putzt die nette Nachbarin.

Im Sommer bringen dir Karla und Ruppi Kirschen aus dem eigenen Garten, und wenn du erwähnst, daß dir der Kirschstrudel immer zusammenfällt, dann laden sie dich zu einem tadellosen, nicht zusammengefallenen Strudel ein, und wenn du sagst, du hättest keine Zeit, dann bringen sie ihn dir notfalls bis an dein Bett. Am Anfang versuchst du noch, dich erkenntlich zu zeigen, sozusagen als Dank, aber das nehmen sie nicht an. Sie wollen keinen Dank; was sie wollen, ist Dankbarkeit, und das ist ein Riesenunterschied, denn dankbar hast du immer zu sein, Dankbarkeit lähmt dich, nimmt dir jede Möglichkeit. Irgendwann ist der Berg der Dankbarkeit so hoch, daß du nicht mehr zurückkannst, du schuldest ihnen einfach zuviel, denn in all den Jahren, in denen sie deine Blumen gegossen, deine Treppe geputzt und deine Besenstiele mit Gummiploppen versehen haben – da waren die doch gut genug, nicht wahr? Also seufzst du und versuchst mit verdoppelter Mühe, sie ihrerseits zur Dankbarkeit zu zwingen. Du nötigst ihnen dein selbstgemachtes Johannisbeergelee auf oder Theaterkarten oder dein Freibillett für den Vortrag ›Kommunikation heute‹, aber sie nehmen nicht an. Sie danken! Johannisbeergelee mögen sie eigentlich nicht so sehr gern, im Theater schlafen sie immer ein, ihr eigenes Freibillett für den Vortrag ›Kommunikation heute‹ hatten sie eigentlich uns verehren wollen ... sie lächeln, sie verweigern die Annahme. Und weiterhin stehst du vor dem Berg nicht enden wollender Dankbarkeit.

Genug davon! In den letzten drei Jahren ist es Ron und mir gelungen, Schrittchen für Schrittchen dieser Umklammerung zu entkommen. Wir fuhren heimlich in die Ferien und sagten hinterher etwas von einem ganz plötzlichen Todesfall in der Familie. Wir schafften unsere Blattpflanzen ab und erfanden einen Hausmeister für die Treppe. Wir litten an komplizierten Magenleiden, die uns just die Aufnahme jener Speise verboten, zu denen Karla und Ruppi uns einladen wollten. Sahen wir sie zufällig in der Stadt, so suchten wir hakenschlagend das Weite. So lockerten wir ganz allmählich den Strick unserer Freundschaft. Wochenlang schafften wir es, ganz allein und ohne ihre Hilfe zu überleben. Schließlich gefiel uns unsere Selbständigkeit so gut, daß wir ihnen unsere neue Telefonnummer nicht mitteilten, auf den entsprechenden Vermerk im Telefonbuch verzichteten und eine Garage mieteten, um unser Auto verstecken zu können.

Der Zufall kam uns zu Hilfe! Ruppi und Karla hatten Frankreich entdeckt und ganz Frankreich zu ihrem neuen Lieblingskind gemacht. Sie betrieben die neue Liaison mit derselben Inbrunst, mit der sie alles betrieben. Wurden wir früher mit Geschenken überhäuft, so wanderten diese jetzt über die Grenze, fanden wir früher des öfteren kleine nette Briefchen auf der Matte, so unterhielt Ruppi nunmehr eine ausgiebige französische Korrespondenz. Beschäftigte sich früher ein großer Teil ihrer Gedanken mit uns, so flatterte nunmehr in ihrem Sinn die blau-weiß-rote Fahne. Außerdem hießen sie nicht mehr Robert und Karla, sondern nannten sich Robäärch und Claire. Uns sollte es recht sein. Sahen wir Claire mit einem Baguette unter dem Arm über die Straße eilen oder Robäärch mit kecker Baskenmütze über dem rechten Auge an einer Hausecke lehnen, so riefen wir rasch: »Salut!« und machten uns aus dem Staube. Bis zu jenem unglücklichen Abend, zu dem sie uns eingeladen haben und zu dem wir nun auch gehen, denn erstens kann man nicht so sein (Ron!), und zweitens und drittens …

Ich ziehe den Rock mit den folkloristischen Motiven an, den ich mir in meiner Stammboutique gekauft habe, und behaupte, er wäre auf Korsika erstanden worden. Das macht ihn gleich um einiges wertvoller.

»Ach, ich hab's vergessen zu erwähnen«, sagt Ron, als wir uns ins Auto setzen, nachdem er schweigend zugesehen hat, wie ich, um mich für den Abend zu stärken, ein halbes Hähnchen und eine doppelte Portion Pommes frites zu mir genommen habe, »es soll ein französischer Abend werden, ich glaube mit Essen und allem Drum und Dran.«

Wie ich meinen westfälischen Ron und das Sechstel britisches Blut in seinen Adern liebe!!!

Es wird wirklich ein französischer Abend. Ruppi küßt mich zur Begrüßung auf beide Wangen, er küßt sogar Ron, was dieser ziemlich entsetzt über sich ergehen läßt. Claire hat ein *Coq au vin* gemacht, dessen Duft uns bereits im Flur entgegenströmt. Es gibt Melone mit Schinken als Vorspeise und nach dem *Coq* Salat und nach dem Salat eine Käseplatte. Nach dem Käse dann *petit fours* und ein Glas Champagner. Das gewöhnliche Hähnchen vom Schnellimbiß und der vornehm in Wein gebadete Coq treffen in meinem Magen unfreundlich aufeinander. Mir ist rechtschaffen schlecht. »Jetzt zeigen wir euch die Dias von unserem letzten Urlaub an der Atlantikküste«, sagt Ruppi gnadenlos. »Clairie, hol doch mal die Leinwand.« Clairie holt die Leinwand. Ruppi die Kästen mit den Dias. Vier Stück. »Die Bilder, auf denen du als Dreijähriger auf dem Topf sitzt, haben wir bereits gesehen«, sage ich schnell, um das Schlimmste abzuwenden. »Die sind gar nicht dabei«, sagt Ruppi gemütlich. »Die zeige ich euch anschließend!«

Drei Stunden später haben wir es hinter uns. Wir haben die Dias gesehen! Sie sind wirklich sehr beeindruckend und unterscheiden sich wesentlich von der Touristenkost, die man sonst am Ende der Urlaubssaison so vorgesetzt kriegt, unterscheiden sich auch ganz wesentlich von unseren eigenen Dias, die wir gewöhnlich mit nach Hause bringen.

Wo wir selbst dümmlich und allein an fremden Tischen vor uns hin gähnen, da sitzen Ruppi und Claire inmitten ihrer französischen Freunde und lassen es sich wohl sein. Wo wir selbst an überfüllten Stränden leiden, tummeln sich Ruppi und Claire mutterseelenallein am Rande des Atlantiks, denn der ganze Strand scheint nur für sie vom lieben Gott gemacht. Und für uns, wenn wir wollen.

»Wißt ihr, das war nämlich so«, sagt Ruppi und gießt noch mal von dem vorzüglichen Wein ein, den ihm, wir wissen es jetzt, Madame aus Frankreich mitgegeben hat, damit er im Anschluß an seine Ferien noch mal auf ihr Wohlergehen anstoßen kann, aber wer kann denn soviel Wein allein trinken, soviel Wohl gibt's ja gar nicht.

»Also das war nämlich so, wir haben Madame und ihr reizendes Haus vor einigen Jahren auf einer Frankreichtour kennengelernt, als wir eigentlich an die Côte wollten und am Becken von Arcachon Station machten.

Als wir ankommen, ist es spät, alles geschlossen, war schon Nachsaison, wißt ihr, nun, wir nehmen am Zinc des ›Fleur bleue‹ einen kleinen Roten und klagen dem Wirt so ein bißchen unser Leid, da sagt der, seine Cousine wohne ganz in der Nähe, sie habe ein eigenes Haus, sei verwitwet und würde uns sicher gern aufnehmen. Ob er sie mal anrufen solle. Na, wir natürlich begeistert und gleich hin, und dann sind wir die ganzen Ferien über dageblieben, wollten gar nicht mehr weg, und jetzt kann ich mir gar keine andere Art, Urlaub zu machen, mehr vorstellen, du, Clairie?«

Clairie kann sich auch keinen anderen Urlaub mehr vorstellen. »Diese Freundschaft, diese Herzlichkeit, das ist nämlich so, die Madame ist keineswegs reich, die tut's aber nicht für Geld, sondern für die Freundschaft, und weil sie halt gern 'n paar Leute um sich rum hat, vor allem jetzt, da Monsieur gestorben ist, und sie selbst, wißt ihr, sie ist nämlich schon über sechzig, aber flink wie 'n Wiesel, die möchte am liebsten alles umsonst hergeben, die muß man nur hin und wieder mal ...«

»Was?« fragt Ron entsetzt.

»Nun, halt so 'n bißchen umgarnen, ›Küß die Hand, Madame‹, ›*comment-allez vous Madame*‹, so 'n bißchen Galanterie eben, wie's die Franzosen den ganzen Tag über tun, sie hört halt gern, daß man sich bei ihr wohl fühlt und daß alles schmeckt und recht arrangiert ist.«

»Nix für mich!« sage ich entschieden und denke daran, daß die Plage mit den ewigen Komplimenten sicher mir zufiele, derweil Ron schweigend essen und alle drei Tage einmal ›o la la‹ sagen würde, im Höchstfall.

»Was kostet es?« fragt Ron.

»35 Mark, volle Pension. Was Madame euch abnimmt, schustert sie gewöhnlich an Wein, Zigaretten und allerlei Extras an den Feiertagen wieder zu!«

»Nix für mich!« sage ich.

»Der Strand war wirklich schön«, sagt Ron träumerisch.

»Wunder-wunderschön!«

Dabei denkt er, ich weiß es, an die 35 Mark volle Pension, die Madame in Form von allerlei Extras wieder in unsere Taschen zurückfließen läßt. »Und dann das Meer«, sagt Ron, »und die großen Kiefernwälder. Und alles so weit und so leer.«

»Wunder-wunderschön!« sage ich.

»Aber ihr dürft die Adresse keinem sonst verraten, falls ihr fahren solltet, hört ihr!« sagt Ruppi mit Nachdruck. »Wir wollen das nicht. Es ist unser Quartier, ein echter Geheimtip.«

»Das soll es auch bleiben!« verspreche ich ihm.

Wir werden die Adresse nicht nur an keinen verraten, wir werden auch selbst niemals hinfahren. So eine französische Madame, die sich mit Komplimenten bezahlen läßt, hat mir gerade noch gefehlt.

C'est la Tour Eiffel; c'est Ronalde, c'est Lili (c'est la vie!)

»Deinen Französischkenntnissen würde es guttun!«

»Wem?« frage ich entsetzt.

»Na, deinen Französischkenntnissen! Es ist eine Schande, daß du die so verkümmern läßt.«

Ich wußte bis zu diesem Abend, an dem wir es uns zu Hause so richtig gemütlich gemacht hatten, gar nicht, daß ich überhaupt Kenntnisse besaß, die verkümmern konnten. Zwar habe ich in der Schule Französisch gelernt, zwei Jahre lang, mit dem Wiederholungsjahr sogar drei Jahre lang, aber es ging, wie es halt so geht. Man quält sich durch das Gestrüpp der Grammatik, und wenn man nicht gerade einen Franzosen heiratet oder sich nach Paris verliebt, so verstaubt der ganze Krempel im Speicher des Gehirns. Außerdem bin ich nicht frankophil. Zwar hat man eine gewisse Phase als Schulmädchen hinter sich gebracht, in der man sich angelegentlich mit *l'amour* beschäftigte, man hat Françoise Sagan gelesen, hat sich eine Zeitlang existenzialistisch gefühlt und schwarz gekleidet schweigend gelitten, aber da ich nicht gern schweige und stummes Leiden auf Dauer gesehen langweilig finde, war die Phase nur kurz gewesen. Später fuhr man dann mit der ganzen Klasse nach Paris, absolvierte die Stadt in drei Tagen, brachte verwackelte Fotos und diffuse Erinnerungen an steinerne Bauten und engumschlungene Paare mit heim, schrieb den leidigen Aufsatz ›*A Paris*‹ und vergaß das Ganze recht schnell. Was sollte es auch! Verliebt war man in den Knaben von nebenan, die Herzchen in den Baumrinden beschriftete man auf deutsch, das Bett teilte man mit sich allein, und ›o la la‹ blieb draußen vor der Tür.

Leute, die ihre Sprache bei jeder Gelegenheit mit französischen Ausdrücken zu bereichern suchen, die den französischen Tick haben und glauben, etwas Besseres zu sein, nur weil irgendein Marcel aus dem Elsaß ihnen Briefe schreibt, sind nicht mein Fall. Sind auch Rons Fall nicht.

»Aber 35 Mark volle Pension!«

»Und Freundschaft bis zum Umfallen!«

»Wieso?«

»Na, Karla hat's doch gesagt! Die Madame tut's nicht für Geld, sie tut's um der Freundschaft willen, ›küß die Hand‹ von früh bis spät und Komplimentchen hier, Komplimentchen da. Du glaubst gar nicht, wie anstrengend das ist, vor allem wenn du so richtig schön müde gefressen bist und den Sonnenbrand hast.«

»Sonst redest du viel und gern!« stellt er fest.

»Aber nicht auf Bestellung und nicht als Bezahlung!«

»Und ich glaubte, du könntest endlich mal Geld rein- und nicht immer bloß rausquatschen.«

Wir haben den 25. Oktober, die Korsikafotos sind fertig.

Wir haben sie von den Dias abziehen lassen, um sie auch denjenigen aufzwingen zu können, die sich mit Händen und Füßen dagegen wehren, daß Ron den Projektor aufbaut und die Leinwand herbeischleppt. Während sie mit überschnappender Stimme versichern, daß sie uns die Mühe wirklich nicht zumuten können und mit Erfolg versuchen, den armen Ron am Aufstehen zu hindern, hole ich mit feinem Lächeln die große Pappschachtel unter dem Beistelltischchen hervor. Nebenbei, auf den Fotos wirkt unser korsischer Urlaub gar nicht so schlecht, und auf denen, die mich im Gegenlicht mit untergehender Sonne zeigen, sehe ich wirklich verblüffend schlank aus. Da, wo gewöhnlich der Magen sitzt, befindet sich eine deutlich sichtbare Wölbung nach innen.

»Na, mit einer so stromlinienförmigen Figur werdet ihr nach dem Urlaub bei Madame nicht nach Hause kommen«, bemerkt Ruppi und genehmigt sich noch eins von den zarten französischen Biskuits, die er, natürlich, selbst mitgebracht hat. »Die würde sich ja das Leben nehmen, wenn sie euch nicht wenigstens zehn Pfund anfüttern könnte! Ausschließlich mit Delikatessen!«

Wie gesagt, es ist der 25. Oktober, der Winter steht bevor, eigentlich haben wir noch gar kein rechtes Interesse, an den nächsten Sommerurlaub zu denken. »Braucht ihr auch gar nicht«, sagt Ruppi. »Solche Touristenlager haben immer noch 'n Plätzchen frei! Denen kommt es auf ein paar hundert Leute mehr oder weniger nicht an. Nur *wenn* ihr euch entschließen würdet, zu unserer Madame zu fahren, dann müßtet ihr so um Weihnachten herum schon mal hinschreiben, damit sie Bescheid weiß und wir unseren Urlaub dann auch planen können.«

»Wieso«, sage ich und kann meine Erschütterung kaum verbergen. »Können wir denn da alle zusammen hin, ich meine ihr und eure Kinder und wir ... ich meine, das Haus sah auf dem Dia so klein aus.«

»Von außen«, sagt Claire und lächelt überlegen. »Innen ist massenhaft Platz.« Sie gießt sich noch ein Gläschen von dem vorzüglichen französischen Wein ein, den sie mitgebracht hat, und fügt hinzu: »Aber wir wollen ja gar nicht mit euch zusammen dort sein. Wir sind, bitte nehmt es nicht krumm, am liebsten mit unseren französischen Freunden allein. Bloß, wenn ihr dann tatsächlich allein dorthin wollt, dann müßt ihr natürlich vorher sehr gut die Sprache lernen, sonst wird es einfach zu langweilig. Denkt an die vielen Stunden, die ihr täglich am Tisch verbringt!«

»Och«, sagt Ron, »für uns wird es schon reichen, wir können die Delikatessen auch schweigend essen.«

»Für euch reicht's vielleicht«, sagt Ruppi und blickt uns streng an.

»Nicht für Madame. Sie möchte gut unterhalten werden.«

(Eine anspruchsvolle Madame muß das sein!)

»Man weiß ja auch noch gar nicht, ob sie euch überhaupt nimmt, sie tut's ja, wie ihr wißt, nicht ums Geld, sondern ...«

»Ja, ja«, sagt Ron schnell.

(Eine *sehr* anspruchsvolle Madame muß das sein!)

»Merkwürdig kommt mir das Ganze vor«, sage ich später zu Ron, als Ruppi und Clairie sich verabschiedet haben.

»Wieso?« fragt er.

Ron ist britisch-westfälisch.

Wilde Vermutungen sind seinem Wesen fremd.

Im November haben wir einen Wasserrohrbruch. Es ist nicht weiter tragisch, nur der Wohnzimmerteppich und die Auslegware in meinem Arbeitszimmer sind total ruiniert. Der Boden darunter besteht in der Hauptsache aus schlecht gestrichenen Dielenbrettern. Es ist ziemlich fußkalt. Die Versicherung haben wir im vergangenen Jahr nicht erneuert, weil ich sie zehn Jahre nicht in Anspruch genommen hatte und: Ich bin doch nicht verrückt ... immer das schöne Geld für die Prämie ... und wenn dann mal was ist, zahlen die Brüder ja doch nicht ...! Also zweitausend Mark für einen neuen Teppichboden. Unser Urlaubsbudget schmilzt bei dem Teppichkauf beträchtlich dahin. Dummerweise erzähle ich Ruppi davon, der ganz wie in alten Zeiten, neuerdings wieder öfter, ›rein zufällig‹ vorbeikommt. »Ja, wenn ihr auch immer so teure Reisen macht«, sagt er und streckt sich genüßlich in unserem Fernsehsessel aus. »Gut, daß Clairie und ich auch das Finanzproblem für alle Zeiten gelöst haben. Gestern haben wir sie erst wieder gezählt!« »Eure Gelder?« »Die Tage, bis wir wieder losfahren können. 238 Stück, und dann: *C'est si bon!*«

Wir sind an diesem Abend ziemlich erschöpft, deshalb unterbreche ich ihn nicht, als er nun langatmig ins Schwärmen gerät. Er schildert uns seinen Urlaubsort wie das Paradies auf Erden. Da gibt es zunächst einmal die Landschaft selbst: kilometerlange Strände weißesten Sandes, das Meer, die Dünenketten, die Kiefernwälder. Alles in so verschwenderischer Fülle, daß man stundenlang am Wasser entlanglaufen oder tagelang im lichten Schatten der Wälder spazierengehen kann, ohne einem anderen Urlaubsgast zu begegnen, und wenn, dann sieht man ihn höchstens von weitem und muß sich nicht mit ihm um den Blick aufs Meer prügeln. In den Dünen haben er und Clairie schon so manchen windigen Nachmittag verträumt, und in den Wäldern sind sie zuweilen Pan begegnet!

Ruppi erzählt dann von der Gastfreundschaft der Bewohner. Wen hat er nicht schon alles kennengelernt, nur so, rein zufällig. Manch Grundstein für eine dauerhafte Freundschaft ist da beim gemeinsamen Angeln gelegt und, wie das so ist in einem Weinland, tüchtig begossen worden. Überhaupt der Wein! Süffig, spritzig, er ist immer und überall präsent. Schon die Allerkleinsten bekommen ihn zu kosten. Der billigste, der einfache Landwein, wird in großen ordinären Flaschen verkauft, preiswert, so preiswert, daß man ihn wie Wasser trinkt, und ebenso gut bekommt er auch. Es ist ja nie so ganz heiß, immer weht ein ganz kleiner frischer Wind, das Klima ist vielleicht überhaupt das Erwähnenswerteste. Ruppi hat einen Arbeitskollegen, der unter Kopfschmerzen litt, nie konnte er mal so richtig mitsaufen, nach zwei Zigaretten mußte er sich hinlegen, nur an der Atlantikküste, da kam er auch endlich mal in den Genuß, so richtig mitziehen zu können, der wußte nach acht Tagen schon nicht mehr, wie eine Kopfschmerzpille überhaupt aussieht.

Ja und dann natürlich das Essen. Montags und donnerstags, morgens zwischen fünf und acht, kann man in Arcachon miterleben, wie im Fischereihafen diverse ›Früchte des Meeres‹ angelandet und versteigert werden, die kurz darauf in Markthallen und Feinkostgeschäften, zu wahren Stilleben arrangiert, jeden Gourmet entzücken. Hummer, Langusten, Krabben, Garnelen, Wolfsbarsch, Seezungen, Steinbutt, Makrelen, Thunfische, Sardinen und Muscheln.

»Das ist natürlich nur das normale Angebot«, fährt Ruppi fort, »der wahre Kenner fährt eigentlich der Austern wegen hin, die in der Bucht von Arcachon gezüchtet werden.« Wer es verträgt, kann sich getrost den ganzen Urlaub nur von Austern ernähren und spart obendrein, denn die Portion kostet nicht viel mehr als eine Pizza, und man bekommt sie überall, in beinahe jedem Café oder direkt vom Karren. Man holt sich eine Portion und schlürft sie genüßlich auf der Straße, die Schalen wirft der Kenner einfach in die Gosse, einfach so, hopp, man ist ja freier in Frankreich. Aber vielleicht mögen wir ja gar keinen Fisch, dann steht uns der Sinn vielleicht nach Gänsestopfleber, oder, wenn uns die Gänse zu leid tun, wie wär's denn mit Lachsmousse, Entenpfeffer oder einem saftigen Bressehühnchen, das nicht das allergeringste mit jenen faden Eisklumpen gemein hat, welche Ron und ich gewöhnlich unter der Bezeichnung ›Markenhähnchen‹ aus der Tiefkühltruhe holen.

Am Becken von Arcachon liegt Arcachon selbst, diese liebenswürdige Stadt mit ihrer Uferpromenade und den unzähligen Geschäftchen und Cafés und dann natürlich die Düne Pilat. Drei Kilometer ist ihr Rücken lang, 114 Meter ist sie hoch. Wie ein riesiger Walfisch schmiegt sie sich zwischen das Meer und den Wald. Am schönsten ist sie am Abend. Wenn die Touristen weitergefahren sind und nur noch Tausende von Fußstapfen von ihrer Anwesenheit erzählen, dann haben Ruppi und Claire sich auf ihrem breiten Rücken niedergelassen und zugesehen, wie die Sonne ins Meer fällt.

Und dann sind da natürlich noch die vielen einsamen Seen, die hinter dem Dünenwall eine Kette bilden und die zum Baden in Süßwasser einladen, wenn einem der Ozean mal zu salzig ist. »Wißt ihr, glücklich ist man eigentlich immerzu«, sagt Ruppi und sieht uns träumerisch an. »Weil man gerade gut gegessen hat oder es gleich tun wird, weil die Sonne einem so angenehm auf den Buckel brennt, weil man sich in der unendlichen Weite des Strandes wie Adam fühlt oder wie ein Kind, weil man ringsum nur Schönes sieht, und die fremde Sprache, auch wenn man nicht alles versteht, doch immer ein Ohrenschmaus ist! Sauwohl fühlt man sich«, sagt Ruppi. »Sauwohl!«

»Ich will mich auch so sauwohl fühlen«, sagt Ron ganz aufgebracht. »Für 35 Mark am Tag!«

Am 15. November melde ich uns an.

Ich schreibe den Brief in französisch, Frau Fuchsert, die Auslandskorrespondentin ist, hilft mir dabei.

»Was ist denn das für eine Adresse?« fragt sie. »Kann man da billig Urlaub machen?«

»Alles leider besetzt«, sage ich schnell.

Antwort bekommen wir nicht. Ich schreibe am zweiten Advent noch einmal, ohne Erfolg!

Am verkaufsoffenen Samstag treffen wir Ruppi und Claire mit beiden Kindern in der Fußgängerpassage. Sie sind bis unter das Kinn mit Paketen beladen. Beide tragen Baskenmützen und Jacketts zu Jeans, beide haben dicke Wollschals dreimal um den Hals gewickelt. Sie sehen sehr französisch aus. Ehe ich mich noch fassen kann, haben sie auch schon sämtliche Pakete auf der Kühlerhaube eines parkenden Autos abgeladen und breiten zielsicher die Arme aus! *Carollage! »Chérie, comment vas-tu? Ça va? Ça va?«*

»ßa wa, wi wi!« sagt Ron sichtlich erschrocken.

Die Kinder reichen uns ihre zuckerverschmierten Wangen hin, halten gelangweilt still, und ich frage mich im stillen, warum ich die Gören eigentlich neuerdings küssen muß, bislang hat ein Händedruck genügt. Ruppi blinzelt mich unter der keck über das linke Auge gezogenen Baskenmütze vielsagend an und weist auf die Pakete.

»Alles für Madame«, sagt er. »Elektrogeräte sind drüben so teuer.«

»Kriegt man hier auch nicht umsonst«, bemerkt Ron trocken.

»Austern und Lachsmousse auch nicht!«

Wir schweigen. Ich betrachte mir Claire in ihrem lässigen, offenen Männerjackett; die Jacke ist vorn gut zehn Zentimeter länger als hinten, die Fransen ihres Schals umspielen das Knie, die Hände hat sie bis zu den Ellenbogen in den Taschen vergraben, unter dem Arm trägt sie zwei Baguettes spazieren.

»Wir haben an Madame geschrieben«, sage ich. »Sie antwortet nicht.«

»Ihr habt geschrieben?«

»Zweimal!«

»Auf französisch?«

»Natürlich! Zweimal!«

»Na, dann ist es doch gut!«

»Sie antwortet nicht!«

Robert schweigt. Er angelt ein zerknautschtes Päckchen Gauloise aus der Tasche, zieht sich eine mit den Zähnen heraus, wendet sich ab, um im Windschatten hinter vorgehaltener Hand die Zigarette in Brand zu setzen, wendet sich wieder uns zu und sagt mit zusammengekniffenen Augen: »Ihr habt euch also entschlossen hinzufahren.«

»Ja!«

»Dann beginnt mal gleich mit Lektion eins! Ihr wollt nach Frankreich, da wohnen Franzosen. Ihr besucht sie, ihr wollt was von ihnen, und nicht etwa sie von euch. Ihr habt euch also anzupassen. Diese typisch deutsche Art, auf alles und jedes eine Bestätigung haben zu wollen, so mit Datum und Stempel, so mit Hackenknallen und ›Jawoll, meine Herren‹, die gewöhnt euch mal gleich ab. Es ist ein privates Haus. Wir haben euch empfohlen. Du hast doch hoffentlich geschrieben, daß wir euch empfohlen haben!«

»Natürlich!«

»Ja, was wollt ihr denn noch?«

Ja, was wollen wir noch? Wir stehen schweigend auf der Straße herum und kommen uns dumm vor, unangenehm deutsch nach ›Jawoll, meine Herren!‹

Um Gottes willen, bloß das nicht, eben dachte ich noch, die fremde Madame wäre unhöflich, auf unsere zaghafte Anfrage, ob sie denn wohl von dann bis dann noch ein Zweibettzimmer für uns habe, einfach nicht zu reagieren; schon bedauere ich, überhaupt ein zweites Mal geschrieben zu haben, plump und dumm, typisch deutsch, immer alles ganz genau wissen zu wollen. Wahrscheinlich betätigt sich die Madame gerade damit, auf der großen Düne spazierenzugehen oder durch die verführerischen Markthallen zu schlendern, vielleicht ist sie mit *l'amour* oder der Zubereitung von Stopfleber beschäftigt – und hat gar keine Zeit, langweilige Briefe zu beantworten.

»Na, wir müssen los«, sagt Claire. »Einen Fön für Madame besorgen!«

Wir küssen uns wieder.

Ruppi – Ron rechts-links-rechts, Ruppi – ich rechts-links-rechts.

Claire – Ron rechts-links-rechts, Claire – ich rechts-links-rechts.

Bei den Kindern will ich das umständliche Verfahren abkürzen und sie schnell mal auf ihre gestrickten Mützen küssen, aber sie sind bereits zu gut trainiert, als daß sie sich solcherart abspeisen lassen.

Vroni riecht nach Zuckerwatte und Oliver nach einem penetranten Kräuterbonbon. Die ganze Zeremonie hat reichlich lange gedauert, dafür daß wir uns eigentlich überhaupt nicht lieben; Claire ist überdies das eine Baguette in den Rinnstein gefallen, aber das macht nichts. Sie bückt sich danach und putzt es lachend an ihrem Jackett ab, man ist nicht so eigen in Frankreich.

»Ich hab' uns vom 1. bis zum 30. August angemeldet«, rufe ich ihnen noch nach. »Nur damit ihr es wißt und eure Termine entsprechend setzen könnt.« Robert schüttelt mitleidig lächelnd den Kopf, und Claire ruft: »Immer so korrekt, immer perfektionistisch, das hat doch alles noch Zeit!« Und ich beiße mir auf die Lippen. Ich bin doch preußischer, als ich gedacht habe.

Später fällt mir ein, daß unser Urlaub teilweise in die großen Schulferien fällt. Wenn Robert und Claire die Kinder mitnehmen, dann müßten sie eigentlich … Ich teile Ron meine Bedenken mit.

»Ist doch nicht schlimm, wenn sich unsere Ferien ein paar Tage überschneiden«, sagt er.

»Zwei Wochen nenne ich nicht ein paar Tage!«

»Sei nicht so kleinlich«, weist Ron mich zurecht. Und wieder fühle ich mich schuldbewußt, um nicht zu sagen ›typisch deutsch‹.

Am nächsten Morgen fahre ich in die Stadt und kaufe mir auch so eine Baskenmütze. Ich probiere ihre Wirkung in allen Variationen vor dem Badezimmerspiegel aus. Sie steht mir nicht.

Ich versenke meine Hände in den Taschen meiner Hose, klemme eine Zigarette in den Mundwinkel, schiebe eine Hüfte vor und trete vor Ron hin. »Wie sieht das aus?« frage ich ihn.

Er blickt kurz auf und grinst.

»Wie ein Lodenkostüm mit einem Schwanenfederkragen.«

»Merci!«

Ron ist britisch-westfälisch. Überschwengliche Komplimente sind nicht seine Stärke. Er wird es schwer haben in Frankreich.

»*C'est la tour Eiffel*«, sagt Herr Richard, den wir ›Monsieur Rischaarch‹ nennen, und zeigt mit dem Stock auf eine Zeichnung, die er an der Tafel festgepinnt hat.

»*C'est la table, c'est la fenêtre, c'est la porte! Qu'est-ce que c'est?*«

»*C'est la porte!*«

»*Très bien!*«

»*C'est Ronald! C'est Li-li! Qui est-ce qui?*«

»*Ce sont Ronald et Li-li!*«

Wir befinden uns in der Volkshochschule im Anfängerkurs für französische Sprache. Er hat im September angefangen. Dank unserer Vorkenntnisse durften wir einfach so dazusteigen. Erst wollte ich im Kurs ›Französisch für Fortgeschrittene‹ mitmachen, aber bereits nach zehn Minuten stellte es sich heraus, daß mein verstaubtes Französisch nicht ausreichte. Ich sollte doch besser ganz von vorn anfangen. *C'est la vie!*

Der Kurs macht rasante Fortschritte. Die heutige Lektion handelt von Madeleine. (Auch Madame heißt Madeleine!) Madeleine steht auf der Brücke, neben der Brücke, unter der Brücke (na, na, na!). Man kann das sehr anschaulich auf den kleinen Bildchen beobachten, die rechts neben dem Text sind. Auf der folgenden Seite wird es dann schon typisch französisch. Madeleine hat nicht umsonst so geduldig auf, unter und neben der Brücke ausgeharrt, Pierre gesellt sich zu ihr. »*Bonjour Mademoiselle!*« »*Bonjour Monsieur!*« »*Comment allez-vous, Mademoiselle?*« »*Merci bien, Monsieur!*« Pierre lächelt in bestrickender Weise. Die Zigarette hängt dabei im Mundwinkel. Er trägt eine Baskenmütze, den Schal hat er dreimal um den Hals geschlungen. Kein Zweifel, er sieht aus wie Ruppi.

Das Buch hat Ruppi uns übrigens geliehen. Auch er verdankt seine makellose Aussprache Herrn Richard aus Mönchengladbach.

Seine modische Aufmachung verdankt er Pierre von der Brücke. Ruppi muß sich die Illustration bis in alle Einzelheiten gemerkt haben. Ohne Zweifel, nein, *sans doute!*

Am Schluß der Stunde üben wir unter Anleitung von Monsieur Rischarch den Text für eine Weihnachtskarte ein. Zu Hause übernehme ich den Text wortwörtlich und sende Madame unsere besten Wünsche zum Christfest.

Dummerweise erzähle ich Ruppi davon.

»Oh, da hättest du mich aber fragen sollen!«

»Warum denn?«

»Franzosen schreiben sich niemals zu Weihnachten, sondern immer erst zum neuen Jahr!«

Jetzt stehe ich schön dumm da!

»Ja, und wenn man jetzt doch schon zu Weihnachten, ist es … ich meine ist es da …«

»Nein, direkt tragisch ist es nicht, aber du hättest mich eben doch besser erst fragen sollen!« Ruppis überhebliche Art ärgert mich.

»Du meinst, anstelle einer Karte zu Weihnachten hätten wir besser zum Neuen Jahr einen Fön geschickt«, sage ich spitz.

»Nein, einen elektrischen Taschenrechner! Den Fön bekommt sie von uns.«

Madame ihrerseits schickt gar nichts.

Weder zu Weihnachten noch zu Neujahr!

Ohne daß wir hätten sagen können, warum eigentlich, vermutlich vom Willen dieser fremden Madame gelenkt, traben Ron und ich von nun an an jedem Mittwochabend in den Französischkurs. Ron hat dafür seine Bridgerunde fallenlassen und ich ›den besonderen Film‹, den ich mir gewöhnlich Mittwoch abends im Löwenhof ansehe. Die Teilnehmer des Kurses bilden eine eingeschworene Gemeinschaft, denn die meisten besuchen den Kurs bereits zum zweiten- oder drittenmal und kennen sich seit Jahren. Die Alteingesessenen zeichnen sich durch eine flotte Aussprache, ›Schleifenlassen der Bindungen‹ und indigniertes Hochziehen der Augenbrauen aus, wenn einer der Neuen vorlesen muß, was einer Vergewaltigung der französischen Sprache gleichkommt.

Ron und ich bemerken bald, daß der Kurs von kleinen Ruppis

und Clairies nur so wimmelt, denn alle haben eine zärtliche Beziehung zu Frankreich und einige sogar eine zärtliche Beziehung *in* Frankreich, die gewöhnlich einen wohlklingenden Namen trägt und zu Höchstleistungen auf dem Sektor ›Bindungen schleifen lassen‹ anspornt. Alle sind wir fleißig, ehrgeizig und emsig darum bemüht, unser Französisch nicht deutsch klingen zu lassen. Gegenseitig leihen wir uns Lehrbücher, Schallplatten und Tonbänder. Sonntags sitze ich gewöhnlich über meinem Vokabelheft oder spreche die Geschichten aus dem Lehrbuch auf Band, wobei ich mich beim Abhören später schüttele und Ron tröstend bemerkt: »Mach dir nichts draus, auch die Madame wird einen ekelhaften französischen Akzent haben, wenn sie sich überhaupt die Mühe macht, jemals einen Satz in Deutsch zu sprechen.« Als ob ein französischer Akzent jemals ekelhaft sein könne. Überhaupt fällt es schwer, sich vorzustellen, daß Madame zur selben Zeit wie wir in einem Deutschkurs sitzt und emsig bemüht ist, sich Sätze wie: »Das ist Rudolf, Rudolf ist ein Klempner, Rudolf klempnert« einzutrichtern. Keine Sekunde ihres kostbaren Lebens wird sie an so etwas verschwenden. Mich dagegen plagen wachsende Zweifel, und der Gedanke, in gar nicht weiter Zukunft Madame unter die Ohren treten zu müssen, bereitet mir Unbehagen. Trotz gut entwickelter Fantasie kann ich mir unsere Konversation während der langen Stunden bei Tisch nicht so recht vorstellen. Zwar habe ich in eifrigem Selbststudium einiges dazugelernt und meinen Sprachschatz enorm erweitert: Madeleine steht nicht mehr auf der Brücke, sondern stand, wird stehen, hat gestanden. Wir können eine Fahrkarte kaufen *(à la gare)* und einen Kaffee bestellen *(au café)*. Ich kenne die entsprechende Redewendung für: sich entschuldigen, sich bedanken, sich vergewissern – und kann einen Polizisten nach dem Weg zum Eiffelturm fragen. Aber wird es der anspruchsvollen Madame genügen, wenn ich ihr vier Wochen etwas von Madeleines Leben erzähle? Natürlich werde ich die ganze Sache etwas abwandeln. Nicht Madeleine steht auf der Brücke, Ron hat dort gestanden, er hat Hunger, er geht nach Hause. Ich meinerseits gehe ins Café. Ich warte auf Ron. Ron kommt nicht. Warum kommt er nicht? Er hat unser Rendezvous vergessen. Ich bin traurig. Derweil wartet Ron zu Hause auf mich. Aber ich komme nicht. Auch Ron ist traurig. Robert aber fragt einen

Polizisten nach dem Bahnhof, einem guten Restaurant und dem Eiffelturm.

Das alles könnte ich der Madame erzählen. Mittags beim Essen. Abends könnte ich ihr dann Bemerkenswertes über ihr eigenes Land mitteilen. Paris hat mehr als zwei Millionen Einwohner. Der französische Franc fällt und fällt. Die Geburtenrate ist gesunken. Das französische Frühstück ist sehr schlecht.

In Lektion 15 geht Monsieur Roger zum Docteur. Mr. Roger hat ein *cœur fragile*, ein schwaches Herz. Der Doktor nimmt sich der Sache so behutsam wie möglich an: *Le docteur s'y prend si doucement que possible!*

Es dauert fast eine ganze Stunde, bis auch die Anfänger diesen schwierigen Satz mühelos sagen können. Dabei fällt mir ein, daß man ja auch die zu den Sätzen passende Situation künstlich herbeiführen könnte. Erst Madames Herz schwächen, dann der entnervten Familie die beruhigende Mitteilung zukommen lassen, daß sich der Doktor der Sache so behutsam wie möglich annehmen wird. Das wird sie zum Staunen bringen.

Um die Osterzeit herum bekommt unser Club ein neues Mitglied, das heißt, Ron und ich dachten erst, daß es sich bei Wolfgang Wegener um ein neues Mitglied handle, dann erfuhren wir jedoch, daß er zu den Alteingesessenen gehört, was sich darin äußerte, daß er den Damen galant die Hand küßt und die jüngeren unter ihnen mit ›chérie‹ anspricht. Diese revanchieren sich ihrerseits, indem sie ihn mit ›*Pas de loup*‹ titulieren, was, wenn man den Begriff wörtlich aus dem Französischen übersetzt, so etwas wie ›Schritt des Wolfes‹ ergibt.

›Schritt des Wolfes‹ ist über alle Maßen frankophil, denn in seinem Leben hat es ein Schlüsselerlebnis gegeben, ein richtiges Märchen.

Er erzählt es bereitwillig jedem, der es hören will, und er erzählt es immer und immer wieder mit der gleichen Intensität, und als wir an einem Mittwoch abend alle noch in Peters Bierpub gehen, erzählt er es Ron und mir.

»Das Glück«, beginnt *Pas de loup* sein Märchen, »kommt ja bekanntlich auf leisen Sohlen, oft schleicht es sich von hinten an und ist bereits vorbeigehuscht, noch ehe man die Hände aus den Hosentaschen genommen hat, um zuzupacken. Da ist es schon gut, wenn man zu den begnadeten Menschen gehört, die eine Glücksantenne besitzen und die dem Glück, falls es vorbeihuschen sollte, rechtzeitig ein Netz spannen.«

So ein Mensch war *Pas de loup.* Wie wir staunend erfahren, war er als junger Mann als Kriegsgefangener nach Frankreich gekommen, aber er grämte sich nicht darüber wie andere miese Naturen, sondern er klatschte in die Hände und sagte sich: »Wie fein, daß es grad Frankreich ist, das tut dem Magen und der Seele gut, und die Sprache ist Musik für die Ohren!« Leider mußte er betrübt zur Kenntnis nehmen, daß der Bauer, bei dem er zwecks Zwangsarbeit untergebracht war, geradezu beschämend wenig Interesse daran zu haben schien, daß der Magen des deutschen Kriegsgefangenen auch stets wohlgefüllt war, und selbst für ein bißchen Ohrenschmaus zu sorgen, war ihm schon zu viel, denn die kläglichen Mahlzeiten wurden schweigend eingenommen. Zudem sah selbst *Pas de loup* günstig gestimmtes Auge, daß des Bauern Töchterlein ausgesprochen häßlich war. Sie war mittelblond, dick, mit strammen Beinen gesegnet, und auch sie ging meist schweigend an ihm vorbei. Wenn *Pas de loup* den Mut aufbrachte, eines der wenigen französischen Worte, die ihm zur Verfügung standen, an sie zu richten, so starrte sie ihn mit gerunzelter Stirn an, verzog schließlich in sehr häßlicher Art und Weise den Mund und machte: *»Hein?«*, wobei sie einen gelblichen Eckzahn und zwei schwärzliche Zahnlücken entblößte.

Zur Weihnachtszeit bekam *Pas de loup* die Erlaubnis, zur Kirchmette zu gehen. Er war an sich nicht sonderlich fromm, aber da das Leben als deutscher Gefangener auf einem französischen Bauernhof nur recht wenig, um nicht zu sagen überhaupt keine Abwechslung bot, so nahm er das Angebot freudig an. Auch sagte er sich, das der *pasteur* seine Predigt aller Voraussicht nach ja wohl in französisch halten würde, und wenn der Schmaus für den Magen auch sparsam ausgefallen war, so würde ihm der ersehnte Ohrenschmaus am heutigen Abend endlich geboten.

Es war ein ganz und gar gelungener Abend. Die Orgel spielte, ein Kinderchor sang, die Kerzen spendeten ihren milden Schein, und der *pasteur* sprach eine volle Stunde lang französisch. *Pas de loup* verstand kein Wort, aber war doch glücklich und fühlte sich von den fremden Worten durchaus angesprochen. Am Ende der

Predigt, als die Gemeinde dem großen, geschnitzten Tor zuströmte, fühlte er eine Hand auf der Schulter. Die Schulter war jung und kannte noch kein schlechtes Gewissen, so zuckte *Pas de loup* auch kein bißchen zusammen, sondern drehte sich neugierig um. Was er sah, war der im ganzen Umkreis bekannte Besitzer des Châteaus Bel Air persönlich, ein Herrenhausbesitzer der alten Art, an dem die Dorfbewohner mit scheuem Gruß vorbeieilten. *Pas de loup* war nicht scheu. Im Gegenteil, er hatte gleich das Gefühl, daß hier eine Gelegenheit war, das launische Glück beim Kragen zu packen, und so war er auch gar nicht weiter erstaunt, als ihm Monsieur de Chevalier Unterkunft im Schloß und die schlichte Erfüllung eines Märchens anbot. Das inbrünstige Gesicht des jungen blonden Soldaten hatte sein Herz gerührt, und da bei Franzosen das Herz einen direkten Verbindungsdraht zum Magen hat, wurde auch gleich gut gegessen.

Wie man sich mit dem Bäuerlein geeinigt haben mochte, entzog sich *Pas de loups* Kenntnis, jedenfalls übersiedelte er am Neujahrsmorgen für die Dauer seines Aufenthaltes in Frankreich ins Schloß. Das war freilich schon etwas anderes. Man tafelte stilvoll von altem Silber und pflegte bei Tisch die Konversation. Auch lebte der Chevalier nicht allein. Er lebte zusammen mit seinen beiden Töchtern Lydie und Gisèle, die beide charmant und den schönen Künsten zugeneigt waren und die sich beide unsterblich in *Pas de loup* verliebten. Der seinerseits verhielt sich taktisch sehr klug, er war diensteifrig, ohne direkt devot zu wirken, still, ohne langweilig zu sein, von bescheidener Dankbarkeit, welche ihm, besonders da er groß und breit gebaut war, außerordentlich gut stand. Den Mädchen gegenüber verhielt er sich mit jener Art zurückhaltender Leidenschaft, die niemals plump und aufdringlich wird, das Feuerchen jedoch stets in Brand hält. Sein Verhalten wiederum gefiel dem Chevalier nicht schlecht, er hatte ja gleich bemerkt, daß der junge Deutsche Stil und Geschmack hatte, er überlegte schon, ob er ihm nicht eine seiner Töchter zur Frau geben sollte, wußte nur nicht so recht, welche. Darüber war der Krieg zu Ende, und *Pas de loup* zog zurück in die Heimat, nicht ohne den beiden Töchtern zumindest mit tiefen Blicken so einiges zu versprechen.

Die Zeit verging, *Pas de loup* schrieb regelmäßig zu Weihnachten, daß er im kommenden Jahr ganz bestimmt zu Besuch ins

Schloß käme, nur fehlte ihm zunächst das Geld für die weite Reise. Er hatte auch zu tun, mit Beruf und Wiederaufbau, aber im nächsten Jahr ganz bestimmt …

Um die Zeit zu überbrücken, traf er sich des öfteren mit Marlies, erst war die Beziehung locker, dann wurde sie inniger. Die Innigkeit blieb nicht ohne Folgen, kurz, als *Pas de loup* 1958 endlich seinen Besuch im Schloß machte, hatte sich doch vieles geändert. Er kam im Maßanzug, im funkelnden Wagen vorgefahren, an der Seite die bereits füllig werdende Marlies, im Fond lümmelte sich ein Knabe im Vorflegelalter. *Pas de loup* war gestreßt, erfolgreich und vermögend. Mit Leichtigkeit hätte er zum Beispiel die Dachrinne reparieren und den Schloßpark in Ordnung bringen lassen können. Dinge, die im Leben von Lydie und Gisèle seit einiger Zeit kopfzerbrechende Rollen spielten. Der Chevalier war gestorben. Mit feuchten Augen legte *Pas de loup* Blumen auf den Bauch seines Wohltäters, den man an der schönsten Stelle des Parkes zur ewigen Ruhe gelegt hatte: sonnig, windgeschützt, Loireblick. Toplage!

Lydie und Gisèle hatten all die Jahre im Schloß gewartet. Sie waren älter geworden, gealtert waren sie nicht. Zuweilen trumpften sie Marlies gegenüber als Schloßherrinnen auf, hoben, wenn der Junge irgendeinen Lärm machte, wohl auch indigniert die Schultern oder massierten die Schläfen mit nervösen Fingerspitzen. *Pas de loup* gegenüber traten sie wie zwei tugendhafte, etwas mollig gewordene Backfische auf, auch wenn sie seine Galanterie schnell in kichernde Hysterie versetzte. *Pas de loup* seinerseits merkte nichts davon, daß die Weiblichkeit der beiden und ihre standhafte Jungfräulichkeit bereits leicht zu säuern anfingen und in ihren Augen dunkle Verstecke verborgener Trauer lagen: Er fühlte sich als Hahn im Korb und fand im alten efeuumrankten Gemäuer die Spuren seiner Jugend, seiner Sehnsucht und seine Identität wieder, die unter Meßtabellen verlorengegangen war. Dann kehrte er in sein altes Leben zurück. Mit Marlies, zu den Meßtabellen. In der romantischsten Ecke seines Herzens jedoch verwahrte er sein Märchen. »Einmal in jedem Jahr fahre ich hin, gehe durch den alten Park, blicke über das träge Wasser der Loire, bade mein Gesicht im milden Licht der Sonne und denke, was hätte sein können.«

Wir schwiegen tief beeindruckt. *Pas de loup* beugt sich vertraulich zu mir herüber, seine Augen wandern von der an der Wand lehnenden Aktentasche zu den halbgeleerten Bierhumpen, weiter über die Köpfe der übrigen Kursteilnehmer, verweilen kurz und wehmütig auf Marlies' Gesicht ... »Wenn's das nicht gäbe«, flüstert er, »das da unten, wo ich täglich mal in Gedanken hinflüchten kann, ich glaub', ich würd' das alles gar nicht überleben.«

Ich höre die anderen lachen und nach frischem Bier rufen. »Ho ho ho«, sagt einer und klopft *Pas de loup* auf die Schulter. »Zwei Weiber in Frankreich und 'n Schloß drumrum, das lob' ich mir!«

»Zusammen sind sie hundert«, bemerkt Ron vor sich hin. »Genauso alt wie ihr Schloß.«

»Merkwürdige Story«, sagt er später, als wir nach Hause fahren. »Glaubst du das etwa?«

Ich glaube jedes Wort, wie immer, wenn mir jemand ein Märchen erzählt. »Wenn du mich fragst«, sagt Ron, »der lebt in 'ner Scheinwelt!«

Ron kommt aus Westfalen. Die glauben nur, was sie sehen.

Die Einladung aufs Schloß

Gisèle kann bestrickend lächeln und mit den Fingern schnippen und unnachahmlich ›o la la‹ sagen, und sie kann mit den Augen, mit der Stimme und sogar mit den Händen lachen. *Pas de loup* führt sie uns eines Abends im Kurs vor, platzend vor Stolz, so wie ein Züchter der staunenden Gemeinde seinen preisgekrönten Zuchtbullen präsentiert. Er läßt es lächelnd zu, daß wir sie anstarren, daß wir bewundernd ihren Worten lauschen, denn Gisèle spricht deutsch: »Isch liebe deutsches Land«, sagt sie zum Beispiel und strahlt uns alle an, so mit viel *o la la* in Stimme und Blick.

Monsieur Richard freut sich, lebendiges Material für den Unterricht zu haben, und läßt Gisèle die Geschichte von dem kranken Monsieur Roger und dem zartfühlenden Docteur vorlesen. Wir halten atemlos inne. Ich habe nie versucht, ein Instrument zu spielen, aber ich weiß heute, wie es Tonleiternheidi zumute gewesen sein mag, als sie dem kleinen Mozart gegenübertrat.

Während Gisèle liest, wobei sie hin und wieder aufblickt und schelmisch um sich lächelt, habe ich Muße, sie zu betrachten. Was ist es, was sie schön macht? Ich sage ›schön macht‹, denn sie ist nicht schön. Gisèle ist, mit Verlaub gesagt, schon etwas mehr als bloß mollig, das Haar ist fahl-beige mit vielen grauen Fäden durchsetzt. Der Mund in dem weißen Gesicht zu groß und zu grell geschminkt. Das enge Kleid mit dem auffallenden Blumenmuster betont, was besser verhüllt bliebe, aber ihr Charme läßt das alles vergessen. »Sie freut sich«, teilt *Pas de loup* uns mit, »es ist ihre erste große Reise, ihr erster Aufenthalt im Ausland. Sie verreisen sonst nie«, setzt er erklärend hinzu, »bleiben immer im Schloß, und nun zum erstenmal!« ›Die Freude macht sie schön‹, denke ich. ›Wie schön Freude machen kann!‹ Gisèle bleibt die ganze Woche. Am nächsten Mittwoch kommt sie wieder mit. Auch Marlies erscheint, strahlt, Gisèle und *Pas de loup* strahlen, der ganze Kurs strahlt, ›Monsieur Rischarch‹ strahlt, aber doch nicht ganz so sehr wie wir Schüler. Weniger Redegewandte leisten in punkto Völkerverständigung Erhebliches mit den Lachmuskeln, oder besser, mit den Lächelmuskeln, die ermüden noch schneller. Gisèle versucht derweil uns etwas über ihr Land zu erzählen. Ihr Land, das ist Château Bel Air. Sie zeigt Fotos davon. Ein graues, imposantes Gemäuer. Säulen vor dem Eingang, ein rechteckiger gepflasterter Hof. Die Gesindehäuser. Die Volière. Der Schloßteich. Hier Papas Grab. Der Blick auf die Loire, im Sommer, hier noch einmal im Winter. »Wir waren total eingeschneit. War das 45? Oder 47? Isch vergessen«, sagt sie und zwinkert. Lächeln. *O la la!*

Wir gehen heute nicht in Peters Bierpub, es könnte Gisèles Zartgefühl verletzen, denn Gisèle mit einem Bierkrug in der Hand, nein *merci.* Stüppers Weinlokal wird aufgesucht, der ganze Kurs drängt sich um den Tisch, an dem Gisèle Platz genommen hat. Die Unterhaltung geht nur zögernd voran, die häufigen Pausen füllen wir mit Gelächter aus und mit *»A votre!«*

»Wir -aben«, hebt Gisèle zu sprechen an, und alles schweigt augenblicklich, und alle Augen hängen an ihren Lippen, »eine, non, die ... wie -eißt Padlu?« Fragender Blick unter schwarz getuschten Wimpern. *Pas de loup* konzentriert sich. »Ja?« »Nun diese, um -aus rum?« »Park!« »Ah oui, die Park mehr klein, wie sagt man, mehr von weggenommen, in letzte Sommer!«

Wir rätseln, einige besonders Höfliche rufen zum Zeichen ihres Verstehens: »Ho ho, na so was!«, aber Gisèle winkt ab. Noch einmal! »Wir -aben in vergangenen Sommer die Park um der -aus verklein gemacht.«

»Verkleinert! Sie haben den Schloßpark verkleinert!« Es ist spannend wie beim Kreuzworträtsel.

»Verkauft!« sagt Gisèle und lächelt triumphierend, na also, jetzt hat sie's, interessant muß das sein. Annonce: »Schloßpark samt Zubehör billig abzugeben. Nur für Selbstabholer.«

»Ich habe einen Schrebergarten«, meldet sich schüchtern ein Kursteilnehmer zu Wort. »Was heißt Schrebergarten auf französisch?«

»Abgelehnt, Schreber ist was typisch Deutsches, Schreber gibt's nicht in Frankreich, oder glaubt ihr etwa, so 'n Franzose würde auf die Idee kommen, sich 'n taschentuchgroßes Stück Land am Stadtrand zu mieten und 'n Leben lang dran rumzupflegen?« Glaubt keiner, alle lachen.

»Was ist?« fragt Gisèle, *»nix compri!« »Nix en France, Schreber allemand!« »Ah oui!«* sagt Gisèle und schnippt mit den Fingern und möchte sich ausschütteln vor Lachen. Wir unterhalten uns prächtig, die Zeit vergeht im Fluge.

Auf einmal fällt mir unsere Reise wieder ein. Ich überlege, konstruiere meinen Satz erst im stillen, wiederhole ihn mehrmals, und dann sage ich es. *»En été nous irons en France!«* Im Sommer werden wir nach Frankreich fahren. So!

Gisèle ist gar nicht überrascht, daß ich das einfach so sage. Sie nimmt es als ganz selbstverständlich, daß ich mich sogar um die richtigen Zeiten bemüht habe, obwohl wir das im Deutschen ja nicht so genaunehmen.

Sie rückt näher an mich heran und überschüttet mich mit einem Schwall von Worten. Zum Glück kommt mir ›Monsieur Rischarch‹ zu Hilfe und übersetzt, was Gisèle sagt. Also sie freut sich, daß wir in Frankreich die Ferien verbringen werden. Wir werden es nicht bereuen, Frankreich ist ein wunderbares Land. Auf dem Hinweg sollen wir sie unbedingt auf Château Bel Air besuchen. Wir können wochen-, wir können monatelang bleiben. Ihre Schwester wird sich freuen, sie selbst ist geradezu verrückt vor Begeisterung, uns auf Bel Air willkommenzuheißen.

Ron und ich sind maßlos erstaunt. So schnell und reibungslos hatten wir uns die deutsch-französische Freundschaft wahrlich nicht gedacht. Auch *Pas de loup,* den Arm um Gisèles Schulter gelegt, strahlt. Wir sind plötzlich ungemein beschwingt, das Leben ist schön, noch eine Runde Wein, und ein Tablett mit Käsewürfeln für Gisèle und eine Flasche vom Besten zum Mitnehmen für Gisèle, nein zwei! Zwei? Die Schwester …! Ach so!

»Zahlen«, schreit *Pas de loup.* »Zu Hause machen wir weiter.«

Die Käsewürfel und die beiden Weinflaschen übernehmen Ron und ich.

Ruppi und Claire sind blaß vor Neid, als wir ihnen von unserer Einladung erzählen. Ist ja auch zum Erblassen. Da schicken sie jahrelang Föne und Rasierer und Rechner und elektrische Zahnbürsten und Briefchen und Kärtchen und Zärtlichkeit und die ganze Skala der Gefühle über die Grenze, füttern eine Madame, die alles schweigend entgegennimmt, und dann kommen wir und flupps … eine Einladung aufs Schloß! Für nichts und wieder nichts … nur so … flupps! Eine Einladung! Für Wochen, für Monate, wenn wir wollen.

Robert und Claire laden uns daraufhin erneut zum französischen Abend ein. Zusammen mit Wehhagens. Wehhagens sind vor einem Jahr ebenfalls bei Madame gewesen, auch sie haben Dias gemacht.

Ob wir die mal sehen wollen? Schon ist der Raum verdunkelt. Schon flimmert Madame auf der Leinwand. Diesmal ist sie üppig mit Blumen dekoriert. (Vierundsechzigster Geburtstag.) Sie kneift das linke Auge zusammen und blinzelt unfreundlich in die Kamera. Im Mundwinkel glimmt die Zigarette.

»Die Blumen hattze von uns«, erläutert Herr Wehhagen. »Junge, watt waren wir an dem Tach blau, weiße noch Stups?« Frau Wehhagen scheint weniger gern an diesen Tag zu denken. Sie wirft ihrem Mann einen Blick zu und sagt giftig: »Du waas besoffen wie en Schwein, darauf brauchße nich stolz zu sein, Willi!« Wehhagens stammen aus Herne, man hört es. Ruppi legt schnell das nächste Dia ein. Das Haus. Eine einladend geöffnete Tür. Rechts und links jeweils ein kleines Fensterchen. Über der Haustür beginnt schon der Giebel des Daches. Es ist wirklich sehr klein, aber innen ist ja massenhaft Platz.

Der Strand und die Dünen. Frau Wehhagen in einem bunten, kleinen Bikini, dann Frau Wehhagen in einem bunten, kleinen Bikinihöschen. Das Oberteil hält sie spielerisch in der Hand. Herr Wehhagen nimmt jetzt an Ruppis Stelle hinter dem Projektor Platz und schiebt ein neues Dia ein, Frau Wehhagen stößt spitze Schreie aus und sagt: »Aber Willi, datt brauchse ja nich unbedingt hier zu zeigen.« Neues Dia. Sehr viel Busen, diesmal benetzt mit Meerestropfen, wieder (schwacher!) Protest. Nun sehen wir Herrn Wehhagen im Adamskostüm, Frau Wehhagen nackt auf dem Bett liegend (Ich hatte so Sonnenbrand). Herr Wehhagen preist jetzt ganz ungeniert die Reize seiner Gattin. Es folgen eine Reihe von Dünenfotos, Dünen mit und ohne die Gattin, die Gattin mit und ohne Bikini. Letztes Bild: Herr und Frau Wehhagen, beide unbekleidet, im Gegenlicht vor ihrem Schlafzimmerfenster, sie lächeln einladendverführerisch. Das ist nun wirklich eindeutig. Herr Wehhagen läßt das Dia eine geraume Weile auf der Leinwand stehen, damit wir Zeit haben, uns in Ruhe alles anzugucken. »Sie sagen ja gar nix«, stellt er schließlich lauernd fest. »Interessante Aufnahme«, sagt Ron. »Was baumelt Ihrer Frau da eigentlich über die Schulter?«

»Die Gardinenschnur!« sagt Herr Wehhagen verärgert.

Das Licht geht wieder an. Nicht die Deckenbeleuchtung, das Lämpchen in der Ecke, das rote. Frau Wehhagen, sichtlich angeregt von ihrem eigenen Anblick, fixiert Ron, ich bemerke es mit Befremden. »Ach Ronnylein«, sagt sie. Herr Wehhagen knöpft das Hemd auf und behauptet ganz unvermutet, es sei heiß im Raum. Zu meiner Überraschung fordert Stups ihn auf, das Hemd doch ruhig ganz auszuziehen. »Bloß kein Zwang«, sagt sie und lacht. Ich zwinge allen erbarmungslos mein augenblickliches Lieblingsthema auf. Die Einladung ins Schloß. Ich erzähle noch einmal langatmig und in aller Breite, wie alles so kam. Wenn diese seltsame Madame nicht antwortet, werden wir vielleicht den gesamten Urlaub im Schloß verbringen, das Loiretal soll sehr schön sein. »Nichts für mich!« sagt Ruppi. »So ganz ohne Wasser!«

»Aber die Loire!«

»Ich will Wasser zum Reingehen, zum Dranliegen!«

Ron beginnt ausführlich, die Lehrmethoden des Monsieur Richard zu erörtern, obwohl Ruppi und Claire die Lehrmethoden des Monsieur Richard aus eigener Erfahrung kennen und Herr Wehhagen angewidert gähnt. Aber Ron erzählt anschließend ungerührt von kleinen urkomischen Begebenheiten aus dem Kursleben. Dann übernehme ich wieder das Wort und schildere, wie mein Opa einst französisch gelernt hat, nämlich nach ganz anderen Methoden. So hindern wir Frau Wehhagen den ganzen Abend daran, die Bluse auszuziehen. Im Gegenteil, beide Wehhagen haben plötzlich das dringende Bedürfnis, sich vollends zu bekleiden. Sie holen ihre Mäntel.

»Unsere Kinder werden in diesem Jahr übrigens beide in ein Ferienlager gehen«, sagt Clairie plötzlich. »Wir sind endlich mal vollkommen ungebunden.«

»Wir fahren diesmal gaa nich wech«, sagt Herr Wehhagen. »Weil wir datt Geschäft vergrößern.« Er macht Anstalten, sich wieder zu setzen. »Was haben Sie denn für einen Laden?« fragt Ron.

»Wir führen exclusive Sportartikel«, sagt Frau Wehhagen sehr spitz. »Vorwiegend Reiten und Segeln. Wir wollen auf Angeln erweitern!«

Na dann angelt mal schön, denke ich, aber nicht hier und heute, und nicht nach uns. Aber ich brauche mir keine Sorgen mehr zu machen. Rons Frage nach dem ›Laden‹ hat beide endgültig vergrätzt. Sie verabschieden sich kühl von uns. »Wir telefonieren morgen!« sagt Frau Wehhagen zu Clairie, und ich sehe, wie sie ihr mit einem Auge zublinzelt.

Auch wir verabschieden uns rasch.

Als wir über nachtleere Straßen unserem tröstlichen Zuhause zusteuern, sagt Ron nach längerem angestrengtem Nachdenken: »Weißt du, ich finde Wehhagens sind komische Leute!«

Wir entschließen uns ein letztes Mal, an Madame zu schreiben. In knappen Worten teilen wir ihr mit, daß wir von … bis … ein Doppelzimmer bei ihr mieten. Volle Pension! Sollten wir nichts von ihr hören, betrachten wir ihr Schweigen als Zustimmung. Ich trage den Brief sofort zur Post und komme mir listig vor. Von Gisèle kommt eine Karte, auf der sie uns in einer komischen kleinen Schrift für die mit uns verbrachten Stunden dankt. Den Wein haben sie auf unser Wohl getrunken. Sie freut sich, wenn wir im Juli kommen. Ihre Schwester freut sich auch. Es ist oft ein bißchen einsam auf Bel Air.

Die Karte zeigt eine Luftansicht des Schlosses und ist offensichtlich älteren Datums. Der Park ist noch unversehrt erhalten. Offensichtlich hat man die Ansicht in besseren Tagen aufgenommen, als der Park noch nicht verkauft war. Gisèle schreibt noch etwas auf die Vorderseite. Ob wir bitte einen elektrischen Eierkocher mitbringen können.

Ende April kaufe ich bei ›Buch Buschmann‹ einen Michelin, eine bebilderte Broschüre ›Die Gascogne‹, einen unbebilderten Band ›Was esse ich in Frankreich‹, das sehr hübsch aufgemachte Heft ›Im Loiretal‹ und ein Büchlein ›Französisch für Touristen‹.

Im Mai vervollständige ich meine Reisegarderobe um zwei Bikinis, einen langen Baumwollrock, ein Kopftuch, passend zum Rock, und Strohsandalen. Außerdem nähe ich mir einen neuen Morgenmantel. (Es ist ja möglich, daß wir doch kein eigenes Bad haben!) Und am ersten Juni entdecken wir in unserer Sonntagszeitung die Annonce:

›Landhaus, Nähe franz. Atlantik. Fam. Atmosph. aller Komfort. Franz. Küche. Noch Plätze frei. Nur an Deutsche mit guten franz. Sprachkenntnissen.‹

Sie geben auch die genaue Adresse an. Sie stimmt mit ›unserer‹ Adresse überein.

Wir starren die Annonce sprachlos vor Erstaunen an.

»Innen ist ja massenhaft Platz!« sagt Ron.

»Sagt die Adresse bloß keinem weiter. Wir wollen das nicht. Die Madame ist ein echter Geheimtip«, zitiere ich Ruppi vor wenigen Monaten.

Und Ron sagt: »Ruppi und Clairie sind komische Leute!«

Ich überlege mir die Angelegenheit ein paar Tage lang, dann stelle ich fest, daß ich überhaupt nicht mehr zu dieser mysteriösen Madame fahren will.

»Es war deine Idee«, stellt Ron fest, der die *Abendpost* liest und den das Ganze überhaupt nicht aufregt, was wiederum mich aufregt.

»Ach, der Herr will mir den ganzen Blödsinn wohl allein in die Schuhe schieben, sehr praktisch eingefädelt, muß man schon sagen!«

Wenn ich, was sehr schwer ist, mit Ron streiten möchte, sage ich immer ›der Herr‹. Hätte er eine Schwiegermutter zur Hand, so könnte Ron sich jetzt an sie wenden und beispielsweise sagen: »Dein Fräulein Tochter spielt wieder einmal verrückt!« Leider wohnen wir allein, Ron sagt also nichts. Dafür läutet das Telefon. Ron erhebt sich. »Hallo Ruppi, hm, so … nun ich dachte …«

»Sag was von der Annonce«, zische ich ihm zu.

»Hast du übrigens auch diese Annonce gelesen? Wir fanden sie heute in der Zeitung.«

Dann schweigt er eine geraume Weile und beendet das Gespräch, indem er vorsichtig sagt: »Ich weiß nicht, was Lilli davon hält, werde sie fragen!«

»Was ist?« belle ich ihn ungeduldig an, »was hat Ruppi gesagt?«

»Das mit der Annonce hätte nichts zu sagen. Das macht sie manchmal, um zu sehen, ob sich jemand meldet. Sie nimmt die Leute, die sich melden, aber nicht an. Sie bewirtet nur auf Empfehlung. Aber etwas anderes. Ruppi läßt fragen, ob wir eine Vorauszahlung geschickt haben, damit sie die Plätze reservieren kann. Er sagt, fünfhundert würden reichen.«

»Ach, der soll mich mit seiner Scheißmadame am …«, schreie ich empört. Ron wendet sich erschrocken ab. Er haßt ordinäre Weiber, vor allem, wenn sie laut werden.

»Ach, hol sie der Teufel«, sage ich.

Aber der Teufel hat wohl keine Zeit.

»Ich habe da noch eine Busreise nach Italien«, sagt der nette junge Mann im Reisebüro in der Weststraße. (Konkurrenzunternehmen zu Paulchens palmengeschmücktem Laden. Sie hatten es am Anfang schwer, aber jetzt holen sie gewaltig auf. Paulchen darf natürlich nicht wissen, daß wir fremdgehen, aber das mit dem Korsikaurlaub verzeihen wir ihm nie!)

»Also drei Wochen Italien, den Stiefel runter, zwei Tage Kunstaufenthalt in Florenz. Oder antikes Griechenland, oder wildes Korsika«, er blickt auf, »ein Sporturlaub für Individualisten.«

»Nein danke«, sage ich schnell.

»Sie können auch mit dem Autoreisezug bis Passau fahren. Die Gesellschaft ›Flott-Reisen‹ bietet hier sehr günstig einen Familienurlaub mit zwei Besichtigungsfahrten ins Blaue für nur ...«

»Wir möchten lieber ans Wasser!«

»Rumänien. Ein Billigurlaub im neu erbauten Tausendbettenhotel ›Hollywood‹. Hotel direkt am Meer, baden können Sie allerdings nur im Pool. Kostet für zwei Personen ...«

»Nein, doch lieber etwas Richtiges am Meer, so mit Reingehen und Dranliegen.« Der junge Mann blickt mich schweigend an. Dann sagt er: »Da hätten Sie aber eher kommen müssen. Jetzt hätte ich da nur noch fünf Tage Rom, allerdings ohne Papstbesuch und Extras und Führerscheinferien im Harz.«

Wir wollen nicht nach Rom, Führerscheine besitzen wir schon, das Tausendbettenhotel reizt uns nicht, die Fahrten ins Blaue noch weniger. Die Busreise nach Italien machen wir lieber mal im Herbst.

Wir lächeln uns gegenseitig bedauernd an.

»Da besuche ich doch lieber meine Tante Sophie auf dem Lande«, sage ich liebenswürdig und will auch die Prospekte nicht mitnehmen.

Ron steckt sie heimlich ein.

Also doch ›Abenteuerferien bei Madame‹.

Am 27. Juli fahren wir los.

»Hast du deinen Paß?« fragt Ron in Düsseldorf.

Es ist eine rein rhetorische Frage, und er stellt sie immer. Es kann sein, daß er fragt, sobald wir die Garage verlassen, oder erst, wenn die Grenze bereits in Sicht ist. Möglich, daß er sie zwischen Freiburg und Hinterzarten stellt, oder beim Anblick der Sektorengrenze, einerlei wo auch immer, jedesmal wenn wir uns auf Reisen befinden, pflegt Ron plötzlich den Fuß vom Gaspedal zu nehmen, mich streng anzusehen, und dann kommt es wie das Amen in der Kirche. Ich habe meinen Paß natürlich immer bei mir, in der vorderen Tasche meines Umhängebeutels steckt er zusammen mit meinem Tagebuch, einem Kamm, dem Päckchen Erfrischungstücher und den Pfefferminzdrops. Ich habe ihn immer bei mir, bis auf die wenigen Male, als ich ihn dann doch nicht bei mir hatte. Diese wenigen Male stecken Ron bis in alle Ewigkeit in den Knochen.

»Zeig her!«

»Was?«

»Na, den Paß! Ich möchte ihn sehen!«

Es hat keinen Zweck, mit ihm zu streiten. Wenn ich ihm mitteile, daß es für mich keinen wunderbareren Mann auf Erden gibt als ihn, glaubt er mir aufs Wort. Sage ich, daß ich was auch immer ›ganz bestimmt‹ eingepackt habe, mustert er mich mit finsterem Mißtrauen.

Ich lange auf den Rücksitz und fingere das Beweisstück aus der Tasche. Ron beruhigt sich augenblicklich. Er gibt wieder Gas.

Ich räkle mich wohlig in die Polster. Schon immer habe ich es geliebt, mit Ron so durch die Lande zu fahren. Das Auto, von ihm gelenkt, fährt ruhig und ohne Erschütterung dahin, wie von Fernkraft gesteuert. Die Landschaft gleitet vorbei, der Kühler frißt unermüdlich den Asphalt, Rons schöne starke Hände ruhen auf dem Lenkrad, ich fühle mich wohl! Dabei bin ich selbst keine gute Beifahrerin. Ich bin so kurzsichtig, daß ich ein Autobahnschild für eine Gauloisereklame halte, und verhalte mich gewöhnlich still und unauffällig, damit Ron nicht auf mich aufmerksam wird und mit Apfelsinenstückchen gefüttert werden will oder wieder davon anfängt, daß seine Betty ganz wunderbar Autokarten lesen konnte.

Wer mit mir eine Autoreise macht, der tut am besten gleich so, als ob er ganz allein fährt, oder allenfalls das dreijährige Töchterchen mit sich führt, für das sich kein Babysitter fand und das man aus diesem Grunde eben leider am Hals hat. Ron hat erstaunlich viel Verständnis für meine diesbezüglichen Schwächen, zu einem Freund hörte ich ihn einmal sagen: »Es ist so schön, daß sie im Wagen immer schweigt.«

In der Tat, wenn ich jemanden gefunden habe, der bereit ist, mich durch die Gegend zu fahren, so schweige ich immer. Ich träume vor mich hin. In Gedanken male ich mir das Fahrtziel aus, ich baue Häuser und richte sie ein, schreibe lange Briefe, zu denen ich mich im realen Leben niemals aufraffen kann. Ich gewinne wortreiche Gefechte mit Menschen, denen ich niemals begegnen werde, bin scharfsinnig und wortgewandt und sage einer bestimmten Person endlich einmal all das, was ich mich in Wirklichkeit niemals zu sagen traute. Was Ron sich so denkt, während wir stundenlang im tiefsten Schweigen dahinrollen, weiß ich nicht. Hin und wieder stöhnt er leise vor sich hin und sagt: »Wir müssen bald wieder tanken!«

An der belgischen Grenze werden wir einfach so durchgewinkt. Die Landschaft dahinter ist so reizlos, daß ich nicht durch irgendwelche Sehenswürdigkeiten abgelenkt werde, sondern einen seitenlangen Brief an Ruppi und Claire verfasse, in dem ich ihnen endlich mal die Meinung sage. Ich teile ihnen ganz genau mit, was wir von ihnen und all ihren merkwürdigen Freunden halten, und gehe sogar so weit, ihnen zu sagen, daß ich Herrn Wehhagen für ein Aktfoto reichlich beleibt finde.

Anschließend schreibe ich an Madame. Ich schreibe kühlen Tones in makellosem Französisch, daß wir uns angesichts der Tatsache, daß sie offensichtlich des Schreibens unkundig sei, entschlossen hätten, unsere Ferien doch nicht bei ihr zu verbringen. Wir haben eine Einladung auf das weltbekannte Schloß Bel Air erhalten, wo wir im Kreise kulturell hochstehender Menschen (wir stehen in angeregter Korrespondenz!) die Sommermonate verbringen werden. Die Vorstellung, einen solchen Brief zu schreiben, tut mir außerordentlich wohl, und ich bedauere zutiefst, daß es mir zur Zeit noch nicht möglich ist, den Wunsch in die Realität umzusetzen. Ron und ich haben uns statt dessen dazu entschlossen, zunächst mal in Richtung Madame zu reisen und das Ganze in Augenschein zu nehmen. Schaden kann es ja nicht. Gegebenenfalls werden wir ein, zwei Nächte bleiben und den restlichen Urlaub auf dem Zeltplatz verbringen. Von weitem können wir dann beobachten, wie die deutschen Touristen, die auf die Annonce hereingefallen sind, sich um die wenigen Betten prügeln, derweil Madame, Zigarette im Mundwinkel, Gartenschlauch in der Hand, dem Spektakel leise lächelnd zusieht. Wir sind inzwischen fest davon überzeugt, daß irgend etwas mit dieser

Adresse nicht stimmen kann. Ron, ein eifriger Krimileser, hatte sogar schon den Verdacht, daß es gar keine Madame gibt. Vielleicht ist das Ganze nur eine Deckadresse, hinter der sich Ruppi und Clairie verstecken, um die 500 Vorauszahlung zu kassieren? Er äußerte diesen unschönen Verdacht, nachdem bis zum allerletzten Tag kein einziges Wörtchen aus Frankreich in unserem Postkasten erschien und Ruppis Mahnung betreff der Vorauszahlung dringlicher wurde. »Dann bringt ihr wenigstens ein persönliches Geschenk mit«, rät er uns vor der Abreise. »Ich glaube, einen Kassettenrecorder für die Küche hat sie noch nicht.«

Während ich mich mit meiner imaginären Korrespondenz auf das schönste vergnüge (ich schreibe gerade an Gisèle und teile ihr mit, wie sehr wir den Aufenthalt auf ihrem wunderschönen Anwesen genossen haben), erreichen wir die französische Grenze. Ron kurbelt das Fenster runter und wendet sich mir zu. »Deinen Paß bitte«, sagt er.

Ich reiche ihn aufgeschlagen dem Zollbeamten, der sehr lange und sehr intensiv darin blättert. Dazu wirft er mir prüfende Blicke zu. Wahrscheinlich wundert es ihn, daß mein Gesicht und das Gesicht, welches das Paßfoto zeigt, miteinander identisch sein sollen. Im Leben sehe ich aus wie Rons Liebling, auf dem Foto wie eine, die ihrem Liebling gerade die Gurgel zugedrückt hat und grimmig entschlossen ist, dies jederzeit zu wiederholen.

»Der ist aber schon lange abgelaufen«, sagt jetzt der Beamte.

Da haben wir es wieder. Der Paß ist nämlich nicht abgelaufen, das heißt, dieser schon. Ich besitze aber noch einen anderen, den ich mir ausstellen ließ, als dieser mal kurzfristig verlorengegangen war, ich aber trotzdem nach Holland wollte. Als ich zurückkam, fand ich den alten wieder. Seitdem haben wir das Problem mit den vertauschten Pässen. Ich könnte den alten wegwerfen, ich könnte das alles dem Beamten erzählen, aber was nützt uns das jetzt? Der Zollbeamte umkreist inzwischen unser Fahrzeug, er bittet Ron sehr höflich, den Kofferraum zu öffnen. Normalerweise geht das ja heute schnell an den Grenzen. Gepäck wird nur noch in seltenen Fällen durchwühlt. Nur wir müssen immer den Kofferraum öffnen. Vielleicht liegt es wirklich an den wenig vertrauenerweckenden Fotos in meinen Pässen. Ron wirft mir einen so beleidigenden Blick zu, daß ich auf der Stelle zu jener mörderischen Person werden könnte, die ich auf dem Paßbild schon bin, und steigt aus. Während der Beamte sich über den Kofferraum beugt und Ron hochaufgerichtet danebensteht, nur seine Schultern scheinen mir ein wenig nach vorn zu hängen, entwerfe ich ein französisches Telefonat mit Bel Air. Ich teile den Schloßfräuleins mit, daß wir leider an der Grenze aufgehalten wurden und heute keinesfalls ankommen werden. Gisèle bedauert dies ›infiniment‹; sie hat kleine Wachteln in Rosinensauce gemacht, Seezungenfilet und ein Hühnchen aus Bresse. Sie ist todunglücklich.

»Die Wagenpapiere bitte!« sagt der Beamte zu Ron. Jetzt wird er feststellen, daß der schöne Wagen geklaut ist. Nein, er stellt etwas anderes fest, nämlich, daß Ron aus seinem kleinen roten Saffianledertäschchen erst den Kraftfahrzeugbrief und dann einen zweiten Paß zutage fördert. Meinen zweiten Paß, voll gültig, ordnungsgemäß verlängert, mit einem Foto, das eine Frau zeigt, die zu allem fähig ist. Der Zollbeamte sagt nichts zu diesen merkwürdigen Dingen, obwohl er das ja eigentlich müßte. Er sieht auf einmal erschöpft aus, tippt kurz an seine Mütze und wünscht gute Fahrt. Während wir weiterfahren, blättere ich ein bißchen in dem französischen Reiseführer.

»Frankreich verdankt seine bevorzugte Lage der Begrenzung durch die Pyrenäen, das Alpenmassiv und den Rhein. Es liegt an drei Meeren, dem Atlantik, der Nordsee und dem Mittelmeer. Es liegt zwischen …«

Jetzt wird's wie im Erdkundeunterricht. Ich lege das Buch auf den Rücksitz. Ich mag solche Beschreibungen eines Landes nicht. Für mich liegt Frankreich zwischen einem Bouleplatz in der Provence und einer Calvadosbrennerei in der Normandie. Zwischen einem Olivenhain und Picassos Atelier. Zwischen Bergen von Tomaten, Melonen und Zwiebeln, zwischen Knoblauch und Thymian. Zwischen Colette und all denen, die nach Paris kamen und nie wieder fortwollten, weil sie sich endlich in all ihren Empfindungen bestätigt fühlten. Bunt ist Frankreich nicht, eher grau. Nicht direkt traurig, aber melancholisch grau. Weniger *o la la* denn *c'est la vie,* und ein Sänger kann fünfzehn oder fünfzig sein, er wirkt immer wahrhaftig, wenn er die drei Kardinalthemen besingt, um die es in Chansons immer geht: das Leben, die Liebe, den Tod.

Ron findet das alles auch, aber zunächst mal könnten sie mehr

Autobahnen bauen. Das bißchen französische Autobahn kostet auch noch ein Heidengeld. Ron hat im Moment wenig Sinn für graue Poesie und stoppt.

»Bonjour!«

»Bonjour!«

»33 Franc s'il vous plâit!«

Ron hat nicht übel Lust, die Formel ›falls es Ihnen gefällt‹ eindeutig mit ›Nein‹ zu beantworten, aber er fingert fünfzig Franc aus der Tasche und reicht sie dem jungen Mann. Der glaubt wohl, wir hätten zuviel von dem Zeug, und dankt. Verblüfft fährt Ron ab, ohne das Wechselgeld zu verlangen. (Was heißt Wechselgeld auf Französisch? Daß man in den Kursen nie das lernt, was man später im Land wirklich braucht!)

Paris hat sicher seine Reize, aber um Paris herum hat man den Boulevard Peripherique gebaut. Rechts und links dieser Traumstraße stehen Hochhäuser, die den Blick auf ›Alt-Paris‹ erfolgreich verhindern. Viele sind zu vermieten oder gar zu verkaufen. *A louer, à vendre.* Die Schilder an den abgebröckelten Fassaden sehen verregnet und reichlich betagt aus. Die Nachfrage an Hochhäusern scheint nur gering zu sein. Die Lebensmittelkosten sind einfach zu hoch, da kann man sich kaum nebenbei noch etwas leisten. Ron wird beim Anblick dieser Straße von einer ganz untypischen Unruhe erfaßt und hält das Steuer fester.

»Zettel!« sagt er nervös.

Ich krame aufgeregt im Handschuhfach. Das ist nämlich so: *Pas de loup* hat uns gestern abend noch einen Spickzettel gebracht, damit wir ungetrübten Genusses zu Gisèle gelangen können und nicht etwa unterwegs abhanden kommen. Beim Anblick des Boulevards Peripherique weiß man warum. *Pas de loup* hat sogar eine kleine Zeichnung gemacht, auf der alle Ausfahrten vermerkt sind. Schön und übersichtlich sieht das aus. Wir landen auf dem Ring vor der Porte Aubervilliers und müssen irgendwie zur Porte Orléans. Vorbei an den Portes Vilette, Pantin, Lilas, Bagnolet, Vincennes, Doree, Charenton, Bercy, Gare, Vitry, Ivry, Italy, Gentilly, Orly.

Das sieht übersichtlich und genau aus, bloß ganz zu Anfang steht in Riesenlettern: Paris-Nord. Der Boulevard teilt sich, wir schwimmen irgendwie auf der zweiten Spur, und Ron brüllt: »Rechts oder links?«

»Ich … ich weiß nicht!«

»Schnell!!! Guck auf den Zettel!«

»Wir müssen nach Aubervilliers«, brülle ich zurück.

»Finde ich nicht!«

»Aber das muß doch irgendwo stehen!«

»Aber wo? Da steht Nord!«

»Auf Padlous Anweisung steht aber Aubervilliers«, beharre ich trotzig. Es ist vollkommen zwecklos, daß wir streiten, Ron, total eingekeilt zwischen Mauern rechts und fahrenden Fahrzeugen links, undurchdringliche Blechmauern ohne jedes Schlupfloch, muß sowieso nach Paris-Nord fahren. Wir schicken uns drein, was sollen wir anderes tun – entschließen uns dann für die Richtung ›Est‹ (beinahe alles fährt nach ›Est‹, wird schon falsch sein), und da sehen wir es, in tröstlichen Lettern, groß, unübersehbar: Aubervilliers.

Ich lehne mich glücklich zurück und greife zur Zigarette. Zünde auch für Ron eine an. Wir rauchen in tiefstem Einverständnis und fahren im Schritt dahin. Ron wirft mir einen zärtlichen Blick zu und sagt: »Ach, Chérie, wie ist es doch romantisch, mit dir durch Paris zu fahren.«

Es ist in der Tat ungeheuer ›romantisch‹. Die Bauten rechts und links des Boulevards sind zum Wegsehen häßlich. Einmal taucht für Sekunden, bescheiden, winzig klein, der Eiffelturm auf. Dann wieder Türme von Hochhäusern. *A vendre, à louer.* Ich denke, daß dies doch mal ein originelles Thema für das französische Lehrbuch wäre:

C'est Madame Petit.
C'est un gratte-ciel.
Le gratte-ciel est à vendre.
Est-ce que Madame Petit achète le gratte-ciel?
Non, Madame Petit achète un baguette.

›… nehmen Sie die Autobahn bis Orléans‹, heißt es auf dem zweiten Zettel, den *Pas de loup* für uns vorbereitet hat. ›Fahren Sie bis zur Stadtmitte. Dort finden Sie den Place du Martroi mit dem Reiterstandbild der Jungfrau. (La pucelle.) Die direkt über die Loirebrücke George V. führende Straße ist eine Einbahnstraße und gesperrt. Orleans besteht in der Hauptsache aus Einbahnstraßen und ist daher für Nichteinheimische schwer zugänglich. Sie nehmen am besten die Einbahnstraße Rue Hallebarde, die in die Rue du cheval rouge einmündet und auf der Sie automatisch auf die sehr gut ausgebaute Loireuferstraße kommen.

Von dort können Sie den Schildern nach Blois folgen. Sollten Sie jedoch die Zeit für einen kurzen Orléansbummel haben, so parken Sie am besten in der Nähe der Pucelle und machen einen kleinen Spaziergang in die umliegenden Geschäftsstraßen. Die Rue de Bourgogne ist eine schöne Straße mit Häusern aus der Renaissance. Ein Spaziergang zu Ehren der Gebäude lohnt immer. Die Kathedrale dagegen ist eine architektonische Mißgeburt, deren löcherige Türme längst abgerissen gehören.‹ *Pas de loup* teilt uns mit, daß die Stadt samt Kathedrale am besten von der anderen Loireuferstraße aus wirkt, am besten in den Morgenstunden bei leichtem Dunst. Wir beschließen, auf den Blick vom anderen Loireufer zu verzichten, und machen statt dessen einen Bummel durch die Straßen. Wir kaufen Weißbrot und Käse und picknicken auf der Ufermauer der Loire. Sie ist vom Sonnenschein ganz warm.

»Ich bin sehr glücklich«, sagt Ron kauend.

»Wir machen uns ein paar schöne feudale Tage im Schloß und suchen dann einen geeigneten Zeltplatz. Die blöde Madame soll warten, bis sie schwarz wird.«

»Wir werden wenigstens einen Blick auf sie und ihr geräumiges Ferienquartier werfen und sie *dann* warten lassen, bis sie schwarz wird«, schlage ich vor. »Das wird sie noch mehr schmerzen, wenn sie weiß, welch reizendes Paar mit welch hervorragenden Französischkenntnissen sie an uns verloren hat!«

»Ist auch gut«, sagt Ron. »Der Gedanke gefällt mir!«

Dann fahren wir weiter. Ich hole erneut *Pas de loups* Spickzettelchen hervor.

»Richtung Blois«, dirigiere ich Ron. »Jetzt ist es nicht mehr weit.«

»Komisch, daß man die Schloßtürme noch nicht sieht«, feixt Ron.

Das erste, was wir von Bel Air wahrnehmen, sind nicht etwaige Türme, sondern es ist eine graue, bemooste Mauer, die sich schier endlos an der kleinen Straße entlangwindet, in die wir eingebogen sind. Endlich erreichen wir ein Tor. Zwei hohe, grünlich verwitterte Torflügel, schmiedeeisern, stehen geöffnet. Über dem Bogen entziffern wir mit Mühe vergoldete Buchstaben: Bel Air! Wir halten an. Es ist still. Nur leises Vogelgezwitscher und das sachte Rauschen der Baumkronen.

»Wunderschön«, sagt Ron.

Dann gibt er Gas und fährt sehr vorsichtig, als hätte er Angst, den Frieden zu stören, in den Park hinein. Ein Weg! Nein, zwei Wege. Ja, was ist denn jetzt, rechts oder links? Der Park schweigt im tiefen Schatten der hohen Bäume. Hier und da leuchten gewaltige, scheinbar uralte Büsche von Hortensien, blaßblau, rosa-weiß. Es gibt ein blumengeschmücktes Rondell, der Weg gabelt sich, führt um das Rondell herum, und dann stoßen wir in diesem verzauberten Park auf etwas ganz Erstaunliches. Da sind plötzlich, wie aus einer anderen Welt, zwei unübersehbare Schilder. Das eine, weiß mit rotem Querbalken, signalisiert: Durchfahrt verboten, das andere weist in Richtung Westen und bedeutet: Einbahnstraße. Also hier geht's lang. Ich fühle mich plötzlich ziemlich unsanft entzaubert, finde Verkehrsschilder an uralten, bemoosten Mauern deplaciert. In privaten Gärten kann ich sie schon gar nicht leiden, in einem Schloßpark wirken sie wie Plastikblumen in einem schönen alten Steinkrug. Ron hat die Schilder ebenfalls bemerkt. Er schlägt weisungsgemäß den linken Weg ein. Er betätigt sogar den Winker, was ich nun wirklich übertrieben finde. Der Stoßverkehr hat noch nicht begonnen.

Der Park lichtet sich bald, wir erreichen einen gepflasterten Hof. Ein erneutes Schild: Parking! Der Hof steht voller Autos. Wir hören ein recht störendes Motorengeräusch und sehen voller Schrekken auch gleich, woher das Geräusch stammt: An dem gegenüberliegenden Ufer der Loire hat man die Hauptstraße gebaut. Sie ist reichlich nah, die Loire an dieser Stelle nicht sehr breit. (Es ist auch gar nicht die Loire, sondern ein recht mickriges Kind von ihr, die Loiret.) Die ganze Romantik ist nur noch von der Parkseite her zu betrachten, von der kleinen Zufahrtstraße her; am Schloß selbst, einem recht schmucklosen grauen Kasten ohne jeden Turm, ist sie nur noch in Spuren vorhanden. Akustisch und optisch ist die moderne Zeit über Bel Air hereingebrochen.

Wir stehen im Schloßhof, starren auf einen Mercedes aus M und einen VW aus GE. Das Portal zum Château ist einladend geöffnet.

Kein Mensch ist zu sehen. Meine rosa Wunschträume zerplatzen wie Seifenblasen. Niemand kommt mit wehenden Röcken und ausgebreiteten Armen die Treppe hinunter, niemand bietet uns ein Willkommen und küßt uns rechts-links-rechts. Wir wissen es beide, wir können hier nicht länger so rumstehen. Wie sieht denn das aus. Man muß unsere Ankunft längst bemerkt haben. Ich meine, eben hat sich hinter dem einen der dreißig bogenförmigen Fenster ein Vorhang bewegt, ich kann mich aber auch getäuscht haben. Ich schiebe Ron sachte vorwärts. Er ist wie immer höflich und läßt mir den Vortritt. Deshalb sehe ich beim Eintritt in die dämmerige Halle Lydie zuerst. Sie steht kerzengerade hinter einer brusthohen Theke und blickt uns starr entgegen. Ich muß unwillkürlich an Manets ›Nana hinter der Bar in den Folies-Bergêre‹ denken, nur Nana ist hübsch und hat die Fähigkeit zu träumen noch nicht ganz verloren. Diese Nana hier, das sehen wir sofort, träumt nicht. Und man sieht noch etwas: die Registrierkasse in ihren Augen.

Zögernd treten wir näher.

»Bonjour Madame!«

Sie blickt uns aus wimpernlosen Augen an.

»Mademoiselle!«

»Pardon, Mademoiselle.«

Peinliches Schweigen.

Endlich sagt sie: »Sie möchten ein Zimmer?«

Ich starre sie an.

Natürlich wollen wir ein Zimmer, wir sind doch eingeladen, weiß sie das nicht?

»Wir sind Freunde von Gisèle«, sagt Ron. »Gisèle, Ihre Schwester!« (Vielleicht sind wir im falschen Schloß, es gibt ja viele Landsitze in Frankreich.)

»Ich weiß«, sagt Lydie. »Also?«

O Gott, ich muß innerlich eine ganz andere Seite in unserem französischen Lehrbuch aufschlagen. Nicht: ›Der Besuch von Annette‹ (O wie schön, daß ihr da seid, *ça va, ça va,* habt ihr eine gute Reise gehabt, oh, wie wir uns gefreut haben), sondern das Kapitel: ›Im Hotel‹. Da läuft die Konversation natürlich ganz anders, und ich bin gar nicht so recht darauf vorbereitet. Wenn doch nur jemand das Stichwort sagen würde.

Da fällt es schon.

»Sie wünschen sicher ein Doppelzimmer«, sagt Lydie geschäftsmäßig. »Mit oder ohne Bad?«

Ja, das ist genau der Text, den wir so eingehend mit Monsieur Richard geübt haben.

»Mit Bad«, sage ich.

»Ohne«, zischt Ron.

Mademoiselle lächelt dünn. »Mit Bad«, sagt sie dann. *»D'accord!«* Sie nimmt einen Schlüssel vom Bord. »Ich bitte Sie, mir zu folgen!«

Lydie ist sehr klein. Hinter ihrer Festung fiel es gar nicht so auf, jetzt, wo sie vor uns hergeht, reicht sie Ron nicht mal bis zur Schulter. Auch Lydie trägt ein so großblumiges Kleid. Unter dem Kleid ein Korsett. Man sieht deutlich, wo das Korsett aufhört, es hört irgendwo in der Mitte der drallen Oberschenkel auf. Wir durchqueren schweigend die Halle, Lydie öffnet eine Flügeltür, über der Tür hängt ein großes Gemälde, das eindeutig Gisèle zeigt.

»O, votre sœur, Gisèle«, sage ich in dem Bemühen, Konversation zu machen. Lydie schenkt weder mir noch dem Bild einen Blick. »Oui!« sagt sie, als hätte ich sie mit meiner Bemerkung beleidigt.

Hinter der Tür befindet sich ein langer dunkler Gang. Lydie will Licht machen, das Licht funktioniert nicht. Nun, das hat man schon mal in alten Häusern, der Schloßgeist wird es angespuckt haben. Er wollte eigentlich die Schloßherrin treffen, verspuckte sich jedoch und traf die Lichtleitung. Dumm ist nur, daß ich im Dunklen Lydies Arm streife. Sie zuckt zusammen, ich auch. Peinlich! Während wir uns an der Wand entlangtasten, pfeift Ron vor sich hin. Irgendwie ist mir sein Pfeifen unangenehm.

Endlich eine Tür. Licht! Ein großer prachtvoll ausgestatteter Raum. Hohe, bogenförmige Fenster, ein Himmelbett, ein Kamin. Dunkle, üppig geschnitzte Wandvertäfelungen. Von den Wänden blicken Ahnen aus goldenen Rahmen auf uns herab. Sehr ernste Ahnen übrigens, nicht einer zeigt auch nur den Anflug eines Lächelns. Eine furchtbar humorlose Sache muß das sein, auf Bel Air Schloßherr zu spielen.

»Uäskewotrebagasch?« rasselt Lydie in meine staunende Versunkenheit hinein. Ich erschrecke mich fast zu Tode, bin total unfähig, irgend etwas zu antworten. Da zuckt sie mit der Schulter und verschwindet, die Dunkelheit des Ganges nimmt sie auf.

»Du großer Gott«, sagt Ron. Und dann leistet er sich einen seiner wenigen lyrischen Augenblicke. Er sagt: »Lydie ... klingt wie Himmelschlüsselchen im Mai. Ist aber ein Himmelschlüsselchen, das der späte Frost geknickt hat! Du, sag mal, was stinkt denn hier so?« Jetzt bemerke ich es auch.

Es stinkt, daß einem beinahe übel wird, es stinkt nach Räucherkammer und nach alter Salami. Die Augen tränen einem davon. Der beißende Geruch kommt aus dem Kamin. Wir stecken abwechselnd den Kopf in den schwärzlichen Schlot und schnuppern nach oben. »Riecht ganz so, als ob hier die letzte Hexenverbrennung stattgefunden hätte«, sagt Ron. Auch die alten Möbel riechen seltsam, riechen nach einem Mittel gegen Holzwurm, welches man großzügig auf der Oberfläche verteilt hat. Da ich einmal damit angefangen habe, gehe ich schnüffelnd wie ein Köter im Raum herum. Ich rieche an der Bettwäsche (alte Salami), ich schnuppere an den Gardinen (alter Staub). Ron betrachtet derweil ganz verstört ein antikes Häkchen, welches er in dem vergeblichen Bemühen, ein wenig Frischluft ins Zimmer zu lassen, von dem kostbaren alten Fenster abgerissen hat. Doch das Fenster ist wie zugenagelt, es gibt keinen Deut nach. Ron versteckt das antike Häkchen in der Schreibtischschublade.

»Wo ist denn eigentlich das Bad?«

Wir begeben uns auf die Suche nach dem Bad, finden endlich eine kleine Tür, die so geschickt in die Holzvertäfelung eingefügt ist, daß man sie kaum bemerkt. Das Bad ist hell, geräumig und luftig. Und es hat ein Fenster, das Fenster ist geöffnet. In der Laibung, welche ihren Körper wie ein Rahmen umschließt, unbeweglich: Lydie!

»Die Fenster bitte ich Sie aber unbedingt geschlossen zu halten«, sagt sie in makellosem Deutsch. »Die Luft schadet den Möbeln. Wenn Sie unbedingt lüften müssen, können Sie die Badezimmertür öffnen!«

Wie ein Spuk ist sie verschwunden. Ich stürze ans Fenster und lehne mich hinaus und starre einem drallen, kleinen Bengel aus Stein direkt ins Gesicht. Er grinst mich frech an und zielt mit seinem Flitzebogen genau auf mein Herz. Ach so, es ist bloß Amor! Bloß Amor! Na, schieß du nur, mon ami, aber hier und heute, das schwör' ich dir, wirst du mich nicht treffen.

Inzwischen hat Ron damit begonnen, unsere Reisetaschen auszupacken. Wir schließen die Tür zu dem übelriechenden Prunkzimmer und richten uns so gut es geht in der hübschen Badestube ein. Es ist wirklich ein bemerkenswert gemütlicher Raum: das tiefe französische Fenster mit den unterteilten Scheiben und dem efeuumrankten Gitter davor, die altmodische Wanne, frei im Raum stehend, mit vergoldeten Dackelbeinen und vergoldeten Armaturen, das Waschbecken in Form einer geöffneten Blüte, eine zierliche samtbezogene Resamiere. Ron legt sich sofort darauf, verschränkt die Arme hinter dem Kopf und starrt verbittert die Decke an.

»Das Sofa stinkt auch!« bemerkt er.

»Nach Salami?«

»Nach Bel Air!«

Ich versuche, aus dem Schloßaufenthalt das Beste zu machen und in der schönen romantischen Wanne ein ausgiebiges Bad zu nehmen. Danach wird schon alles anders aussehen. Ich drehe den goldenen Kran auf. Der Wasserhahn grunzt höhnisch, irgendwo in der Leitung grollt und murmelt es, das blütenförmige Seifenschälchen verfällt in tanzende Hysterie, dann ein tiefes Gurgeln, Stille! Kein Wasser. Ich schiele furchtsam zum Fenster hin, aber keine Lydie erscheint, um mir mitzuteilen, daß es unerwünscht sei, den Wasserkran zu betätigen. Jetzt entdecke ich auch die dicke Staubschicht auf dem Boden der schönen Wanne. Hier ist seit *Pas de loups* Zeiten kein Wasser mehr geflossen. Inzwischen hat Ron die Erfahrung gemacht, daß auch der Hahn des Waschbeckens nur sehr zögernd etwas Wasser abgibt, und das auch nur, wenn man ihn ganz aufdreht und dann geduldig wartet. Das dünne Rinnsal, welches schließlich in das Becken fließt, ist kalt. Dafür schießt ein munterer Strahl, wahlweise kalt oder warm, in das Bidet. Sehr interessant!

Nachdem wir uns ›erfrischt‹ und umgezogen und sämtliche Hähne ordnungsgemäß zugedreht und den Spiegel geputzt haben, und ich wenigstens fünfmal zum Fenster geschlichen bin, voller Furcht, Lydie könne uns beim Benutzen des Waschbeckens, Auf- und Zudrehen der Hähne, Lachen, Reden, Sitzen und Umhergehen erwischen, und Ron sicherlich zehnmal erwähnt hat, daß er für seinen Teil eigentlich gar nicht in dieses Schloß habe fahren wollen und *Pas de loup* ein Spinner, Schwindler und Traumtänzer sei (was er, Ron, übrigens sofort bemerkt habe!), ist es Zeit, zum Abendessen zu gehen. Es ist inzwischen halb neun geworden, und wir können unseren Schlupfwinkel beim besten Willen nicht länger als Fluchtburg benutzen. Diesmal finden wir Lydies Verteidigungsstand in der großen Halle leer. Dafür eilt ein schmales, wendiges Männchen auf uns zu, grinst, greift mich am Arm und dirigiert uns zu unserem maßlosen Erstaunen und gegen unseren Willen an die Bar.

»Apéritif!« ordnet er an, in einem Ton, der jeden Widerspruch von vornherein ausschließt. *»Je m'appelle Jean!«* fügt er erklärend hinzu.

Er rasselt in affenartiger Geschwindigkeit eine Reihe von Namen herunter und sieht uns beifallheischend an.

Nun sind Ron und ich eigentlich keine Apéritifliebhaber. Das Zeug ist uns zu süß oder zu bitter, auch lasse ich mich höchst ungern zu etwas zwingen, aber um des lieben Friedens und der Freundschaft willen, bitte! »Pernod!«

Das flinke Männchen zaubert eine Flasche unter dem Tresen hervor, gießt eine gehörige Portion davon in ein Glas, gibt wohl auch etwas Wasser hinzu und stellt das Gebräu vor uns auf die Theke. Ich mixe mir die Sache eigentlich lieber allein zurecht, etwa ein Teil Pernod, vier Teile Wasser, aber ich sage nichts. Ron sagt auch nichts. Wir trinken, derweil *›Je m'appelle Jean‹* dabeisteht und uns mit sämtlichen Zahnlücken angrinst.

»Ça va?«

»Ça va, merci!«

»Ah oui, ça va!«

Leider können wir diese inhaltsreiche französische Konversation nicht fortführen (ich bedauere es sehr, es ist doch ein erhebendes Gefühl, sich in einer fremden Sprache zu unterhalten!), weil mir mit einemmal sehr übel wird. Sei es, daß mein leerer Magen mit einer derartigen Ladung von Alkohol nicht gerechnet hat, sei es, daß mir der Zimmergeruch auf die Nerven geschlagen ist oder die gesamte Schloßatmosphäre mich bedrückt, jedenfalls bin ich froh, als Jean jetzt gerufen wird und ich mich unbemerkt an der Theke festhalten kann. Auch Ron hat mit einem leichten Übelkeitsanfall zu kämpfen, und nachdem wir uns ein wenig erholt haben, stellen wir fest, daß uns der Gedanke an ein reichhaltiges Mahl eher bedrückt. Wie zwei Kinder, die sich im Dunkeln fürchten, besprechen wir flüsternd die Lage. Wir beschließen, jetzt ein ganz kleines bißchen zu essen, so pro forma, damit man den guten Willen erkennt, dann einen Rundgang um das Schloß zu machen und uns früh zu Bett zu legen. Morgen früh, gleich nach dem Frühstück, werden wir abreisen.

Das ist so richtig treu-deutsch gedacht, so richtig hinterwälderisch ausgeheckt, und wir lernen an diesem Abend, daß man in Frankreich, noch dazu so halb privat untergebracht, nicht einfach mit Übelkeit und ohne gegessen zu haben, in sein Bett kann. Noch wissen wir nichts davon. Noch sitzen wir alleingelassen auf den Barhockern, vor uns ein halbgeleertes Glas, in uns ein rebellierender Magen, dennoch guten Mutes und voller unberechtigter Hoffnung, den Abend nach unseren Vorstellungen zu verbringen. Irrtum! Wir werden ihn nach Lydies Vorstellungen verbringen, und Lydie ist wild entschlossen, uns den Salamigeruch und die nicht funktionierende Wasserleitung am Eßtisch vergessen zu lassen.

Der Speisesaal war früher einmal der Festraum für Familienfeiern. Hier wurde getafelt und getanzt, hier versammelte man sich an den Feiertagen, hier hätte man die Hochzeit gefeiert, wenn es zu einer gekommen wäre (ach, Padlou), von hier aus hat man den schönsten Blick in den Park und auf Papas Grab. Heute stehen sieben kleine Tischchen im Saal. Lydie, im schwarzen Gesellschaftskleid, Perlenkette, Rubine in den Ohren, eilig und kurzatmig, empfängt uns an der Tür und weist uns einen Platz zu. Ein Tischchen in der Fensternische, etwas abseits, sehr angenehm. Nun wedelt auch Jean herbei. Er trägt einen etwas blank gebügelten Anzug, weißes Hemd, Krawatte und eine Serviette über dem Arm. An den Füßen trägt er gemütliche Pantoffeln.

»*Ça va?*«

»Ja, ja, *ça va*«, sagt Ron ungeduldig. Dann teilt er Jean so gut es geht unser Anliegen mit.

»Wir sehr müde, wenig Hunger, nur Kleinigkeit, schnell essen, dann Bett.« Ob er die Karte bringt, damit wir uns etwas aussuchen können!

»*Ça va*«, grinst Jean und entfernt sich. Eine Karte bringt er nicht, weil es keine Karte gibt.

Statt dessen erscheint nun Lydie und tischt eine köstlich riechende Pastete auf, dazu Butter und Weißbrot. Die Pastete wird in einer hübschen Keramikform serviert und schmeckt wunderbar.

Wir langen tüchtig zu, nehmen mehrere Male, man hat ja doch Hunger. Danach lehnen wir uns zufrieden und gesättigt zurück. Sofort erscheint Lydie und wirft einen kurzen Blick auf die restlos geleerte Form.

»*Ça va?*« fragt sie uns, ohne zu lächeln.

»*Ça va!*« bestätigen wir zufrieden.

An sich möchten wir jetzt zahlen und aufstehen. Es geht nicht, Lydie bringt Melone mit Schinken. Es sieht sehr verlockend aus, ist hübsch angerichtet, und etwas Frisches kann nicht schaden. Der Schinken ist wunderbar zart. Ich will dies gerade bemerken, da schiebt Lydie ein kleines Tischchen heran. Auf dem Tischchen ein Rechaud, auf dem Rechaud eine Riesenplatte, auf der Platte gegrilltes Fleisch, üppig garniert mit Früchten und Gemüschen. Hätte ich nur nicht so viel von der schweren Pastete gegessen! Ich hoffe inbrünstig, daß sie, nachdem sie uns vorgelegt hat, den Wagen an andere Tische weiterschieben wird, kindlicher Irrtum, die Platte ist für uns allein. Ich beginne schon, mühsam zu kauen, Ron läßt die Blicke schweifen, wohin er sein Steak verschwinden lassen kann, in die Hosentasche kann er es nicht gut stecken, er schneidet es an und läßt es liegen. Sofort erscheint Lydie und überschüttet uns mit einem Wortschwall, dem wir folgendes entnehmen: Jean ist bloß aushilfsweise hier, er versteht nichts, er vergaß uns zu fragen, wie wir die Steaks mögen, durch, *à point* oder *rouge.* Ein unverzeihlicher Fehler, der nicht vorkommen dürfte. In Windeseile sammelt sie unsere Teller ein, stellt alles auf das Tischchen, rollt das Tischchen weg, uns in stummer Verzweiflung zurücklassend. Es dauert nur einige Minuten, wir haben gerade noch Zeit, uns kummervoll anzuseufzen und heimlich den Hosenknopf zu öffnen, da erscheint auch schon Jean mit Demutsgeste und dem verfluchten Tischchen. Auf dem Tischchen die Platte, auf der Platte ... Diesmal sind die Steaks blutig. Wir würgen jeder ein halbes hinunter. Den Rest würde ich gern unter der Serviette verstecken, es geht nicht, die Servietten sind aus Stoff, gut einen halben Meter im Quadrat, ich kann sie unmöglich auf den Teller legen. Lydie räumt mit undurchdringlicher Miene unsere Teller ab, sie gibt deutlich zu verstehen, daß wir unerträglich anspruchsvolle Gäste sind, denen man es nicht recht machen kann. Aber vielleicht mögen wir dieses köstliche kleine überbackene Fischgericht? Es wird in hübschen kleinen blütenförmigen Förmchen serviert.

Wir betrachten die Förmchen voller Gram.

»Genau wie die Seifenschalen«, bemerkt Ron.

»Wie bitte?«

»Ich finde, die Förmchen sehen aus wie die Seifenschalen im Bad!«

»Ach so, ja!«

Er wirft mir einen beleidigten Blick zu und sagt: »Deine Konversation heute abend ist mehr als mäßig!«

»Für eine Sterbende finde ich mich noch ganz anregend!«

Wir pulen ein bißchen Fisch unter der schönen, fetten Kruste hervor und schieben die seifenschalenähnlichen Förmchen fort. Anschließend lehnen wir uns sacht zurück und glotzen uns mit hervorquellenden Augen stumpfsinnig an. Ich bin gerade noch fähig zu bemerken, daß ein Franzose vom Nebentisch immer wieder zu uns herüberblickt. Als er meinem Blick begegnet, deutet er mit einer kaum wahrnehmbaren Geste zu meinen Füßen. Ich gucke diskret an mir hinunter und sehe, daß sich die große Serviette in unschöner Art und Weise um meine Schuhe gewickelt hat, dafür grinst mein durch den geöffneten Reißverschluß enthemmter praller Bauch frech ins Freie. Eigentlich hätte die Serviette ihn verhüllen sollen. Ich bin noch mit dem Problem beschäftigt, unauffällig die Hose zu schließen, als Jean mit einer großen Schüssel Salat an uns herantritt.

»Weg!« versucht Ron ihn von unserem Tisch zu wedeln.

»Mais c'est formidable, ça va!« versucht Jean uns anzufeuern.

»Nix Salade?«

»Nix Salade«, bestätigen wir, zum äußersten entschlossen.

Auch die Käseplatte verweigern wir wie trotzige Kinder.

Mag Jean denken, was er will, natürlich, Käse schließt den Magen, sollen sie sich den Kopf darüber zerbrechen, was wir diese Nacht mit unseren nicht geschlossenen Mägen machen, das ist schließlich unser Problem. Ich schiebe die Platte energisch zurück und sage: *»Non!!«*

»Mais oui!!!« sagt Jean. Er stellt die Platte ab und preist uns das reichhaltige Angebot der Reihe nach an. Soll er, wir hören gar nicht hin und zeigen keine Reaktion, obwohl Lydie hinter Jean auftaucht und uns schweigend mustert. Die Käseplatte verschwindet schließlich, wir wollen gerade aufstehen, es geht nicht so schnell

wie sonst, wir sind vom langen Sitzen etwas steif geworden, auch muß Ron zunächst einmal die Hose schließen, da erscheint wie von Zauberhand eine kleine Torte auf dem Tisch. Wir starren sie an, wie eine Sinnestäuschung. Die Torte hat einen zuckrigen grünen Überguß und ist mit kleinen Marzipanröschen garniert. Ich schneide mir einen winzigen Bissen ab und schiebe ihn auf dem Dessertteller unglücklich hin und her. Ron zermalmt mit Todesverachtung eines der Marzipanröschen. Dann wollen wir fluchtartig den Tisch verlassen. Nicht schnell genug! Lydie hindert uns daran. Sie läßt es nicht zu, daß wir uns erheben. Zu schnell, zu gierig haben wir uns auf die Torte gestürzt, anstatt erst einmal abzuwarten. Zu der Torte gibt es nämlich ein Glas Champagner, den kann man ja nun nicht einfach so runtergießen, nicht wahr? Pech, meine Lieben. Diesmal schneidet Lydie den Kuchen persönlich an, gibt jedem von uns ein ansehnliches Stück auf den Teller, jedes garniert mit einem Marzipanröschen.

»*Voilà!*« sagt sie befriedigt und bleibt an unserem Tisch stehen und sieht zu, wie wir mit der Behendigkeit eines hundertjährigen Sägewerks den Kuchen zwischen den Zähnen zermalmen. Ich habe mich inzwischen mit allem abgefunden, bis in alle Ewigkeit werde ich hier sitzen und kauen und schlucken. Gräßliche Erinnerungen an nicht geleerte Teller aus Kinderzeiten tauchen auf, Sprüche der Art: ›Nur wer brav den Teller ausißt …‹ und ›Wer will wissen, wen ich liebe?‹ – Ja, es klappt wieder einmal. Als wir den letzten Krümel hinuntergewürgt haben, lächelt Lydie zum erstenmal.

Und sie hat auch schon die Belohnung parat.

Ob wir in ihrem Salon noch ein Glas miteinander trinken wollen. In ihrem Salon? Im Privatsalon?

Wir zögern. Eigentlich möchten wir nicht mehr sitzen, eher liegen, schön ausgestreckt, von allen Fesseln befreit, im weiten Nachthemd, nur noch still liegen. Die Hände über dem Bauch gefaltet. Auch an ein Glas, gleich welchen Inhalts, möchten wir im Moment nicht einmal denken. »Also heute ist es vielleicht schon ein bißchen zu spät, aber morgen …«

»Meine Schwester Gisèle erwartet Sie!« sagt Lydie.

Nehmen Sie den Ausdruck unserer freundschaftlichsten Gefühle entgegen!

Der Gang, welcher zu den Privatgemächern führt, zeichnet sich durch kostbare, stark vergilbte Seidentapeten, blinde Spiegel und zierliche Säulen aus, und ich überlege instinktiv, hinter welcher der Säulen sich wohl einst Padlou versteckt haben mochte, um die schönen Schwestern vorüberwandeln zu sehen. Heute geht Lydie mit festen Schritten an sämtlichen Säulen vorbei, ohne sie auch nur eines Blickes zu würdigen, geschweige denn, sich sentimentalen Erinnerungen hinzugeben, und Ron und ich keuchen mit klemmendem Hosenbund hinterher. Selbst die Freude, Gisèle wiederzusehen, ist unter der Masse grünen Zuckergusses erstickt worden. Endlich öffnet Lydie eine hohe Flügeltür und läßt uns eintreten. Der dunkle, kleine Raum ist mit Möbeln zugestellt, denen man unschwer ansieht, daß sie zu besseren Zeiten für ganz andere Räumlichkeiten angeschafft worden sind, und der dämmert nun wie ein mißgelaunter Greis vor sich hin. Auch hier blicken Ahnen todernst aus güldenen Rahmen auf uns nieder. Lydie schiebt zwei der entsetzlich steifen, hochlehnigen Stühle zurecht und weist uns an, Platz zu nehmen. »*Un moment, attendez!*«

Sie geht rasch hinaus und schließt die Tür hinter sich. Wir sitzen uns wie Fremde gegenüber und wissen nichts zu sagen. Eine alte Uhr tickt zum Verzweifeln, irgendwo in der Wand rauscht jenes Wasser, welches in unserem Bad niemals ankommen wird, draußen knarrt ein Fensterladen, sonst ist alles still. Ein schweres, trauriges Schweigen lastet über dem Raum und auf jedem einzelnen Möbelstück.

Endlich sagt Ron: »Ich zähle jetzt bis zehn, und dann gehe ich in mein Bett. Hab' das ganze Schloßdasein zum Sterben satt!«

Er zählt bis zehn und dann noch mal bis hundert, ohne daß etwas geschieht. Wie Wachsfiguren, die man vergessen hat, sitzen wir uns auf den harten Stühlen gegenüber, sehen uns an, sehen den leeren Kamin an, betrachten die Ahnen.

»Ziemlich kalt für Ende Juli«, sagt Ron schließlich.

»Ja!« sage ich. Dann verfallen wir wieder in Schweigen. Selbst das Wasserrauschen in der Wand hat aufgehört.

Schließlich hören wir in weiter Ferne das Schlagen einer Tür und Schritte, die rasch näher kommen. Sofort verändern wir unsere Haltung, setzen uns gespielt lässig auf den Stühlen zurecht und tun so, als ob wir uns unterhielten, indem wir einfach belangloses Zeug von uns geben. Die Tür öffnet sich, und Lydie und Gisèle erscheinen. Beim Anblick Gisèles durchläuft mich ein freudiger Schauer, und ich will schon aufstehen, um sie in die Arme zu schließen, als ich mitten in der Bewegung innehalte. Denn dies hier ist offensichtlich eine ganz andere Gisèle als die, die wir an *Pas de loups* Seite so außerordentlich lachlustig und charmant kennengelernt haben. Sie reicht uns in bester Gesellschaftsmanier die Hand und sagt: *»Bonjour, comment allez-vous!«*

Wir starren sie maßlos erstaunt an und sagen: *»Merci!«*

Dann nehmen wir unsere Plätze wieder ein. Lydie öffnet eine Flasche Champagner und gießt ein. Wir bemühen uns um eine höfliche Konversation. Lydie erzählt, daß die Familie ursprünglich aus Paris stamme. Sofort bringe ich an, daß Paris heute mehr als zwei Millionen Einwohner hat. Ron beteiligt sich nicht an diesem Thema (obwohl er sehr schön bemerken könnte, daß einer dieser zwei Millionen ständig den Polizisten nach dem Eiffelturm fragt) –, aber Lydie widerspricht heftig. Sie steht sofort auf und holt ein Lexikon. Es ist nicht auf dem allerletzten Stand, aber es teilt uns unmißverständlich mit, daß Paris mehr als zwei Millionen Einwohner hat. Lydie zieht die Mundwinkel im rechten Winkel nach unten und sagt beleidigt: *»C'est fatal!«* Sie erzählt uns, daß sie das Schloß seit zwanzig Jahren nicht verlassen habe und überdies jeglicher Art von Reisen abgeneigt sei. Während all dieser Jahre hat sich nun ohne ihr Wissen und ohne ihre Zustimmung die Pariser Bevölkerung wie die Kaninchen vermehrt. *Dégoûtant!*

Gisèle beteiligt sich nicht an unserer Unterhaltung, sondern starrt unverwandt ihre Schwester an. Wenn unsere Blicke sich rein zufällig begegnen, lächeln wir uns verlegen zu.

Die kleine Flasche geht bald zur Neige. Wir sitzen vor unseren leeren Gläsern, und ich denke, daß dies ein guter Anlaß sei, die Party zu beenden. Ich versuche, mit Ron Kontakt aufzunehmen, indem ich ihm unter dem Tisch zart auf den Fuß trete und gleichzeitig mit dem Kopf eine Geste zur Tür hin mache, aber Ron scheint meine Andeutung mißzuverstehen. Ich sehe, wie er sich konzentriert, innerlich offenbar gerade eine ganz bestimmte Seite in unserem Lehrbuch sucht und dann tief Luft holt.

»Die nächste Flasche bitte auf unsere Rechnung«, sagt er dann in makellosem Französisch. Der Satz fällt in die stagnierende Konversation, wie ein Stein in einen Teich fällt. Gisèle springt sofort auf und macht Miene, den Raum zu verlassen, wird jedoch von ihrer Schwester per *»Restez!!!«* daran gehindert. Lydie steigt selbst in den Keller, derweil Gisèle gehorsam wieder Platz nimmt. Ich habe meine abfällige Bemerkung über Lydie, welche ich Gisèle zuflüstern will, noch nicht ganz durchgestylt, als Lydie bereits zurück ist. Sie wirft uns der Reihe nach einen strengen Blick zu, ob wir uns auch während ihrer Abwesenheit nicht etwa daneben benommen hätten, und stellt dann die Flasche auf den Tisch. Es ist nur ein kleines Fläschchen, dessen Etikett nicht die allergeringste Ähnlichkeit mit dem Etikett jener Flasche aufweist, die wir soeben getrunken haben. Ron sieht es mit Erschrecken. Mit der Geschicklichkeit eines erfahrenen Oberkellners entkorkt Lydie die Flasche und schenkt ein. Im Namen ihrer Schwester teilt sie uns mit, daß sie selbst Champagner nicht mögen. Sie können auch anschließend nicht schlafen. Wir trinken also schweigend und allein den Sekt, derweil Lydie und Gisèle vor ihren leeren Gläsern sitzen und sich damit begnügen, uns beim Trinken zuzusehen. Hin und wieder machen sie Bemerkungen wie: »Es war ein kalter Frühling in diesem Jahr!« Oder: »Papa sagte immer: ›Je heißer der Sommer, um so kälter der Winter!‹« Wir sagen auf alles *oui* und sind bemüht, auch dieses Glas noch zu leeren. Die Hälfte des Champagners lassen wir stehen.

Ron erhebt sich und sagt, es sei Zeit, ins Bett zu gehen. (Lektion: *À la maison*). Sofort schießen beide Damen von ihren Stühlen und reichen uns mit spürbarer Erleichterung die Hand. Lydie fragt, ob wir imstande seien, das ›Fürstenzimmer‹ allein zu finden. Wir sagen, daß wir das sicherlich fertigbringen werden. Sie knipst die Flurbeleuchtung an, und beide Damen stehen in der Tür, wie Gastgeber in der Tür ihres Hauses stehen, um den abreisenden Freunden nachzusehen, nur daß die herzlichen Abschiedsworte fehlen!

Am Ende des Ganges drehe ich mich noch einmal um, um gegebenenfalls zu winken, aber die Tür ist bereits geschlossen.

Ich transportiere mein Bettzeug ins Bad und bette mich auf das blaubezogene Samtsofa. Ron legt sich gottergeben in das Himmelbett. Es ist totenstill. Durch das weitgeöffnete Fenster grüßt Amor.

Am nächsten Morgen ist uns nicht besonders gut.

Es muß an dem reichhaltigen Menü liegen, das uns nicht so recht bekommen ist, oder an der ersten oder der zweiten Champagnersorte, oder daran, daß wir trotz Jeans gutgemeinter Ratschläge den Käse zurückgewiesen haben, demzufolge unsere Mägen während der Nacht nicht ordnungsgemäß verschlossen waren. Wie dem auch sei, wir verzichten auf das Frühstück, welches uns von Jean grinsend ins Zimmer getragen wird, und nehmen jeder nur ein ganz kleines Schlückchen von dem Kaffee zu uns. Er schmeckt uns nicht, Ron behauptet, er schmecke nach Maggi. Das altbackene, scharf geröstete Brot und das ganze Stück Butter von der Größe eines Zweipfennigstückes lassen wir zurückgehen. Ron ist gleich nach dem Aufwachen zu mir ins Bad gekommen, schlappt grämlich umher, wirft mißgelaunte Blicke auf das blütenförmige Waschbecken und die goldenen Hähne und versucht, seinen elektrischen Rasierer in Gang zu bringen. Es geht nicht. Zwar paßt der Stecker in die Steckdose, aber der Strom tröpfelt ebenso zögernd durch die Leitung, wie das Wasser aus dem Hahn kommt.

»Wahrscheinlich muß man im Fürstenzimmer nach dem Barbier verlangen«, sagt er, »und die persönliche Toilette durch Junker und Kammerzofe besorgen lassen; ach, wie ich diesen Halbadel hasse.«

»Sprichst du von Lydie und Gisèle?«

»Nee«, grinst Ron. »Von uns. Übernachten in 'nem Fürstenzimmer, aber sich auch nur 'nen einzigen schäbigen Dienstboten zu leisten, dazu langt's nicht!«

Ungewaschen, fern der Heimat, Ron darüber hinaus unrasiert, packen wir unsere Reisetaschen. Wir werden jetzt forsch an die Rezeption gehen und die Rechnung verlangen. Sollte man fragen, warum wir so überstürzt abreisen, so werden wir sagen, gänzlich unvorhergesehene geschäftliche Zwischenfälle würden die sofortige Heimreise leider erzwingen. Sollen sie sich doch den Kopf darüber zerbrechen, wie wir so früh im gänzlich telefonlosen Fürstenzimmer an die Geschäftsinformationen gekommen sind.

Hinter der Rezeption grinst Jean. Er versteht erst lange nicht, was wir wollen, dann bedauert er. Die Damen seien heute früh auf den Markt gefahren, er selbst sei leider nicht befugt, die Rechnung auszustellen. Die Damen werden gegen Mittag jedoch zurücksein, dann können wir das in aller Ruhe regeln. »Es sind übrigens Deutsche hier!« bemerkt er noch, wahrscheinlich in der Hoffnung, daß diese Mitteilung unsere Mienen aufhellen wird. Wir danken ihm für diese Auskunft. Der Wagen aus Gelsenkirchen steht jedoch nicht mehr im Hof. Es stehen außer unserem eigenen überhaupt nur noch zwei Autos dort. Ein grauer, reichlich verrosteter Citroën und der Karren des Fleischlieferanten.

Den ganzen Vormittag umkreisen wir gottergeben das Schloß und gehen im Park ›so für uns hin!‹. Es gibt einen Rundweg, der am Ufer der Loiret entlang und durch den angrenzenden, zum Park gehörenden Wald wieder zum Schloß zurückführt. In dem Wäldchen entdecken wir eine sehr romantische, halb verfallene Grotte und ein unkrautüberwuchertes, säulengeschmücktes Lusttempelchen. Als wir zum drittenmal an dem Tempelchen vorbeikommen, sagt Ron: »Hier wird Padlou einst gezwitschert haben!«

»Wahrscheinlich«, sage ich.

Als wir die Stelle zum viertenmal erreichen, sagt Ron: »Komm, wir gehen mal rein!«

»Es sieht so unwegsam aus«, gebe ich zu bedenken. »So feucht grünschimmlig verungeziefert.«

»Ich will dich eigentlich drinnen was fragen«, sagt Ron und betrachtet die bemoosten, zusammengesunkenen Stufen, die hinaufführen.

»Was denn?« frage ich geistesabwesend.

»Ob wir nicht endlich heiraten wollen!«

»Warum denn so plötzlich, so überstürzt?« erschrecke ich.

Ron grinst. »Ich finde«, sagt er dann sehr bedächtig und Wort für Wort betonend, »daß wir uns dem Verhalten alter Ehepaare schon sehr angepaßt haben. Seitdem wir in Frankreich sind, sprechen wir beinahe kein einziges Wort mehr miteinander.«

»Weil wir dauernd sprachlos vor Überraschung sind«, lache ich. »Das ändert sich wieder.«

»Wenn wir wieder zu Hause sind, sollten wir trotzdem mal darüber sprechen«, sagt Ron.

Um zwölf sind die Schwestern noch immer nicht vom Markt zurückgekehrt. Auch von Jean ist nichts zu sehen. Es hat angefangen, sanft zu regnen, und wir wissen nicht, wo wir bleiben sollen. Ron will sich nicht schon wieder auf die blausamtene Recamière legen, obwohl ich ihm diesen Vorschlag mache. »Laß uns lieber nach Blois fahren«, sagt er, »die Zeit totschlagen!«

Blois ist ein hübsches kleines Städtchen mit alten schiefergedeckten Häusern und krummen Gassen und einem Schloß, das so imposant ist, daß dem kümmerlichen Château Bel Air von Rechts wegen die Schamröte ins Gesicht steigen müßte und seinen Besitzerinnen auch. Ron weist auf das trutzig von seinem Hügel auf die Stadt hinunterblickende bombastische Gemäuer mit seinen Ecken und Türmen und sagt: »So habe ich mir Bel Air vorgestellt.«

»Deine Vorstellungskraft übertreibt«, sage ich.

»Nee«, sagt Ron, »die von Padlou!«

Inzwischen gießt es wie aus Eimern. Wir laufen noch ein wenig, unter dem kleinen Regenschirm eng aneinandergeduckt, die Straßen ab, dann betreten wir das ›Café de la Republique‹. Ein trüber Laden für einen so hochtrabenden Namen, das muß man schon sagen. Die *Republique* braucht nicht unbedingt stolz darauf zu sein. Eine dämmrige Atmosphäre nimmt uns auf, es riecht nach kaltem Rauch und Wein. Am *Zinc* träumen Patron und Katze vor sich hin, in einer Ecke hauen drei alte Männer Karten auf eine schmierige Filzunterlage. Wir treten an die Theke. Der Patron erwacht aus seinen Träumereien und kehrt behende ins Diesseits zurück. Zunächst bearbeitet er den *Zinc* mit einem fettigen Lappen und schiebt uns den Aschenbecher zu. *»Voilà«,* teilt er uns zufrieden mit und schnippt noch ein Stück alten Baguettes vom *Zinc* in die Dunkelheit der Gaststube. Dann sagt er noch einmal: *»Voilà!«* Er hat alles getan, damit wir uns wohl fühlen. Wir bestellen einen kleinen Roten und fragen, ob er auch was zu essen habe. Er hebt bedauernd die Schultern. *Hélas,* nein, er habe nur ein kleines Café, keine Küche, nur ein kleines Café, wo man schnell mal was trinken könne. Er sieht uns aus schwarzen Triefaugen bedauernd an. Plötzlich schlägt er sich mit der flachen Hand vor die Stirn und verschwindet in den Keller.

Fünf Minuten später ist er wieder da und trägt eine Keramikschüssel im Arm. *»Délicieux!«* teilt er uns mit und wirft ein sauberes Küchenhandtuch über die Theke. Darauf verteilt er Teller, Baguette, Butter, die Schüssel kommt in die Mitte. Ich recke neugierig den Hals. *»Foie gras!«* flüstert unser Patron. Er formt Zeigefinger und Daumen zu einem Kreis und küßt seine Fingerspitzen, während er schmachtende Blicke zur verräucherten Stubendecke emporwirft. Dann beugt er sich über den *Zinc* und winkt mich vertraulich zu sich heran. Sein Bart kitzelt meine Wange, als er mir folgendes ins Ohr flüstert: Seine Mama stopfe die Gänse selbst, nach … nun nicht ganz erlaubten Methoden, aber das ergibt eine Leber!!! Wie ein Stück vom Himmel. Der liebe Gott habe nichts dagegen, der freut sich, wenn es seinen Kindern schmeckt. Und die Gans, *hélas,* sowieso tot! Alle sprechen von den Gänsen, von seinem Onkel Gustave spricht keiner. Dessen Leber sei auch kaputt gewesen, vollkommen kaputt, aber nicht von Futter, von Wein. »Viele arme Franzosen vollkommen kaputte Leber«, setzt er bedauernd hinzu. *»Hélas!«* Ron hat sich meine angeregte Flüsterei mit dem Patron mißtrauisch betrachtet. Jetzt sagt er: »Was will er? Du, das sage ich dir, ich esse nur, wenn du auch was ißt, und er auch!«

»Wir essen alle«, beruhige ich ihn. Und das tun wir auch. Die Pastete, alle armen, gequälten Gänse mögen mir bitte verzeihen, schmeckt tatsächlich wie ein Stückchen vom Himmel, nein wie der Himmel selbst. Der Geschmack ist sehr zart und sehr fein, ein bißchen wie Nougat, und zergeht auf der Zunge. Als der Patron fragt, ob wir noch mehr wollen, stimmen wir freudig zu.

»Ihr Allemands«, stellt der Patron kauend fest. »Krieg nix gut mit Allemands, heute gut, heute Allemands Touristen, bringen Geld. Früher kamen mit Panzer, heute kommen mit Mercedes.« Er schlägt sich lachend auf die Schenkel. »Mercedes besser!« fügt er hinzu.

Wir verbringen zwei anregende Stunden mit ihm. Längst wissen wir, daß er aus Orléans stammt, zwei erwachsene Söhne sind beim Militär.

»Militär nix gut, zuviel bum bum!«

Das bestätigen wir gern. Nein, Militär nix gut. Als wir schließlich nach der Rechnung fragen, wehrt Fréderic energisch ab. Non, wir waren seine Gäste, jetzt sind wir seine Freunde. »Fürs Wiederkommen«, sagt er und steckt uns noch eine Flasche Rotwein und den Rest von der Gänseleberpastete in die Tasche.

Sehr beschwingt und angeregt betreten wir die Straße. Es ist vier Uhr. Wenn die Schwestern jetzt immer noch nicht vom Markt zurückgekehrt sind, werden wir eine Nachricht hinterlassen und einfach so abfahren. Mag *Pas de loup* später die Angelegenheit in unserem Namen regeln. Daß uns das nicht schon heute morgen eingefallen ist. Irgendwie hat uns die mit Fréderic am *Zinc* verbrachte Stunde selbstbewußt gemacht. Die Welt sieht ganz anders aus. Flott gehen wir über die Straße zu unserem Wagen. Wir unterhalten uns angeregt.

»Lydie hat einen ganz schön dicken Hintern«, teilt Ron mir mit. »Das werde ich Padlou aber sagen!«

»Und ich werde ihm sagen, daß es in unserem Zimmer nach alter Salami gestunken hat und aus den Hähnen kein Wasser floß; er braucht sich mit seinem blöden Schloß gar nicht so dicke zu tun. Strenggenommen ist es auch gar kein Schloß, sondern bloß ein altes, langweiliges Herrenhaus, wie früher fast jeder eins hatte!«

Vollkommen zufrieden mit der Welt und mit uns selbst, fahren wir die Straße entlang. Der Regen hat aufgehört, blauer Himmel blitzt zwischen den Wolken.

»Vielleicht wird das doch ein ganz schöner Urlaub«, stellt Ron gerade fest, als uns in rasantem Tempo ein Wagen überholt, schneidet und zum Anhalten zwingt. Zwei baskenbemützte Franzosen steigen aus und kommen winkend auf uns zu. Es sind Ruppi und Claire.

»Hallo, hallo, wir fahren schon die ganze Zeit hinter euch her, aber ihr merkt ja nichts!« umarmen sie unsere stotternde Verblüffung.

»Ja, da guckt ihr, was?« In der Tat, wir gucken, nämlich fassungslos, diese nachgemachten Franzosen an, die wie wandelnde Klischees durch Frankreich reisen.

»Ja, wir haben ganz plötzlich schon Urlaub bekommen und uns entschlossen, doch jetzt schon zu Madame zu fahren. Kinder, was werden wir saufen! Wehhagens kommen auch hin, aber erst in 'n paar Tagen, Willi konnte das leider nicht eher einrichten, ihr wißt ja …«

Wir wissen, das Angelgeschäft.

»Wo ist denn eigentlich euer Schloß?« fragt Claire und sieht mich streng an. »Gestern haben wir es den ganzen Tag gesucht und jeden gefragt, aber keiner kannte es.«

»Es liegt sehr versteckt«, sagt Ron. »Die Schwestern sind sehr scheu. Sie leben in ständiger Angst vor neugierigen Gaffern. Deshalb gibt es auch gar keine Zufahrtsstraße.«

»Muß ein komischer Laden sein«, sagt Ruppi, »aber wir wollen noch weiter. 'n bißchen die Gegend angucken. Morgen werden wir trotzdem noch mal versuchen, das Schloß zu finden. Mach mir mal 'ne kleine Skizze, nach der wir uns richten können!«

»Wir fahren morgen ganz früh ab und bleiben lieber auf der Rückfahrt noch ein paar Tage«, sagt Ron schnell. Und ich: »Wie wär's, wenn wir uns morgen mittag in La Rochelle im ›Coq rouge‹ zum Essen treffen? Liegt direkt im Zentrum, kennt jedes Kind. Sagen wir zwischen eins und zwei!«

»Einverstanden, also bis morgen! Kommt gut hin!« Sie winken und laufen zu ihrem Wagen, Ruppi verliert dabei seine Baskenmütze, ein Renault walzt sie vollends platt.

»Woher kennst du denn das ›Coq rouge‹«, erkundigt sich Ron, als wir weiterfahren. »Kenn' ich doch gar nicht«, sage ich vergnügt, »aber dadurch sind wir sie losgeworden. Gott, bin ich froh, daß ich heute nacht nicht schon wieder auf der Recamière schlafen muß, mir tun jetzt noch sämtliche Halswirbel weh.«

»Ich werde mein Himmelbett auch ohne Wehmut verlassen«, sagt Ron, »und die dämlichen Schwestern auch.«

Es geht uns gut, wir sind wirklich sehr beschwingt.

Als wir ins Schloß zurückkehren, hat Lydie bereits wieder ihren Posten hinter der Brustwehr bezogen. Sie blickt uns ausdruckslos an und neigt nur kurz den Kopf. Wir grüßen ebenso distinguiert zurück und tasten uns den Gang entlang, um ins Fürstenzimmer zu kommen. Wie gut wir uns jetzt schon hier zurechtfinden. Die Taschen sind bereits gepackt, wir tragen sie an Lydie vorbei. Sie betrachtet uns stumm. Wer zahlt?

»Am besten regelst du das«, sagt Ron. »Du kannst besser französisch! Außerdem managt man das besser unter zwei Frauen!«

»Wie sieht das denn aus«, widerspreche ich heftig. »Für so was ist der Mann zuständig. Die denkt ja, du stehst unter meinem Pantoffel!«

»Ts-ts-ts«, macht Ron. »Die Emanzipation ist eine klug eingefädelte Sache, jederzeit rückgängig zu machen. Außerdem denkt Lydie das sowieso!«

»Was?«

»Daß ich unter deinem Pantoffel stehe!« Er wirft mir noch einen wenig freundschaftlichen Blick zu, aber er geht. Richtet sich stolz auf, strafft die Schultern und geht.

Ich mache mich noch ein bißchen am Auto zu schaffen, richte das Gepäck, schlage sogar die Fußmatten aus, ein etwas schlechtes Gewissen habe ich doch, ich hätte wenigstens mitgehen sollen, da huscht jemand um die Hausecke. Es ist Gisèle. Sie drückt mir verstohlen ein Paket in die Hand. In der Meinung, daß es sich um eine etwas verspätete Freundschaftsgeste handelt, will ich ihr gerade überschwenglich danken, da fällt sie mir ins Wort. Das Paket enthält ein Geschenk für Padlou. Lydie darf es nicht wissen, sie ist seit langem böse mit Padlou, was wiederum er nicht weiß. Aber seine ewigen Besuche auf Bel Air öden Lydie schon lange an. In diesem Jahr hat sie sich entschlossen, das Schloß an eine Hotelkette zu verpachten. Strenggenommen sind sie und die Schwester bloß noch Angestellte im eigenen Haus. »Es ist serr traurisch!« sagt Gisèle. »Serr traurisch.« Sie küßt mich noch einmal rechts-links-rechts und huscht davon.

Im selben Augenblick erscheint Ron. Sein Gesicht ist ganz rot. Er wirft einen Zettel aus einfachem kariertem Schreibpapier, ohne Aufschrift und Stempel, in meinen Schoß und gibt Gas. Mit quietschenden Reifen verlassen wir den Schloßhof.

Wir fahren schweigend dahin. Ich betrachte Ron von der Seite. Er muß Schreckliches erlebt haben. Endlich sagt er: »Willst du wissen, was sie für den dämlichen Champus verlangt hat, den wir gestern abend auf ihr Wohl getrunken haben?«

»Ja?«

»Über hundert Franc. Für die kleine Flasche mit dem unlesbaren Etikett, über hundert Franc! Und für das Drecksmenü, das wir doch gar nicht haben wollten? Und für die stinkende Räucherbude? Und für das alberne Seifenschälchen und die wasserlosen blöden Hähne? Willst du das wissen?«

Ich weiß es schon, es ist mehr, als je zuvor im Schloß gezahlt wurde. »Und alles schreibt sie auf diesen Schmierzettel, ohne Stempel natürlich, damit man's niemals reklamieren kann. Feine

Baronessen, das muß man schon sagen, feine Freunde. Sie hat natürlich ausgenutzt, daß ich nicht genug Französisch kann«, setzt er verbittert hinzu.

Wir fahren schweigend dahin. Es ist Abend. Der Himmel ist von einem fernen blassen Blau. Er spiegelt sich in der Loire. Weiden lassen ihre Zweige über dem Wasser schleifen. Was wir heute schon alles erlebt haben! Nachmittags Fréderic, der seine kostbare Pastete und zwei Stunden seines Lebens mit uns teilte und uns ›fürs Wiederkommen‹ noch beschenkt hat, und abends Lydie, die sich auf unsere Kosten bis an die äußerste Grenze des eben noch Vertretbaren bereichert hat. Trotzdem ist es wunderbar, in diesen stillen Abend hineinzufahren. Ich lehne mich zurück und schließe die Augen.

»Leute dieser Art, wissen Sie, Monsieur, die plaudern nicht, die rechnen! Trallalala, tamm tamm ...«

»Brecht?«

»Brel!«

»Wird auch bombig verdient haben«, sagt Ron.

Etwa zur selben Zeit setzt sich Lydie an den kleinen antiken Sekretär im grünen Salon und schreibt, nachdem sie in ihrer gestochen säuberlichen Schrift unsere Ausgaben zu den Einnahmen verbucht hat:

Château Bel Air
29. Juli
Liebe Freunde,
mich drängt es, Ihnen mitzuteilen, wie entzückt ich bin, Ihre Bekanntschaft gemacht zu haben. Wir waren bezaubert von Ihrem Charme und Ihren hervorragenden Französischkenntnissen und werden uns immer mit großer Freude an die mit Ihnen verbrachten Stunden erinnern. Wir hoffen inständig, daß Sie unser Château jedesmal aufsuchen werden, wenn Sie durch das Loiretal reisen. Das Fürstenzimmer werden wir stets für Sie bereit halten.
Nehmen Sie den Ausdruck unserer freundschaftlichsten Gefühle entgegen
Ihre Lydie und Gisèle de Rodier von Château Bel Air

Der Brief liegt wochenlang im Salon, dann bringt ihn Jean endlich zur Post. Er wird uns Anfang Oktober erreichen.

Leute dieser Art, wissen Sie, Monsieur ...

»Sollen wir hier mal fragen?« meint Ron und tritt auf die Bremse. Wir sind in Amboise, nicht allzuweit von Blois entfernt. Auch Amboise hat ein Schloß, welches das von Lydie und Gisèle weit in den Schatten stellt. In der Kapelle sollen die Gebeine von Leonardo da Vinci liegen. Bel Air verfügt nicht einmal über eine Kapelle, von kostbaren Gebeinen ganz zu schweigen. Unweit vom Schloß befindet sich ein nettes kleines Hotel, das ›Etoile‹.

»Geh du rein«, sagt Ron, »ich seh' so unrasiert und unzivilisiert aus, da denken die, wir seien Landstreicher, und winken gleich ab.« Ich blicke an mir hinunter. Auch meine Schönheit ist durch den Schloßaufenthalt stark mitgenommen. Ich komme mir vor wie jemand, den Gastgeber mit erhöhter Stimme fragen, ob man sich nicht zunächst einmal frischmachen wolle. Genau danach steht mir der Sinn. Nach einigem Hin und Her beschließen wir, das Problem gemeinsam anzugehen, und betreten die Halle des ›Etoile‹. Eine sehr gut parfümierte Dame im schwarzen Gesellschaftskleid eilt uns entgegen. Ihr Gesicht ist hellrosa geschminkt, der Mund grellrot. Er sieht aus wie eine Rose, die jemand auf einen Dessertteller gelegt hat. Die schöne Dame trägt das Haar straff aus der Stirn gekämmt, im Nacken ist es mit einem Schildpattkamm zusammengehalten. Ihre Ohren sind mit Perlen geschmückt. In den blauumschatteten Augen glitzert es einnehmend. »Wir werden hier aber nichts essen«, teilt Ron mir sofort und im Flüsterton mit. »Wir haben ja noch die Pastete und etwas Baguette. Das wird mal ein gemütlicher Abend zu Hause!« Die schöne Dame ist näher getreten und hat ihr Willkommenslächeln eingeschaltet.

»Eskeschepöwurendreänservis?«

Ah, sie will uns einen Service erweisen. Aber gern! Wir verstehen jetzt doch schon eine Menge, heute nachmittag bei Fréderic haben wir bisweilen sogar vergessen, daß wir französisch sprachen.

»Ja, wir hätten gern ein Doppelzimmer mit Bad«, sage ich.

»Für eine Nacht!« fügt Ron hinzu.

Die Dame wirft uns einen langen Blick zu, dann blättert sie in einem Buch.

»Es ist Hauptsaison«, teilt sie uns mit. »Das Loiretal wird besonders häufig und besonders gern von den Fremden besucht.«

Warum erzählt sie uns das?

»Ich hätte da noch ein sehr hübsches Doppelzimmer mit Bad ...«

»Was kostet es?« fällt Ron ihr ins Wort.

»220 Franc!« Die Dame lächelt gewinnend. *»Pas cher!«* fügt sie aufmunternd hinzu. Nein, *pas cher.* Insgeheim hatte ich mit mehr gerechnet. Die unmittelbare Nähe des Schlosses und der Gebeine da Vincis müssen schließlich auch berücksichtigt und bezahlt werden.

»Wir nehmen das Zimmer«, sage ich schnell.

»Wir wollen es erst ansehen«, sagt Ron. Ich stoße ihn an, und die Dame sagt: »Wir haben ohnehin nur noch das eine Zimmer frei! *Venez!«* Auf der Treppe dreht sie sich noch einmal um und bemerkt: »Es ist Hauptsaison!«

Ja, ja, wir wissen, das Loiretal wird besonders gern und besonders häufig von den Fremden besucht. Man muß glücklich sein, überhaupt irgendwo unterzukommen.

Das Zimmer ist wirklich hübsch. Es leuchtet wie eine Blumenwiese. Die Wände, der Einbauschrank, die Gardinen, das gepolsterte Bett: blumenübersät. Ein hübscher fröhlicher Anblick. Auch der Geruch ist in Ordnung. Das Zimmer riecht nach nichts. Wir sind sehr zufrieden.

»Wir sind sehr zufrieden!«

Die Dame lächelt und will gehen. An der Tür wendet sie sich noch einmal um und sagt: »Gegessen wird ab acht!«

»*Mais* ... wir wollen nicht essen!« sage ich erschreckt.

Und Ron: »Wir aßen bereits heute mittag sehr ausgiebig und ...«

Die schöne Dame interessiert es nicht im geringsten, ob und wieviel wir heute bereits verzehrt haben. Sie wendet uns wieder ihre volle Aufmerksamkeit zu, die Registrierkasse in ihren Augen beginnt beharrlich zu klingeln.

»Madame, Monsieur, Sie können das Zimmer nur mitsamt dem Menü mieten. Es ist der Brauch!«

So, so, es ist der Brauch. Nur mit Menü! Wir denken an unser gestriges Menü und an die Rechnung heute, und die Freude an den hübschen Blumentapeten weicht einer dumpfen Beklemmung. Die Dame läßt uns eine Minute Zeit, sorgenvolle Überlegungen anzustellen, dann hilft sie unserer Unschlüssigkeit auf die Sprünge. »Es ist Hauptsaison. Sie werden um diese Zeit kaum noch ein freies Zimmer finden. Außerdem ist es überall das gleiche. Die Hoteliers vermieten nur mit Menü. Sie können ja das kleine Menü zu 75 Franc nehmen«, sagt sie schließlich ein bißchen herablassend und mustert angelegentlich Rons sprießenden Bart und meine zerknitterte Bluse. Dann wirft sie einen gelangweilten Blick gegen die Stubendecke.

»Alors?« Wir stehen tölpelhaft im Raum, den Schreck des *coup de fusil,* den wir im Bel Air erlebt haben, noch in den Gliedern. Die Dame wartet, von unten ruft jemand sehr ungeduldig: »Suzanne ...«

»D'accord«, sagt Ron. »Wir nehmen Zimmer und Menü!«

»Voilà«, sagt Suzanne und klappert auf eiligen Hacken die Treppe hinunter. »Sie hat mich beleidigt«, bemerkt Ron und läßt sich auf der geblümten Tagesdecke des Bettes nieder. »Schwer beleidigt!«

»Wieso, sie hat doch gar nichts gesagt!«

»Aber sie hat so blöd geguckt, so, als ob sie es mit Landstreichern zu tun hätte, oder mit Leuten, die kein Geld in der Tasche haben. Das lasse ich mir nicht bieten.«

»Was wirst du denn tun?« frage ich neugierig. Ich betrachte Ron interessiert. Ich liebe und genieße es, ihn erbost zu sehen, es kommt so selten vor.

»Ich ziehe mich jetzt piekfein an und du auch, und dann schreiten wir gemessenen Schrittes die Treppe hinunter und nehmen im Speisesaal Platz und verlangen das große Menü mit allen Schikanen. Die wird sich wundern, es soll ihr noch ordentlich leid tun, uns so behandelt zu haben.«

Frisch gebadet, frisch gefönt, tadellos angezogen, ich überdies dezent nach Chanel duftend, betreten wir eine Stunde später den Speisesaal. Er ist in der räumlichen Konstruktion dem Speisewagen eines Intercity nachempfunden. Rechts und links sind an den Wänden entlang kleine Tische aufgereiht, in der Mitte hat man einen schmalen Gang freigelassen, den die schwarzgekleidete Dame, hochbeladen mit Geschirr und mit fliegenden Röcken entlangrast. Sie wirkt jetzt abgehetzt und nervös, kein Wunder, der Speiseraum ist bis auf den letzten Platz belegt. Wir stehen ihr in all unserer Eleganz unschlüssig im Weg.

»Samstagabend!« teilt sie uns mit verhetzter Stimme mit, ehe sie mitsamt ihrem klirrenden Tellerstoß hinter einer Schwingtür verschwindet. Der nächste Schwung fördert sie wieder zutage; sie trägt ein kleines Tischchen, so klein, daß es gerade noch an dem schmalen Wandstück zwischen der Küchen- und Klotür Platz findet.

»*Voilà!*« Wir plumsen erstaunt auf zwei äußerst unbequeme Stühle.

»*Voilà!*« schon fliegen uns zwei ledergebundene Speisekarten zu.

»*Voilà*«, fliegt die Getränkekarte hinterher.

»Zweimal das große Menü«, ruft Ron. Sie wirft uns im Vorüberlaufen einen erstaunten Blick zu.

»Das große?«

»Das große!«

»*D'accord!*« Schon ist sie vorbei, wie wunderhübsch wir angezogen sind und wie schön ich nach Chanel dufte, scheint sie gar nicht richtig mitzukriegen. Ron ist trotzdem wildentschlossen, den Abend diesmal zu genießen. »Diesmal werde ich das Diner richtig genießen«, sagt er. »Weil ich ja inzwischen auch weiß, was auf mich zukommt. Auf dem Zeltplatz geht es dann frugaler zu!« droht er mir vorsichtshalber an.

Was auf uns zukommt, ist so einiges.

Zunächst einmal die Schwingtüren, zwischen denen wir eingekeilt sitzen. Mal riecht es nach flambiert, mal nach Pissoir. Mal ziehe ich erschreckt den Kopf ein, mal Ron. Die Weinkaraffe und die kleinen Pfeffer- und Salzstreuer kommen aus der zitternden Erschütterung gar nicht mehr heraus.

Das große Menü ist sehr reichhaltig und sehr gut.

Zunächst gibt es wieder Pastete – die haben es hier mit den Pasteten –, diesmal liegt sie, mit glasierten Karotten garniert, auf grünen Salatblättern aufgebahrt. Nach Fréderics Leberpastete schmeckt sie allerdings wie einfache Leberwurst. Damit werden wir uns den Magen nicht wieder unnötig füllen, es ist erstaunlich, wie schnell wir lernen. Wir essen jeder ein kleines Häppchen mit dem vorzüglichen frischen Weißbrot, den Rest lassen wir zurückgehen. Als nächstes erscheinen Froschschenkel. Rons Befürchtungen, daß sie vielleicht grün sind und er sie deshalb nicht essen kann, bewahrheiten sich nicht. Sie sehen wie sehr kleine Hähnchenbeine aus, sind zart geröstet und in Knoblauchbutter geschmort. Sie sind köstlich. Leider können wir uns dem Genuß nicht so richtig hingeben – die zarten Beinchen in aller Ruhe abknabbern, das Brot in die Butter tunken, alles mit einem Schlückchen Wein hinunterspülen, denn die schöne Dame schiebt uns schon, noch ehe wir mit den Froschschenkeln fertig sind, den nächsten Gang nach. Ein überbackenes Fleischgericht. Es steht nahe an meinem linken Ellenbogen, dampft vor sich hin und kühlt rasch aus. Wir müssen, wenn wir es noch genießen wollen, die Froschschenkel halb abgenagt zur Seite legen und uns dann unverzüglich dem Fleischgericht zuwenden. Die Dame unterstützt unsere Bemühungen. Sie schiebt die Schüssel hart an den Rand meines Tellers und bringt so die Salatschüssel, in leichter Schräglage, auch noch unter. Nun, der Salat mag warten, er kühlt wenigstens nicht aus, wir schaufeln uns das überbackene Ragout auf den Teller.

Es ist leider nur noch lauwarm, sein Duft nach Kräutern und Käse mengt sich mit dem, der aus Küche und Pissoir an unseren Tisch schwingt.

Wir fangen nun unverzüglich mit dem Fleischgang an, geben uns alle Mühe, ihn so rasch wie möglich in unsere Mägen zu schaufeln. Der schönen Dame geht es nicht schnell genug, sie hat keinerlei Verständnis dafür, daß wir so lange und so umständlich kauen und ab und an auch noch zum Weinglas greifen. Sie sagt *»Fini? Hein?«* und schafft die halbgeleerte Platte in die Küche. Wir leeren unseren Teller, warten, ob sie uns für den Salat einen neuen bringt, die Dame versteht das falsch und glaubt, daß wir den Salat nicht mögen; schwupp, ist die Schüssel verschwunden. »Heh«, ruft Ron, aber sein kläglicher Protest geht im Stimmengewirr unter. Den Salat kriegen wir nicht wieder zu Gesicht, dafür erscheint ein feines kleines Tellergericht: Auf einem Sud aus Zwiebeln, Karotten und Lauch lagert ein zartes Fischfilet. Es ist nicht üppig, deshalb essen wir es mit Andacht. Jedesmal, wenn die Dame an unserem

Tisch vorbeiflitzt, prüft sie den Fortgang unseres Essens mit kritisch-prüfenden Blicken. »*C'est samedi!*« ruft sie uns einmal erklärend zu. Wir merken es, es ist *samedi,* in der Tür erscheinen in regelmäßigen Abständen Personen, welche ihrerseits unseren Tisch und das Fortschreiten unseres Menüs beobachten. Als ich mir das letzte Zwiebelchen auf die Gabel lege, marschiert ein freundlich grinsender Monsieur an unseren Tisch. »*Fini?*« fragt er, und schon schiebt auch Madame herbei. »*Fini?*«

Die schwarzgekleidete Dame erscheint und ergreift Partei. Die Herrschaften haben die ganze Zeit geduldig gewartet und möchten jetzt endlich essen. Ob wir wohl bitte den Tisch freimachen. Dessert und Kaffee serviert sie uns in der Halle, wenn sie bitten darf. Wir stehen kauend auf und gehen in die Halle. Die schöne Dame trägt uns den Pfirsich Melba hinterher. Wir sitzen in tiefen Sesseln vor einem gut ausgekehrten Kamin und löffeln unser Dessert. Von der Tür zieht es empfindlich kühl herein, die Beleuchtung ist erbärmlich. Das Dessert rutscht blitzschnell in unsere Mägen, da wir schon gar nicht mehr anders können. Sicher erscheinen gleich auch andere Gäste, welche ihren Nachtisch in unseren Sesseln sitzend essen wollen. Unser ganzer Aufenthalt im ›Etoile‹ hat inzwischen schon so etwas leicht Verschrecktes. Ron steht auf, um der schönen Dame mitzuteilen, daß wir bereit sind, den Kaffee zu uns zu nehmen, doch jetzt, wo wir unseren Platz geräumt haben, interessieren wir sie nicht mehr. Sie ruft: »*Tout de suite!*« und läuft vorbei. Der Kaffee kommt nie.

Samedi!

»Ich bin doch sehr beeindruckt von uns«, sagt Ron, als wir später im milden Mondlicht am Ufer der Loire spazierengehen.

»Ein Sechsgängemenü in einer knappen Dreiviertelstunde, das soll uns mal einer nachmachen.«

Mir drücken die vielen hastig geschluckten, halbgekauten Speisen irgendwie auf die Galle. Ich atme tief durch.

Der Abend ist sehr mild. Kein Mensch zu sehen. Der Wind säuselt leise in den Bäumen, der Mond hängt vor Betrunkenheit ganz schief.

»Es ist doch alles sehr schön«, sagt Ron neben mir und nimmt meine Hand und steckt sie fürsorglich zum Aufwärmen in seine Jackentasche.

»Weißt du was? Ich liebe dich!«

»Das freut mich«, sage ich. »Ich liebe dich auch. Wenn ich nur nicht so müde wäre. Komm, wir gehen in unser Zimmer, die Blümchen zählen.«

Es wurde dann noch eine sehr schöne Nacht, auch wenn die Blümchen ungezählt blieben, wir kamen nicht dazu!

Am nächsten Morgen bummeln wir stillvergnügt durch das Loiretal.

Wir sind gut gelaunt, die Sonne scheint, französische Vöglein zwitschern. Die Rechnung im ›Etoile‹ war recht üppig, aber doch kein *coup de fusil*. Wir haben den Aufenthalt trotz des hastigen Essens in guter Erinnerung. Zimmer und Bett sind ihren Preis wert gewesen. Ron singt: »Ich hatte mal ein Kind geküßt, das biß mich in die Nase ...« Komische Kinder muß er früher geküßt haben, alles was recht ist. Nun ja, wenn ich so an Betty denke ...

»Betty küßte überhaupt nicht gern«, sagt Ron, der offensichtlich auch gerade an sie gedacht hat. »Ich wette, daß ihr eine Stunde Pferdestriegeln mehr Spaß machte als ein Flirt mit einem Mann, egal wie fesch er auch immer daherkam. Abends saß sie gern am Kamin und stickte an einem Pferdekopf. Ab zehn war sie müde und zu nichts mehr zu gebrauchen. Wir haben uns trotzdem gut verstanden«, fügt er hinzu.

»Wieso eigentlich?« frage ich leicht gereizt. Ich bin immer leicht gereizt, wenn Ron das Thema auf Betty bringt. Zwar muß ich ihre Konkurrenz nicht fürchten, weil sie längst mit einem Reitstiefelfabrikanten verheiratet ist und auf Fotos selbst ein bißchen wie ein Pferd aussieht, vor allem um die Mundpartie herum, aber sie hatte eine Menge Fähigkeiten, die Ron zuweilen wehmütig erwähnt.

»Zum Beispiel, weil sie immer fair war!« sagt er jetzt. »Betty war niemals kokett, sie flirtete nicht sinnlos in der Gegend herum, was sie anfaßte, hatte System und bewies Verstand. Sie war einfach ein sehr guter Kumpel!«

»Den kann man unter Männern auch finden!«

»Eben!« sagt Ron kurz.

Wir fahren schweigend dahin. Dann sagt Ron: »Betty war nun mal Britin. Die kriegen frühzeitig eingetrimmt, daß es wichtiger ist, über den großen Graben setzen und mit Anstand verlieren zu können, als jedes zufällig vorbeikommende Mannsbild mit Versprechungen wild zu machen, die man später doch nicht hält. So sind nämlich diese Französinnen«, teilt er mir mit. »Sie appellieren mit all ihren Waffen an dein Herz und haben dabei doch nur die Brieftasche im Sinn, die vor dem Herzen ruht. Ich möchte keine von denen geschenkt. Denk nur mal an diese erbarmungslosen Hotelhyänen, wie sie dich ausräubern mit ihrem Marzipanlächeln. Wenn ich es so recht bedenke, hat mir bis jetzt eigentlich nur unsere Bekanntschaft mit Fréderic Spaß gemacht.«

Ach ja, Fréderic. Wir beschließen, sein Pastetengeschenk heute mittag zu verpicknicken, und den Wein, den er uns mitgegeben hat, auf sein Wohl zu trinken. Beim Durchwühlen des Kofferraumes fällt mir auch Giseles Geschenk für *Pas de loup* wieder in die Hand. Es handelt sich um ein quadratisches Päckchen, sorgsam in geblümtes Papier gewickelt, mit einem Bändchen verschnürt. Nun hat sich das Bändchen gelöst, das Papier ist bereits ein bißchen eingerissen, es ist nicht sonderlich schwer, an den Inhalt heranzukommen, meine Neugier hilft mir dabei.

»Laß es doch!« sagt Ron ungehalten. Er ist auch neugierig, aber seine gute Erziehung und sein ausgeprägter Sinn für *fair play*, hindern ihn gewöhnlich daran, dieser Neugier auch nachzugeben. Ich wickle vorsichtig das Papier ab, ein Kasten kommt zum Vorschein, auf dem Kasten steht: ›Mouson, Uralt Lavendel‹. Offensichtlich hatte *Pas de loup* seinerseits einst den Kasten samt Inhalt ins Schloß transportiert, nun bekommt er ihn neugefüllt zurück. Ich hebe den Deckel ab, da ruht, auf viel Glaswolle eine Flasche Wein. Ehrfürchtig hebe ich sie heraus ... und sehe, daß es eine Flasche von dem ganz ordinären, einfachen Landwein ist, welchen Lydie bei Tisch ausgeschenkt hat. Vierzig Franc hatte sie für die Flasche berechnet, Hotelpreis! Dazu ein Zettelchen:

»Lieber Wolfgang, ich danke Dir herzlich für das schöne Paket. Der Haartrockner ist ganz ausgezeichnet, und dank den vielen Batterien kann ich nun auch das kleine Radio wieder in Gang setzen, das Du uns zu Weihnachten geschickt hast. Denkst Du demnächst vielleicht mal an einen elektrischen Quirl für Tante Monette? Sie wünscht sich schon so lange einen. Trinke diese Flasche Wein auf unser Wohl mit Marlies und den Freunden, die ich während meines Deutschlandbesuches kennengelernt habe. Deine Gisèle.«

»Na, da müssen sie aber schon aus Fingerhüten trinken, wenn alle was mitbekommen wollen«, sagt Ron.

»Und Lydie darf es nicht wissen!«

»Was?«

»Daß Gisèle so großzügige Geschenke macht. Es könnte sie am Ende ruinieren!«

»Pack es ja wieder ordentlich ein«, schärft Ron mir ein. Ihm macht das Ganze keinen richtigen Spaß, und er schaut sich um, ob sich auch kein Polizist unbemerkt genähert hat, der ihm die Hand auf die Schulter legen könnte. »Wenn Padlou merkt, daß wir das Päckchen geöffnet haben, wird er glauben, daß wir die Flasche mit dem hundertjährigen französischen Cognac gegen einen einfachen Landwein umgetauscht haben.« Er ist erst zufrieden, als ich das Geschenk original verpackt wieder im Kofferraum verstaue. Die Flasche wird *Pas de loup* übrigens niemals erreichen, sie wird auf der Rückfahrt zu Bruch gehen.

Wir trödeln lange herum. Allzufrüh dürfen wir in La Rochelle nicht ankommen, wenn wir nicht Gefahr laufen wollen, Ruppi und Claire in die Arme zu rennen. Sie werden nachmittags fluchend das ›Coq rouge‹ gesucht und sich dann erbost auf die Suche nach uns gemacht haben. Dann haben sie sich sicherlich im Touristenbüro erkundigt und erfahren, daß es gar kein ›Coq rouge‹ gibt. Anschließend wird es ihnen gedämmert haben, daß ich sie hereingelegt habe, denn woher soll ich, die ich nie zuvor in La Rochelle war, ausgerechnet das ›Coq rouge‹ im Zentrum kennen? Das wird sie in Wut versetzen, diesen Augenblick wollen wir nicht miterleben.

Ruppi und Claire, das wissen wir, sind am heutigen Abend bei Madame angesagt. Wir, die wir niemals eine Bestätigung unserer Anmeldung erhalten haben, nehmen es mit der Ankunft nicht so genau. Es ist immer noch Zeit, wenn wir morgen oder übermorgen mal hereinschauen, bleiben werden wir ohnehin nicht, wir haben ja unser Zelt. Was gehen uns die anderen an, wir leben unser eigenes Leben, ein stolzes Gefühl.

»Stell dir mal vor, mit Wehhagens in dem kleinen Häuschen, wochenlang, man begegnet sich auf Schritt und Tritt, niemand hat die Möglichkeit, sich zurückzuziehen, wenn wir der anspruchsvollen Madame drei Stunden lang Komplimente gemacht haben, müssen wir Frau Wehhagens körperliche Reize bewundern!« sagt Ron. »Grauenvoll!!!« bestätige ich aus vollster Seele.

Gegen fünf fahren wir in La Rochelle ein. Sonntagnachmittagsatmosphäre. Die Stimmung ist wie überall am Sonntagnachmittag: gut getarnte Langeweile. Unter den Arkaden der schönen alten Bürgerhäuser machen Madame und Monsieur den Verdauungsspaziergang. Sie im strammsitzenden Sonntagsgeblümten, der Rock ein wenig zu kurz und ein wenig zu eng, das Haar hat sie sich beim letztenmal ein bißchen verfärbt, so rot sollte es eigentlich nicht werden. Er an ihrer Seite im blankgebügelten Staatszwirn und hochglanzpolierten Schuhen. Jugendliche stehen lässig gegen ihre Mopeds gelehnt, zeigen der Welt, daß sie sie schon lange kennen und ihre Regeln bestens durchschaut haben, und wissen im übrigen auch nicht so recht ... so ein Sonntagnachmittag ist halt doch lang.

Eine fragile alte Dame promeniert im Schatten der Arkaden. Das feine grau-seidene Kostümchen ist aus der vorletzten Mode, deshalb wirkt es moderner als der Sonntagsstaat, den Monsieur und Madame Dupont spazieren tragen. Das Jabot der Seidenbluse ist ein wenig zerknittert, ganz zart nur, wie das Gesichtchen der alten Dame. Sie setzt die Füße vorsichtig auf das Pflaster, tippelt von Auslage zu Auslage, sieht sich jede mit einer großen Ernsthaftigkeit an. Vor sieben darf sie keinesfalls in ihre Wohnung zurückkehren, sonst wird der Abend zu lang, das ist alles sorgsam durchdacht und lange einstudiert.

Wir suchen das *Syndicat d'initiative.* Heute wollen wir es endlich mal richtig machen und an berufener Stelle nach einem einfachen Hotel fragen, in dem man schlafen und frühstücken kann und in dem man uns im übrigen in Ruhe läßt. Das *Syndicat* ist geschlossen. Ron will es nicht glauben und rüttelt an der Tür. Hinter der Tür hat man ein stabiles Eisengitter herabgelassen und überdies für Leute wie Ron, denen man alles dreimal beweisen muß, einen Zettel an die Scheibe gepinnt: *FERMÉ.* Wir machen uns also selbst auf die Suche, und tatsächlich: in der hübschen Rue des Merciers finden wir schließlich das, was wir suchen, ein engbrüstiges Hotelchen ohne jeden Stern. Hier sind wir richtig, das wird mal eine preisgünstige Übernachtung. Wir treten ein. Die Straße liegt in gleißendem Sonnenschein, im Hotelchen ist es beinahe ganz dunkel. Aus dem Dämmerlicht des Salons, in dem man mit Mühe eine Theke und eine Batterie Flaschen ausmachen kann, tritt Juliette Greco in ihren besten Jahren. Die Dame, die auf uns zukommt, eine Reihe makelloser Zähne entblößt und melodisch *»Bon jour«* sagt, ist der Inbegriff der schönen Französin, wie man sie sich im Ausland vorstellt. Sie lächelt wie von einem Werbeplakat für einen Chansonabend.

»Oui?« Wieder diese sanfte Zwitscherstimme.

»Ah, wir, wir wollen ein Doppelzimmer für eine Nacht mit Frühstück!«

Ron und ich haben es gleichzeitig gesagt. Juliette lächelt. Wir kommen uns groß, geradezu ungeschlacht und überdies tölpelhaft vor.

»D'accord, venez s'il vous plaît!« Schon hat sie einen Schlüssel vom Bord genommen und tänzelt vor uns her. Es ist wirklich ein Hotelchen der ganz einfachen Sorte, von außen sah man das gar nicht so ... Der Boden des Ganges, durch den wir gehen, ist mit löcherigem Sisal bedeckt, an den Wänden hängen an stabilen Eisenhaken die Kleider der Familie. Endlich eine Tür mit einer schmierigen Milchglasscheibe, dahinter ein Hof. Unter Wäscheleinen und zwischen Mülltonnen spielen zwei Kinder mit einer alten Konservendose Fußball. Sie machen einen Höllenlärm. Als sie uns sehen, blicken sie stumm und stecken die Fingerchen in die Nase.

Der Hof ist an zwei Seiten von niedrigen Gebäuden begrenzt. Juliette schließt die Tür des einen Gebäudes auf und führt uns in den dahinter liegenden Raum. Er ist zum Platzen mit Möbeln zugestellt. An der Wand, die dem Fenster gegenüberliegt, erkennt man ein Doppelbett, flankiert von zwei schmalen Pritschen, neben der Eingangstür gibt es noch mal zwei übereinanderliegende Kinderbetten, außerdem einen sechstürigen Kleiderschrank und quer zwischen Wand und Stockbett gequetscht eine scheußliche Frisierkommode ohne Spiegel. »Was kostet es?« fragt Ron verzagt.

Juliette lächelt süß, sehr süß, ein wahres Marzipanlächeln. Dann sagt sie: »Neunzig Franc?« Sie sagt das so, daß es wie eine Frage klingt, so als ob sie sich vergewissern möchte, ob uns der Preis auch angenehm ist.

Dazu hebt sie so ein ganz klein bißchen die Schulter.

Neunzig Franc, das ist, das sind ... nun auf jeden Fall ist es wenig. Das Zimmer ist zwar ein Alptraum, aber es hat Bad und Toilette und scheint ruhig zu sein. Und schließlich, für neunzig Franc …

»*D'accord!*« sagt Ron schnell.

Nachdem Juliette uns verlassen hat, gehen wir im Zimmer herum. Ein merkwürdiger Raum. Das große Fenster reicht bis zur Erde, was dem Ganzen das Flair eines Kramladens verleiht. Die Wand hinter dem Doppelbett hat eine Blumentapete, an der Wand hinter den Kinderbetten kriecht der Schimmelpilz hoch. Im Bad befinden sich ein Waschbecken und ein Bidet, die Toilette hält sich schamhaft hinter einem Plastikvorhang verborgen. Ron betätigt augenblicklich den Wasserhahn, sprudelnd schießt das Wasser ins Becken.

Inzwischen ist Juliette zurückgekehrt und bringt frische Handtücher. Sie legt sie uns neben das Waschbecken, dann fragt sie, wann wir morgen das *petit déjeuner* gebracht haben wollen, dazu lächelt sie mit perlweißen Zähnen.

»Um neun!«

»*D'accord!*« Und dann sagt sie noch etwas. Sie legt den Kopf ein wenig schief, blickt Ron so von unten herauf an, knippst ein bißchen mit den Augen und kraust das Näschen.

»Heute nacht können Sie sich aussuchen, in welchem Bett Sie mit Madame schlafen, *hein?*« Ron reagiert nicht sofort, er muß das erst sortieren, Juliettes Schönheit und ihre unmittelbare Nähe verwirren ihn auch, kurz, anstatt etwas Flottes zu erwidern (O la la, zum Beispiel, wäre durchaus angebracht), begnügt er sich damit, sie stumm anzustrahlen.

›Trottel, alle miteinander‹, denkt sich Juliette, zuckt die Schultern und geht schnippisch davon. Im Vorbeigehen haut sie den Kindern so pro forma schnell noch eins hinter die Ohren, dann fällt die Milchglastür hinter ihr zu.

Wir ziehen uns um, waschen uns, laufen im Zimmer hin und her, packen aus. Unser emsiges Tun wird von den Kindern beobachtet, welche ihre Konservendose vergessen haben und statt dessen ihre Näschen gegen die Fensterscheibe pressen. Daß es keinen Vorhang gibt und die Jalousie klemmt, stört uns jetzt noch nicht so sehr, das merken wir erst in der Nacht, in der uns die Hofbeleuchtung grell ins Gesicht scheint. Taufrisch und unternehmungslustig verlassen wir wenig später unser Hotel und suchen den Hafen.

»Die Einfahrt des berühmten alten Hafens von La Rochelle wird von zwei mächtigen Türmen eingerahmt. Die Tour Saint-Nicolas erhebt sich mit ihren 28 Metern Höhe am südlichen Ufer. Von hier aus wurde die Verteidigung des Hafens übernommen. Der Turm ist eine kleine Festung für sich: Die fünf Ecken sind durch Türmchen verstärkt, über der Plattform erhebt sich ein großer, viereckiger Donjon. Das Bauwerk ist ein schönes Beispiel militärischer Baukunst.

Aus derselben Zeit stammt die gegenüberliegende Tour de Chaîne. Sie verdankt ihren Namen der dicken Sperrkette, die nachts die beiden Türme miteinander verband, um eine Einfahrt zu verhindern.

Auch die abseits stehende Tour de la Lanterne diente als befestigter Verteidigungsturm, außerdem als Leuchtturm. Die achteckige Turmspitze ist mit kleinen Krabben verziert.«

Wir stehen am Rande des Hafenbeckens, und ich lese Ron aus dem Reiseführer vor, was wir vor uns sehen. Es ist ein schönes Bild, auch wenn man die Krabben, mit denen angeblich die Spitze des Leuchtturms verziert sein soll, von unten nicht erkennen kann. Hier unten am Hafen ist die Stimmung lebendiger als in der Stadt. Unter schattenspendenden Bäumen entlang schiebt sich viel junges, lustig gekleidetes Volk. Aus den zahlreichen kleinen Lokalen, die dicht an dicht gedrängt die Kulisse des Hafens bilden, duftet es verführerisch, die Tische stehen eng beieinander einfach auf der Straße, so dicht, daß man ganz gemütlich betrachten kann, was der Nachbar auf dem Teller hat. Ein Blick auf die ausgehängten Speisekarten verheißt all die Genüsse, von denen uns Ruppi zu Hause vorgeschwärmt hat. Da gibt es Muscheln in allen möglichen Zubereitungsarten, Austern, Langusten, Wolfsbarsch, Krabben, Makrelen, kurz alles was das Herz begehrt, man muß nur lässig mit Daumen und Zeigefinger schnippen und *›Garçon!‹* rufen, schon kann man sich zufrieden zurücklehnen und auf die Genüsse warten, die da wenig später aufgetragen werden. Und über all der Herrlichkeit wölbt sich ein duftender Himmel, ein Gemisch von heißem Öl, Knoblauch und Gewürzen.

Wir entscheiden uns schließlich für ein kleines Lokal etwas abseits des größten Trubels und wollen uns gerade vor Zufriedenheit aufseufzend niederlassen, da scheint es uns mit einemmal besser, gleich ganz unter der Tischplatte zu verschwinden und dort im Kies angestrengt nach etwas zu suchen, denn keinen Steinwurf weit entfernt schlendern Ruppi und Claire vorbei. Sie promenieren so dahin, Hand in Hand in ihren schicken weitgeschnittenen Hemden und den schicken Leinenschuhen, deren Fersen sie stilgerecht flachgetreten haben. Sie sehen zufrieden und mindestens zehn Jahre jünger aus als zu Hause, die zwei mit ihrem guten Gewissen, und sie unterscheiden sich in nichts von all dem munteren Volk ringsum, bis auf den einen wesentlichen Punkt, in dem sie sich halt doch von allen anderen unterscheiden: Sie kennen uns!

Und sie erkennen uns.

Unter unsere Tischplatte gedrückt und von derselben nur unvollkommen verborgen, sehen wir, wie Claire Ruppi am Ärmel zupft und dann in unsere Richtung weist. Beide spähen angestrengt herüber, Ruppi entblödet sich nicht einmal, sich seinerseits zu bücken und mit verdrehtem Hals eine Gesichtskontrolle vorzunehmen. Sie scheint positiv auszufallen, denn schon nähern sich vier bejeanste Beine in freudiger Erregung.

»Na, was gesucht?«

Ich reibe mir die Stirn, die ich mir beim etwas zu hastigen Wiederauftauchen an der Tischplatte gestoßen habe, und grinse Ruppi dümmlich an.

»Ron hat ein Zehnfrancstück verloren!«

»Zwanzig Franc!« fügt Ron hinzu, der das Gefühl hat, auch irgend etwas sagen zu müssen.

»Zwanzigfrancstück?«

»Schein!«

»So, Schein!«

Wir sitzen an dem kleinen Tisch, die beiden stehen wie die Herren Richter persönlich vor uns und blicken auf uns herab. Schon das reizt mich ungeheuer. Außerdem ist unsere Konversation reichlich banal, wenn man bedenkt, welch reichhaltigen Wortschatz wir, das Volk Goethes, zur Verfügung haben.

»Wir haben heute übrigens *nicht* gesucht!« läßt Claire sich vernehmen und läßt sich ohne zu fragen an unserem Tisch nieder. Auch Ruppi räkelt sich nieder und steckt sich gleich eine von unseren Zigaretten an.

»Mir auch eine«, sagt Claire und greift nach der Schachtel. Wir scheinen so tief in ihrer Schuld zu stehen, daß wir als reale Personen mit Recht und Willen gar nicht mehr existent sind.

»Ihr habt nicht gesucht?« Das gespielte rundäugige Erstaunen steht Ron irgendwie nicht zu Gesicht, es macht ihn dümmlich. Ich werde mir das noch reiflich überlegen, ob ich ihn jemals heiraten werde.

»Ja, was denn?«

»Dieses ›Coq rouge‹!«

»Ach!«

»ACH!!!« Ruppi lehnt sich zurück, pafft Rauchwolken in die Luft, fixiert uns schweigend. Schließlich sagt er: »Weil wir als alte La Rocheller nämlich wissen, daß es gar kein solches Lokal gibt. So wie es dieses sagenhafte Schloß mit den scheuen Schwestern nicht gibt, das so versteckt liegt, daß ein Nichteingeweihter es niemals finden wird.«

»Aber …«

»Wir haben in der Nacht vom 28. auf den 29. Juli dort übernachtet.«

Claire schenkt uns ein geradezu gefährlich höfliches Lächeln.

»Unser Wagen parkte direkt neben eurem im Hof.«

»Aber wir haben euch nicht beim Essen gesehen!«

»Wir haben natürlich nicht im Schloß gegessen. Der Kram dort war uns zu aufwendig, zu teuer. Das roch man doch auf zehn Meter Entfernung, daß das ein ausgemachter Nepp war, den die scheuen Schwestern da betrieben. Beim Ausstellen der Rechnung waren sie jedenfalls bemerkenswert wenig scheu.«

Sie steckt sich seelenruhig eine neue Zigarette an der alten an und fügt hinzu: »Nein, wir haben in Blois in einem kleinen Restaurant ganz ausgezeichnet und sehr preiswert gegessen.«

Wir starren unsere Freunde schweigend an. Sie sind uns eben doch und überall überlegen. Claire und Ruppi erwidern ruhig unseren Blick. Wir senken die Augen zuerst. Schließlich sagt Ruppi: »Wann werdet ihr denn nun bei Madame eintreffen?«

»Wahrscheinlich überhaupt nicht!« Ich lächle. Nun haben wir Oberwasser. Ruppi zieht gekonnt die Augenbrauen hoch. »Wie das?«

»Wir haben unser Zelt mitgenommen, eure komische Madame hat nie reagiert. Anstatt uns eine höfliche Antwort auf unsere höfliche Anfrage zukommen zu lassen, wie sich das gehört, gibt sie noch zusätzlich Annoncen in Zeitungen auf, wahrscheinlich um später in aller Ruhe aus dem reichhaltigen Angebot auswählen zu können, wem sie denn nun die Ehre zuteil werden läßt, sie bei Tisch unterhalten zu dürfen. Derlei Praktiken sind wir nicht gewöhnt, es paßt uns nicht!« Ich atme tief durch. »Außerdem«, fahre ich fort, »haben wir ja erst im Schloß erfahren, was es mit Geheimtips so auf sich hat. Kein normaler Hotelaufenthalt ist uns bis jetzt so teuer zu stehen gekommen wie dieser Freundschaftsbesuch. Wir werden euch das demnächst mal zu Hause erzählen, in aller Ruhe, das hatten wir sowieso vor, später mal, vielleicht an einem Abend mit Wehhagens, in aller Ausführlichkeit zu schildern, wie es uns in dem sagenumwobenen Schloß wirklich ergangen ist, ein Heidenspaß wäre das geworden, den habt ihr uns und euch selbst nun verdorben, schade, sehr schade!«

Zufrieden lehne ich mich zurück, zufrieden, wie elegant ich die Kurve gekriegt habe. Ich werfe Ron einen beifallheischenden Blick zu, aber Ron zerkrümelt ein auf der Tischplatte liegendes Stück Baguette und blickt auf das Meer.

»So, so«, sagt Ruppi schließlich.

Der Garçon hat inzwischen das Essen gebracht, es riecht köstlich, es könnte auch köstlich schmecken, wenn Ruppi und Claire nicht an unserem Tisch säßen und uns mit dieser neuen kühlen Höflichkeit mustern würden. Sie mustern auch die Fischplatte, nicht weniger kühl.

»Direkt unten am Hafen sollte man nie essen«, sagt Ruppi in seinem widerwärtigen Schulmeisterton, der vor Jahren einer der Gründe gewesen war, aus denen wir die unerfreuliche Beziehung zu ihnen abgebrochen haben. »Es ist dort gewöhnlich teurer als in den kleinen, etwas abseits gelegenen Sträßchen, man weiß hier, daß jeder Dummkopf sofort an den Hafen rennt, und schlägt den Blick auf das Meer auf die Menüpreise. Was zum Beispiel kostet diese Fischplatte?«

»Wissen wir nicht«, sagt Ron, »die Kombination Fischplatte und Blick aufs Meer ist uns jeden Preis wert, man hat das so selten in Mülheim an der Ruhr, außerdem ist die Lage schon deshalb gut, weil man immer die Chance hat, nette Freunde zu treffen.« Ruppi lächelt dünn, dann sagt er: »Ihr wollt also überhaupt nicht zu Madame kommen?«

»Doch, wir schauen kurz mal rein, bleiben so ein, zwei Tage, dann verbringen wir den Rest der Zeit auf einem schönen Zeltplatz. Madame tut es ja nicht ums Geld, und dank ihrer Anzeige wird sie ja auch genügend Gäste haben, da wird es auf zwei mehr oder weniger nicht ankommen.«

»Nun, jedenfalls werden wir uns ja dann kurz dort sehen!«

»Ja, kurz!«

Jetzt beugt sich Ruppi zu Claire hinüber und flüstert ihr etwas ins Ohr. Wir sehen es mit Unbehagen. Ruppi flüstert und flüstert. Schließlich sagt er: »Ihr habt uns übel mitgespielt, wir sehen es euch aber nach. Ihr seid zum erstenmal in Frankreich, seid das alles nicht so gewöhnt, man legt euch schnell mal rein, das verbittert euch, wir verstehen das. Damit euer Frankreichaufenthalt aber kein ausschließliches Fiasko wird und ihr wenigstens eine gute Erinnerung mit nach Hause nehmt, denn das hat dieses prächtige Land wirklich verdient, laden wir euch heute abend zu René ein, ein Abend auf unsere Kosten.«

»René?«

»Ein guter Freund. Er besitzt ein kleines Hotel außerhalb von La Rochelle, wo wir jedesmal übernachten, wenn wir in der Gegend sind. Gleich beim erstenmal vor fünf Jahren haben wir mit dem Wirt Freundschaft geschlossen, seitdem macht er uns immer was extra und verwöhnt uns, wo er nur kann. Wir haben eigentlich jedesmal einen herrlichen Aufenthalt und sagen immer: ›Wenn wir bei René angekommen sind, dann hat der Urlaub begonnen!‹« Beide erheben sich. »Also vergeßt nicht, spätestens um zehn erwarten wir euch.« Ruppi schreibt uns die Adresse auf ein Zettelchen, dann gehen sie davon. Wir sehen ihnen nach. Sie halten sich an den Händen und lachen. Von hinten könnte man sie für ein Liebespaar halten. Oder für ein liebes Paar!

Renés Hotel steht jenseits der Durchgangsstraßen und ist für Nichteingeweihte schwer zu finden. Wir verfahren uns ein paarmal, fragen Einheimische nach dem Weg, werden zweimal in die verkehrte Richtung geschickt und finden es dann schließlich doch, als wir gerade aufgeben wollen. Es befindet sich ganz am anderen Ende einer Sackgasse und macht, mit Verlaub gesagt, einen reichlich mitgenommenen Eindruck, zu dem allerlei herumliegendes

Gerümpel, eine traurig von einem Baum herabhängende Lichterkette aus roten Glühbirnen, zwei umgefallene Stühle und ein ausgemergelter, wütend an seiner Kette zerrender Hofhund nicht wenig beitragen. Die ›Casa Carmen‹ gehört zu jenen traurigen Gemäuern, welche, noch nicht ganz fertiggestellt, bereits erste Verfallserscheinungen aufweisen. Eher zögernd treten wir ein und werden sofort von einer Woge lauter Stimmen und einer Woge lauter Herzlichkeit empfangen, die vollkommen unerwartet über uns hereinbricht. Als sich unsere Augen an das im Raum herrschende Halbdunkel gewöhnt haben, sehen wir einen großen Eßtisch, um den herum sich schwarzlockiges Volk drängt, etliche spanische, hochlehnige Stühle mit binsengeflochtenen Sitzen, niedrig hängende Lampen und eine halbrunde Theke, die den Blick in die offene Küche freiläßt. In der Küche werkelt, hochrot vor Hitze und lauter bemühter Gastfreundschaft, René.

Kaum sieht er uns, schon eilt er auf uns zu und breitet die Arme aus. Ich fühle mich gegen eine leicht zerknautschte, nach allerlei Gewürz duftende Hemdbrust gedrückt, auch Ron bekommt seinen Teil ab, auch er wird geherzt und geküßt, er läßt es verwirrt über sich ergehen. René beteuert ein über das andere Mal, daß Robäääurchs und Clääächs *amis* auch seine *amis* und als solche herzlich willkommen seien. Er führt uns auch gleich seine Frau vor, Carmen, eine waschechte Mallorquinerin, die klein und dick ist, strohblond gefärbtes Haar hat und eigentlich wie ›Rosl‹ aus einer richtigen Gelsenkirchner Eckkneipe aussieht. Nun, nicht alle Carmens dieser schönen Welt sind biegsame, glutäugige Geschöpfe, die den Flamenco tanzen, daß die Fetzen und die Männerherzen fliegen, und die hinter ihren Fächern halb versteckt leidenschaftliche Blicke verteilen – man denkt das immer zu Hause, und in Wirklichkeit ist es dann gar nicht so ... jedenfalls küßt uns auch Carmen tüchtig ab und beteuert, daß wir auch ihre *amis* seien, und wie sehr sie uns liebt, und um uns die Liebe auch gleich zu beweisen, nötigt sie uns, ein höllisch schmeckendes selbstangesetztes Gebräu hinunterzuschlucken, welches man angeblich direkt aus der Flasche trinken muß und das uns wie ein Lavastrom die Kehle hinunterrinnt. *»Bon? Hein?«* fragt Carmen und sieht interessiert zu, wie uns die Tränen das Gesicht hinunterlaufen. *»Bon! Bon!«* bestätigen wir. Da lacht sie zufrieden und setzt die Flasche selbst an den Hals. René führt uns nun in die Küche, in der die verschiedensten Herrlichkeiten auf dem Ofen schmurgeln. »Sucht euch aus, ihr meine Freunde, nicht genieren«, feuert er uns an. Nun sind auch Claire und Ruppi von irgendwoher aufgetaucht und sehen uns beifallheischend zu, wie wir diese Freundschaftsbeteuerungen, die wir sämtlich ihnen zu verdanken haben, denn nun aufnehmen. »Da seid ihr platt, was?« sagt Ruppi und tätschelt aufmunternd meine Schulter. »Ja, Leute, gewußt wo! Köpfchen«, setzt er hinzu und dreht seinen Zeigefinger wie einen Schraubstock an der Schläfe. »Kommt alle her«, ruft er dann und winkt die vielköpfige Tischrunde zu sich heran. »Heute heißt es, ausgesucht soviel ihr wollt, alles auf meine Rechnung!«

»*Mais non, non*«, wehrt René entschieden ab, »heute geht es auf Rechnung des Hauses!« René wird heute nämlich ... nun ratet mal, ja er wird fünfzig, das ist doch wohl genug Grund, etwas springen zu lassen, und dann hat der Jüngste gerade heute seinen ersten Zahn bekommen, der kann jetzt auch schon richtig zubeißen, genau wie der Alte, ja das läßt sich der Papa etwas kosten! Er lädt mir einen Stapel Teller in den Arm und bittet mich, den Tisch zu decken, und ich denke unwillkürlich, ob Ruppi und Klärchen das nicht schon wußten, das mit dem fünfzigsten Geburtstag, und diese Tatsache klug in ihre spendable Einladung einkalkuliert haben? Der Gedanke macht sie mir nicht gerade sympathischer, aber raffiniert ist es, das muß man ihnen lassen.

Wenig später schmausen wir wie bei den berüchtigten Festgelagen im alten Rom. René hat alles herbeigeschleppt, was die Küche überhaupt zu bieten hat, der Tisch biegt sich beinahe unter all den Schüsseln und Tiegeln. Da gibt es saftige Hühnchen, Hammelkoteletts in Knoblauch getränkt, kleine fritierte Scampis, Schweinebraten mit goldig schimmernder knuspriger Schwarte, gebackene Kartoffeln, große Schüsseln mit knackig-frischem Salat, in Öl gebackene kleine Fische, deren Namen wir nicht kennen, man sagt ihn uns, wir vergessen ihn wieder. Dazu das frische knusprige Weißbrot und bauchige Karaffen mit rotem und weißem Wein. Ron und ich packen uns den Teller voll, daß er bald überquillt. Man braucht sich nicht zu genieren, alle tun das. Carmen sitzt neben mir und legt noch ein paar Scampis, die sie bereits geschält hat, obenauf. René prostet uns zu. Ein über das andere Mal bestätigt er, daß das ein besonderer Tag sei, so viele gute Freunde um seinen Tisch versammelt, dann der Geburtstag, fünfzig, die Hälfte sei gemacht, dann der Zahn seines Jüngsten, das dürfe schon lange nicht jeder erleben, so auf einmal, fünfzig werden und ein Baby in der Wiege, andere seien da schon Großpapa. Aber andere haben ja auch nicht so eine junge, leidenschaftliche Frau, was, Carmen? Carmen lacht und läßt sich gern so ein bißchen in die Kehrseite kneifen und schenkt noch einmal Wein ein, die Hälfte rinnt daneben, tropft von der Tischplatte auf den Boden, macht ja nichts, ist ja noch genug da! Ich sehe in den Reigen von Farben und atme das Gemisch der verschiedensten Gerüche und fühle mich, vom Wein leicht benebelt, auf einmal als Mittelpunkt eines dieser köstlich gemalten Bilder aus dem vorigen Jahrhundert: Ländliches Fest!

Aber jetzt wird der zweite Star des Abends herumgereicht. Er ist ein wenig angefeuchtet, um das üppige Windelpaket herum vor allem, aber das tut der allgemeinen Bewunderung keinen Abbruch. Links oben an seinem winzigen rosa Gaumen soll man angeblich den Zahn ertasten können, jeder wird genötigt, dem Wicht mit dem Finger in den Mund zu fahren und unter vielen Hallorufen und anfeuerndem Beifall des stolzen Vaters jene winzige Erhöhung unter dem Zahnfleisch zu fühlen, welche wir hier so ausgiebig bejubeln. Ich werfe Klein-Ricardo einen Blick zu, um zu sehen wie er wohl das Herumfuhrwerken so vieler knoblauchduftender Finger in seinem Mund erträgt. Er erträgt es bemerkenswert gut! Bereitwillig öffnet er das Mäulchen achtzehnmal und spuckt Carmen anschließend auf den Blusenkragen. »Das wird ein richtiger Herzensbrecher, *un vrai charmeur!*« stellt René zufrieden fest, und alle geben ihm recht. Nun erscheint eine laut umjubelte Flasche auf dem Tisch, sie wandert von Hand zu Hand, von Mund zu Mund. Feurig rinnt der Mirabellenschnaps die Kehle hinab. Anschließend sind wir dann zur großen Verbrüderung bereit: Ich küsse Babette und Pierre, Geneviève und Fréderic. Carmen küßt mich, und René fällt Claire um den Hals. Ron umarmt aus Versehen sogar Ruppi und schüttelt ihm zusätzlich kräftig die Hand. Ab heute dürfe er ›Ronny‹ zu ihm sagen, ganz offiziell und für alle Zeiten. Carmen hat den Plattenspieler in Betrieb gesetzt, und alle tanzen, dann tanzt Carmen allein. Sie tanzt so etwas Ähnliches wie einen Flamenco, jedenfalls ist es schön. Wir bilden einen Kreis um sie herum und klatschen im Takt und rufen »Hey!«, derweil Ruppi heimlich und unbemerkt noch einmal ausgiebig die schöne Flasche mit dem Mirabellenschnaps an den Hals setzt.

Gegen drei Uhr wird es ruhiger! Babette und Geneviève sind bereits eingeschlafen, Marie-Louise und Henri sitzen vor dem Haus, küssen sich in stummer Leidenschaft und schauen anschließend versonnen auf altes Gerümpel. »*Au clair de la lune!*« O ja, das ist immer wieder schön.

Ruppi, Claire, Ron, René und ich befinden uns auf einmal allein an dem abgegrasten Tisch. Carmen serviert Kaffee. Die Musik dudelt leise vor sich hin. Abschiedsstimmung! Auf einmal ist sie da. Trilli-li-lidum-dum! Wie angenehm melancholisch man sich doch fühlen kann.

Plötzlich haut René mit der Faust auf den Tisch, daß die Gläser tanzen, und brüllt: »Und meine Neffen aus Paris haben kein Bett!« Er sieht wahrhaftig so aus, als würde er jeden Augenblick in Tränen ausbrechen.

Ruppi hebt mit Mühe seine schweren Lider und konzentriert sich. Dann stellt er nochmals den Tatbestand fest. »Deine beiden Neffen haben kein Bett!« Er überlegt eine Weile und fragt schließlich: »W-wo sind die Betten denn?« René legt seine Hand auf Ruppis Hand und gesteht: »Ich wußte doch nicht, daß meine beiden Neffen aus Paris auch kommen, ich hab' das Haus doch voll, proppenvoll, wegen meines Fünfzigsten. Aber ich hab's ihnen noch nicht gesagt!«

»W-was?«

»Daß sie kein Bett haben, daß ihr armer alter Onkel kein Bett für sie hat ...« Wir blicken René entsetzt und voller Mitgefühl an. Wie sehr er leidet! Er legt sein Gesicht auf Ruppis Hand und murmelt noch einmal: »Kein einziges Bett ... für, für meine Neffen!«

»Ihr habt doch ein Zelt im Kofferraum!«

Ruppi ist auf einmal vollkommen nüchtern und zu glasklaren Deutlichkeiten bereit. Wir stieren ihn stumpfsinnig an. »Was haben wir?«

»Ein Zelt. Ein Zweipersonenzelt!«

»Wo?«

»Im Kofferraum. Gib mir mal den Schlüssel, ich hole es gleich.«

Wir geben den Schlüssel sofort heraus. Ruppi holt das Zelt, in zehn Minuten ist es aufgebaut. Die Neffen können schlafen, die Ehre vom alten Onkel ist gerettet. WIR haben die Ehre vom alten Onkel gerettet, wie gut das tut, so nützlich zu sein. Wir trinken noch einen allerletzten Schluck aus der Mirabellenschnapsflasche und rauchen eine letzte Zigarette. Wir sind glücklich, es war ein schöner Abend. Alle sind unsere Freunde. Selbst Ruppi und Klärchen erscheinen uns in unserer weinseligen Zufriedenheit wie Pfundskameraden, denen man in kleinkariertem Spießertum ungeheures Unrecht angetan hat. Nach dem letzten leeren wir noch ein allerletztes Glas, dann greift Ron höflich an seine Gesäßtasche, um das Portemonnaie zu zücken, was mit einem entsetzten Aufschrei, doppelstimmig von René und Carmen, vereitelt wird. Man wird doch nur einmal fünfzig, jeder Mensch bekommt nur einmal im Leben seinen ersten Zahn. Und so jung wie heute kommen wir auch nicht mehr zusammen. Die Fröhlichkeit flackert noch einmal kurz auf, dann übermannt uns endgültig die Erschöpfung. Wir umarmen uns ein letztes Mal und werden für morgen früh zum Frühstück eingeladen. René tätschelt zärtlich die Rundungen seiner Lieblingsflasche und beteuert, daß er für seinen Teil Mirabellenkonfitüre zum Croissant ganz ausgezeichnet findet. Wir verabschieden uns und scheiden als Freunde.

»Carmen und René sind sehr nette Leute«, teilt Ron mir mit, als wir wenig später im kleinen Hotelchen das Licht löschen. »Und der Ruppi auch!«

»Claire aber auch!« sage ich aufgebracht.

»Wer?«

»Ich finde, daß Clairie sehr sehr nett ist!« sage ich akzentuiert.

»Aber der Ruppi auch!«

»Klar, der Ruppi auch. Aber Carmen und René sind doch noch netter!« Dann hat der Schlaf Erbarmen und beendet unsere geistreiche nächtliche Konversation.

Das Erwachen am nächsten Morgen ist fürchterlich!

Schon deshalb, weil es erst gegen Mittag stattfindet, als die Sonne grell auf unsere Betten scheint und die beiden Kleinen von gestern ihre Näschen gegen die Scheibe pressen und mit ihrer Konservenbüchse gegen das Glas klopfen. Die ersten Gedanken, die sich meiner bemächtigen, als ich zu mir komme, sind folgende: Dein Kopf ist mehr als doppelt so groß wie gewöhnlich und muß wie ein Kürbis aussehen. In seinem Inneren hämmert ein Specht! Nein, zwei Spechte. Wie peinlich, daß die Kinder dich in diesem Zustand sehen. Es ist bestimmt schon Nachmittag, wenn nicht gar schon Abend. Du hast ewig geschlafen, besser gesagt, in tiefer, entwürdigender Bewußtlosigkeit dahinvegetiert. Vielleicht ist überhaupt schon übermorgen! Vielleicht schon in drei Wochen! Und dann sehr dankbar: Wie gut, daß unser Zimmer im kleinen Hotelchen ein Bad hat. Ja, wie gut, daß es das Bad gibt. Ich benutze es ausgiebig. Dann benutzt es Ron. Dann wieder ich, dann wieder Ron. Jeder hält sich eine geraume Weile darin auf, weil es die einzige Möglichkeit ist, für ein paar Minuten die Gesichtszüge entgleisen zu lassen, ohne von den süßen Kleinen beobachtet zu werden. Als Ron auf dem Bettvorleger ausrutscht und beinahe über die Frisiertoilette fällt, jauchzen sie auf. Er droht mit dem Finger, da jauchzen sie noch mehr.

Es ist zwölf Uhr, als wir endlich fähig sind, ins Hotelchen hinüberzugehen und um die Rechnung zu bitten. Die wunderschöne Französin trägt heute ein gelbes, tief ausgeschnittenes Kleid, hochhackige, gelbe Schuhe und ein gelbes Taftband im Haar. Sie sieht wie ein Zitronenschnittchen aus, taufrisch und zum Anbeißen. Neben ihr komme ich mir wie ein altbackenes Brötchen vor, hohläugig und blaß. Auch Ron sieht nicht gut aus, auch sein Gesicht ist blaß. Bei ihm ist die Blässe jedoch irgendwie edel, sie wirkt vornehm. Ron hat immer etwas Vornehmes an sich, einer seiner Vorfahren war sicher ein britischer Lord. Ron wirkt niemals ordinär versoffen, er wirkt allenfalls mitgenommen, einen Augenblick später wirkt er sogar sehr mitgenommen, er verliert alle Farbe, strauchelt, greift nach der Sessellehne und stützt sich mühselig ab. Es muß irgend etwas mit gestern abend zu tun haben und mit der Rechnung, die die wunderschöne Französin ihm soeben mit ihrem wunderschönen Marzipanlächeln überreicht hat. Die Kombination bekommt ihm nicht, er schwankt und muß sich setzen. Dann sieht er das Zitronenschnittchen von unten herauf flehentlich an. Die Rechnung über 510 Franc hält er schlapp in der Hand. »*Mais*«, bringt er mit Mühe hervor. »Sie sagten doch neunzig Franc!« Zitronenschnittchen entblößt zwei Reihen makelloser Zähne, sie lächelt und lächelt. »Das galt selbstverständlich pro Bett, Sie hatten sechs Betten. Für die Kinderbetten habe ich nicht den vollen Preis berechnet.«

»Aber wir haben nur zwei gebraucht!«

»Ihr Pech! Sie hätten gut und gern sämtliche Betten benutzen können. Freunde mitbringen, stündlich das Lager wechseln, dumm, daß Sie es nicht getan haben.« Sie schweigt, und in ihren schönen Augen schimmert ein metallischer Glanz.

»Eigentlich müßten Sie mir das Doppelte zahlen!« fällt ihr plötzlich ein. Ron stürzt fast vom Stuhl.

»Das Doppelte?«

»Das Zimmer muß bis spätestens zehn Uhr geräumt sein. Der Hinweis hängt in Ihrem Zimmer neben der Tür. Ich kann Ihnen das gern zeigen ...«

Wir verzichten, wir zahlen. Rons Hände zittern, als er 550 Franc aus seiner Brieftasche holt und auf den Tisch legt. Marzipanlächeln steckt die Scheine, ohne mit der Wimper zu zucken, ein. Wir haben nicht mehr die Kraft, nach den restlichen 40 Franc zu fragen, mag sie sie behalten, zu Schnitzeln zerreißen und an die Vögel verfüttern. Beim Zurücksetzen des Wagens stößt Ron an die beiden Mülltonnen, die vor dem Haus stehen, sie kollern laut scheppernd die Straße hinunter. Wir lassen sie kollern.

In der Casa Carmen empfängt uns ein graustoppliger sehr verhärmt wirkender René. Alle Lustigkeit von gestern abend ist von ihm gewichen. Als er uns sieht, stellt er den Besen, mit dem er gerade die Gaststube ausfegt, zur Seite und beginnt mit beiden Daumen seine Schläfen zu massieren. »Alle schlafen noch«, teilt er uns gequält mit, »nur armer alter René muß arbeiten. Alle sehr krank!« fügt er mit Grabesstimme hinzu. Die Einladung zum Frühstück scheint er vergessen zu haben.

Wir sagen ihm, daß auch wir Schweres hinter uns haben, nur *adieu* sagen und unser Zelt holen wollen.

»Ja!« bestätigt René unsere Aussage. Er steht da, die Hände in den Hosentaschen, und lächelt uns an.

»Ja!« sagt er noch einmal. Allmählich kommt uns sein stummes Lächeln albern vor. Genug gegrinst, jetzt wird gehandelt. Der gestrige Abend ist passé, heute sind wir erschöpft.

»Wenn Sie uns jetzt bitte unser Zelt geben würden?«

»Ihr was?«

»Unser Zelt!«

Renés Augen sind ein einziges, nicht verstehendes Fragezeichen. Dann schlägt er sich mit der flachen Hand gegen die Stirn.

»Ach, Ihr Zelt, das Zweipersonenzelt!«

»Eben das!«

»Ja, das ist nicht mehr hier!«

»Hei, wo ist es denn?«

»Das haben doch meine Neffen an die Côte mitgenommen. Sie waren doch bloß auf der Durchreise, wollten an die Côte. Wußten Sie das nicht?«

Nein, das wußten wir allerdings nicht, und es scheint auch nicht interessant. Interessant ist allein der Verbleib unseres Zeltes.

»Wieso haben die Neffen es mitgenommen, ohne, ohne uns zu fragen?« Rons sonst so feste Stimme ist zittrig und schwach. Er ist total erschöpft.

»Robärch und Clärch haben es ihnen gegeben, sie sagten, es gehöre ihnen. Sie werden es auf der Rückreise wieder in Empfang nehmen.«

»So!«

»Alles okay?« fragt René und zwinkert uns zu. Ja, alles okay. Dann fragt er, ob wir vielleicht einen Mirabellenschnaps wollen. Wir winken entsetzt ab. Gemessen an der ewigen Freundschaft, die wir uns gegenseitig erst vor wenigen Stunden geschworen haben, fällt unser Abschied kurz aus.

»*Salut!*«

»*Salut!*«

René ruft uns nach, daß wir Robärch und Clärch grüßen sollen. Wir versprechen es ihm.

»Ich fahre nie wieder nach Frankreich, daß du das weißt!« teilt Ron mir mit, als wir wenig später über stille Sträßchen dahinrollen. »Ich werde wahrscheinlich überhaupt nie wieder verreisen! Ich bin es leid, leid, leid!«

Und nach einer Weile: »Wahrlich ein schöner Urlaub, ein kostbarer Urlaub, wir sind jetzt schon so gut wie pleite!«

»Liebst du mich?« frage ich ihn.

Aber es ist wohl nicht der richtige Augenblick, um solche Fragen zu stellen. Ron wirft mir lediglich einen stummen Blick zu, und in seinen Augen liegt tiefer Gram.

Ich setze mich wohlig zurecht und lasse mich durch die liebliche Landschaft chauffieren, dabei stelle ich mir genüßlich vor, wie wir Robäärch und Cläärch umbringen. Ganz heimlich, ganz leise, erst Robäärch, dann Cläärch …

»Du fühlst dich natürlich trotz allem sauwohl, was?« fragt Ron nach einer geraumen Weile.

»Ja!« sage ich schlicht.

Wo einst die Schäfer ihre Schafe auf Stelzen hüteten …

»Dies ist das tristeste Land der Welt. Das Wasser hat Kaffeefarbe wie die Spree in Berlin, und der Sand ist lückenhaft bedeckt von Pinien, die man schält, um Harz zu gewinnen. Aber auch ohne das ist die hier gewachsene Pinie der häßlichste Baum der Welt und hat nur den Namen gemein mit jener prachtvollen Pinie, die den Ruhm der Villa Ludovisi in Rom ausmacht«, lautete einst die Beschreibung Stendhals von jenem Gebiet, welches uns erwartet, nachdem wir die Gironde überquert haben.

Ganz anderes verspricht uns der Reiseprospekt, den das Verkehrsamt von Arcachon extra für deutsche Touristen herausgegeben hat. (Ruppi hat ihn fürsorglich zu jenem Informationspäckchen gelegt, welches er uns vor Reiseantritt aushändigte):

»Der mit prachtvolle Willen und Residenze besaete Wald ist durchlöchert von den schönste Perspektive von neuen Gebäuden ganz nahe am Mar.«

Und in unserem neuerworbenen Reiseführer können wir lesen:

»Landes … laut Larousse aus dem Keltischen stammend, ist im französischen Sprachgebrauch eine große unbebaute Ebene, auf der Ginster, Heide und wilde Pflanzen wuchern. Wegen der verschiedenartigen Landschaft spricht man von den Landes de Gascogne, zu denen nicht nur das 150 km lange Küstengebiet mit seinen Binnenseen, sondern auch die Täler des Leyere, die Hügellandschaft von Armagnac und die Charosse genannte Gegend am Adourfluß rechnen. Das Gebiet, in dem einst die Schäfer ihre Schafe auf Stelzen hüteten, jahrhundertelang als öde Sumpflandschaft verschrieen, gehört heute zu den beliebtesten Ferienregionen Frankreichs.«

Nun, die Gascogne, wo einst die Schäfer ihre Schafe auf Stelzen hüteten, ist ein sehr beruhigender Landstrich.

Er besteht aus Himmel und Wald und für uns im Moment aus einer schnurgeraden Straße, die man durch den breiten Waldgürtel direkt bis an den Strand gebaut hat. Wir haben uns vorgenommen, den Nachmittag noch für uns allein zu verbringen und der geballten Konfrontation Madame, Ruppi, Claire, Willi und Stups erst am Abend mutig gegenüberzutreten.

Die Bohlen, die durch die Dünen ans Wasser führen, sind angenehm warm unter den Füßen, dann breitet sich da plötzlich ein unendlicher Ozean mit einem ebenso unendlichen Strand vor unseren Augen aus. Dreht man sich um, so sieht man ein Meer grüner Baumwipfel, die bis an den Horizont reichen und in einen blaßblauen Himmel stippen Man muß unwillkürlich an ein breitgestreiftes Handtuch denken, welches jemand über der Gascogne ausgebreitet hat. Ein Streifen Blau: das Meer; ein Streifen Weiß: der Strand; ein Streifen Grün: der Wald. Und mitten auf dem Weiß, scheinbar zufällig hingekleckst: Ron und ich.

Wir stehen still unter der weiten Kuppe des Himmels.

Ich hebe die Schultern und schnuppere so ein bißchen in die Luft.

»Du Ron, hier ist irgendwas, hm? Irgendwas ist hier! Spürst du's?«

»Och«, sagt Ron und lacht dieses unverschämte Jungenlachen, auf das ich in der letzten Zeit so oft verzichten mußte.

»Hier kann man wohl an den Strand, ohne daß sie einen zur Kasse bitten, da kann man tatsächlich einfach so durchgehen, einfach so umsonst ans Meer gehen.«

Wir gehen einfach so umsonst ans Meer.

»Laß uns hier mal so 'n bißchen am Wasser entlangrennen«, sagt Ron. »Vielleicht ist es das letzte Mal, und die haben morgen schon gemerkt, daß sie da eine lustig sprudelnde Einnahmequelle übersehen haben.«

Hand in Hand laufen wir über den Strand. Der arme Ron ist wirklich durch unsere bisherigen Erlebnisse stark mitgenommen. Hin und wieder blickt er sich scheu um, ob uns nicht irgendwer mit aufgehaltener Hand folgt. Gisèle, Lydie und das Zitronenschnittchen mit dem Marzipanlächeln haben sein Vertrauen in dieses Land stark erschüttert. Ron hat soviel ›fair play‹ im Leib, soviel Ehre, und wundert sich zuweilen, wie sorglos andere Naturen mit der ihnen zugeteilten Ehre umgehen. Ron kann absolut nicht verstehen, daß es Zitronenschnittchen zum Beispiel vollkommen egal ist, was ein wildfremder Ron von ihr denkt. Vor allem, wenn sie des Abends ihre Kasse abschließt.

Wir legen unsere Badetücher schließlich irgendwo in den Sand und werfen uns den ankommenden Wellen entgegen. Sie sind von unberechenbarer Wucht und ziehen uns den Sand unter den Füßen weg, so daß ich zweimal auf den Rücken falle. Als ich das Wasser verlasse, bemerke ich voller Erstaunen, daß mir die Bikinihose beinahe bis in die Kniekehlen hängt; sie hat sich mit Sand, Müschelchen und kleinem Seegetier wohlgefüllt. Ich ziehe sie kurzerhand aus und breite sie auf meiner Badetasche zum Trocknen aus.

»Du bist kaum hier und benimmst dich bereits wie Frau Wehhagen«, bemerkt Ron.

Dann liegen wir eine Weile stumm nebeneinander. Glücklich. Sonne im Herzen und auf dem Gesicht.

»Reib mir mal den Rücken ein«, sagt Ron. »Aber schön ordentlich, vor allem die Schultern.«

Ich schiebe mir aus Sand eine Kopfrolle zusammen und schließe die Augen. Fühle mich frei und leicht. Wir haben zwar den größten Teil unseres Urlaubsbudgets bereits auf der Hinreise verpulvert, aber was tut's!

Unser Zelt ist mit zwei unbekannten jungen Leuten an die Côte gereist, soll es doch! Den Rest der Urlaubstage, die uns unser erleichterter Geldbeutel noch erlaubt, werden wir in einem engbrüstigen Häuschen unter dem Zepter einer überaus anspruchsvollen Madame und Seite an Seite mit Leuten verbringen, die uns bereits nach zwei Stunden unsäglich auf die Nerven gehen, aber es ist schließlich egal. In der Weite des Strandes scheinen sämtliche Probleme auf wunderbare Weise kleiner zu werden. Für diese eine Stunde hier am Strand unter dem blauen Himmel hat es sich schon gelohnt.

»Irgendwie hat sich die Reise letztendlich doch gelohnt«, sagt Ron und ergreift meine Hand und läßt den warmen Sand durch meine Finger rieseln. »Was meinst du?«

»O ja!« sage ich.

Durch die halbgeschlossenen Augenlider beobachte ich schläfrig zwei braungebrannte Kinder, die am Wellensaum Ball spielen. Ein Schwarm Seevögel schaukelt träge und zufrieden auf dem Wasser. Ein Papierdrachen, dessen leuchtendes Rot sich scharf gegen das Blau des Himmels abhebt und dessen Schnur sicher in einer sandigen Kinderhand irgendwo in den Dünen endet, steht unbeweglich über mir. Schaue ich nach rechts, so sehe ich scherenschnittgleich die dunkle Silhouette eines Mannes, der mit aufgekrempelten Hosenbeinen im Wasser steht und angelt.

Es ist früher Nachmittag.

Der eben noch mäßig besuchte Strand füllt sich zusehends. Ganze Karavanen eilen den Plattensteg hinunter, um sich in unmittelbarer Nähe desselben niederzulassen. Es ist offensichtlich, daß der Franzose im Gegensatz zu den meisten Deutschen es keineswegs liebt, ›den ganzen Strand für sich zu haben‹. Man muß nur einige Meter nach links oder rechts ausweichen, schon ist man der Einsamkeit und der Natur ausgeliefert. Wie schrecklich, wie langweilig. Zudem geht ein echter französischer Familienvater nicht gern an den Strand, ohne sich für den Notfall bis an die Zähne auszurüsten. Da werden Kühltaschen geschleppt, Bastmatten, Campingstühle. Das Angelgerät für Monsieur, ein Sonnenschirmchen für Madame, allerlei Plastikgetier für die Kleinen. All das braucht man halt, wenn man sich wohl fühlen will. Wie anders dagegen Uwe aus Brünn. Er betritt den Strand, blickt sich kurz um, peilt die Lage, sagt: »Aaaah!« und eilt in emsiger Geschwindigkeit, die ahnen läßt, daß hier keine kostbare Urlaubszeit zu vergeuden ist, am Wasser entlang. Hat er ein stilles Plätzchen gefunden, markiert er die betreffende Stelle durch Niederlegen seines Badetuchs nebst Ölflasche und Sonnenbrille als sein Eigentum und nimmt eilig ein Seebad, um die Pflichtübung ›täglich im Meer gebadet‹ aufatmend als ›erledigt‹ abhaken zu können. Sodann rennt er ein paarmal wie verrückt auf der Stelle, wirft sich in den Liegestütz und geht schmissig in die Kniebeuge. Hat er all diese Punkte gewissenhaft erledigt, kommt der angenehme Teil des Tages. Uwe aus Brünn beginnt, unempfindlich gegen die unbilligen Blicke Vorübergehender, eine Burg zu bauen, in deren Innerem er sich schließlich aufseufzend vor Behaglichkeit niederläßt, um für den Rest des Tages nicht mehr aufzutauchen. Nach einem ausgeklügelten Zeitplan läßt er Bauch und Rücken im Wechsel von der Sonne grillen und stellt sich währenddessen die Gesichter der Daheimgebliebenen vor, wenn er braun wie ein lufttrockenes Mettwürstchen und mit blendendweißen Zähnen vor ihnen stehen wird. »Wir haben prima Wetter gehabt und waren am Strand fast immer allein«, wird er als erstes kundtun, und zwar in einem solch stolzen Ton, als seien Wetter und Einsamkeit ein persönlicher Verdienst, der nur den ganz, ganz Klugen zuteil wird.

Ganz anders Monsieur und Madame Bernot!

Sie stellen ihre Kühlbox etwa zwei Meter vom Steg entfernt vorsichtig in den Sand und piksen Madeleines Sonnenschirm in leichte Schräglage. Das Freiluftzimmer wird mit Sonnenhut und Strickzeug gemütlich ausgestattet, und während Henri sich die weißen, behaarten Beine einölt und die Angel präpariert, schlüpft Madeleine unter dem Schutz des Badehandtuchs mit Verdrehungen und Verrenkungen in einen großgeblümten Badeanzug, der mehr Bauch abmalt, als Madeleine haben dürfte. Deshalb zieht sie es in der Regel überhaupt vor, komplett angezogen mit Kleid und herabgelassenen Strümpfen unter ihrem Sonnenschirm zu sitzen, Picknickkorb und Strickzeug in Reichweite. Den Blick hält sie auf ihren Gatten gerichtet, der jetzt, angetan mit Schirmmütze und Badehose, dem Wasser zustrebt, das er, wenn er mutig ist, bis an seine Knie heranläßt.

Braun sind Madeleine und Henri gar nicht, was schon verwunderlich ist, wo sie doch aus Bordeaux stammen und sich in jeder freien Minute am Strand tummeln und sich ein bißchen braten lassen könnten.

Gebraten ist dagegen etwas anderes, nämlich die Köstlichkeiten, die Madeleine der Picknicktasche entnimmt, nachdem Henri lange genug im Wasser gestanden und die Kleinen lange genug mit ihrer Gummiente gespielt haben. Der Anblick eines französischen Picknicks läßt Uwe, der da glaubt, den Tag ganz gut mit einer Handvoll Weintrauben hinter sich bringen zu können, und der gegebenenfalls eher sein Sonnenöl trinken würde, als sein Bräunungsritual auch nur für Minuten zu unterbrechen, schlicht aufhorchen. Da wird gewickelt, geschraubt, geklappt. Da hört man das satte ›glupp‹ der Weinkorken, da schmatzt es und schluckt es, da läuft der Saft am Handgelenk hinunter, und wenn man gerade noch gedacht hat, nun könne sich ja eigentlich nichts mehr in der Tasche befinden, fördert Madeleine einen goldglänzenden Apfelkuchen zutage, der, in Stücke geschnitten und dick mit Zucker bestreut, verteilt wird.

Wenig später sieht man satte, zufriedene Gesichter, und während Uwe aus Brünn durch leichtes Spiel mit den Schulterblättern herauszufinden versucht, wie weit der Sonnenbrand inzwischen gediehen ist, und ob man es eventuell wagen kann, das Bräunungsritual zwecks Café- und Toilettenbesuch für zehn Minuten zu unterbrechen, betten sich Madeleine und Henri gemütlich zur Ruhe. Die Abfälle ihres Festmahles haben sie mehr oder weniger flüchtig mit einem Händchen voll Sand zugedeckt, nun schlafen sie friedlich Seite an Seite unter ihrem Sonnenschirm, die Bäuche seitlich gelagert, die Beine mit Tüchern vor der Sonne geschützt.

»Von diesem Pärchen träumt also die Welt«, bemerkt Ron lakonisch. Wie wahr! Keine Legende hält sich so unvergänglich wie die, daß alle Franzosen das Aussehen eines Alain Delon, das Feuer eines Gilbert Becaud und den Charme eines Jean Marais besitzen, daß die Frauen entweder Juliette Greco oder Brigitte Bardot ähneln, sich alle in den Hüften wiegen und eine Menge von *l'amour* verstehen, ohne Zweifel ganz schön *›o la la‹* sind.

All diese Attribute lassen Henri und seine Madeleine schmerzlich vermissen, und wenn man natürlich in Rechnung stellen muß, daß sie nicht mehr zu den ganz Jungen gehören, so kann man sich dennoch kaum vorstellen, daß Henri in früheren Jahren auch nur die entfernteste Ähnlichkeit mit Alain Delon gehabt haben soll und daß Madeleines mollige Kehrseite jemals ›die Männer verrückt‹ gemacht hat.

Und wenn Henri hinter der Schutzbarriere seiner herabgelassenen Wimpern vorübergehenden Beinen nachsieht, so handelt es sich mit Sicherheit um solche, die länger, schlanker und brauner sind als die, die Madeleine selbst zu ihren besten Zeiten besaß, und wenn sie allen Ansprüchen genügen, so sind sie sicher ausländisch.

Es dämmert bereits, als wir endlich im Ort ankommen. Ich weiß nicht mehr, um wieviel Uhr wir schließlich den kleinen, nichtssagenden Kirchplatz erreichen. Rons Uhr ist stehengeblieben, und der Kirchturm ist gänzlich uhrlos. Das ist es, was uns zu allererst auffällt, daß der Kirchturm keine Uhr besitzt. Ron findet das unmöglich.

Es gibt Urlaubsorte, da kommt man zum erstenmal an, blickt sich um und registriert: Hier bin ich richtig, hier wollte ich hin. Das äußere Bild stimmt ziemlich genau mit jener Vorstellung überein, die man sich zu Hause und auf der langen Reise zurechtgeträumt hat. Zu diesen Orten gehört dieser da nicht. Im Gegenteil. Nie käme man auf die Idee, während der Durchreise hier auch nur für zehn Minuten anzuhalten, weil es so schön ist! Eher sagt man: »Wir müssen dann bald auch mal eine Pause machen, Werner, aber nicht gerade hier. Fahren wir doch bis zur nächsten Stadt, vielleicht ist es dort ein bißchen hübscher.«

»Im Ort angekommen, sucht ihr euch einen Parkplatz in der Nähe der Kirche und besorgt einen Blumenstrauß für Madame, den ihr ihr bei der Begrüßung überreicht!« hatte uns Ruppi mindestens dreimal eingeschärft, als wir uns zu Hause voneinander verabschiedet hatten. »Ein gutes Blumengeschäft befindet sich vis à vis des Kirchenportals zwischen dem Laden für Andenken und dem Tabak. Bitte kalkuliert vorher ein, daß Blumen an der Küste nicht ganz billig zu haben sind. Hundertzwanzig Franc müßt ihr mindestens rechnen, dafür bekommt ihr schon ein recht schönes Bouquet!«

Wie Ruppi vorausgesagt hat, findet sich ein Parkplatz in der Nähe der Kirche, das Blumengeschäft entdecken wir ebenfalls wie angegeben zwischen Andenkenladen und Tabak. Beim Anblick der Auslage stutze ich. Man kennt Blumengeschäfte, deren Waren durch die Tür bis auf die Straße quellen, wo immense Blumenkörbe und Eimer voller Blüten im Schaufenster stehen, weiße, rote, blaue, gelbe, buntgemischte Blumen, Riesensträuße, Blüte an Blüte, bei deren Anblick man am liebsten einen ganzen Waggon voll nach Hause transportieren lassen möchte, so bunt, so duftig, so frühlingsfrisch ist der Anblick. Der Kauf der Blumen macht einen glücklich, man greift sich noch einen Tuff Primelchen, ein paar Mimosen dazu und einen dicken Bund Tulpen, arrangiert alles zu Hause in dem blauen Tonkrug und hat mit einemmal den Sommer im Zimmer ... mit all dem hat dieser trübe Laden nicht das geringste gemein. Die Tür hat man trotz des warmen Abends fest geschlossen. In der Auslage liegen auf schwarzem Samt in regelmäßigen Abständen kleine beschriftete Platten, die man den lieben Toten auf das Grab legen soll: Für Papa! Für meine schöne Mutter! Zum Fest! (Zu welchem?) Daneben Ungetüme wächsern wirkender, künstlicher Blumen, die zu den Platten gehören und mit denen man wahrscheinlich den Festsaal schmücken soll. Zum fröhlichen Totentanz. Ich betrachte mir die Auslage mit einer Mischung von Schauer und Interesse.

Nach einigem Zögern trete ich ein. Es gibt auch frische Blumen.

Steif, in geschmacklosen Vasen, staksen ein paar kümmerliche Gladiolen, eine der wenigen Blumen, die ich immer verabscheut habe, ein paar Spinnen hat man mit einigen blau-lila Baccararosen zusammengepfercht, ein Bund langstieliger Nelken ... ein trüber Verein.

Nun kenne ich die Namen der einzelnen Blumen nicht. Ein Besuch im Blumengeschäft ist im Lehrbuch ›*Parlez-vous Français*‹ nicht vorgesehen. Wahrscheinlich gehen die Autoren von Band I davon aus, daß die in den Anfängerkursen erworbenen Sprachkenntnisse gar nicht ausreichen, um Freundschaften zu schließen, die sich so intensiv entwickeln, daß man in Versuchung geriete, sie mit derartig kostspieligen Dingen wie einem Blumenbouquet zu krönen.

Ich sehe also der kleinen Blumenverkäuferin, die mich erwartungsvoll mustert, fest in die Augen und sage, daß ich ›etwas Hübsches‹ gebunden haben möchte. Für etwa 100 Franc. (Unter 100 Franc braucht ihr gar nicht erst anzufangen: Ruppi!) Das Fräulein lächelt süß und sagt: »*Plaisier, Madame!*« Dann verschwindet sie hinter einem Vorhang, der wohl die Blumenbinderecke vom Verkaufsraum abtrennt. Ich höre sie rascheln, dann höre ich nichts mehr. Es dauert lange, sehr lange. Ich bin inzwischen vor die Tür getreten und betrachte den verlassen im Abenddämmerlicht daliegenden Kirchplatz. Van Gogh hätte ihn nicht gemalt. Zu wenig Farbe. Manet auch nicht, zu wenig Leben. Sebst eine Gruppe der Volkshochschule würde hier weiterziehen. Zuwenig Romantik. Die Kirche weist keine besonderen Baumerkmale auf, den Platz drumherum hat man zum Parkplatz degradiert. Die im Rund gruppierten Häuser sind niedrig und unscheinbar. Es gibt einen Supermarkt, einen Metzger, einen Bäcker, einen Andenken- und Trödelladen, ein Fischgeschäft und eine Austernprobierstelle. Vor der Austernprobierstelle stehen ein paar Tische auf der Straße, die Schalen der Austern hat man kiloweise in die Gosse geworfen. Wenigstens das stimmt. (Der Kenner schlürft die Auster genüßlich aus und wirft die Schale einfach weg. Einfach so: hopp! Man ist ja freier in Frankreich!)

Wieder höre ich im Hintergrund heftiges Geraschel, vom Parkplatz aus macht mir Ron pantomimisch klar, daß er es satt hat, noch länger zu warten. Er deutet mit der rechten Hand auf seine Armbanduhr und hebt den Arm hoch. Ob ich vergessen habe, wie spät es schon ist. Jetzt bettet er die Wange auf die gegeneinandergelegten Hände. Es ist nämlich schon sehr spät, später als ich glaube, er für seinen Teil möchte jetzt eigentlich schlafen. Um mir zu beweisen, daß er es ernst meint, läßt er einmal kurz den Motor aufheulen.

Endlich bewegt sich der Vorhang. Von der kleinen Mademoiselle ist nichts zu sehen, dafür erscheint ein riesiges Zellophanpaket im Türrahmen, zwei Lehrmädchen schleppen es mehr, als daß sie es tragen, ehe man das Ding auf den Verkaufstisch legen kann, muß dieser erst vollkommen frei geräumt werden. Ich gehe der kleinen Mademoiselle hilfreich zur Hand, sie dankt mit einem entzückenden Lächeln. Was ich dann sehe, verschlägt mir die Sprache. Aufgebahrt in ihrem Zellophansarg, liegen einige Stiele schauerlicher Chrysanthemen, pyramidenförmig nach Größe gestaffelt, nach unten hin immer kürzer werdend, das ganze Arrangement mit einer blutroten Samtschleife zusammengehalten, nur in der Waagerechten zu tragen, nur waagerecht auf einen Sarg zu legen. Ich zahle mit verblüffter Hand 128 Franc. Wahrscheinlich hat die rote Samtschleife so viel gekostet, die kümmerlichen Stiele können es wahrlich nicht sein.

Eines der Lehrmädchen begleitet mich, als ich wenig später endlich das Geschäft verlasse. Sie trägt vorsorglich das hintere Ende des Riesenpaketes, ich balanciere mühsam den vorderen Teil. Ron wirft uns einen schweigenden Blick zu, dann öffnet er den Kofferraum. Glücklicherweise kann man die hintere Lehne umklappen und so zusätzlichen Raum gewinnen. Ron hat das damals, als wir uns für diesen Wagen entschieden, so haben wollen. »Falls wir mal einen größeren Transport haben!« Nun haben wir einen. Als wir abfahren, knistert das Zellophan an unseren Ohren, das Riesenbouquet versperrt uns die Sicht nach hinten, und jeder Fahrer, der uns überholt, blickt sich verwundert nach uns um.

»Das überreiche ich aber nicht!« sagt Ron und wirft mir einen dieser unmißverständlichen Blicke zu, denen ich auf Anhieb entnehmen kann, daß es zur Zeit absolut zwecklos ist, mit ihm zu streiten.

»Da schämt man sich ja, mit so was da vorzufahren.«

»Du kannst es gar nicht allein überreichen, Schätzchen«, sage ich gemütlich. »Das hier ist ein Problem, das man nur zu zweit bewältigen kann!«

»Würde mich gar nicht wundern, wenn sie gar keine Vase hat, die groß genug ist«, sagt Ron.

»Ihr fahrt die Hauptstraße geradeaus bis zu dem unübersehbaren Schild mit der Aufschrift ›Le paradis‹! Unmittelbar danach biegt ihr in die schmale Rue des Lucioles ein. Das kleine Haus mit dem roten Dach gleich hinter der nächsten Straßenkreuzung ist das von Madame. Über dem Gartentor steht ›Villa Marie‹. Man kann es gar nicht verfehlen.« So weit Ruppis Anweisung.

Wir fahren auf der breiten Straße, welche aus dem Ort hinausführt. Rechts und links lichter Kiefernwald. Der Himmel über uns hat sich jetzt merklich verdunkelt. Ein früher Stern glitzert hell und begleitet uns. Wenn wir in den Wald hineinsehen, erkennen wir, daß der vom Tourismusbüro Arcachon herausgegebene Prospekt nicht gelogen hat. Der Wald ist tatsächlich ›durchlöchert‹ von schönen ›Willen und Residenzen‹. Von der Perspektive ist allerdings nichts zu sehen.

»Jetzt müßte das Schild aber bald kommen«, sagt Ron. Es kommt nicht. Wir haben bereits den nächsten Ort erreicht, Ron stoppt. An der Bürgermeisterei wenden wir und fahren zurück. Wahrscheinlich haben wir das Schild in der aufkommenden Dunkelheit übersehen, Ron fährt auch immer so schnell. Wir fahren noch einmal zurück bis zur Kirche, wenden und machen die Tour zum zweitenmal. Doch wir finden kein Schild ›Le paradis‹, obwohl Ron jetzt beinahe im Schrittempo fährt und ich angestrengt durch die Windschutzscheibe gucke. Wir finden auch die Rue des Lucioles nicht. Das Zellophanpaket knistert an unseren Ohren und macht uns zusätzlich nervös. Bald sind wir erneut an der Bürgermeisterei, wenden und fahren zurück. Ein alter Mann, der vor dem Amt auf einer Bank sitzt, sieht uns verwundert nach. Wenig später landen wir wieder vor der uhrlosen Kirche!

»Ich fahre keinen Schritt mehr weiter«, teilt Ron mir mit. »Wir werden jetzt von hier aus telefonieren. Das heißt, du wirst telefonieren und der Madame sagen, daß wir hier direkt vor der häßlichen Kirche auf sie warten. Du wirst telefonieren«, wiederholt er und mustert mich streng. Ich wehre mich nicht weiter, was bleibt mir auch übrig. Mit Ron ist heute nicht gut Kirschen essen. Mit Ron ist öfter mal nicht gut Kirschen essen, vor allem, wenn er übernächtigt ist und sich dreimal verfahren hat.

Ich drehe die Nummer. Auch die Telefonnummer von Madame hat uns der fürsorgliche Ruppi mitgegeben, nur so, für alle Fälle. Ich habe das übertrieben gefunden, nun bin ich froh, daß ich sie habe. Es knackt ein bißchen in der Leitung, dann folgt ein langes Tuten. Ich stehe in der muffigen Zelle, halte den tutenden Hörer in der Hand und schaue nach draußen. Ich sehe den verödeten Kirchplatz, die Straßenlaterne, das Blumengeschäft und Ron. Ron hat den Kopf auf das Steuer gelegt.

»Allooooo?« Eine tiefe, rauchige Stimme. Ich zucke zusammen. Ich war, was mir leicht passiert, ins Träumen geraten und bin nun vollkommen aus dem Konzept. Auch der schöne Satz, den ich mir extra zurechtgelegt habe, hat sich verflüchtigt.

»Allooo?«

»Ja, ja, hallo, hallo«, rufe ich. *»Ici Lili! Lili et Ron Gärtner.* Wir sind gerade angekommen, hier, auf dem Parkplatz an ...«

»'sieur, 'dame Gärtnääär«, jubelt es da in mein Ohr und sprudelt soviel unerwarteten Jubel hinterher, daß mir ganz warm ums Herz wird. Noch nie im Leben hat mich jemand dermaßen enthusiastisch begrüßt. Wie immer diese Madame auch sein mag, sie hat meine Seele im Sturm erobert, diese, durch Rons britische Sachlichkeit ganz leicht unterkühlte Seele. In ihren Redeschwall hinein bringe ich nun auch ganz ordentlich unser Problem an. Wir sind hier unmittelbar neben der Kirche. Ruppi hat uns angewiesen, hinter dem Schild ›Le paradis‹ in die Rue des Lucioles einzubiegen. Leider können wir das besagte Schild nicht finden.

»Weil es überhaupt nicht mehr da ist«, brüllt Madame, *»mais,* daran sind sie schuld. *Ils!«*

Später einmal werde ich erfahren, was es mit diesem *ils* auf sich hat. *Ils, SIE,* das sind alle und jeder, dem man einen Mißstand in die Schuhe schieben kann. Der Vorgesetzte für den Angestellten, der Angestellte für den Vorgesetzten, der Polizist für den Autofahrer, der Autofahrer für den Polizisten, die Saubande des Finanzamtes, letztendlich der Staat, der Fiskus, der Ausländer. In unserem Falle hatten *ils* das Schild ›Le paradis‹ beschlagnahmt, einfach abgerissen, ohne sich im geringsten Gedanken zu machen, daß nun kein Fremder mehr die Rue des Lucioles, geschweige denn die Villa Marie finden würde.

Nun, Madame beruhigt sich und verspricht mir, sich persönlich der Sache anzunehmen. Wir sollen ganz ruhig da stehenbleiben, wo wir sind, sie wird jetzt sofort kommen und uns abholen. »*Cinq minutes*«, verspricht sie mir. »*Salut!*«

Es dauert eine Viertelstunde, da kommt sie tatsächlich. Ein goldfarben gespritzter Citroën umkurvt in einiger Geschwindigkeit den Kirchplatz, dann hupt es gellend, und der Wagen kommt mit kreischenden Rädern zum Stehen. Madame steigt aus. Steht im Schein der Laterne einige Minuten einfach so da. Lächelt. Die Arme mit nach außen gedrehten Händen leicht angehoben, als wolle sie mit dieser Geste ein Willkommen andeuten und gleichzeitig zu verstehen geben, daß sie es gewohnt ist, Zustimmung zu ernten. Dieser Frau widerspricht man nicht so leicht. Für eine Französin ist sie recht groß, sehr schmal. Das schwarze Kleid ist von raffinierter Eleganz. Sehr einfach, sehr schick. Um den Hals trägt sie eine dreifach geschlungene Perlenkette, das weiße Haar ist schlicht zurückgekämmt und im Nacken locker zusammengehalten. Das Gesicht mit den hohen Wangenknochen überzieht ein Gespinst feiner Fältchen. Die strahlendblauen Augen sind ganz jung.

Mit diesen Augen betrachtet sie mich prüfend.

»Sie sind sehr schön, Madame«, sagt sie und küßt mich rechts-links-rechts, und ich fühle mich glücklich wie eine Vierzehnjährige, die eine schwere Prüfung bestanden hat.

»Sie sind auch sehr schön, Monsieur!« sagt sie zu Ron. Ron lächelt hilflos. Er ist es nicht gewöhnt, daß man ihm derartige Komplimente macht, und weiß nicht recht, was er davon halten soll. Und was erwartet diese fremde Dame ihrerseits von ihm? Daß er das Kompliment zurückgibt? (Die tut's nicht ums Geld, die möchte bloß, daß man sie so hin und wieder mal ... »Was?« »Nun halt so 'n bißchen umgarnt. ›*Comment-allez-vous Madame?*‹ Entzückt Madame!« So Ruppi vor einigen Monaten). Ron scheint sich nicht daran zu erinnern. Er beschränkt sich darauf, die fremde Madame, die ihn so völlig unvorbereiteterweise nicht nur schön findet, sondern auch noch dreimal geküßt hat, stumm anzulächeln.

»Wir freuen uns sehr, Ihre Bekanntschaft zu machen«, sage ich schnell. »Sie sind sehr sympathisch.«

Madame neigt leicht den Kopf und sagt: »*Je vous remercie, vous êtes très charmante. Vous parlez très bien le Français! Je vous admire!*« Ich versteh' das auf Anhieb. Sie dankt mir. Ich bin sehr charmant. Ich spreche sehr gut französisch. Madame bewundert mich. Sie spricht sehr langsam und akzentuiert. Ich verstehe sie besser als andere Franzosen, ja besser sogar als Monsieur Rischaarch. In Zukunft werde ich Gelegenheit haben, festzustellen, daß meine Sympathie alle Franzosen in zwei Lager teilt, nämlich in Franzosen, die ich gut, und Franzosen, die ich weniger gut oder überhaupt nicht verstehe. Madame verstehe ich auf Anhieb, und ich liebe sie dafür. Sie sprechen zu hören steigert mein Selbstwertgefühl. »*Allons!*« ordnet sie an. »Gehen wir. Ich fahre vor, Sie folgen!«

Sie will an unserem Wagen vorbei, wirft einen Blick hinein und stutzt. Dann staunt sie schweigend auf den Zellophansarg hinab.

»*Mon Dieu!* Was ist das?«

Wir sind furchtbar verlegen. Vom bläulichen Licht der Straßenlaterne unschön beleuchtet, erscheint unser Bouquet von geradezu beleidigender Häßlichkeit. Das Zellophan ist an der Stelle, an der wir mit den Köpfen dagegen gestoßen sind, total zerknittert, die Chrysanthemen scheinen inzwischen stark an Frische eingebüßt zu haben, und die rote Samtschleife klebt platt an den Stielen. Ein trostloser Anblick. Am liebsten würden wir unser kostspieliges Präsent auf der Stelle verleugnen. Wir können es nicht. Wir können auch nicht so tun, als ob das Bouquet für jemand anderen bestimmt wäre, jemanden, den wir von Herzen verabscheuen. Auch kann man nicht einfach frech behaupten, daß dies hier gar kein Präsent sei, sondern zu unserer ganz normalen Reiseausstattung gehöre, mit welcher wir immer zu reisen pflegen ...

»Ein Geschenk für Sie«, sagt Ron leise. »*Un petit cadeau!*«

Sie starrt ihn schweigend an. Das Ganze ist fürchterlich peinlich. Ich will sagen, daß es sich um ein Mißverständnis im Blumengeschäft gehandelt hat, ich hatte ursprünglich etwas ganz anderes haben wollen, das Blumenmädchen hat das falsch verstanden, ich kriege im Moment den Satz nicht hin. Es fällt mir überhaupt nichts mehr ein. Jetzt, im fahlen Licht der Straßenlaterne, wirkt unser Mitbringsel ganz eindeutig wie ein Angebinde für ein Grab. Ron findet das auch. »*Tombe!*« sagt er und lächelt dazu, wie um anzudeuten, daß es sich um einen Scherz handelt.

Da fällt sie ihm schluchzend um den Hals.

»*Monsieur, o Monsieur,* daß Sie daran gedacht haben!«

Über ihren Kopf hinweg sehen wir uns hilflos an.

Hier ist Schreckliches im Gange!

Endlich hebt sie das tränennasse Gesicht von Rons Hemdbrust und guckt mich an.

»Sie haben Klasse, Madame!« teilt sie mir mit. Dann wird sie energisch.

»*Allons!* Zum Friedhof!«

Sie klemmt sich auf den Rücksitz unseres Wagens und umfaßt zärtlich den Zellophansarg.

»Chrysanthemen«, sagt sie. »In Frankreich die Blume der Toten. Daß Sie das wissen. *Je vous admire, je vous admire.*« Sie streicht mit der Hand über das Zellophan. Schließlich bewundert sie sogar die rote Samtschleife. Dann wiederholt sie nochmals, daß wir wirklich viel Klasse hätten, Ron und ich. Wir lassen uns das Kompliment mit bescheidenem Lächeln gefallen.

Während wir zum Friedhof fahren, fragt uns Madame, woher wir wüßten, daß heute Monsieurs Todestag sei. »Sicher hat Ihnen -err -ausmann davon erzählt.« Wir brauchen einige Minuten, um dahinterzukommen, daß sie mit ›Monsieur‹ ihren Gatten meint, der vor fünf Jahren von ihr gegangen ist, und es sich bei ›-errn -ausmann‹ um Ruppi handelt.

Von Monsieur (Madame sprach niemals plump-vertraulich per ›mein Mann‹ von ihm) hat uns bereits Ruppi eingehend erzählt, er hat auch Fotos gezeigt. Leidenschaftslos haben wir uns den kleinen dicken Mann betrachtet. Er ist Geschäftsmann gewesen, wohlhabend, gebildet, siebensprachig, souverän, ein Weltbürger. Der ganze Stolz, das Heiligtum von Madame. Und just am heutigen Tag vor fünf Jahren hat er sie verlassen. Das haben wir nun freilich nicht gewußt, und wenn wir es gewußt hätten, so wären wir dennoch nicht auf die Idee gekommen, dem fremden Monsieur zum Tag seines Heimganges ein Blumenbouquet mitzubringen. Madame weiß das nicht und wertet es als Zeichen jener Klasse, die wir nun einmal an uns haben und welche sie, Madame, sofort auf den allerersten Blick gespürt hat.

»Bis jetzt ist noch nie jemand auf eine so wunderbare Idee gekommen«, beteuert sie und umfaßt den Zellophansarg mit liebevollen Blicken.

Das glauben wir ihr gern.

Der Friedhof, auf dem ›Monsieur‹ zur ewigen Ruhe gebettet ist, gehört mit Sicherheit nicht zu jenen Plätzen, zu denen Ron und ich jemals freiwillig zurückkehren werden.

Einmal ist genug!

Als wir, das Zellophanpaket mit uns tragend, an der Eingangstür stehen, ist die Sonne gerade im Begriff, unterzugehen. Sie taucht den westlichen Himmel in ein falsches gelbes Licht und verleiht den überlebensgroßen steinernen Engeln, welche uns mit dramatisch erhobenen Händen aus leeren Pupillen entgegenstarren, eine schreckliche Lebendigkeit.

Normalerweise habe ich nichts gegen Friedhöfe, die mich zuweilen an liebevoll gepflegte kleine Schrebergärten erinnern, zwischen denen man in aller Ruhe herumspazieren und die Inschriften auf den Grabplatten lesen kann. Ich mag die kleinen dörflichen Friedhöfe, die, eng an ihre Kirche geschmiegt, nichts Furchterregendes haben. Ebenso die großen alten, in denen eingesunkene Gräber vergessen und beschützt im Schatten hoher Bäume ruhen und wo man sich eher in einem verwunschenen Park wähnt, in dem man still und verträumt und mit Frieden in der Seele …

Von all dem ist hier nichts zu spüren!

Die Seele nimmt wahr, erschrickt und strebt zurück, zurück zu den Lebenden. Schrecklich, hier einen einst innig geliebten Monsieur zu wissen, ihn hier besuchen zu müssen, durch diese Betonwüste zu ihm zu gehen, die in ihrer steinernen Ewigkeit selbst den Tod symbolisiert. Vorbei an all den kleinen, oben abgeflachten Grabhäuschen, auf die man die im Laden erworbenen Gedenktäfelchen gelegt hat:

›Meinem lieben Sohn‹, ›Ewige Treue‹, ›Der guten Mutter‹, ›Zum Fest‹. Daneben klappern scheußliche Kunstblumen schaurig im Wind. Es ist, als ob die Toten leise miteinander flüsterten. Auf dem ganzen Friedhof nicht eine einzige echte Blüte, nicht ein Grashalm. Beton, nichts als grauer, lebloser Beton. Wir eilen an den Grabstätten vorbei, an all den kleinen Häusern, die vorn mit einer soliden Klappe verschlossen sind, so daß man bei Bedarf und ohne größere

Umstände machen zu müssen, weitere Familienmitglieder nachschieben kann. Von Westen sind inzwischen dicke Wolken heraufgezogen, die ersten Regentropfen klatschen herunter. Wir eilen weiter. Endlich bleibt Madame stehen.

Es ist ein stattliches *tombe,* alles was recht ist, es ist sogar eines der größten, mit einer massiven Tür verschlossen. Madame erzählt uns mit Hausbesitzermiene, was es gekostet hat. Aber innen ist dafür auch reichlich Platz für die ganze Familie. Massenhaft Platz, würde Ruppi sagen. Einen schrecklichen Augenblick lang habe ich den Eindruck, daß sie gewillt ist, die Tür zu öffnen, um uns von Komfort und Größe dieses Eigentums zu überzeugen. Glücklicherweise tut sie es nicht. Sie legt die Blumen, ohne sie auszupacken, oben auf das Flachdach, zwischen einen Kranz aus Metallblumen und eine Tafel mit der Inschrift *›pour mon mari‹,* und faltet die Hände.

Wir stehen still. Es regnet jetzt stärker. Das Zellophan raschelt leise im Wind, das Trommeln der Regentropfen erzeugt ein Geräusch, als ob von drinnen jemand klopft. Vom Nachbargrab starrt ein Engel mit weitausgestreckten Armen zu uns herüber, man hat bei solchen Steinfiguren immer das dumpfe Gefühl, als ob sie plötzlich von ihrem Sockel abheben und einen zu sich holen würden ... das reicht mir. Ich habe einen anstrengenden Tag hinter mir – nach einer anstrengenden Nacht. Außerdem bin ich nicht mehr die Jüngste. Ich wende mich ab und strebe dem Ausgang zu, mag die fremde Madame denken, was sie will, mag sie sogar das Kompliment, daß ich Klasse hätte, zurücknehmen, mir reicht's. Ich laufe, ich renne. Finde den Ausgang nicht wieder. Irre in diesem Labyrinth von Gängen und Gräbern umher, gepeinigt von dem Gedanken, den Ausgang vielleicht niemals mehr zu finden und bis in alle Ewigkeit hier herumzuirren, ein ruheloses Gespenst, vor dem man die kleinen Kinder warnt: »Wenn du jetzt nicht artig bist und schön schläfst, geh' ich mit dir auf den Friedhof. Dann holt dich das weiße Gespenst.« An einem grauen, windigen Abend, kurz vor Einbruch der Dunkelheit, zwischen fahlen Betongräbern herumirrend, kommt man leicht auf solche Gedanken.

Schließlich finde ich den rechten Weg. Am Ausgang erwarten mich Ron und Madame, sie warten wohl schon eine ganze Weile. Auf der Fahrt zu ihrem Haus übernimmt sie selbst das Steuer unseres Wagens (»Das ist am einfachsten!«) und ist bestens gelaunt. Sie trällert *›Sur le pont d'Avignon‹* und nimmt die Kurven in rasantem Tempo, so daß ich auf meinem Rücksitz von einer Ecke in die andere fliege.

»Monsieur hat übrigens bald einen Umzug«, sagt sie zu mir und sieht mich beifallheischend an, wobei sie den Kopf rückwärts drehen muß und eine am Straßenrand stehende Obstkiste umwirft.

»Wir werden beide in den Nachbarort ziehen«, fährt sie zufrieden fort. »Ich habe da ein schönes großes Haus gefunden und für Monsieur ein sehr gutes *tombe.* In der Nähe des Eingangs, sehr gute Lage.« Sie macht eine wirkungsvolle Pause und fügt hinzu: »Der Umzug ist sehr teuer. Aber ich denke, es lohnt sich.«

»Viel Glück im neuen Heim«, denke ich und sehe die kleine Porzellanplatte bildlich vor mir.

»Wir sind da«, sagt Madame und steigt auf die Bremse. »Bienvenue in der Villa Marie!«

Wir steigen aus. Die Villa Marie liegt recht verlassen in einem dunklen Garten. Das Haus wirkt größer als auf dem Foto. Ringsum lichter Wald. Der nächste Nachbar ist ziemlich weit weg. Plötzlich fällt mir etwas ein: »Wo sind denn eigentlich Ruppi und Claire?«

»Comment?« Madame versteht nicht. *»Madame et Monsieur Hausmann«*, schaltet Ron sich ein.

»Ah«, macht Madame und verzieht das Gesicht. »Sie haben einen Ausflug nach Biarritz gemacht und kommen erst morgen wieder. Ich bin sehr froh deswegen, wissen Sie!«

Wir sehen sie fragend an.

Da beugt sie sich vertraulich zu mir herüber und flüstert: »Sie nerven mich. Regen mich auf. Sie haben einfach keine Klasse«, fügt sie hinzu. Und zu Ron gewandt: »Ich bin froh, daß ich den heutigen Abend mit Ihnen allein verbringen kann!«

Wir sind reichlich erstaunt.

»Gehen wir hinein«, sagt Madame.

Wir gehen hinein!

À la maison

Von innen ist das Haus tatsächlich gar nicht so klein. Ruppi hat recht gehabt, und als Madame uns nun durch sämtliche Räume führt, bitten wir ihm einiges ab. Wir schauen neugierig in halbdunkle Schlafzimmer, es gibt drei Stück davon, jedes mit einem Doppelbett, zwei Nachtkonsölchen und einem Kleiderschrank möbliert. Über dem Bett prangt jeweils ein üppiges Ölgemälde mit christlichem Motiv: Gabriel speist die Armen und die heilige Maria mit dem Kind in zwei Variationen. Über unserem Bett hängt zusätzlich ein Aquarell, welches in rot-goldenen Tönen gemalt ist und einen Schutzengel zeigt, der zwei kleine Jungen sicher über eine wackelige Brücke führt. Der Engel zeigt erschreckende Ähnlichkeit mit jenem Engel auf dem Friedhof, welcher mich so entsetzt hat.

Auch dieser breitet die Arme aus, als wolle er sagen: »Was quält ihr euch so herum, kommt doch lieber gleich heim zu mir.« Der Salon ist klein und mit feierlichen schwarz polierten Möbeln bestückt. Exakt in der Mitte wie ein Schiff in der Brandung: der gewaltige Eßtisch. Madame schlägt mit der flachen Hand auf seine hochglanzpolierte Platte und sagt: »Das Herz des Hauses!« Um das Herz des Hauses herum gruppieren sich zehn hochlehnige Stühle. Sie stehen stramm ausgerichtet wie Soldaten. Unter dem Fenster steht das Buffet. Auf dem Buffet in etlichen Silberrähmchen: Familienmitglieder, darunter mindestens achtmal ›Monsieur‹.

»Das ist meine Großmama!« zeigt uns Madame, »und das sind Mama und Papa. Hier meine Tochter Paulette mit ihrem Mann Robert. Dies ist mein kleines Enkelkind, Fréderic. Er ist süß, er ist ganz Monsieur.« Wir betrachten uns Monsieur genauer und können nicht die geringste Ähnlichkeit zwischen diesem respektablen Geschäftsmann und dem Wicht von zwei Jahren erkennen, aber wir lächeln höflich und sagen: *»Oui!«*

»Dieser Herr sieht wie de Gaulle aus«, sagt Ron unvermutet und deutet auf ein Bild, welches mit einer schwarzen Schleife geschmückt ist.

Ron sagt das vorwiegend, um zu zeigen, daß er sich in der französischen Politik bestens auskennt. Da lacht Madame und klatscht in die Hände. »Aber es ist de Gaulle!« Dann wirft sie uns einen Blick zu und fügt hinzu: »Mein Idol!«

Anschließend bestaunen wir die in einer Vitrine ausgestellten Mitbringsel, welche Madame im Laufe der Jahre von ihren deutschen Gästen verehrt bekommen hat. Es gibt einen Berliner Bären, ein Püppchen, das einen Schwarzwaldhut trägt und dessen Bauch mit Kirschwasser gefüllt ist, zwei bayrische Bierhumpen, ein Muschelkästchen mit der Aufschrift: ›Gruß aus Norderney‹ und eine Dose, welche einmal Nürnberger Lebkuchen enthalten hat.

Ansonsten feiert der Salon eine Orgie aus Farben und Mustern. Die Tapete weist ein grellbuntes Durcheinander der verschiedensten Formen auf. Nach und nach erkennt man, daß es sich wohl um eine Urwaldszenerie handelt. Dazu ›passen‹ die Gardinen mit dem Petit-fleur-Muster in den verschiedensten Blautönen. Das kleine Sofa im Erker ist mit einem schottisch karierten Bezug überzogen, die Stühle mit einem Seidenstoff in Biedermeierdekor. Als Madame nun die Tischdecke hervorholt, sehe ich ein großflächiges braungrünes Muster, das Porzellan ist blumenübersät.

Ich betrachte Ron, der in seinem einfachen beigen Hemd vor der Urwaldtapete steht, und halte mich mit den Augen an seiner Erscheinung fest. Er wirkt auf einmal so beruhigend.

Die Küche ist ein großer unordentlicher Raum, in dem ich mich sofort wohl fühle und in dem ich mich in den folgenden Wochen am liebsten aufhalten werde, schon seiner schlichten, weiß gekalkten Wände wegen. »Ich wußte nicht, ob Sie heute ankommen würden oder nicht, ich habe deshalb nur einen kleinen Imbiß vorbereitet, entschuldigen Sie«, sagt Madame. »Wenn Sie vielleicht im Salon Platz nehmen und einen kleinen Apéritif zu sich nehmen wollen? Es dauert nicht lange.«

Wir sitzen allein an dem großen Tisch, zwischen uns ein Tablett mit etwa acht Flaschen verschiedenen Inhalts, einer Karaffe mit frischem Wasser und einem Schüsselchen mit Eiswürfeln: An *›je m'appelle Jean‹* erinnert, entscheiden wir uns für Pernod. Mit drei Teilen Wasser vermischt, schmeckt er uns nicht einmal so schlecht.

Wenn ich zu einem kleinen Imbiß bitte, weil ich mit den verspäteten Gästen nicht mehr gerechnet habe, so hat der verspätete Gast nicht viel zu erwarten. Vielleicht tische ich ihm ein schlichtes Süppchen auf. Hat er Glück, so befindet sich noch eine Dose der besseren Sorte in meinem Vorrat, sonst muß er sich mit einem Tellerchen der Marke ›Geben Sie den Inhalt in einen Viertelliter kochendes Wasser – umrühren – guten Appetit‹ zufrieden geben. Dazu kann sich der verspätete Gast ein Brot mit jener Wurst belegen, die ich gerade im Kühlschrank habe, und das Ganze mit einem Gürkchen oder einem Maiskölbchen verfeinern. Um von dem einfachen Essen abzulenken, erzähle ich ihm, während er nachdenklich kaut, vielleicht einen Schwank aus meinem Leben, wobei ich gewöhnlich gewaltig übertreibe und/oder das Blaue vom Himmel herunterlüge. Anschließend beteuere ich nochmals ohne rechte Überzeugung, wie leid es mir tut, daß ich gerade heute so wenig im Hause habe, und bitte den Gast in die Couchecke. Dort darf er nach Herzenslust rauchen und trinken und etwaigen Resthunger mit Erdnußchips stillen, derweil ich heimlich aufatme und froh bin, unserem Eßtisch und den etwas unbequemen Stühlen entronnen zu sein. Wenn der Teil ›Aber setzen wir uns doch hinüber‹ erreicht ist, fängt gewöhnlich mein Abend erst an.

Ganz anders die französische Hausfrau. Wir hören Madame einige Zeit geschäftig in der Küche herumhantieren, dann erscheint sie mit dem ersten Gang. Keine deutsche Hausfrau wäre imstande, ohne eine Anlaufzeit von mehreren Monaten und allergenauester Planung, ein solches Resultat aufzutischen. Die Französin dagegen hat die Regie eines Sechsgängemenüs ebenso souverän in der Hand wie ihre deutsche Schwester den Frühjahrshausputz. Während ich mich, wenn ich mich schon mal zu einer größeren Essenseinladung aufraffe, an der Konversation nur sehr zögernd beteilige, weil, während der Gast von seinem letzten Segeltörn erzählt, mein Auge wie das eines Generals auf seinem Teller ruht, der sich erschreckend langsam leert, derweil in der Küche der nächste Gang auskühlt, schafft Madame es mit lächelnder Selbstverständlichkeit, ihren aus sechs Gängen bestehenden ›Imbiß‹ nach und nach heiß, duftend, knusprig und in seiner höchsten Vollendung auf den Tisch zu bringen, ohne den Faden ihres Gespräches auch nur ein einziges Mal abreißen zu lassen. Die Konversation während des Essens dreht sich ums Essen. Madame bringt es fertig, während sie ein zartes Coq au vin auf der Zunge zergehen läßt, von der himmlischen Ente à l'orange zu schwärmen, welche es anläßlich Pauls vierzigstem Geburtstag gegeben hat. Während wir die in Knoblauch gebadeten Lammkoteletts genießen, spüren wir gleichzeitig den samtigen Geschmack jenes Käsesoufflees auf der Zunge, welches Madames Großmutter so trefflich zuzubereiten wußte. Als wir uns über die streichholzfeinen Böhnchen hermachen, schildert uns Madame bis in alle Einzelheiten den Geschmack einer ganz besonderen Sorte von Jakobsmuscheln, für deren fachgerechte Zubereitung immer Papa zuständig gewesen war, und beim Salat, dessen feine Blättchen sie einzeln mit einer Marinade aus Olivenöl und Knoblauchessig überzogen hat, gibt sie das Geheimnis preis, daß man eine wirklich gute Fischsuppe nur in einem einzigen ganz bestimmten Lokal in Nizza essen kann.

Von den leiblichen gleitet sie schwerelos zu den seelischen Genüssen. Sie erzählt von einer Opernaufführung in Bordeaux und von dem Chansonabend, dem sie kürzlich in Arcachon beigewohnt hat. Dann kommt sie auf die Politik zu sprechen, bei der die bereits erwähnten *ils* allerlei verpfuscht haben. Schließlich landet sie bei den Obst- und Gemüsepreisen, die so hoch sind, daß wohl demnächst ein ganz gewöhnlicher Apfel wie ein feines Pralinchen verspeist werden muß, eine Folge der fatalen Mißwirtschaft, für die selbstverständlich *ils* verantwortlich zu machen sind.

Wir verstehen sie übrigens sehr gut. Das läge an ihrem jahrelangen Umgang mit Ausländern, sagt sie. Sie begnügt sich, unter Zuhilfenahme des einfachsten Vokabulars einfache Sätze zu bilden und diese langsam auszusprechen. Verstehen wir ein Wort nicht, so hilft sie pantomimisch nach. Madame ist sehr begabt, das muß man ihr lassen.

Nach dem Essen trinken wir einen Armagnac. Madame entnimmt ihn einer großen, bauchigen Flasche und serviert ihn mit einiger Zeremonie. »Eine Spezialität«, versichert sie, als wir anstoßen. Nur sie bekommt ihn übrigens so gut ausgereift. Nur sie weiß, wo man überhaupt so einen guten bekommt. Genau wie das Fleisch. Die Adresse ihres Metzgers ist ein Geheimtip. Es gibt ja Leute, die kaufen einfach so, wie es gerade daliegt, im nächsten Laden um die Ecke. »Bähh«, sie schüttelt sich temperamentvoll bei dem Gedanken, was für Banausen das sein mögen.

Ebenso die Ausländer, die sich einfach alles in die Tüte stecken lassen, was der Händler loswerden möchte. Die sich sogar Melonen andrehen lassen, ohne vorher daran gerochen zu haben. Sie macht eine Pause und sieht mich erwartungsvoll an, wohl um mir Gelegenheit zu geben, ihr mitzuteilen, was ich denn davon denke. Ich denke, daß ich auch zu den berüchtigten ›Nicht-Melonen-Riechern‹ gehöre, und sage nichts.

Nun gut, nimmt sie den Faden wieder auf, diese Banausen mögen auch irgendwie existieren, sie, Madame, jedenfalls nicht!

Anschließend erzählt sie uns von anderen deutschen Gästen. Es gab nette und weniger nette. Hat sie immer nur deutsche Gäste gehabt?

»Ja!«

»Warum?«

»Oh, Monsieur wollte das so. Er mochte die Deutschen überhaupt ganz gern. Er hat ein deutsches Kindermädchen gehabt. Aus diesem Grunde konnte er sogar ›Fuchs, du hast die Gans gestohlen‹ und ›Ein Männlein steht im Walde‹ fehlerlos singen.«

Madame fragt uns, um was für ein Männlein es sich eigentlich handelte, sie hat das nie so richtig begriffen. Wir sagen ihr, daß es ein Pilz gewesen sei.

»Pilz?«

»Champignon!«

»Ah, Champignon! *Je comprends*«, sagt Madame und dreht verzückt die Augen zur Stubendecke. »Das erinnert mich an ein ganz vorzügliches Rezept von Champignons in Sahnecrème. Leider hat Tante Joanne das Rezept mit ins Grab genommen.«

Nach diesem Ausflug ins Lukullische kehren wir zu den deutschen Gästen zurück. Also Monsieur mochte sie. Weil sie pünktlich zum Essen erscheinen und nicht alles herumliegen lassen. Auf Franzosen ist nie so richtig Verlaß. Hat man das Essen um zwei geplant, kommen sie strahlend um vier und erzählen, die Sonne hätte so schön geschienen, oder sie hätten leider in einem Autostau stehen müssen. Später besitzen sie die Frechheit, zu bemerken, die Sauce bernaise, die ihre Cousine Monette immer gemacht hätte, wäre sahniger gewesen. Wenn sie zum drittenmal die Story mit dem Stau auftischen, muß man sie rauswerfen.

»Deutsche sind nicht so«, klärt Madame uns auf. Hat man ihnen erst einmal begreiflich gemacht, daß pünktlich um zwei gegessen wird, erscheinen sie spätestens um Viertel nach eins, damit sie vor dem Essen noch duschen und sich umziehen können. Eine Minute vor zwei sitzen sie brav und mit gebürsteten Haaren am Tisch. Das gefällt Madame. Außerdem sind sie nicht besonders redegewandt. Gefällt Madame auch. Sie packen das alles nicht so schnell, können schon aus rein sprachlichen Gründen nicht dauernd das Wort ergreifen oder Madames Redefluß an unpassenden Stellen unterbrechen.

Das kommt in einer französischen Tischrunde ja seltener vor, daß jemand stundenlang, ohne von anderen unterbrochen zu werden, sprechen kann! Die meisten träumen von dieser Gelegenheit ein Leben lang vergebens. Die Deutschen dagegen sitzen artig auf ihren Stühlen und hören fein zu, weil sie gar nicht die Worte zur Verfügung haben, mit deren Hilfe sie die Unterbrechung in die Wege leiten könnten. Meint Madame! Und irrt! Es ist gar nicht immer das fehlende Vokabular!

Nehmen wir zum Beispiel einmal Ron und mich. Wir beherrschen beide die deutsche Sprache perfekt. Ron darüber hinaus die englische sehr gut. Beide können wir uns zur Not in Spanisch und Französisch über Wasser halten. Wenn man jedoch unsere tägliche Konversation so betrachtet, die wir beispielsweise am Abendbrottisch führen, so macht es keinen Unterschied, welcher der uns zur Verfügung stehenden Sprache wir uns bedienen. Wir benutzen ohnehin nur den zehnten Teil aller uns geläufigen Redewendungen. An manchen Abenden beschränkt sich unsere Tischkonversation auf Bemerkungen wie: »Reich mir doch bitte mal die Gürkchen rüber« oder: »Ich finde, daß das Brot alt schmeckt!«

Einmal ganz abgesehen davon, daß in Frankreich das Brot niemals alt schmeckt, kann ich mir soviel Schweigsamkeit an einem Tisch, an dem Franzosen miteinander tafeln, kaum vorstellen, es sei denn, eine Bombe hätte soeben das Dach zertrümmert oder sie ständen im Begriff, an einer Gräte zu ersticken.

Es ist inzwischen lange nach Mitternacht. Madames Gespräch sprudelt seit längerem an meinen Ohren vorbei. Ich habe den Faden vor etwa eineinhalb Stunden anläßlich einer Deutschlandreise verloren, die Madame 1968 mit Monsieur unternommen hat. Sie ist einmal im Schwarzwald gewesen, weil man sich in dieser Region nicht allzuweit von der französischen Grenze entfernen muß und die Vogesen trostspendend und beruhigend im Rücken weiß. Sie haben Freiburg und den Titisee besichtigt und sind alles in allem zehn Tage geblieben. Diese zehn Tage haben ihr gereicht. Mit Schaudern erinnert sie sich an die zu den meisten Speisen gereichten Spätzle, vor allem in der furchteinflößenden Kombination mit Linsen, und an Spezialitäten wie Ochsenmaulsalat und Maultaschen.

Auch denkt sie mit Grauen an überfüllte Teller, auf denen die besagten Spätzle mit Fleisch und Gemüse in Bruderschaft traten, sich also auf einen einzigen Gang zum kompletten Menü vereinigten. Zwar muß sie etwas säuerlich zugeben, daß der Schwarzwälder Schinken die Konkurrenz in Frankreich nicht zu fürchten brauche und die Innenausstattung deutscher Kleiderschränke etwas mehr als den einen rachitischen Drahtbügel aufweise, aber schon der Gedanke an die plumeaubestückten Bettenburgen, in denen sie und Monsieur auf gefühllose Weise durch die berühmte Ritze voneinander getrennt wurden, läßt sie noch nachträglich erschauern. Und dann die Sache mit dem Bidet! Die Innenausstattung eines bieder-schwäbischen Badezimmers, die sich in der Regel auf Dusche, Waschbecken und WC beschränkt, wies eindeutig darauf hin, daß die *Allemands* nach wie vor auf jener Stufe der Barbaren stehen, auf denen sie sich seit Jahrhunderten wohl fühlen. Irgendwo auf der Rückreise, bei einem hervorragenden Festessen in der Normandie, das Monsieur Onkel Henri anläßlich seines neunzigsten Geburtstages gab, habe ich sie dann verloren. Meine Zwischenbemerkungen verkümmern zum geistesabwesenden *»Ah, oui?«* – ein Umstand, der Madame jedoch nicht zu stören scheint.

Es stört sie auch nicht, daß Ron schief auf seinem Stuhl hängt und seine Augen eher leidenschaftslos an ihren Lippen hängen, sofern seine Augen ihre Lippen überhaupt noch ausmachen können. Ich sehe Ron an und weiß genau, was er sich denkt. Ron denkt: »Wenn sie jetzt auch nur eine Sekunde innehält, um Atem zu schöpfen oder an ihrem Weinglas zu nippen, dann bringe ich den Satz aus Lektion III ›Besuch auf dem Lande‹ an. Der dort auf dem Lande zu Besuch weilende Junge Serge sagt nämlich in Absatz b. zu seinem Onkel: ›*Cher Oncle,* ich bin müde. Ich möchte schlafen! Die Reise war sehr anstrengend.‹ Woraufhin der Onkel erwidert:

»Lieber Neffe. Geniere dich nicht. Fühl dich wie zu Hause. Ich zeige dir jetzt dein Bett!« Serge geniert sich nicht weiter und sucht unverzüglich sein Bett auf. Auf dem dazugehörigen Bild sieht man ihn friedlich schlummern. Unter dem Bild steht zu lesen: »Serge ist sofort eingeschlafen.«

Und tatsächlich, als Madame sich unterbricht, um zu fragen, ob wir noch ein Gläschen Wein wollen, bringt Ron sein gut präpariertes Sätzchen an. Madame schlägt augenblicklich die Hände über dem Kopf zusammen und bezeichnet sich selbst als Dummkopf. Natürlich sind wir müde von der langen Reise, wie dumm von ihr, uns so lange festzuhalten, wir müssen das entschuldigen, aber sie hat so selten so nette Gäste, Gäste, die soviel Klasse besitzen wie Ron und ich.

»Ich wünsche Ihnen eine gute, gute Nacht«, sagt Madame und reicht mir beide Hände, wobei sie mir tief in die Augen schaut. »Und daß Sie etwas besonders Schönes träumen, heute, zum erstenmal unter meinem Dach!« Dann beteuert sie mehrere Male, wie glücklich sie sei, gerade uns unter ihren Gästen zu wissen. Ich bestätige, so gut es meine lähmende Müdigkeit zuläßt, daß auch ich glücklich sei, gerade zu ihren Gästen zu gehören. Ron nickt zu all meinen Worten bestätigend mit dem Kopf. Nun ist alles gesagt, wir könnten jetzt eigentlich den Rückzug antreten, aber noch ist es nicht soweit. Madame nimmt mein Gesicht in beide Hände und küßt mich konzentriert und mit Andacht. Dann küßt sie Ron.

Als sich unsere Zimmertür endlich hinter uns geschlossen hat und wir uns in der Intimität des kleinen Schlafraumes gegenüberstehen, sagt Ron: »Du lieber Himmel, hoffentlich muß ich nicht jedesmal eine solche Zeremonie über mich ergehen lassen, ehe ich in mein Bett kann!« Dabei wischt er mit dem Handrücken über sein Gesicht.

Westfalen, vor allem solche, die ein Sechstel britisches Blut in den Adern haben, küssen nicht gern. Das gilt ganz besonders für Ron. Sinnlose Schmatzereien, angefangen vom Gute-Nacht-Kuß bis hin zum Handkuß bei festlichen Anlässen, lehnt er ab. Hat er die Wange seiner Mutter nach fünfzehnjähriger Abwesenheit einmal flüchtig mit den Lippen berührt, so hat sie sich zufriedenzugeben und für die gesamte Dauer seines Aufenthaltes nichts mehr zu erwarten.

Man muß ihm das aber nicht übelnehmen, denn sein Verhalten läßt keineswegs den Schluß zu, daß er seine Mutter nicht liebe. Er zeigt seine Sympathie nur auf ganz andere Weise. (Zum Beispiel, indem er sein am ersten Abend abgegebenes Versprechen, den neuen Badezimmerspiegel aufzuhängen, bereits am nächsten Morgen wahrmacht und anschließend, ohne daß man ihn darum gebeten hätte, die Garage tadellos aufräumt.)

Kaum jemand hat während meiner Kinderzeit einen stärkeren Eindruck in mir hinterlassen wie eine nicht mehr ganz junge Frau, die eines Tages in die Nachbarwohnung einzog; Mathilde Mattens, genannt die tolle Tilli, genannt die lustige Witwe, genannt diese rothaarige Person, genannt, genannt ... man wurde nicht müde, hinter vorgehaltener Hand über sie zu tuscheln, über ihre brandrot gefärbten Haare, über die winzigen Seidenhöschen, welche montags auf der Wäscheleine im Hof hingen, über die Männer, die sie besuchten und mit denen allen sie unmöglich verwandt sein konnte, und über allerlei ganz und gar Unmögliches, das mit der Bemerkung ›*Attention l'enfant*‹ niemals vor meinen Ohren ausgesprochen wurde. Die rot gefärbten Haare, die Seidenhöschen und die fremden Männer, die im Dunklen die Treppe hinaufschlichen, interessierten mich nicht weiter; was meine Gedanken dagegen sehr stark beschäftigte, war ›das französische Bett‹, welches die tolle Tilli angeblich besitzen sollte.

Ich hatte niemals auch nur eine Abbildung von einem französischen Bett gesehen und keinen Schimmer davon, wie es wohl aussehen mochte, daß aber eine in einem solchen Bett verbrachte Nacht einen ganz anderen Erfrischungseffekt hatte als eine auf einer gewöhnlichen Lagerstatt verbrachte, war offensichtlich. Im Gegensatz zu Justine, die sich gewöhnlich seufzend erhob, um dann, die linke Hand gegen das Kreuz gepreßt, in schleppender Gangart das Bad aufzusuchen, erschien die tolle Tilli gewöhnlich frisch und vergnügt in ihren seidenen Kimono gewickelt am Milchwagen, wo sie bereits in aller Herrgottsfrühe Lust hatte, das klapprige Pferd ›Lotte‹ mit Zucker zu verwöhnen und mit dem Milchmann zu schäkern. Wenn sie dann die Treppe hinaufging, wahrscheinlich, um in ihrem französischen Bett zu frühstücken, hörte man sie fröhlich pfeifen oder Lieder der Sorte: ›Was machst du mit dem Knie, lieber Hans ...‹ vor sich hinträllern. Tilli hatte, das war ihr ganz eindeutig anzumerken, eine absolut erquickende Nacht verbracht.

Ungeachtet dessen, was Justine und die übrigen Hausbewohner, die ihre Milchkannen mit grämlichen Gesichtern und herabhängenden Gesichtern füllen ließen und niemals auf die Idee kamen, ›Lotte‹ mit Zucker zu füttern oder gar mit dem ältlichen Milchmann zu schäkern, nun von mir denken mochten, nahm ich mir beizeiten fest vor, es irgendwann im Leben auch einmal zu einem französischen Bett zu bringen, auch wenn die Anschaffung desselben die Gefahr mit sich brachte, ganz automatisch und sozusagen über Nacht zur ›tollen Tilli‹ zu avancieren.

Doch wie es mit den Wünschen so geht. Läßt die Realisierung derselben allzu lange auf sich warten, vergißt man sie. Andere Zeiten, andere Wünsche. Als Ron in mein Leben und kurz darauf in meine Wohnung zog, brachte er eine braun bezogene Schlafcouch mit, die man tagsüber auch als Sofa benutzen konnte. Wir fanden das solide Stück praktisch. Keiner von uns kam auf die Idee, daß Nachtruhe und/oder Liebesleben durch die Anschaffung eines französischen Bettes eine entscheidende Verbesserung erfahren könnten.

Nun haben wir plötzlich eins. Es ist niedrig, mit blauem Samt überzogen und besitzt ein sanft geschwungenes Kopfteil und ein sanft geschwungenes Fußteil. Ron ist im Begriff, gegen eben dieses erbost mit der Faust zu schlagen, als ich aus dem Bad komme.

»Ich passe da nicht rein«, teilt er mir in beleidigtem Ton mit. »Das verdammte Ding ist zu kurz; komm, sieh dir das an!«

Ich trete näher und sehe es mir an. Und bin doch so müde! Es ist mittlerweile halb drei.

Wir haben einen langen Tag hinter uns. Wir haben einen langen Abend hinter uns. Wir haben einen im Flüsterton geführten Disput hinter uns, denn Ron vertritt die Meinung, daß es zweckdienlich sei, jetzt schnell noch mal hinauszuschleichen und unser Gepäck ins Zimmer zu holen, zumal ja die Gefahr besteht, daß unser Auto über Nacht aufgebrochen und bis auf die letzte Schraube ausgeräubert werden könne. Ich entgegne im Zischton, daß mir die Gefahr, unser gesamtes Gepäck einzubüßen, bedeutend geringer erscheint als die Gefahr, beim Hereintransportieren desselben von Madame erwischt und zu erneuter stundenlanger Konversation gezwungen zu werden. Nachdem sich dann Ron ausgiebig im Bad aufgehalten hat und nachdem ich ausgiebig im Bad gewesen bin und die Flurbeleuchtung ordnungsgemäß ausgeknipst und die Terrassentür zum Salon ordnungsgemäß verschlossen habe (Madame: »Ich mag die Deutschen auch aus dem Grunde, weil sie mit fremdem Eigentum ebenso sorgfältig umgehen wie mit ihrem eigenen!«), finde ich es an der Zeit, mich nun in ein Bett zu legen, einerlei, welche Nationalität es auch immer hat.

Doch das Bett mit dem geblümten Bettzeug und den hübschen samtenen Kopf- und Fußteilen ist für einen kleinen, schwarzlockigen Südländer und seine kleine, schwarzlockige Gespielin gedacht, keinesfalls für einen Westfalen von einsneunzig Länge und seine stattliche germanische Gefährtin. *Ein* Westfale mag zur Not darin Platz finden, wenn er die Schräglage einnimmt, der zweite hat sich gefälligst damit abzufinden, mit dem oben und unten freibleibenden Dreieck vorlieb nehmen zu müssen und sich dort wie ein Kätzchen zusammenzurollen.

Derjenige, der schließlich die Schräglage einnimmt, ist Ron. Diejenige, die sich für das obere Dreieck entscheidet und sich zusammenrollt, bin ich. Diejenige, die sich unruhig wälzt, bin ich; diejenige, die Rons Schlaf mit Mißgunst betrachtet, bin ich – und diejenige, die schließlich entnervt aufspringt und im Zimmer hin- und herläuft, bin ich.

»Was ist denn los?« krächzt Ron.

»Ich kann nicht schlafen«, fahre ich ihn an. »Hab's ehrlich versucht, aber es geht nicht!«

Er blinzelt mich verstört an. »Das Bett ist zu klein!« stellt er fest.

»Jawohl«, sage ich, »das Bett ist zu klein!« Und mustere den blauen Samt und die Kopfrolle mit feindseligen Blicken.

»Was soll ich denn machen?« fragt Ron. Er ist Pragmatiker und kommt nach Kurzausflügen ins Emotionale meist schnell zur Sache.

»Du sollst dich zumindest ein bißchen mit mir beschäftigen!«

Ron gähnt, daß ihm die Tränen kommen, und sagt: »Gütiger Himmel, auch das noch.« Er wirft einen Blick auf die Uhr. Es ist halb fünf.

»Die Vögel piepsen schon«, stellt er fest, »und wir haben noch kein Auge zugetan und einen langen, schweren Tag vor uns!«

Er lächelt. »Beruhige dich, Kätzchen, und hör auf, mitten im Zimmer herumzustehen und mich erbost zu mustern.« Er streckt den Arm nach mir aus. »Komm lieber her zu mir!«

Ich komme!

In dieser Nacht habe ich Gelegenheit festzustellen, warum das französische Bett Assoziationen von wilden Liebesabenteuern wachruft und nicht etwa an jenen tiefen, rosigen Schlummer erinnert, dem man in unseren gemütlichen Kissenburgen zu frönen pflegt: weil es nämlich zu jenem tiefen, rosigen Schlummer gar nicht erst kommt und man schon, um die Nacht irgendwie hinter sich zu bringen und aus purer Verzweiflung, zu aktiveren Beschäftigungen übergeht. Deshalb kennt die französische Sprache auch gleich zwei verschiedene Begriffe für die Tätigkeiten, die man im Bett ausüben kann: *dormir* und *coucher*.

Kommt es nicht zu *dormir*, womit der tiefe, passive Schlaf gemeint ist, und wegen der räumlichen Gegebenheiten kommt es höchst selten dazu, kann man sich immer noch mit *coucher* die Zeit vertreiben. Ron behauptet später, allein der Ungemütlichkeit und Enge seines Bettes, welches entspanntes und ausgiebiges Schlafen schlicht unmöglich mache, verdanke der Franzose seinen Ruf, ein exzellenter Liebhaber und im Erfinden immer neuer Varianten des Liebesspieles unschlagbar zu sein.

»Sagen wir, eine durchschnittliche Ehe dauert 40 Jahre, das sind 14 600 schlaflose Nächte, kein Wunder, daß man es da zu etwas bringt«, bemerkt er.

Auch wenn Rons Feststellung ein bißchen übertrieben ist, ganz unrecht, das können wir in jener, unserer ersten Nacht in einem französischen Bett feststellen, hat er nicht, denn ein französisches Bett ist nicht einfach ein Bett, es führt ein Eigenleben, und unter seiner Mitwirkung führt man ganz automatisch eine *mariage à trois*.

Alles in diesen Betten ist unzertrennlich!

Zunächst einmal die beiden Bettpartner selbst, die, ob sie wollen oder nicht, unweigerlich in der Mitte aufeinandertreffen und sich in jener Kuhle finden, die durch kräftigen Druck einerseits und kräftiges Doppelgewicht andererseits entsteht.

Dann sind da das große Leinentuch, auf dem man liegt, und jenes, welches man nebst eingeschlagener Decke über sich zieht. Da es sich selbstverständlich um eine gemeinsame Decke handelt, muß man sich schon aus dem Grunde zusammenschmiegen, weil es sonst im Rücken empfindlich zieht. An den Beinen zieht es dafür niemals, und wer die Gewohnheit hat, des Nachts mal das eine, mal das andere Knie so ein bißchen an die Luft zu lassen, strampelt in einem französischen Bett verzweifelt mit den Beinen, wie ein erboster Säugling, dessen natürlicher Bewegungsdrang durch ein Steckkissen gehemmt wird. Decke samt Überschlaglaken sind seitlich und am Fußende gut einen Meter weit unter die Matratze gesteckt, unverrückbar, wie mit Nägeln festgeschlagen, und wer sich Bewegung verschaffen will, muß aufstehen und die ganze Sache herauszerren, woraufhin dann alles ins Rutschen gerät und sich das Bettuch am Fußende verwurstelt, wogegen die ungeschützte Decke nunmehr empfindlich am Kinn kratzt.

Irgendwann gibt man die infantile, unsinnige Strampellust und den Kampf mit Decke und Überschlaglaken auf. Man schickt sich drein und schlüpft ganz vorsichtig von oben in sein Steckkissen. Dort ruht man nun! Säuberlich ausgerichtet, die Füße warm verpackt, das Kinn dank der beinharten Genickrolle fest gegen die Brust gepreßt, stiert man noch ein Weilchen ins Dunkel und geht seinen Gedanken nach ... Schließlich seufzt man ein wenig, versucht, sich seitlich zu drehen, gerät ins Rollen, trifft in der Bettmitte überraschenderweise seinen Bettpartner, gibt die Idee mit *dormir* auf und leitet mit dem teilnehmenden Sätzchen: »Du kannst wohl nicht schlafen, Chérie!« die Sache mit *coucher* ein.

Auch Ron und ich schicken uns schließlich drein und amüsieren uns noch ein Weilchen auf jene wohlbekannte Weise, die nun mal mit der Benutzung eines französischen Bettes in unmittelbarem Zusammenhang steht. Auch wenn unser *coucher* in Anbetracht unserer tödlichen Übermüdung nicht gerade *o la la* ausfällt und ich mich nicht im mindesten wie die ›tolle Tilli‹ fühle, so hat es doch seinen Zweck erfüllt: Wir bringen eine schlaflose Nacht auf relativ angenehme Weise hinter uns und fallen anschließend sogar in wirren Halbschlummer. Ich träume gerade, daß ich anläßlich eines deutsch-französischen Freundschaftsfestes den Wettbewerb im Sackhüpfen gewinne, als ich jäh aus dem Schlaf gerissen werde: Madame lehnt von außen in dem geöffneten Fenster und ruft: *»Bien dormi?«*

»Merci«, antworte ich verschlafen, und Ron fügt hinzu: *»Très, très bien!«*

Daß man doch immer lügt, wenn man irgendwo zu Gast ist! Madame zwinkert mit den Augen und schnippt mit den Fingern: *»C'est le lit français«*, teilt sie uns fröhlich mit. *»O la la!«*

»Was hat sie gesagt?« fragt Ron, wobei er sich genüßlich und kraftvoll räkelt und mir versehentlich eins auf die Nase gibt.

»Daß das der Verdienst des französischen Bettes ist«, sage ich.

»Damit kann sie recht haben«, bemerkt Ron zufrieden. »Was Ollchen?«

»Laß uns aufstehen«, sage ich. »Meine rechte Schulter ist vom Liegen ganz steif, und der Rücken tut mir auch weh!«

»O la la«, sagte Ron. *»O Li-li, o la-la! C'est le lit! C'est la vie!«*

Ich werfe ihm einen langen Blick zu und antworte nicht. Es muß irgendwie mit unserem augenblicklichen Aufenthaltsort zusammenhängen. Ron scheint mir verändert!

Mit Familienanschluß

Wir sind jetzt beinahe eine Woche hier! Ruppi, Claire, Willi und Stups sind immer noch nicht gekommen. Sie grasen zur Zeit die Côte ab, Willi interessiert sich für ein Grundstück im Hinterland. Sollen sie suchen, hier vermißt sie keiner. Madame offensichtlich am wenigsten. Über Ruppi macht sie sich lustig, nennt ihn ›*un petit bourgeois français, le pauvre*‹. Ein kleiner französischer Bourgeois, und er bemühe sich so, der Arme. Es hat sich inzwischen herausgestellt, daß Madame Willi und Stupps Wehhagen sozusagen gar nicht kennt. Sie waren vor einem Jahr bloß mal auf der Durchreise hier, brachten Grüße von Ruppi und blieben zwei Nächte. Auch von Willi hat Madame nicht gerade eine gute Meinung: ›*Un nouveau riche*‹, ein Neureicher, außerdem säuft er zuviel, vor allem, wenn es umsonst ist. So einer hat keine Klasse. Wenn es nach Madame ginge, dann brauchten sie alle vier gar nicht zu kommen, sondern könnten ihren Urlaub gleich unten in der Provence verbringen, *voilà!* Daß Madame Ruppi und Claire gar nicht richtig liebt und oft recht unschön von ihnen spricht, ist uns etwas ganz Neues.

Auch sonst ist vieles neu, vieles haben wir in den wenigen Tagen bereits gelernt. Zum Beispiel französisch. Der ganze Kurs bei Monsieur Rischaarch war ein Blödsinn; das, worauf es wirklich ankommt, haben wir im Kurs nicht gelernt. Die Brückenstory aus dem Lehrbuch haben wir bisher auch nicht anbringen können, schon aus dem Grunde nicht, weil der Ort gar keine Brücke hat, auf, neben, hinter, unter der irgend jemand stehen könnte. Madames Herz macht keinerlei Schwierigkeiten, deretwegen zum Beispiel Ron den Doktor anrufen könnte, mit der freundlichen Beruhigung, daß sich dieser der Sache schon so behutsam wie möglich annehmen werde.

Dafür weiß ich jetzt, daß es gewisse Worte gibt, die man keinesfalls sagen darf. ›Salopp‹ zum Beispiel ist so ein Wort. Als ich abends in Jeans und Pulli ins Restaurant wollte und auf Madames Blick hin lässig hinwarf, ich sei halt eine saloppe Frau, eine legere, sportliche Frau, wollte ich sagen, erntete ich bei Madame pikiertes Schweigen und bei der gerade zu Besuch weilenden Nichte Jeanette ein mit Mühe unterdrücktes Kichern. Eine *Salope* ist ein Straßenmädchen, eine Dirne, bestenfalls eine ›tolle Tilli‹. Nun ja, Fehler machen wir alle.

Das luftige Schaumgebäck, welches bei uns unter dem Namen *Baiser* verkauft wird, heißt in Frankreich *éclair.* An einem Nachmittag, an dem Madame uns zu einem Besuch in ihr Stammcafé einlud, hatte ich die Hörnchen hinter der Theke liegen sehen und den Garçon um ein *baiser* gebeten; er bückt sich und drückt mir unter lautem Gelächter der anwesenden Franzosen und zu meiner und Rons heilloser Verblüffung einen Kuß auf die Stirn. Nun ja, wir haben schließlich mitgelacht. Der Cafébesitzer schenkte mir beim Hinausgehen eine Tüte voller *éclairs* und meinte, wir sollen bald wiederkommen und ruhig wieder *baisers* bestellen. Überhaupt Monsieur Rischaarch, ich bezweifle, daß er je in Frankreich gewesen ist, die Autoren des Lehrbüchleins: ›*Parlez-vous Français*‹ bestimmt nicht. Dann wüßten sie nämlich, daß man mit einem Schock ganz bestimmter Redewendungen beinahe jede Situation meistern kann, und der baskenbemützte rotwangige Monsieur am *zinc* des Cafés de la Republique es auch tut. Da knallt er lässig die Sätze hin, die mit der Eleganz der französischen Sprache, für die einst etliche gebildete Ausländer die eigene in den Dreck warfen, nur wenig zu tun haben, die man aber beherrschen muß, wenn man einer französischen Durchschnittskonversation in etwa folgen möchte:

Ça va? Paßt, wie wir bereits erwähnt haben, immer.

C'est moi, qui te le dis! Das sage ich dir, bekräftigend, das bin ICH, der dir das sagt, wobei der geringste Zweifel automatisch ausgeschaltet wird.

Tu parles ... geringschätzig, du redest ...

Dis donc ... ah bon ... ça alors ... penses-tu ... Bemerkungen, die man jederzeit und ungestraft in die Konversation einstreuen kann, womit man beweist, daß man bestens im Bilde und ein ernstzunehmendes Mitglied dieser Runde ist.

Wenn man diesen Ausdrücken noch etwa ein Dutzend hinzufügt, meistert man spielend jede Situation, am *zinc* und auch sonst.

Die Brückengeschichte, mit der wir uns an mehreren Abenden

so redlich abgequält haben, hat uns jedenfalls bis jetzt noch gar nicht genützt, doch ich passe auf. Sollte irgendwann irgendwer auf die Idee kommen, mir zu erzählen, daß Michel ihn auf der Brücke erwartet hat, werde ich den schönen Gesprächsstoff nicht einfach versanden lassen, sondern so gut es geht ausschlachten.

»Tu parles!!!« falls es unglaubwürdig ist, daß gerade Michel auf der Brücke gewartet haben soll. *»Dis donc«*, falls mir die Neuigkeit noch nicht bekannt war. Vielleicht werde ich auch Lust haben, heftig zu widersprechen und im Anschluß an die Behauptung, die betreffende Brücke gäbe es gar nicht, mit der Faust gegen meine Brust schlagen und rufen: *»C'est moi, qui te le dis!«* Und dann, zum Patron gewandt: *»Deux rouge!«* Und zum Schluß *»Ça alors!«* Mit solchen markigen Sätzen bringt man es zu etwas, weit eher, als wenn man irgendeinem Jean oder einer Jeannette die Verben *être* und *avoir* in sämtlichen Zeiten herunterleiert.

Die Franzosen selbst geben sich gar keine Mühe, etwas anderes als französisch zu sprechen. Sie besitzen sogar die Frechheit, Eigennamen in ihre Sprache zu transportieren, so daß aus Willi Brandt so etwas wie Wi-Bräng wird, einen Herrn, den wir trotz wiederholter Nachfrage nicht zu kennen vorgaben, was Madame zu der Bemerkung veranlaßte, *les jeunes* würden sich halt nicht mehr so um die Politik kümmern wie die Alten, *heureusement*, glücklicherweise!

Sie selbst kennt sich in der europäischen Politik bestens aus, wobei auffällt, daß sie deren sämtliche Größen und darüber hinaus die aus Film, Funk und Fernsehen grundsätzlich beim Vornamen nennt. Dies erweckt in uns immer den Eindruck, als ob sie mit allem, was da von Rang und Namen ist, auf besonders familiärem Fuß stünde.

Wir dagegen, das haben wir bereits leicht verwirrt zur Kenntnis genommen, werden niemals auf dieser netten intimen Stufe mit ihr verkehren, auf die die großen Berühmtheiten so mühelos gelangt sind. Ron und ich werden immer ›Monsieur‹ und ›Madame‹ bleiben, die Klasse, die wir nun einmal besitzen, verbietet das plumpe ›Du‹ und das plumpe Nennen des Vornamens.

Ron und ich bedauern das, wir würden gern ein wenig lockerer mit ihr umgehen, was diesen Punkt betrifft, vor allem, da inzwischen feststeht, daß wir unsere eigenen Verwandten in all den Jahren zusammengenommen nicht halb so oft geküßt haben wie Madame. Aber nun, daran muß man sich gewöhnen. Was wir als Abweisung und auferzwungene Distanz empfinden, gilt in Madames Augen als Zeichen von Ehrerbietung, wo sie doch selbst von ihrem eigenen Ehemann per *Monsieur* spricht.

Auch sonst ist manches anders!

Da ist zum Beispiel die Sache mit dem Tee. Ron bittet an unserem ersten Frühstücksmorgen darum. Das Sechstel britischen Blutes in ihm kann Kaffee nicht ausstehen. Zu Hause hat Ron eine mit beinahe sakraler Feierlichkeit behandelte Teekanne, deren durch jahrelangen Teegenuß gebildeter innerer Belag eine Kostbarkeit darstellt, die niemals mit der Spülbürste bearbeitet werden darf. Darüber hinaus gehört ihm ein ganzes Regalbrett in der Küche, das nur für seine mannigfaltigen Teesorten reserviert ist.

Nun gut, also Tee. Madame wirft Ron auf seine sorglos hingeworfene Bitte hin einen argwöhnischen Blick zu und sagt: *»Malade, hein?«* Ich beeile mich zu versichern, daß Ron keineswegs krank sei, aber auf seinen Morgentee halt ungern verzichtet, woraufhin Madame mit dem halben Oberkörper in den Tiefen ihres Küchenschrankes verschwindet und schließlich ein verstaubtes Päckchen mit Teebeuteln zutage fördert, welches vor etlichen Jahren anläßlich einer Magen-Darm-Grippe Monsieurs angeschafft worden war. Gelblich-grün, in einem mit lauwarmem Wasser nur zur Hälfte gefüllten Glas schwimmend, findet es Ron wenig später an seinem Frühstücksplatz vor, wo er es mißtrauisch beäugt und schließlich mit Todesverachtung hinuntergießt, was Madame zu der Bemerkung veranlaßt: »Kaffee ist doch besser, *hein? C'est moi, qui le vous dis!!!«*

Seitdem trinkt Ron Kaffee. Unglücklich hält er allmorgendlich die henkellose Schale, *bol* genannt und einer kleinen Rührschüssel nicht unähnlich, zwischen beiden Händen und schlürft das Gemisch von Kaffee und Milch in sich hinein. Dazu beobachtet er aus den Augenwinkeln Madame, die ihr dick mit Orangenkonfitüre beschmiertes Hörnchen in den Kaffee stippt und lange daran herummümmelt, während sie uns von ihren Pariser Jahren erzählt. Sie erzählt gern lang und detailliert von ihren Pariser Jahren, den schönsten ihres Lebens, ihrer Wohnung auf dem Boulevard d'Estay, den Opernabenden, den Festen, den Toiletten ..., während Ron und ich unruhig hin und her rutschen und mit den Augen sehnsüchtig zu jenem Sonnenstrahl schielen, der sich durch die geschlossenen Fensterläden hindurchgekämpft hat und ein kleines Stückchen der Raritätenvitrine in goldenes Licht taucht. Madame weiß nichts von dem ewigen Sonnenhunger eines Ruhrgebietlers, der dunkel ahnt, daß jede verpaßte Sonnenstunde unwiderruflich verloren ist, und er, wenn er erst einmal an den heimischen Strand der Ruhr zurückgekehrt ist, unter seinem rußigen Himmel viele Monate von einem sonnendurchglühten Strand nur träumen kann. Madame, in Bordeaux geboren, in der Provence aufgewachsen, mißt der Sonne keinen sonderlichen Wert zu. Sie ist da, na und? Am Strand muß man Kopf und Beine, zu Hause die guten Bezüge der Möbel vor ihr schützen. *Voilà.*

Von sich auf andere schließend, glaubt Madame, daß es für uns kein schöneres Vergnügen gibt, als mit ihr im gänzlich verdunkelten Salon beim Schein der kleinen Tischlampe zu sitzen und zu hören, wie ihr Pariser Salon eingerichtet war. Derweil liegt wenige Minuten von hier ein sagenhaft schöner Strand, kilometerweit, die Wellen des Ozeans branden gegen das Ufer, leise wiegt sich Dünengras im Wind, und über all dem spannt sich ein Himmel von einem Blau, wie man es zu Hause nur selten zu sehen kriegt.

Nach dem Mittagessen ist es dasselbe. Zwar nehmen wir uns regelmäßig vor, nicht zuviel zu essen und vor allem, dem verfluchten Wein nicht allzusehr zuzusprechen und gleich nach dem Dessert wieder an unser himmlisches Plätzchen in den Dünen zurückzukehren ..., aber das denken wir nur vor dem Essen. Wenn es erst einmal auf dem Tisch steht, so farbig, so schön nach Thymian und Knoblauch duftend, so vielfältig und gut gewürzt, und dazu der Rosé, so gut gekühlt, so verlockend in seiner Glaskaraffe, ist es beinahe immer um uns geschehen. Wir essen, wir trinken, wir leeren die eine Karaffe und bestellen eine neue. Nach dem dritten Glas kommt uns der Strand längst nicht mehr so verlockend vor, es ist über Mittag doch auch immer recht heiß, und ab zwei wird es auch voll, so daß man schon etwas weiter ausweichen muß, und jetzt mit dem vollen Magen so lange am Strand entlangzuwandern, das ist vielleicht auch gar nicht gesund ... und so schieben wir gewöhnlich nach dem Essen die Liegestühle in den kargen Schatten, den die Garage in den Hof wirft, und liegen dann da, mundfaul, zufrieden, die Hände über dem Bauch gefaltet.

Wenn Madame uns so liegen sieht, umspielt ein feines zufriedenes Lächeln ihre Mundwinkel. Sie hat ihre Lieben halt gern im Haus, in Rufnähe, der Strand ist im Grunde nur für den ›Pöbel‹ da. Gegen fünf ruft sie uns zum Kaffee in den abgedunkelten Salon und erzählt ein bißchen von ihren Pariser Jahren …

»Komisch«, sagte Ron gestern, als wir wieder so dalagen, den Kopf im Schatten, die Beine mit Frotteetüchern vor der Sonne geschützt, »jetzt sind wir schon so viele Tage da und noch gar nicht braun. Irgendwie ist hier alles anders.« Ist es! Allerdings! Vor allem der Umstand, daß wir nicht nur nicht braun sind, sondern diese beschämende Tatsache so gelassen hinnehmen, ist absolut neu.

Die Trennung von liebgewonnenen Urlaubsgewohnheiten vollziehen wir bereits am allerersten Tag in der Villa Marie. Es ist ein Feiertag. Das ganze Haus riecht bereits morgens um neun nach Lammkeule. Wir haben uns vorgenommen, nun aber gleich nach dem Frühstück endlich den Wagen auszupacken, alles ordentlich im Schrank zu verstauen und dann den hiesigen Strand zu besichtigen. Das erledigen wir gewöhnlich alles bereits am Ankunftsabend: ankommen, duschen, auspacken, etwas Neues, meist eigens für den Urlaub Gekauftes anziehen, und dann gehen wir den Strand besichtigen. Kommen wir sehr spät an, holen wir dieses Programm am nächsten Morgen spätestens um zehn nach.

Wegen des Feiertages ist die gesamte Sippschaft aus Bordeaux angereist, Madames Tochter Paulette samt Ehemann Louis und den beiden Kleinen Fréderic und Marianne; ihre Schwester ist aus dem Nachbardorf gekommen und aus Paris ein schwarz gekleideter schweigsamer junger Mann, der Pascin heißt, um sieben Ecken herum mit Monsieur verwandt ist und sich auf der Durchreise befindet. Er betrachtet Ron, mich, das familiäre Spektakel und Madames aufgescheuchte Nervosität mit den Händen in den Taschen und einem distanzierten Lächeln. Madame stellt Ron und mich vor. Wir werden ausgiebig geküßt und von allen Seiten bestaunt. Leider kann man sich jetzt noch nicht so richtig mit uns befassen, denn die ganze Familie muß irgendwohin fahren. Sie sagen wohin, wir verstehen es nicht, verstehen nur soviel, daß wir nicht traurig sein sollen, am Abend wird man sich zum Festschmaus unter den Apfelbäumen im Garten wiederfinden. Nun, unsere Trauer hält sich in Grenzen, zumal wir ja jetzt eigentlich den Strand … aber nein. Madame hat sich etwas anderes ausgedacht, es ist Feiertag, die ganze Nachbarschaft ist zu Hause, da hat sie eine feine Gelegenheit, uns ein bißchen herumzuführen, uns hier und da vorzustellen. Sie fakkelt nicht lange und treibt uns die Straße hinunter. Es ist nämlich so, (wir erfahren es später), daß die Nachbarschaft Madames Zuverdienst in Form deutscher Feriengäste nicht immer so ganz billigt. Erstens spielt da die alte Erbfeindschaft eine kleine Rolle, zweitens ist nicht ganz verständlich, warum Madame diese Deutschen, die da großkotzig mit ihrem Mercedes vorfahren und für zwei Wochen fünf schweinslederne Koffer auspacken, den französischen Gästen vorzieht, die sie ja auch haben könnte. Deshalb ist Madame bestrebt, deutsche Gäste, die sie für vorzeigbar hält, den Nachbarn vorzuführen. Unser Wagen gehört der Mittelklasse an und ist so verrostet, daß man ihn glatt für einen französischen halten könnte. Unser äußerlicher Aufzug ist keineswegs auffallend, sondern so, wie der aller Leute ringsum auch, und weder Ron noch ich demonstrieren jenen Wohlstand, von dem der Franzose immer gehört hat, bis er sich dann, als die ersten deutschen Touristen sein Land überfielen, mit eigenen Augen davon überzeugen konnte.

Wir begrüßen über den Gartenzaun hinweg Madame und Monsieur Gérard, Madame Tissut samt Großmutter und Schwester Adèle, die beiden Brüder Serge und Michel; die gesamte Familie Sorrot mit allen fünf Enkelkindern, und überall gibt es denselben Dialog:

»Das sind Madame ... Sieur Gärtner, meine Freunde aus Deutschland. Gestern angekommen!« *(Enchanté)*

»Sehr erfreut!« »Ebenfalls!« Ein Gläschen Mirabellenschnaps wandert über den Zaun. *»A votre!« »A votre!« (Enchanté)* »Aber wollen Sie nicht hereinkommen?« »Ach nein, wir möchten nicht stören!« »Aber bitte, Sie stören doch nicht! Nur auf einen kleinen Plausch.«

»Nein wirklich nicht, ein andermal!«

»Aber doch vielleicht einen Apéritif gleich im Garten, auf die Schnelle!«

»Sehr liebenswürdig, aber wir haben heute wirklich wenig Zeit, an einem anderen Tag wirklich sehr gern ...« und so weiter und so weiter. Ron und ich tun nach dem vierten Besuch die Mundwinkel weh. Während Madame ihre Türschwellen-Gartenzaunkonversation führt, stehen wir dabei und lächeln und lächeln. Als wir endlich ins Haus zurückkehren, ist uns von all den kleinen Freundschaftsschlückchen ganz taumlig. Und von all dem ungewohnten Charme auch. *(Enchanté!)*

Nach dem Imbiß, den wir im Garten einnehmen und an dem außer Madame nur der schweigsame Pascin teilnimmt, zwinkert Ron mir verschwörerisch zu. »Hm?« Seine Lippen formen lautlos ein Wort. So gut dressiert sind wir schon, daß es uns nicht einfällt, unser Vorhaben hier einfach in aller Öffentlichkeit preiszugeben. »Strand?« fragt Ron, und ich nicke kaum merklich und ebenfalls wortlos mit dem Kopf.

»An den Strand kann man feiertags nicht gehen«, bemerkt Madame, »es ist zu voll, ganz Bordeaux ist dort, *peuples,* natürlich!«

Ich weiß nicht, nach welchen Gesichtspunkten Madame ihr Volk klassifiziert, jedenfalls hat sie etwas gegen den Strand, aus welchen Gründen auch immer. Daß wir mit Monsieur Gilot, der wenig später in einem alten rostigen Citroën vorfährt, markig hupt und uns mit freundlichem Grinsen nötigt, in sein Vehikel einzusteigen, zum Krabbenfang fahren, dagegen ist offensichtlich nicht das geringste einzuwenden.

»Was ist denn?« fragt Ron irritiert, der sich wider Erwarten und gänzlich gegen seinen Willen zwischen einem übelriechenden Fischnetz samt Eimer und Pascin im Fond des Karrens eingekeilt wiederfindet.

»Warum darf ich nicht an den Strand?«

»Ich weiß nicht«, sage ich. »Ist doch egal, fahren wir halt zum Fischen.«

»Es wäre nur nett, wenn man wenigstens wüßte, wohin die Reise geht«, sagt Ron.

»Zum Bassin d'Arcachon«, bemerkt Pascin und lächelt sehr höflich. Er hat ein schmales braunes Gesicht, ist überhaupt sehr schmal, ist durch und durch schön. Das Gesicht, die Figur, das Haar, die Bewegungen: schön! Seine Eltern sind Tänzer. Er selbst studierte erst Tanz, dann Philosophie. Er spricht ein paar Worte deutsch, und wie wir sofort bemerken, versteht er manchmal, was wir sagen. Es soll uns nie gelingen, herauszufinden, wie oft und wieviel.

»Oh, nur ein kleines bißchen viel!« antwortet er, als ich ihn später einmal frage, und dann deklamiert er Heines ›Lorelei‹. Mit Schmelz in der Stimme und dieser Spur von zärtlich-amüsiertem

Lächeln im Blick, diesem Blick, mit den versteckten Fragezeichen darin, dem auszuweichen sehr schwerfallen wird. – Nun, das war später!

Einstweilen sitzen wir im Wagen des Monsieur Gilot, umkurven elegant die uhrlose Kirche, fahren die Straße entlang, welche zum Nachbarort führt und die uns noch von gestern sattsam bekannt ist. (Lieber Himmel, war das wirklich erst gestern? Uns kommt's vor, als wären wir schon wochenlang hier.)

»Das hier ist ein richtiges Seebad«, behauptet Monsieur Gilot. »Hier ist wirklich was los!« In der Tat! Es gibt sogar Anlagen, in denen die feinen Damen mit ihren Monsieurs promenieren können. Auf etwas kümmerlich geratenen, leicht verstaubten Beeten wachsen schaurig-schöne Blumen, die blutrote Blüten mit schwarzen Rändern auf hohen Stengeln tragen. Man fragt sich, warum nicht diese seltsamen Pflanzen mit ihrem natürlichen Trauerrand zur Totenblume avancierten. Gleich hinter den Anlagen steht das Kasino. Es ist vielleicht nicht ganz so pompös und nicht ganz so berühmt wie das in Baden-Baden, aber wir werden hier wohl doch mal ein Spielchen wagen. (Wenn Madame es erlaubt!) Der ganze Ort riecht nach Crêpes, diesen hauchdünnen Pfannkuchen, die wesentlich verführerischer riechen als sie schmecken. Sie sind in Teig gebackene Illusionen, unweigerlich wird man durch den Duft angelockt, man muß unbedingt auch so ein hauchdünnes Gebäck haben, das Wasser läuft einem im Mund zusammen, man steht geduldig in der Schlange, sieht, wie der Bäcker den Teig in die Pfanne fließen läßt, wie er die Crêpe geschickt wendet ... bis man ihn endlich in der Hand hält, endlich hineinbeißt und pffff ... weg ist die Illusion. Das ist kein Stück vom Himmel, das ist doch bloß ein simpler Pfannkuchen ...

In jedem Restaurant kann man Austern essen, grad so wie Ruppi es uns versprochen hat. Die Schalen liegen in wüsten Haufen im Rinnstein. Heute ist Austernfest. Es gibt einen Austernkönig und eine Austernkönigin, die, verführerisch auf den blankgeputzten Kühler einer Luxuslimousine hingegossen, im Schrittempo durch die Straßen gefahren wird. Wagen sämtlicher Klassen folgen dem Gefährt, Stoßstange an Stoßstange. Die Austernkönigin freut sich und wirft Kußhändchen, die Fahrer der nachfolgenden Wagen bedanken sich für diese schöne Geste durch ein wildes Hupkonzert, es ist ein tolles Spektakel. Endlich erreichen wir das Becken. Eine Familienmeute von wenigstens sechzehn Personen besteigt gerade ihren VW-Bus, Glück! Monsieur Gilot schiebt sich eilig in die Parklücke, noch ehe sie ganz frei ist, krrr, das macht ein unangenehmes Geräusch und einen Blechschaden hüben und drüben. Für Ron wäre der ganze Ausflug damit beendet. Verdorben und beendet. Vielleicht würde er, da er den Sprit ja nun schon investiert hat, noch wie geplant ans Wasser traben und die Angel auswerfen, aber doch sehr lustlos. Der Familienpapa dagegen macht sich nicht mal die Mühe auszusteigen, um sich den Schaden zu besehen. Er hupt einmal kräftig und fährt davon. Sämtliche Kinder lachen und winken uns aus dem Rückfenster freundlich zu. Auch Monsieur Gilot läßt sich's nicht verdrießen. Zwar zeigt der linke Kotflügel ein jämmerliches Knautschgesicht, aber was soll's. Monsieur wirft der demolierten Seite seines Gefährtes einen schrägen Blick zu, spuckt einmal kräftig in den Sand und tritt gekonnt gegen den Reifen. Nachdem er somit demonstriert hat, daß er immer noch der Herr im Haus, sprich im Wagen ist, klatscht er vergnügt in die Hände und setzt sich in Bewegung.

»Allez-y!«

Das Bassin d'Arcachon ist nicht sonderlich attraktiv zur Zeit. Es ist Ebbe, das Wasser liegt weit zurück. Tang und Schlick stinken in der Sonne vor sich hin. Die Badegäste scheint das nicht weiter zu stören. Der kleine Strand ist Kopf an Kopf besetzt. Madame sitzt im Sonntagsstaat sittsam unterm Sonnenschirm, Monsieur ruht artig an ihrer Seite und schaut versonnen seiner Angetrauten nach ... wie sie vor zwanzig Jahren war! Kleinkinder machen unbekümmert ihr Geschäftchen in den Sand, herumstreunende Straßenköter tun das gleiche, selbstbewußte Jugendliche drehen an vierzig verschiedenen Transistors, Teenies lehnen an der warmen Ufermauer und aalen sich in der Sonne und in den Blicken vorbeiflanierender Monsieurs, kurz, es herrscht ein unglaublicher Tumult und ein heilloses Durcheinander, in dem jeder sein Quadratzentimeterchen Platz findet, sich einrichtet, sich wohl fühlt. Wir stehen da und sind verwirrt.

»Schön, *hein?«* bemerkt Monsieur Gilot neben mir. *»Une jolie plage, hein?«* Ich bestätige, daß es sich hier um einen besonders schönen Strand handelt, einen, von dem man heimlich träumt.

Dann schweift mein Blick über die Bucht. Das Becken wird von seinen Ufern wie von zwei Armen zärtlich umfaßt. Am Ende des einen Ufers liegt Arcachon, gegenüber, jenseits der Meeresmündung, das Cap Ferret. Die große Düne Pilat ist deutlich zu sehen. Am Horizont flimmert das Meer, darüber strahlt der Himmel in einem intensiven, fernen Blau. Doch, das ist alles sehr schön.

Monsieur Gilot hat inzwischen ein rosa Sonnenschirmchen in den Sand gerammt und deutet mit großer Geste, daß ich zwischen einer strickenden alten Dame und ihrem munteren Enkelkind Platz nehmen soll.

Ich tue es zögernd, das Enkelkind unterbricht auf der Stelle seine genußreiche Tätigkeit, einen toten Fisch zu zerlegen, und beginnt jauchzend, meine Beine einzugraben. Als ich nicht stillhalten will, haut es mir mit dem Schippchen eins über den Schädel.

Ich vertraue das Sonnenschirmchen der Großmutter an und eile Ron, Pascin und Monsieur Gilot nach, die ihrerseits, die Netze in der Hand, dem Wasser zustreben.

»*Attendez!*« Die Herren drehen sich sehr zögernd um. Nur Pascin scheint sich an meinem keuchenden Näherkommen zu erfreuen.

»Ich will mitkommen. Ich will bitte auch so ein Netz!«

»Nix Strand?« fragt Monsieur Gilot. »*Mais, aujourd'hui est fête des huîtres.* Besonders viel los!«

»Ja, ich weiß, aber ich möchte halt doch lieber mitgehen.« Da klopft er Ron so anerkennend und so stürmisch auf die Schulter, daß seine Zigarette aus dem Mundwinkel in den Dreck fällt. »Madame Sehnsucht! *En effet, c'est l'amour!*«

Ja, *c'est l'amour,* oder muß doch wohl so etwas Ähnliches sein, daß ich hier absolut freiwillig, unterhalb der Hüften im kühlen Wasser bald blau vor Kälte, oberhalb erbarmungslos von der Sonne bestrahlt und dem Sonnenbrand ausgeliefert, mit dem Fischnetz in der Hand Jagd auf kleine Krebse mache, die wieselschnell und mit respekteinflößenden Scheren ausgestattet, über den Meeresboden huschen.

»*Pas peur,* die beißen nicht!« tröstet mich Pascin, der neben mir steht und in dessen schwarzem Haar der Wind spielt. Ruhig und sicher fängt er Krebs um Krebs, derweil ich wie ein Teenager kreische und die Beine anziehe, sobald ich zufällig eines der Tiere auf mich zusprinten sehe. Ron und Monsieur Gilot haben sich auf einige Meter von uns entfernt. Monsieur bringt das Kunststück fertig, auch im Wasser zu rauchen, und Ron ist sichtlich vom Jagdeifer gepackt. Den Kopf geneigt, sämtliche Muskeln angespannt, hat er bald sein Netz wohl gefüllt.

Das Sechstel britischen Blutes in seinen Adern glaubt wahrscheinlich, daß man sich auf einer Fuchsjagd befinde. Ich sammle schließlich so pro forma und um nicht gar so dumm dazustehen, ein bißchen Seetang.

Irgendwie habe ich nicht richtig aufgepaßt.

So sitze ich während der Rückfahrt genau neben dem großen Drahtkorb, in welchem die Gesamtbeute des heutigen Fanges furchterregend herumturnt. Die Krebse klettern am Gitter hoch, fallen zurück, rudern erbarmungswürdig mit den Scheren, rappeln sich hoch, versuchen es erneut. »Was wird mit ihnen geschehen?« frage ich Pascin.

Er lacht. »Da machen wir Suppe draus!«

»Suppe?«

»Ja, sehr gute Krebssuppe. Vorher werden sie natürlich alle ...«

Er mimt, was mit ihnen geschehen wird. Ich verstehe! Madame wird sie alle durch die Mühle drehen.

»Lebend?«

Pascin wirft mir einen amüsierten Blick zu. Dann sagt er mit diesem bezaubernden französischen Akzent: »Na-türr-lisch!«

Nun ja, warum nicht? In Italien essen sie Singvögel, als seien es Stallkaninchen. Und wo ist da eigentlich der Unterschied? Ist der Stallhase weniger wert, nur weil er nicht singen kann? Und die Austern leben schließlich auch noch, wenn man sie auf den Tisch bringt. In Japan ist das zuckende Fischfleisch eine Garantie für Frische. Letztendlich ist wohl alles eine Frage der Gewohnheit. Deutschland hat fast vierhundert Tierschutzvereine, aber die Dunkelziffer für Kindesmißhandlungen ist sehr hoch ... Ich bin nicht direkt dabei, als Madame später die Krebse durch die Mühle dreht, aber ich höre das widerlich knirschende Geräusch durch das Küchenfenster. Die Suppe schmeckt übrigens hervorragend. Sie ist pikant, pfeffrig und ganz leicht sämig. Sie schmeckt nach Wind und nach Meer. Ron langt tüchtig zu, und ich esse sogar zwei Portionen davon.

Meine und die von Pascin. Er mache sich nichts aus Krebssuppe, aber das Fangen mache ihm Spaß. Madame will mir das ganz einzigartige Rezept aufschreiben, aber ich lehne dankend ab. Es gibt recht wenig Krebse in der Ruhr, es lohnt sich nicht, dafür extra eine Angelausrüstung anzuschaffen.

»*Je comprends*«, sagt Madame und betrachtet mich voller Mitleid.

Neun Uhr abends.

Wir sitzen an der langen Tafel unter den Apfelbäumen.

Der Garten hinter dem Haus ist gar nicht mal so klein. Er ist säuberlich aufgeteilt in zwei Rasenflächen und akkurat mit Ziegelsteinen eingefaßte Kieswege. Der Garten ist Madames ganzer Stolz. Ein Rasensprenger läuft den ganzen Tag. In seinem schleierartigen Sprühregen tanzen Fréderic, 3, und Marianne, 7. Die Küchentür und sämtliche Fenster sind weit geöffnet. Von drinnen hört man Madame mit Geschirr klappern und die samtige Stimme eines Chansoniers aus dem Küchenradio. (Geschenk von Ruppi.) Es ist jetzt angenehm frisch. Die hohen Kiefern, die das Haus von allen Seiten umgeben, biegen sich leise im Wind. Durch die Zweige hindurch ahnt man das runde Gesicht des Mondes. Der hohe Himmel ist von diesem schimmernden durchsichtigen Blau, wie auf einer Hinterglasmalerei. Sommerzeit, Löwezeit. Um diese Zeit kann man manchmal Sternschnuppen sehen, dann darf man sich was wünschen.

Und wir sind immer noch nicht am Strand gewesen!

»Morgen früh gehen wir aber sofort nach dem Frühstück an den Strand!« teilt Ron mir mit und gießt noch einmal aus der Weinkaraffe nach, die zwischen uns steht. »Richtig ausgepackt haben wir auch nicht. Mein guter Sommeranzug wird ganz verknüllt sein.«

»Den wirst du hier sowieso nicht brauchen«, sage ich und denke, daß ich wie üblich viel zuviel eingepackt habe. Für den Stauraum, den Madame uns zugewiesen hat, ist es sogar wesentlich zuviel. Sie hat uns in dem Schrank, der in unserem Zimmer steht und zur Hälfte mit ihren eigenen Sachen belegt ist, zwei schmale Fächer zugewiesen. Rons guter Sommeranzug wird auf jeden Fall im Kofferraum bleiben, weil wir uns auf das Nötigste beschränken müssen. Wenn wir Glück haben, werden wir vielleicht morgen nachmittag einmal dazu kommen, unsere Garderobe so ein bißchen zu sortieren.

So sitzen wir und denken vor uns hin und spüren, wie uns die Müdigkeit, die wir dem Wein und all dem Neuen des heutigen Tages zu gleichen Teilen verdanken, langsam in den Kopf steigt. »Ich für meinen Teil würde jetzt am liebsten ins Bett gehen«, sagt Ron. Dann denkt er mit Schrecken an das Bett, welches ihn hier erwartet, und verbessert sich: »Ich meine in mein geliebtes Bett zu Hause.« Er gähnt herzzerreißend und fügt hinzu: »Das Prickelnde an so einem Abenteuerurlaub ist, daß man nie weiß, was in den nächsten Stunden auf einen zukommt. Weißt du zum Beispiel, worauf wir hier eigentlich warten?«

»Genau weiß ich es auch nicht, aber ich glaube mitgekriegt zu haben, daß die ganze Sippe angereist ist, weil sie irgendwas mit dem Austernfest zu tun haben, und daß sich alle bei Madame einquartieren. Da man zusammen ist, kann man die Gelegenheit nutzen und ausgiebig miteinander essen.«

»Was, heute noch?«

»Ich nehme es an.«

»Gütiger Himmel, es ist bald zehn«, sagt Ron. Dann gähnt er wieder und verfällt in Schweigen. »Wann kommen die denn wieder?« fragt er schließlich. »Weiß nicht!« »Hoffentlich bald«, sagt Ron. »Sonst penn' ich im Sitzen ein.«

Es wird dunkler und dunkler. Wir sitzen uns an der langen Tafel gegenüber und schweigen wie Profis. Selbst Betty hätte an der Güte unseres Schweigens nichts auszusetzen gehabt. Drinnen werkelt Madame mit gesteigertem Eifer herum. Teller klappern, Korken knallen, Öl zischt, ein angenehmer, sehr anregender Duft von Thymian, Knoblauch und Tomaten weht zu uns herüber.

Und dann strömen sie auf einmal herbei. Ron, der tatsächlich ein wenig eingenickt ist, schreckt entsetzt in die Höhe. Der eben noch so beschaulich ruhige Garten verwandelt sich augenblicklich in eine laute Jahrmarktsfestwiese. Die meisten kenne ich noch von heute morgen wieder, Madame scheint das vergessen zu haben, sie kommt und stellt uns noch einmal vor, sie stellt uns mit Vergnügen und immer und immer wieder vor, als ob sie uns beim Preistanzen gewonnen hätte. Und wie einen Hauptgewinn preist sie uns an und untermauert unseren Wert mit wichtigen Details. »Monsieur ist über eins neunzig groß«, teilt sie zum Beispiel ihrem Schwager Robert mit. »Madames Eltern sind Künstler!« Robert sagt: »*Ah oui?*« und strahlt und strahlt und kann gar nicht aufhören zu strahlen. Ja dann: »*A votre!*« »*A votre!*« Nach viermal *à votre* haben wir den Zustand von gestern abend erreicht, jenen Zustand, in dem man mit einemmal auf wunderbare Weise alles bestens versteht und leicht und mühelos parliert. (Und der gewöhnlich wenig später von jenem Zustand abgelöst wird, in dem man überhaupt nichts mehr versteht und überhaupt nicht mehr parliert!)

Die Leute treten nun paarweise heran. Madame stellt einzeln vor, wobei sie reichlich ungeniert und ungeachtet dessen, daß die Opfer direkt daneben stehen, gleich Noten verteilt. Von sehr gut bis ungenügend.

»Jean-Marc, Sohn aus Monsieurs erster Ehe, die Mutter taugte nicht viel, aber der Sohn ist ein Staatskerl. Auf den ist man stolz, als ob's der eigene wäre. Er wird hier ganz in der Nähe in einem Ferienhaus seinen Urlaub verbringen. Marie, seine Frau, kommt in der nächsten Woche nach. Die ist die Bekanntschaft jedoch nicht wert. Kein Geist, kein Esprit. Schön und schick ist sie auch nicht.« Madame demonstriert auch gleich, warum mit der unbekannten Marie kein Staat zu machen ist. Ein trauriges Geschöpf mit hängenden Schultern schleicht unter den Apfelbäumen dahin. Spricht man es an, so entblößt es das obere Zahnfleisch, legt den Kopf zur Seite und sagt: »*Hein?*«

Der Mann ist viel zu schade für sie, findet Madame. Das ist nämlich ein Erfolgsmensch, man sieht es ihm auch an. Er ist groß, breitschultrig, hat einen Wohlstandsbauch und spricht mehrere Sprachen. Man merkt es. Er beugt sich vertraulich zu mir herab und sagt: »Wie gett es Sie?« Gleich darauf versinkt er in erschöpftem Schweigen.

Madame betrachtet ihn verliebt und ohrfeigt schnell mal Marianne, die ihre Wasserspringerei längst beendet hat und nun versucht, die Füße im Schutze der Dunkelheit an der Tischdecke abzuputzen.

Dann wird Denise, die Nichte aus Bordeaux, vorgestellt. Sie ist sehr hübsch, sehr schmal. Ihre 45 Jahre sieht man ihr nicht an. Sie ist jung, flott, temperamentvoll, herzlich. Sie küßt mich auf beide Wangen (Madame steht beifallheischend daneben) und teilt uns allen unverzüglich mit, wie hübsch sie meine blonden Haare findet.

»Oh, sie hat auch Esprit!« schreit Madame, wie um zu demonstrieren, daß es hier nicht nur um äußere Werte geht, und ich habe das Gefühl, daß nunmehr erwartet wird, daß ich jetzt auf der Stelle eine Kostprobe meines Esprits gebe und entweder auf den Tisch springe, um ›Lili Marlen‹ zu singen, oder den Zarathustra deklamiere. Zu beidem fehlt mir die Kraft, ich begnüge mich damit zu strahlen, was Madame zur Bemerkung veranlaßt: »Schaut, wie nett sie lacht, *quel charme, c'est sensas, en effet!*«

»Monsieur ist auch sehr schön!« stellt sie anschließend sachlich fest, woraufhin sich sämtliche Blicke auf Ron richten, der rasch das Glas an die Lippen hebt und so tut, als ob er nicht gemeint sei.

Dominique ist klein, drahtig, flink. Mit den Augen und mit den Händen. Ein Baske. Er umarmt Madame stürmisch und kneift sie dahin, wohin ein Herr eine Dame niemals kneift. Diese Vertraulichkeit erstaunt mich um so mehr, als Dominique seine Tante ansonsten ›Madame‹ nennt und höchst untertänig um sie herumschleicht. Ich meinerseits gebe ihm heimlich den Spitznamen *oui Madame,* denn obwohl er uns häufig besuchte und oft an unseren Mahlzeiten teilnahm, sollte ich niemals etwas anderes als dieses *oui Madame* von ihm zu hören kriegen. Als ich ihn scherzhaft darauf aufmerksam machte, beugte er sich vertraulich zu mir hin, so nah, daß sein Bart mein Ohr kitzelte, und gestand mir im Flüsterton: »Ich hab' mich beim Bau meines Hauses verspekuliert, und Madame hat mir aus der Patsche geholfen, seitdem ist sie mein General. Das sind die Zinsen, die ich ihr zahle.« »Wann werden sie abbezahlt sein?« Da verdreht er in komischer Verzweiflung die Augen und sagt: »O niemals, Madame!«

Dominiques kleine, dralle Frau heißt Bébé, und obwohl sie der Bardot nicht die Spur ähnlich sieht, weist Dominique doch kokett auf die Gemeinsamkeit des Namens hin. Bébé beginnt auch gleich eine angeregte Konversation mit mir und erzählt irgend etwas irrsinnig Komisches, über das sämtliche Anwesenden und sie selbst wie verrückt lachen, aber ich kann ihren Ausführungen nicht so recht folgen, da sie, während sie mit mir spricht, ungerührt zwei Hähne in der Hand hält, welche mit den Füßen aneinandergebunden sind und wie wahnsinnig mit den Flügeln schlagen.

Dominique und Bébé haben zwei bemerkenswert schöne Kinder zustande gebracht; Babette, eine Zwanzigjährige, die bestrickend lächeln kann und jedesmal, wenn sie es tut, eine ebenmäßige Reihe perlweißer Zähne entblößt, und einen etwas jüngeren Sohn, mit auffallend schönen Haaren, die ihm bis auf die Schulter reichen und die er mittels eines bestickten Stirnbandes zurückhält. Madame teilt uns unumwunden mit, das sei André, mit dem sei nicht viel los, bloß Musik machen und die Sonne preisen, Dominique solle sich was schämen für einen so nichtsnutzigen Sohn. Und ich denke, daß er in Deutschland mühelos zwanzig Herzen die Stunde brechen könnte, ganz ohne Ton, nur mit Blick.

Babette findet das wohl auch. Sie hängt sich zärtlich an Andrés Arm und sagt: »Isch liebe meinen charmanten Bruder!«

Dann wirft sie mir einen Blick zu und fügt hinzu: »*Votre mari est aussi três charmant!*« Ron senkt verlegen den Blick.

Plötzlich erscheinen aus der Nachbarschaft ein halbes Dutzend weitere Gäste, die Stühle herbeischleppen und sich niederlassen, und zwei Jungen, die ihrerseits irgendwo zu Gast sind, ich begreife das inzwischen nicht mehr so richtig. Der eine steuert auf mich zu und teilt mir mit, er hätte heute einen Riesenfisch gefangen, ob ich ihn mal sehen wolle. Ich schicke mich gerade an, heftig zu widersprechen, ich kann das nicht so schnell, schon läuft er und holt den Fisch. Ein Untier mit blutverkrustetem Maul glotzt mich an. Ich bewundere höflich den Fang. Robert bewundert derweil meine Beine. »Sie haben sehr schöne Beine, Madame!« Ron findet, der Höflichkeiten sei jetzt aber wirklich genug, er für seinen Teil möchte jetzt endlich essen. Tatsächlich bringt *Madame le General* den ersten Gang. Den letzten bringt sie gegen zwei. Wir essen und essen.

Es gibt eine bunte Reihenfolge von *fruit de mer*, meist Dinge, die wir nicht mal dem Namen nach kennen, geschweige denn schon einmal gegessen haben. Krustentiere, deren Inneres mit Hilfe langer Hutnadeln zutage gefördert werden muß, andere, deren gewaltige Panzer an Schildkröten erinnern und die man auf den Rücken zu legen und dann von unten auszukratzen hat, massenweise Austern, gegen die ich leider eine Allergie habe, seitdem ich während eines Spanienurlaubs einmal beinahe daran gestorben wäre und drei Tage lang, eingesperrt in mein Badezimmer und in den Anblick rosablau gepunkteter Kacheln versunken, mein Ende erwartet habe. Es folgten gekochte Krebse, eine größere Sorte als die, die wir heute selbst gefangen haben und deren Scheren man geschickt mit einem Nußknacker bearbeiten muß. Ich kann das nicht so gut, ich kann es überhaupt nicht. Das Aussaugen der Beine schenke ich mir, die beiden letzten verstecke ich unversehrt unter den Schalen der anderen.

Nach den Krebsen marschieren kleine Fleischpastetchen über den Tisch, gefolgt von einer Blätterteiggeschichte mit heißer Vanillesauce, gefolgt von einem Muschelragout in Weißwein, gefolgt von üppig dekorierten Salatplatten, gefolgt von einer *Quiche lorraine*, gefolgt von ... gefolgt von ... Wir können nicht mehr!

Ron stöhnt leise vor sich hin. Mir tränen die Augen.

Unbeantwortet bleibt die Frage, wieso eigentlich all diese kleinen, schmalen Leute diese Mengen verkraften können. Wahrscheinlich muß man solche Freßgelage von klein auf gewohnt sein. Keiner hat Mitleid mit meinem streikenden Magen, keiner zeigt das geringste Verständnis dafür, daß ich das Apfelsinensoufflé, das *clafoutis aux cerises*, die in Rotwein eingelegten Birnen nicht mal versuchsweise kosten möchte. Und das, wo doch Robert den für die Birnen benötigten ganz speziellen Wein extra noch heute morgen von einem ganz speziellen Händler in der Rue Lafitte besorgt, wo doch Denise die ganze Woche über alle möglichen Strapazen auf sich genommen hat, nur um diese ganz besonders aromatischen Kirschen zu bekommen, für die die Saison eigentlich gelaufen ist, die man aber bei einer ganz bestimmten Bauersfrau im Hinterland, die einen ›späten‹ Kirschbaum besitzt, halt doch noch beziehen kann.

Und das, wo ich bereits die Austern mit dem höflichen Hinweis, daß ich nach ihrem Genuß stürbe, verweigert habe. Ja, die Drecksdinger aus Spanien, von denen geht es einem natürlich miserabel, aber diese hier, unsere, die aus Arcachon, die, die Jean von Monsieur Touchard bezieht ...

»Laßt sie«, mischt Madame sich ein. »Wenn sie absolut nicht möchte, dann bleibt noch ein Plätzchen für die *mousse au chocolat!*«

Pascin, der den ganzen Abend neben mir gesessen und den ganzen Abend geschwiegen hat, beteiligt sich auch jetzt nicht an der heftigen Diskussion, ob ich die Rotweinbirne, die Denise mir trotz meines mutigen Protestes auf den Teller gelegt hat, nun essen soll oder nicht.

Er sitzt am Ende des Tisches außerhalb des Lichtkreises, sein

Gesicht liegt im Schatten, doch in dem Schatten finde ich ein amüsiertes Lächeln. Dann tut er etwas, womit er vorbehaltlos mein Herz gewinnt: Er tauscht im Schutze der Dunkelheit und ohne daß es jemand bemerkt, meinen vollen Teller gegen seinen leeren.

»Sollten Sie einmal in Schwierigkeiten kommen, isch -elfe Sie gern!« sagt er, und wieder finde ich dieses ganz spezielle Lächeln. Sommerzeit, Löwezeit! Um diese Stunde kann man manchmal Sternschnuppen sehen, und wenn ich mir was wünschen dürfte …

Gegen drei schwankt das Fest langsam seinem Ende zu. Wir sind alle wieder gut Freund. Selbst der Tort, den ich Denise angetan habe, indem ich ihren *clafoutis aux cerises* abgelehnt habe, ist vergeben und vergessen. Gemeinsam decken wir den Tisch ab, gemeinsam klappen wir die Stühle zusammen. Wir fühlen uns beschwingt und leicht, es ist schön hier, wir fühlen uns gut aufgehoben, heimatlich, unter Freunden. Madame löscht das Licht in der Lampe über dem Eingang. Der Garten liegt plötzlich im Dunkel. Sterne blitzen auf.

»In den Apfelbäumen, unterm Leinenmond, schlafen dreizehn Amseln, und ich liebe dich!« summt Ron leise vor sich hin. Oder ist es Pascin? Ich weiß es nicht mehr.

Als wir am nächsten Morgen aufwachen, erwartet uns wieder ein tadelloser Ferientag. Ein Sonnenstrahl und ein Stückchen blitzblauen Himmels grüßen durch die Jalousie. Der frühe Morgen ist noch frisch, aber schon gegen zehn wird es so heiß, daß Madame das gesamte Haus einschließlich der Küche und der beiden Toilettenräume verdunkelt. Gegen Mittag tröpfelt die Familie langsam in den Salon. Es ist uns ein Rätsel, wo sie eigentlich alle genächtigt haben. Diese Familie hat etwas Katzenhaftes an sich, sie scheint wie ein Rudel Katzen, das sich zur Fütterungszeit zusammenfindet und dann irgendeinen verschwiegenen Schlafplatz bezieht. Ich kann mir sehr gut vorstellen, daß sie sich lautlos und platzsparend irgendwo zusammenrollten, vor dem Kamin, auf dem Küchensofa, in einem vergessenen Liegestuhl im Garten. Madame hat mit den beiden Kleinen auf dem Sofa im Salon geschlafen, das heißt, sie schläft eigentlich niemals, fällt allenfalls in einen leichten Halbschlummer, verbringt die Hälfte der Nacht wachend, jeden Laut registrierend, die niemals verlöschende Zigarette in der Hand. Hin und wieder hört man sie husten. Dominique und Bébé kommen aus jenem Zimmer, das für Ruppi und Claire hergerichtet worden ist, Denise im Nachthemd von den linken Nachbarn. Pascin schlendert aus der Garage herbei. (Das hat uns anfangs verwundert, bis wir das Doppelbett neben dem Weinregal entdeckten!) Babette springt taufrisch über den Gartenzaun. Sie lächelt bestrickend und küßt uns alle der Reihe nach.

Gegen eins ist das Frühstück beendet. Alle haben das Weißbrot in den Kaffee gestippt, sich gegenseitig nach dem Gesundheitszustand erkundigt und ihre Träume geschildert. Zehn Personen haben sich darüber ausgelassen, daß diese Vollmondnächte fatal seien, und nach der Morgenzigarette gewissenhaft ihre Mückenstiche gezählt.

Ich bin oberhalb der Steckkissengrenze über und über mit roten Quaddeln bedeckt, Ron hat nur einen einzigen Stich, welcher sich dafür genau unter der Fußsohle befindet, die er diskret, doch unentwegt am Tischbein reibt.

Schließlich ist es soweit. Ein jeder trägt sein leichtes Übernachtungsgepäck ins Auto. Umarmungen und Beteuerungen, daß wir uns ja am nächsten Wochenende ganz bestimmt wiedersehen und uns ansonsten niemals vergessen würden, werden ausgetauscht. Ron und ich bekommen viele Rechts-links-rechts-Küsse und das Kompliment, richtige Familienmitglieder zu sein.

Auch Pascin macht sich an seinem Motorrad zu schaffen, auf welchem er zu einer Rundreise durch die Auvergne starten will.

»Vielleicht mache ich auf der Rückreise hier Station«, sagt er. »Dann sehen wir uns noch mal! Sonst … einstweilen adieu!«

Ja, einstweilen adieu! Eine leise Traurigkeit flimmert durch seinen Blick, ein leises Bedauern. Der Wind weht ihm das Haar in die Stirn, er streicht es mit der Hand zurück. Noch ein Lächeln.

»Ja dann, salut!«

»Salut!«

Die anderen sind bereits abgefahren. Als das allerletzte Motorengeräusch von Pascins Motorrad verklungen ist, wird es sehr still.

»So, jetzt gehen wir aber endlich an den Strand«, sagt Ron, der neben mir auf der staubigen heißen Straße steht.

»Wie?«

Er wirft mir einen prüfenden Blick zu.

»Ich sagte, jetzt gehen wir endlich an den Strand!«

»Ja, gehen wir an den Strand!«

Als wir an der Küche vorbeikommen, sehen wir Madame zwischen turmhohen Geschirrbergen sitzen und ein Hühnchen rupfen.

»Für heute abend«, lacht sie. »Für ein fantastisches *Coq au vin!*« Dann legt sie den Kopf schief und wirft uns einen ihrer blauen Blicke zu. »Ist es schön hier?« fragt sie kokett. »Sind Sie glücklich?«

»Sehr glücklich«, bestätigen Ron und ich.

»C'est la douce France!« sagt sie und lacht. *O la la!* Ja, *o la la,* das süße Frankreich, Pascins Gesicht taucht sekundenlang vor meinen Augen auf und verschwindet wieder. »Das süße Frankreich«, wiederholt Ron, der seine Badehose sucht und sie schließlich zwischen Madames Tischdecken hervorzerrt.

»Wie nett und natürlich das klingt. Sag mal ›das süße Deutschland‹!« Ich sage es, es klingt nach nichts ...!

Als wir heute abend vom Bummel nach Hause kommen, steht Madame bereits in der Tür und winkt uns heftig zu. »Monsieur ist am Telefon«, schreit sie. »Beeilen Sie sich!«

Erst als ich den Hörer in der Hand halte, begreife ich, um welchen Monsieur es sich handelt. Ruppi teilt mir mit, daß unser sehnsüchtiges Warten am morgigen Abend ein Ende fände und er mit Claire und Wehhagens gegen sieben Uhr einträfe.

»Willi awä de la schanks boku de sükßä, il truvä ...« Er unterbricht sich. »Pardon! Aber wenn ich in meiner eigentlichen Heimat bin, fällt's mir immer verdammt schwer, deutsch zu sprechen. Du kennst das ja!« Ich bemerke trocken, die Kommunikation in deutscher Sprache zwischen Ron und mir würde nach wie vor tadellos funktionieren.

»Oui, ihr seid -alt noch nischt so tief drin«, bemerkt Ruppi mit schleifendem französischen Akzent. »Aber wie läuft's sonst denn so? Habt ihr euch bisher denn ohne unsere Hilfe so einigermaßen durchschlagen können?«

Ich fühle wieder jenes trotzige Wellengekräusel, das Ruppis überhebliche Art immer bei mir hervorruft, und sage: »Wir haben uns prima durchgeschlagen, haben uns schon richtig eingelebt. Uns kommt's vor, als ob wir schon ewig hier wären, schon immer hier gelebt hätten. Mit Madame quatschen wir gewöhnlich die halbe Nacht, mit Monsieur Gilot waren wir beim Krebsfang, abends gab's ein Riesenfest, auf dem wir die ganze Sippe kennengelernt haben, kurz, wir fühlen uns vollkommen *en famille.*«

»So!«

Kaum ein Wort kann soviel eisige Kälte ausstrahlen wie dieses kurze ›so‹! Pause. Dann sagt Ruppi: »Ich muß jetzt Schluß machen, weil wir von einem Weingutsbesitzer zum Dämmerschoppen eingeladen worden sind, nur soviel noch: Es ist ja erfreulich, daß ihr euch bei unseren Freunden so wohl fühlt, euch in der Villa Marie so gemütlich eingenistet habt, aber vergeßt nicht: Ihr befindet euch bei Südländern, Lateinern! Die reden viel und küssen jeden. Man darf das alles nicht so ernst nehmen, vor allem, wenn sie von Liebe und Freundschaft sprechen. Meist sind sie dann bloß höflich!«

Mein Blick fällt auf eine Karte, welche uns Pascin am gestrigen Tag geschickt hat. Die Karte zeigt vorn ein pittoreskes Dörfchen, hinten nennt uns Pascin ›*Chers amis*‹ und schreibt, daß es jetzt, nachdem er unsere bezaubernde Bekanntschaft gemacht habe, doch recht einsam sei, so allein durch die Auvergne zu reisen. Er denke oft an uns, schreibt er, und würde auf der Rückreise vielleicht noch einmal bei uns Station machen. Zum Schluß umarmt er uns ›mit vielen guten Gefühlen‹ und wünscht Ron und mir einen schönen Aufenthalt.

Nun ja, bloß höflich!

Ich verspreche Ruppi, seine guten Ratschläge stets zu beherzigen.

»Ja, dann bis morgen«, ruft er fröhlich. »Wir freuen uns, euch zu sehen! Wir kommen übrigens allein, Willi und Stups werden später nachkommen!«

Spät am Abend klingelt das Telefon noch einmal für uns.

René läßt uns bestellen, daß seine Neffen unser Zelt wieder zurückgebracht hätten. Ob er es uns jetzt gleich schicken oder später, wie vereinbart, von Ruppi und Claire abholen lassen soll.

Wir sagen ihm, daß er es ruhig aufheben solle.

Zur Zeit benötigen wir kein Zelt. Mögen Ruppi und Claire es später in La Rochelle abholen und für uns nach Hause transportieren.

Klöße für den Frigolin

»Ein Baguette schneidet man nicht auf, wie ein biederes deutsches Brötchen, man bestreicht es auch nicht mit Butter und Konfitüre. Sei doch nicht dumm, stipp es in den Kaffee, wie's die Franzosen auch tun, stell dich doch nicht wegen der paar Krümel an, die dann in der Tasse herumschwimmen. Das macht doch nichts, sei nicht so typisch deutsch! – Was, ihr legt euch hundert Meter neben den Mülltonnen einfach so in den Sand? Laßt uns bis zum alten Wrack gehen, nur da ist der Strand reizvoll und schön. Und Chrysanthemen habt ihr Madame mitgebracht? Ja, seid ihr denn wahnsinnig? Ich hatte von Spinnen gesprochen! Ach was, gefreut – sie hat bloß jenen Takt bewiesen, den die Franzosen eben haben und welcher den meisten Deutschen so total abgeht. – Hau dir doch den Teller nicht so voll, du bist hier nicht in einem Münchner Bierkeller! – Das heißt nicht *Hallo,* sondern *Garçon.* Besser: *Garçon s'il vous plaît,* und dann blökt man nicht einfach sein *Bonjour* in die Gegend. Da kommt immer *Monsieur* oder *Madame* hinterher. *Bonjour Monsieur, bonjour Madame!* Und dann das *Merci,* das muffelt der Franzose nicht einfach so durch die Zähne, das muß hinten gesungen werden, so *merciiii,* versuch's mal, na also, das geht doch schon, das klappt doch recht nett!«

Ruppi schöpft Atem.

»Und nun zu dir, Ron, wenn Madame oder sonstwer dich küßt, dann stehst du immer so lammfromm da, so gottergeben wie ein Gaul, der angeschirrt wird und weiß, daß er nichts dagegen machen kann, daß er dies eben ertragen muß.«

»So ähnlich fühle ich mich ja auch«, sagt Ron.

»Na, hör mal«, ereifert sich Ruppi, »da hättest du aber besser Ferien auf dem Bauernhof machen sollen, lieber zu Hause bleiben sollen. Hier in Frankreich muß man schon ein bißchen Lebensart beweisen ... Und du, Lili, du kippst den Wein immer so runter, als ob's ein ordinärer Fusel wär, oder 'n gewöhnliches Bier in 'ner Altstadtkneipe.

Wein, den achtet man, den läßt man im Glase kreisen, der wird andächtig gekaut, den läßt man auf der Zunge zergehen. Und wenn man das Glas schließlich abstellt, dann sagt man was Fachkundiges; so etwa, ›der schmeckt aber erdig‹, oder ›blumig‹, oder ›süffig‹, oder wie er eben schmeckt. Wenn du es nicht weißt, dann laß dir nicht anmerken, daß du die einzelnen Sorten nicht auseinanderhalten kannst, sondern sag einfach *delicieux* oder *excellent* und küsse dazu deine Fingerspitzen, das wirkt immer höflich und nett. Und dann noch ein Wort zur Konversation im allgemeinen ...«

Am Montag ist Ruppi gekommen, ab Dienstag morgen hat er unser Training in Sachen ›Wie stelle ich es an, in Frankreich nicht als Deutscher erkannt zu werden‹ aufgenommen und auch gleich den Anschlußkurs ›Wie mache ich mich bei den Franzosen beliebt‹ in die Wege geleitet. Wenn wir bis dahin noch der Meinung gewesen sind, uns auch ohne ihn ganz gut geschlagen zu haben, so werden wir von nun an stündlich eines Besseren belehrt. Egal was wir tun, sagen, lassen, alles wird sofort von Ruppi unter die Lupe genommen und schärfstens kritisiert, so, als ginge es hier nicht darum, ein paar unbeschwerte Urlaubswochen zu verbringen, sondern eine ganz besonders strenge Prüfung zu bestehen. Und sonderbarerweise hat uns Ruppi voll im Griff. Wo wir uns in Spanien oder Italien bestenfalls ein bißchen bemühen und ansonsten unseren eigenen Launen folgen würden, hier im ›süßen Frankreich‹ ertappen wir uns dabei, daß wir uns wie folgsame Schüler benehmen, die bestrebt sind, alles richtig zu machen.

»Aber an sich hatten wir den Eindruck, daß wir allen trotz der Sache mit den Chrysanthemen, dem nicht ordnungsgemäß ›gekauten‹ Wein und dem durch die Zähne gemuffelten *merci* ganz gut gefallen haben!« wage ich einmal einzuwenden, doch Ruppi stutzt mich gleich zurecht. »Das ist ja eben die französische Lebensart, der berühmte französische Charme. Das hat gar nichts zu sagen, und wenn sie uns zehnmal *ami* nennen und zwanzigmal am Tag küssen, dann sind sie doch bloß höflich!« Und insgeheim muß ich feststellen, daß Ruppi recht hat, auch ihn nennen Madame und jeder zufällig im Salon weilende Gast *ami,* auch er wird häufig geküßt, obwohl es erst einige Tage her ist, daß Madame Ruppi einen ›kleinen Bourgeois‹ genannt hat. Nun wohnt sie unseren Trainingsstunden des öfteren mit einem halben Lächeln bei und amüsiert sich innerlich wahrscheinlich königlich darüber, daß sich die

Kinder jenes Volkes, mit dem man sich so viele und so erbitterte Kriege geliefert hat, in dem Bemühen, auf die einzig richtige Art das Croissant in den Kaffee zu stippen und auf die einzig richtige Art *mer-ciii* zu sagen, beinahe überschlagen, und daß es für diese Nachkommen heute scheinbar keine größere Ehre gibt, als von einem echten Monsieur als Franzose angesehen zu werden.

In der Tat! Die glücklichsten Franzosen, so kommt es Ron und mir zuweilen vor, sind deutsche Touristen, die ›Ich bin ein Franzose‹ spielen, oder Deutsche, denen die Gnade zuteil wird, ganz nach Frankreich ziehen zu dürfen, wo sie von Stund an ihre germanische Heimat verspotten und sich jedem Deutschen, der eventuell ihren Weg kreuzt, haushoch überlegen fühlen, vor allem jenem armen Trottel, dem es noch nicht gelungen ist, auf die einzig richtige Art und Weise *›ça va‹* zu sagen.

Sicher, es gibt ihn noch, den sattsam bekannten deutschen Touristen, der sich verpflichtet fühlt, dem südlichen Gastgeber per: »Kommense mal zu uns, da sehense mal, wie 'n perfekt durchorganisierter Laden funktioniert« auf die Schulter zu klopfen.

Auch für uns gab es da ein sehr unschönes Erlebnis. Es war wohl unser fünfter oder sechster Ferientag. Ron und ich haben uns am Strand amüsiert, als plötzlich von Westen her dunkle Wolken aufziehen und mit ihnen ein empfindlich kühler Wind kommt, der uns in eine verlassene, kratertief gebuddelte Sandburg treibt. Dort richten wir uns häuslich ein und sind wohl auch so ein bißchen eingenickt, als wir von heimatlichen Tönen barsch geweckt werden. Eine Clique ist im Anzug, eine schicke, deutsche auf *Méditerranée* getrimmte Clique. Die Damen in bodenlangen, über der Brust geknoteten Tüchern, die Herren von Kopf bis Fuß in braune Haut gekleidet, von Kopf bis Fuß nackt, wenn man von den dreifach um den Hals geschlungenen Perlenketten einmal absieht. Der äußeren Verwandlung ist die innere leider nicht gefolgt, die ist auf der Stufe ›Gelsenkirchen, Kegelclub alle Neune‹ stehengeblieben.

»Mammmaaaa«, brüllt die Vorhut in Form eines etwa elfjährigen Knaben mit Segelmütze und Camelreklamehemd.

»Mama, hier haben sich einfach so Drecksfranzosen in UNSERE Burg gelegt!«

Wir schließen die Augen und tun so, als ob wir die heimatlichen Töne nicht verstünden, ich überdies angenehm berührt, daß uns der Knabe für Franzosen hält, wahrscheinlich der beiden französischen Journale wegen, die ich in einem Anflug von Größenwahn am Kiosk gekauft habe.

Inzwischen ist die Clique herangetreten.

»Peter«, kreischt eine Blondine mit kupferrot verbranntem Busen, »Dännis hat recht, hier haben sich rotzfrech einfach so Franzmänner eingenistet. Soviel Frechheit muß man sich mal vorstellen, aber typisch. Zu faul, sich selber was zu bauen, und sich statt dessen lieber ins gemachte Nest legen.«

»Laß man«, sagt Peter, »wenn die glauben, daß wir denen das Feld kampflos überlassen, daß die hier einfach alles so besetzen können, dann haben sie sich getäuscht«, und läßt sich außerhalb der Burg, oberhalb unserer Köpfe am Burgwall nieder. Die anderen tun es ihm gleich. Wir dürfen wenig Schmeichelhaftes über das französische Gastland hören, man berieselt uns abwechselnd mit Sand und ›deutscher Welle‹ aus dem Kofferradio, ›Dännis‹ ist bis ins Burginnere vorgedrungen, wo er uns aus gehässigen Augenwinkeln fixiert und seine Beobachtungen wie folgt zusammenfaßt: »Guck mal, Mama, bei denen langt's nich mal für 'ne anständige Badetasche.« Oder: »Mama, guck mal, bei dem Mann stehen richtig die Rippen vor, wahrscheinlich raucht er soviel wie der dürre Kellner bei uns im Hotel!«

Nach einstündiger Belagerung stehen wir auf und rollen unsere Handtücher zusammen, ziehen den Rückzug vor, weil wir uns schämen. Als wir die Burg verlassen haben, hören wir Mama sagen: »Vorsicht, wahrscheinlich haben'se Abfälle vergraben und Scherben rumliegen lassen, ihr wißt ja, *solchen* ist alles zuzutrauen.«

Wie gesagt, das gab es auch, aber es blieb doch unser einziges Erlebnis dieser Art. Öfter begegneten wir da schon dieser etwas feindseligen Haltung, die Deutsche in Frankreich leicht gegeneinander einnehmen.

»Deutsche, die in Frankreich sind, haben überhaupt kein natürliches Selbstbewußtsein!« stellt Ron nach einem Abend, den wir mit Ruppi und Claire im Café Royal verbracht haben, scharfsinnig fest. Wir müssen eifersüchtig zur Kenntnis nehmen, daß dieselbe Kellnerin, die uns gewöhnlich leicht herablassend, eilig und zuweilen sogar ein bißchen schnippisch bediente, Ruppi per Küßchen-Küßchen begrüßt und Claire mit einem Extralikör aus dem

Privatschrank verwöhnt, eine Tatsache, die wir zwar zu übersehen bemüht sind, die uns aber doch leicht verdrossen macht. Nach diesem unschönen Erlebnis stellt Ron fest, daß die Deutschen in Frankreich ihr Selbstbewußtsein leicht einbüßten, sich wie vertrottelte Kaninchen benähmen und daß er, Ron, froh sei, ›eigentlich‹ Engländer zu sein.

Und Madame? Madame betrachtet unsere angestrengten Bauchaufschwünge, ihr, allen Verwandten und sämtlichen Nachbarn zu gefallen, den Eifer, den wir im Erlernen der französischen Sitten an den Tag legen, und die Trainingsstunden unter Ruppis Regie mit unverhohlener Freude. Zwar beteuert sie nach wie vor, daß wir ›Klasse‹ hätten (inzwischen mit der beiläufigen Einschränkung: für Deutsche!), aber Abend für Abend läuft der Fernseher, und während wir immer neue Kostproben ihrer wirklich vorzüglichen Küche genießen, dürfen wir uns einen alten Kriegsfilm nach dem anderen ansehen. Filme, die gewöhnlich mit einer netten kleinen französischen Idylle beginnen, einer Idylle, in die dann plötzlich und gänzlich unerwartet ein hackenknallender SS-Mensch einbricht, blond, eins neunzig groß, der die kleinen Franzosen mit markigen Befehlen in deutscher Sprache auf einen Lastwagen treibt. Hat der Film sein blutiges Ende erreicht, befinden wir uns gewöhnlich gerade beim Dessert, und Madame pflegt uns, ein süßes, mit Likör verfeinertes Himbeerchen auf dem Löffel balancierend, bedeutungsvoll anzusehen und zu bemerken: »Ja, das waren Zeiten«, was wiederum Ron, später in der Traulichkeit unseres Séparées, veranlaßt zu bemerken: »Nein, ich glaube, so richtig lieben werden sie euch nie!«

»Wer wen?«

»Na, die Franzosen euch, dich, Ruppi, Claire und ganz allgemein die Deutschen eben.« Eine Bemerkung, die er mit dem Stoßseufzer beendet: »Wie gut, daß ich Engländer bin!«

»Als ob die Franzosen die Engländer nicht ebensowenig liebten!«

»Ja«, sagt Ron, »aber doch anders, ich meine anders nicht!«

Und dann, nachdenklich: »Was sollen sie, unter uns gesagt, auch an euch lieben!«

»Unsere rührende Bemühung, alles recht zu machen und ihnen ein bißchen zu gefallen, zum Beispiel«, sage ich.

Madame ist seit einigen Tagen schlechter Laune.

Es hängt auf unerklärliche Art und Weise mit der Tatsache zusammen, daß wir, Ron und ich, uns mit der Anwesenheit von Ruppi und Claire ausgesöhnt haben, obwohl wir Madame in den ersten Tagen ebenfalls Geständnisse gemacht haben. Wir haben ihr vertraulich erzählt, daß wir unsererseits Ruppi für einen kleinen Bourgeois halten und seiner und Claires Ankunft ohne Freude im Herzen entgegensähen. Inzwischen sind wir aber zuweilen doch ganz froh, daß sie da sind. In Anbetracht der Tatsache, daß uns seltsamerweise das Französischsprechen und -verstehen mit der Zeit immer schwerer fällt – man kann eben nie mal so richtig schön und unüberlegt einfach drauflosquatschen –, kam die Aussöhnung wie von selbst. Unter den Blinden ist der Einäugige halt immer König.

Wir gehen einige Male zusammen an den Strand. Dienstag veranstalten wir abends angesichts der untergehenden Sonne ein Picknick. Mittwochs machen wir einen Tagesausflug ins Perigord. Sehr vergnügt kehren wir davon zurück. Am Tisch sprechen wir dann noch sehr angeregt von dem schönen Tag, tauschen unsere Eindrücke miteinander aus.

Das mißfällt Madame! Mißfällt Madame sehr! Sie zieht einen Flunsch, wir beachten ihn nicht. Als wir nach dem zweiten Gang immer noch nicht bereit sind, unsere auf deutsch geführte Konversation abzubrechen und statt dessen zum Beispiel den Kriegsfilm ›Das alte Gewehr‹ anzusehen, schiebt sie mit einemmal brüsk den Stuhl zurück und trägt ihren Teller mit der Bemerkung: »Ich sehe, ich bin hier unerwünscht!« in die Küche. Wir bleiben wie gescholtene Kinder am Tisch zurück. Über den Bildschirm flimmert der Film!

Ruppi besitzt den Mut, den Kasten abzudrehen. Die plötzlich eintretende Stille liegt spürbar im Raum. Schließlich sagt Ron: »Ich glaub', ich kann das nicht essen!«

Es gibt an diesem Abend zum erstenmal etwas, das wir wirklich nicht hinunterbekommen: Hammelkoteletts. Sie haben die Pfanne kaum gesehen, sind halb roh, inzwischen beinahe kalt und riechen intensiv nach Talg. Sie lagern auf einer Platte mit grünen Bohnen und Knoblauch. Zwei Teile Knoblauch, ein Teil grüne Bohnen. Ron schneidet ein ganz kleines Stück von dem Fleisch ab, spuckt es wieder aus und sagt: »Also, ich krieg' das nicht runter!« Und mutig: »Und ich werde es auch nicht mit Gewalt hinunterwürgen!« Auch Claire bemerkt bereits nach einem Bissen, daß sie dieses Gericht im vergangenen Jahr bereits hatte essen müssen. Hinterher wäre ihr tagelang schlecht gewesen. Ruppi häuft sich als einziger den Teller voll. Er ißt das Kotelett zur Hälfte, den Rest läßt er liegen. Die Bohnen sind inzwischen kalt und schmecken nach Fett. Wir stehen auf!

»Laßt uns doch mal ganz was anderes machen«, sagt Claire. »Ich bin schon zum viertenmal hier und hab' noch nie woanders als bei Madame gegessen. Unten am Segelhafen gibt es ein kleines Lokal, da kann man draußen sitzen, es soll täglich frischen Fisch geben. Versuchen wir es doch mal!« Wir stehen auf und ziehen uns um. Ehe wir gehen, schauen wir noch einmal in die Küche. Die Küche ist leer. Wir gucken in den Flur: leer! Wir öffnen die Türen zu sämtlichen Schlafzimmern: leer. Wir rufen in den Garten hinaus: Niemand antwortet uns. Schließlich klinken wir die Tür ins Schloß und fahren ab.

Es wird ein schöner Abend. Der kleine Streit mit Madame macht uns schnell zu Verbündeten. Wir verbrüdern uns, gehören wieder einem Volk an, haben die gleiche Gesinnung. Und die Franzosen … nun ja! Wie schnell das geht, wie schnell man die Seite wechselt. Ruppi und Claire sind doch recht nette Leute, wie schön, hier mal ganz unter sich zu sein, mal wieder so richtig flüssig und wie es einem gefällt miteinander reden zu können. Wir bestellen eine gewaltige Platte *fruits de mer* für vier Personen und zwei Liter Rosé. Wir trinken, wir essen, wir reden über Madame. Sicher, der Urlaub ist herrlich, sagenhaft, was sie für diesen lächerlich geringen Pensionspreis auf den Tisch stellt, Köstlichkeiten, wenn man von den heutigen Hammelkoteletts einmal absieht, die ohnehin eine Ausnahme darstellen, aber bei aller Herzlichkeit und Freundschaft ist Madame eben doch ein bißchen … sagen wir: kapriziös. Sagen wir: *Madame le General!* Wir lachen, Ruppi macht vor, wie *Madame le General* die Zigarette hält, wie sie mit den Händen spricht, wie sie von ihren Pariser Jahren erzählt, wir freuen uns, wir amüsieren uns königlich. Es ist ja alles nur Spaß, nicht ernst gemeint, unser Spott gilt einem etwas unartigen Kind, das man im Grunde herzlich lieb hat. Da sehe ich, daß uns durch das Küchenfenster des Lokals jemand beobachtet. Der Jemand kommt mir bekannt vor, ja sicher, es ist Marcelle, die Studentin, die die Ferien bei Madames Nachbarn zur Rechten, den Duponts, verbringt, erst vorgestern abend ist sie noch bei uns gewesen und hat von ihrem Job in irgendeinem Lokal erzählt, in dem sie sich das Geld für ein kleines Auto verdienen will. Daß es nun gerade dieses Lokal ist ... Wir winken, aber sie ist schon verschwunden. Bemerkt hat sie uns bestimmt. Wenig später sehen wir sie auf ihrem Rad nach Hause fahren.

Als wir gegen Mitternacht heimkehren, ist Madame schon zu Bett gegangen. Der Eßtisch ist abgeräumt, die Küche sauber und leer. Das Geschirr bereits abgewaschen und in den Schrank geräumt. Der Fußboden glänzt wie auf einer Putzmittelreklame. Nie zuvor haben wir die Küche in einem so gewienerten Zustand gesehen. Mir schwant Übles! Auch Justine neigte, wenn sie sich von der Familie übergangen oder ungerecht behandelt fühlte, zu solchen Großtaten auf hauswirtschaftlichem Sektor. Einerseits um sich zu beruhigen, andererseits um Signale abzugeben: »Zum Putzen bin ich ja wohl gerade gut genug!« Und: »Ich will mir nichts nachsagen lassen!«

Und: »Wenigstens meine Arbeitskraft mißfällt euch nicht, wenn sie in diesem Hause auch niemand zu würdigen weiß!« Refrain: »Wahrscheinlich werde ich mich bald zu Tode geackert haben, dann könnt ihr mich auf dem Friedhof verscharren!« Es sind sich in manchen Punkten die Menschen doch in allen Ländern gleich.

Am nächsten Morgen ist Madame nicht zu sehen.

Wir finden den gedeckten Frühstückstisch vor, gegen die Marmeladendose gelehnt einen Zettel. ›Bin zum Markt! Bitte bereiten Sie sich den Kaffee selbst zu.‹

Wir tun es schweigend wie Kinder, die das schlechte Gewissen plagt. Nach dem Frühstück räumen wir das Geschirr in die Küche, spülen, schütteln die Decke aus. Wir sind sehr still. Getrennt fahren wir an den Strand. Zu Mittag treffen wir uns wieder. Gemeinsam sitzen wir im Garten, hin und wieder fällt ein Wort. Wir fühlen uns bedrückt. Endlich erscheint Madame in der Tür. *»A table!«* sagt sie schnell und ist auch schon verschwunden. *»Bon appétit«*, sagt sie. Es klingt gepreßt.

Wir essen. Es gibt Gulasch und Klöße. Beides schmeckt uns sehr gut, was es nun eigentlich nicht dürfte. Denn hier handelt es sich nicht einfach um irgendein Gericht, es ist vielmehr ein Signal, ein Symbol, und hat als solches eine Menge zu sagen. Madame selbst hat uns davon erzählt, damals an unserem ersten Abend, daß sie nämlich zu Monsieurs Zeiten, wenn sie einmal ›typisch deutsche‹ Gäste hatte, solche die da glaubten, sich im eigenen Land zu befinden, die dauernd nach ihrer gewohnten Küche verlangten und die französischen Spezialitäten mit Mißtrauen beäugten, immer Klöße gemacht hätte. Besonders große, besonders zähe, aus der Tüte, zum Zeichen, daß es sich hier nicht lohnte, ordinäre Gaumen, die das Schlechte bevorzugen, solange es sie nur an ihre Heimat erinnert, mit Delikatessen zu verwöhnen. Wer in ihrem Haus einmal Klöße vorgesetzt bekam, der war ein für allemal klassifiziert, der hatte bewiesen, daß er eben doch ein *Haricot vert* war, ein *Fritz*, ein *Frigolin* und wie die wenig schmeichelhaften Bezeichnungen auch immer lauten mögen, unter denen die Deutschen in Frankreich geführt werden. (Für deren mangelnden Esprit spricht einwandfrei, daß es ihnen nie gelungen ist, ein halbwegs zündendes Spottwort für die Franzosen zu erfinden!) – Zurück zum Tisch im Hause *Madame le General.* Wir nehmen uns jeder einen der runden großen Bälle auf den Teller, zerteilen ihn, tunken ihn in die Sauce, es schmeckt hervorragend. Die Küche Madames kennt keine gebundenen, dicken, braunen Saucen, in die wir so gern unsere Kartöffelchen stippen. Das Fleisch, so köstlich es auch ist, liegt immer ziemlich *nature* auf dem Teller, allenfalls wird es von einem Löffel Bratensaft begleitet, den man mit Brot auftunken kann. Nein, eine Strafe ist dieses heimatlich anmutende Gericht wirklich nicht, wir kauen zufrieden. Ruppi hält Madame aufmunternd die Platte hin.

»Ich mag nicht«, herrscht sie ihn an. Sie starrt mit herabgezogenen Mundwinkeln auf ihren Teller.

»Sie fühlt sich gedemütigt«, bemerkt Jean-Marc, der heute an unserem Essen teilnimmt, obwohl er sich natürlich nicht so weit erniedrigt, auch Klöße zu essen. Er sitzt vor einer Platte mit Austern, die stilvoll auf gestoßenem Eis ruhen. Er ißt, er trinkt; Madames üble Laune scheint ihn nicht sonderlich zu beeindrucken. »Sie haben sich gestern nicht nett benommen«, bemerkt er plötzlich sachlich.

»Wieso nicht?« fragt Ron ungerührt. Er bedient sich zufrieden ein zweites Mal und langt kräftig zu. Ruppi und Claire teilen sich den letzten Kloß. Da schiebt Madame den Stuhl zurück und geht weinend in die Küche. Wir sehen fragend Jean-Marc an. Ruppi will Madame nacheilen, Jean-Marc deutet ihm mit einer Geste, am Tisch zu bleiben.

»Sie hat sich Ihren Aufenthalt hier anders gedacht, ich habe ihr gleich davon abgeraten, mehr als eine Familie auf einmal zu nehmen.«

»Wieso?«

»Nun, eine Familie allein, die paßt sich an. Da kann man gut zusammenleben. Die Fremden haben ja gar nicht die Möglichkeit, eigene Wege zu gehen, da kann man das Ganze auch vor der Nachbarschaft vertreten. Die Leute hier sind sehr eigen, Kleinbürger, wissen Sie! Man muß sehen, daß man nicht ins Gerede kommt.«

»Ja aber wir ...«

»Sehen Sie«, sagt Jean-Marc sanft, »das ist doch so. Solange Sie allein hier waren, lief doch alles glatt. Sie blieben viel im Haus, waren mit allem zufrieden, kaum daß Sie mal an den Strand gingen. Madame ihrerseits hatte ein bißchen Unterhaltung. Seitdem nun Familie Hausmann hier ist, ist alles anders. Madame fühlt sich an die Wand gedrückt. Sie reden öfter mal deutsch, Sie lachen. Madame muß annehmen, daß über sie gelacht wird. Wer hat das schon gern. Sie fühlt sich nun nicht mehr als geschätzte Gastgeberin, sondern als Wirtin, das macht einen großen Unterschied. Und als Sie nun gestern gar das Essen stehenließen ...«

»Es war ungenießbar!«

Jean-Marc schüttelt leise den Kopf.

»Das war es sicher nicht! In diesem Hause ist noch nie etwas Ungenießbares auf den Tisch gekommen, aber es mag Ihrer Geschmacksrichtung nicht entsprochen haben. So etwas kommt ja vor.«

»Wir haben uns doch gar nicht beschwert!«

»Das hätten Sie aber ruhig tun sollen. Madame hätte Ihnen mit Freude etwas anderes zubereitet. Aber statt dessen haben Sie das Haus verlassen. Sie sind ins Restaurant gegangen. Sie haben dort gespeist. Marcelle hat Sie gesehen und es in der ganzen Nachbarschaft verbreitet, daß es hier in diesem Hause so schlechtes Essen gibt, daß die Gäste gezwungen sind, sich auswärts zu ernähren.

Vielleicht können Sie sich in etwa vorstellen, was das für Madame bedeutet.«

»Du lieber Himmel«, sagt Ron, der keine Ahnung hat, was der Umstand, daß Feriengäste auch einmal in einem Restaurant essen, schon groß zu bedeuten haben soll.

»Und dann die Sache mit der Sprache«, fährt Jean-Marc unbeirrt fort. »Sie wissen doch, daß die Deutschen nach wie vor in Frankreich nicht, nun sagen wir, nicht so ganz gern gesehen werden. Dummköpfe, die etwas gegen die Fremden haben, Spießer, aber man muß mit ihnen leben. Wir denken nicht wie sie, aber wir haben unsere Rücksichten zu nehmen. Sie verstehen. Sie werden abreisen, wir müssen bleiben.«

Ron unterdrückt mühsam ein Gähnen, Jean-Marc übersieht es vornehm. »Am besten ist es nun, wenn weiter gar nicht auffällt, daß so viele Ausländer hier sind. Wenn Sie nun jedoch den ganzen Abend laut im Garten deutsch sprechen, dann ist es stets gegenwärtig, daß hier Fremde sind, und Sie wissen doch, wie unangenehm einem eine Sprache, die man nicht versteht, in den Ohren klingt. Ich bitte Sie höflich, in Zukunft daran zu denken.«

Wir versprechen es ihm. Jean-Marc erhebt sich. Er hat seine Mission erfüllt und verabschiedet sich. Wir bleiben allein am Tisch zurück. Ron bemerkt, er für seinen Teil fühle sich inzwischen doch reichlich entmündigt. Die deutsch-französische Freundschaft fange an, ihn zu strapazieren. Er ist das viele Überlegen, das ewige Auf-der-Hut-sein-Müssen, leid. Nach anfänglicher Begeisterung sehne er sich jetzt doch nach einem kleinen, anonymen Hotel, in dem ihn keiner küßt und keiner zum *ami* ernennt, in dem er für mittelmäßiges Essen recht saftige Preise zahlen muß, aber doch ein freier Mann mit einer eigenen Meinung bleiben und die Sprache seiner Wahl sprechen darf, eine Sprache, die ihm von klein auf geläufig ist. Wir schicken Ruppi in die Küche, um unserer aller Entschuldigung in geziemender Weise vorzutragen. Dann kaufen wir zwei Blumensträuße, einmal Rosen für Madame und einmal Chrysanthemen für Monsieur. Den ganzen Nachmittag verbringen wir schweigend im Garten. So gelingt es uns, Madame zu versöhnen.

Am Abend ist sie gnädig bereit, das Menü wieder in unserer Gesellschaft einzunehmen. Zum Zeichen ihres Entgegenkommens gibt es eine bunte Folge französischer Gerichte und einen ganz besonders guten Wein. Im Fernsehen läuft ein Revuefilm. Den Kriegsfilm ›Die Deutschen kommen‹ hat sie mit der Bemerkung »*C'est idiot ça*« abgewürgt. Nach dem Essen erzählt sie noch ein bißchen von ihren Pariser Jahren. Wir sitzen da und hören fein zu, obwohl heute in Arcachon ein Festival ist, auf dem sogar Gilbert Bécaud singen wird. Bécaud wird ohne uns singen. Dafür hören wir, wie großartig das Chansonfestival 1968 war, auf dem ebenfalls Bécaud gesungen hat und an dem Madame und Monsieur teilgenommen haben. Ein großartiges Erlebnis. Wie schön für sie. Wir freuen uns mit ihr.

Als wir uns verabschieden, bekommen wir alle die gewohnten drei Küsse. Am nächsten Tag beratschlagen wir am Strand, wie wir uns künftig verhalten sollen. Ruppi sagt, eine solche Madame wie die von gestern hätte er bislang noch nie kennengelernt. Allerdings waren er und Claire auch immer allein dort, Grund zur Eifersucht hätte es nie gegeben. Wir fassen den Plan, daß künftig stets ein Paar nach dem Essen bei Madame bleibt, um sich ein bißchen von ihren Pariser Jahren erzählen zu lassen, derweil die beiden anderen ungestört ausgehen können. Ein Paar reicht. Ein Paar zu ihrer ständigen Verfügung, das muß auch der anspruchsvollen Madame genügen. Wir kommen jedoch nicht mehr dazu, den Plan auch in die Tat umzusetzen, denn Willi und Stups stoßen zu uns, und von nun an müßte es von Rechts wegen nur noch Klöße geben.

›Käske datt denn‹ oder: ›La wie än rose‹

»Käske datt denn?« fragt Willi in Verballhornung der französischen Sprache und greift sich ungeniert eine von Madames Reliquien, eine Fleischgabel, deren Griff aus der Originalpfote eines braunfelligen Krallentieres besteht, ein kostbares Erinnerungsstück, das auf der Vitrine liegt und niemals benutzt werden darf. Willi Wehhagen kennt keine Scheu, er betrachtet das leicht grauslige Ding wiehernd vor Vergnügen und piekt Frau Wehhagen (besser gesagt: Stups, gestern haben wir Brüderschaft miteinander getrunken) neckisch in die Kehrseite. Auf Madames konsternierten Blick reagiert er fröhlich mit: *»Bonjour, Monsieur le General«*, wobei er das *Monsieur* stark betont, zackig die Hacken zusammenknallt und die Hand an eine imaginäre Mütze legt.

Stups ihrerseits beguckt sich derweil die Ahnengalerie!

Sie nimmt jedes einzelne Foto in die Hand, betrachtet mit ironisch verzogenen Lippen die vielfarbig verzierten Rähmchen und stellt sie mit der Bemerkung, daß ›diese Franzmänner‹ überhaupt keinen Geschmack besäßen und daß sie, Stups Wehhagen, überhaupt schon lange wissen möchte, womit diese ihren weltweiten Ruf von Charme und Chic eigentlich rechtfertigen, wieder an ihren Platz. Sodann bestreicht sie sich mit Konzentration einen Mückenstich mit Spucke, richtet vor dem silbern schillernden Lampenfuß ihr Haar, bemerkt, daß sie die Lampe ebenfalls ›saublöd‹ findet und zwinkert Ron mit einem Auge zu: »Heut nachmittag an den Strand, *cher ami?* Son bißken ›la wie än rose‹ spielen, ›la doltsche Wieta‹, hm?«

Stups Wehhagen ist was ganz besonders Süßes! Sie hat, das muß der Neid ihr lassen, es geschafft, von hinten ewig süße Siebzehn zu bleiben, ihre knallengen Jeans, die gelbgefärbten Haare, die modischen Discoblusen lassen so allerlei erhoffen, sieht man sie von vorn, ist man enttäuscht! Stups weiß das, und es stört sie nicht. »Hauptsache, die Kerle pfeifen, watt Willi?« und haut ihrem Ehegespons eins in die Rippen, daß der sich krümmt. »Meine

Stups, die hält, watt'se verspricht«, bemerkt er fröhlich und klatscht ihr mit *Le Figaro*, mit dessen Hilfe er gerade auf Mückenjagd ist, eins auf die Kehrseite. »Meinen Stups, den geb' ich für zehn andere nich her!« Was ihn nicht davon abhält, jedem Rock, der über die Straße geht, mit herzlichem Interesse nachzusehen.

Seine Beobachtungen teilt er Stups unverzüglich mit: »Klasse Popo, die kleine Schwarze dahinten, watt?« Woraufhin Stups sagt: »Son Sexyrock, den könnteße mir auch mal kaufen«, und Willi, der, mit Seitenblick zu mir, seine zum Platzen mit Francscheinen vollgestopfte Brieftasche auf den Tisch knallt und erwidert: »Bedien dich Schätzken, du solls merken, datt dein Willi nich aufem Pottmoneh sitzt!«

Auf seinem ›Pottmoneh‹ sitzt der Willi wirklich nicht. Er zieht und öffnet es stets und überall und mit einem gewissen Vergnügen. Ehe er sich entschließt, einen Hundertfrancschein herauszunehmen, läßt er die übrigen wie Skatkarten durch die Finger schnippen. »Datt Zeuch muß hier inne Kassen, datt will ich nich na Hause schleppen, datt gefällt mir nich vom Deßeng her!«

Willi muß massenhaft Geld verdienen. Das Sportgeschäft scheint sehr einträglich zu sein. Ron nimmt sich bereits vor, ihn einmal nach Einzelheiten zu fragen. Willi ›machte nämlich nicht immer in Sportartikeln‹; er hat auch mal Gebrauchtwaren verkauft und war als Makler tätig. Früher war er beim Bau, ›aber dann kricht ich watt anne Nieren!‹

Madame ist Willis fröhlicher Daseinsfreude hilflos ausgeliefert. Vorbei ist jegliche Konversation, vorbei so Feinheiten, von wegen, wer mit wem in welcher Sprache parliert. Man spricht deutsch, laut und ungeniert, und als Madame einmal beleidigt den Tisch verläßt, blickt Willi ihr lachend nach und sagt: »Watt hat datt Madammchen denn? Isse eingeschnappt? Apropo, kennt einer den Witz, wo die Maus inne Falle geht, und die schnappt zu und …«

Französische Sitten nachzuahmen lehnt Willi Wehhagen ab. Er lehnt es ab, den Saucenrest mit einem Stückchen Weißbrot vom Teller zu stippen (datt kommt einem ja vor, als ob man en Spüllappen schlucken soll), er lehnt es ab, kleine Häppchen nach und nach langsam zu genießen (datt Püppchen soll datt Geheimnis lüften, watt et heute alles gibt, datt knall ich mir dann auf einmal auf en Teller, da brauch se gaa nich so viele Fisematenten zu machen und für jedes Salatblättken extra inne Küche zu sausen). Er hat nicht die geringsten Hemmungen, irgendwo unangenehm aufzufallen (datt ist doch deren Problem, wenn se mich nich leiden können, watt kümmern mich die Sünden von mein Vatter) –, sondern schreitet mit stolzer Brust, das dicke Portemonnaie in der hinteren Gesäßtasche, den Strand ab. »Ja datt is ja recht idüllisch hier, aber da müßten de Baubonzen doch tätich werden, da gehörn doch reihenweise Hotels hin, da will man doch auch ma watt zu futtern kaufen, ich kapier nich, wieso die Deutschen vonne Bauwirtschaft datt alles hier so brachliegen lassen, die müßten hier doch munter werden, nachdem se Italien und Spanien schon so schön versaut haben, ha ha ha, watt Stups?« Stups zieht das Näschen kraus und findet: »Hier sieht einen ja gar keiner, mir hattet anne Kote besser gefallen! Da hatten die Kerle auch mehr Rasse!«

»Und mehr inne Taschen, Mädchen«, sagt Willi. »Viel mehr inne Taschen. Hier ist alles ne Nummer primitiver, datt merkse ehm.«

Dabei ist Willi nicht einmal uncharmant. Er hat den Charme eines Brauereipferdes. Wenn man ihn nicht gerade mit einem Derbysieger vergleicht, findet man so einen Gaul ja doch ganz nett und bringt es nicht fertig, ihm übelzunehmen, daß sein Hals ein bißchen dick ist. Madame kann ihm überhaupt nicht böse sein, was zum ersten daran liegt, daß Willi gleich am ersten Abend gesagt hat, länger als eine Woche bliebe er keinesfalls (datt ist uns zu engbrüstig hier), und zum zweiten mit Willis Wahlspruch ›Datt ist doch alles mit Geld zu regeln‹ zusammenhängt. Diesem Wahlspruch gemäß lebt Willi auch, er regelt und regelt …

Madame wird nahezu täglich mit Geschenken verwöhnt, mal bringt er ihr ein Blumenbouquet, mal einen Seidenschal. Erscheint er vom Ausflug nach Bordeaux mit zweistündiger Verspätung, erstickt er etwaige Vorwürfe im Keime, indem er eine prätentiös verpackte Bonbonniere überreicht, ›damit datt Mütterken auch ma watt zu futtern hat!‹ ›Datt Mütterken‹ büßt eine Menge Federn ein, möchte schmollen, kann aber nicht, denn am nächsten Tag besichtigt Willi (einfach so, ohne vorher zu fragen!) ein Weingut und bringt ihr sechs Kisten Wein mit (damit datt Mütterken auch ma watt zu süffeln hat). – »Denn bei den Pensionspreisen, Leute, da kannse ja nie zu watt kommen …«, damit beschämt er sie und uns.

Und Ruppi und Claire macht er rasend. Die betrachten sich das

Kuckucksei, das sie, ohne seinen wahren Charakter zu kennen, in ihr Feriennest geschleppt haben, mit tiefer Abscheu, was wiederum Ron und mich diebisch erfreut. Man weiß ja, wenn zwei sich streiten …

Daß Willi Wehhagen dann jedoch so aus der Rolle fiel, daß sein weiterer Aufenthalt in der Villa Marie stark gefährdet war, und *Monsieur le General* sogar damit drohte, ihm die Koffer persönlich ans Auto zu tragen und sogar die Bonbonniere zurückzugeben, hing im weitesten Sinne mit den Tisch- und Eß-, besser gesagt den Tisch- und Trinkgewohnheiten zusammen, die anzuerkennen sich Willi so beharrlich weigerte, bis Madame sie ihm schließlich aufzwang. Denn an diesem Punkt hört der Spaß ja nun einmal auf, zumindest in Frankreich. Man tritt halt nirgendwo auf der Welt ungestraft nach der heiligen Kuh.

Es hatte gleich am ersten Abend angefangen, indem Willi sich weigerte, zum Essen den obligatorischen Wein zu trinken. ›Datt Gesöff‹ wär ihm zu ›etepetete‹, hatte er verkündet, es erinnere ihn immer an Kindstaufe und silberne Hochzeit und ›datt kleine Glas in geflechter Runde‹.

»*Nippen!* Wenn ich datt schon hör! Nee Kinners, nippen, datt sollen man die anderen, watt der Willi Wehhagen is, der will richtig watt zum Schlucken, dem schmeckt 'n ehrliches Bier immer noch am blumichsten!« Und hatte zehn Flaschen Bier aus dem Kofferraum geholt und in Madames geheiligtem Kühlschrank deponiert. Dort blockierten sie nun das Gemüsefach und waren Madame ein Dorn im Auge, aber da es der allererste Abend war und sie sich zudem in bester Stimmung befand (Willis Mitbringsel in Form einer besonders schönen Fischplatte aus einer provenzalischen Töpferei hatte nicht wenig dazu beigetragen), wollte sie nicht so sein. »Aber, wenn die zehn Flaschen zu Ende sind, wird Wein getrunken, *compris …?*«

Die zehn Flaschen sind bereits am zweiten Abend zu Ende. Ein Nachschub aus dem Supermarkt, von Willi heimlich eingeschleppt und im Kühlschrank deponiert, verschwindet auf unerklärliche Weise, neu besorgte Flaschen findet Willi in seinem Kleiderschrank wieder, wo sie lauwarm und wenig appetitanregend auf ihn warten. Der Kühlschrank ist in Zukunft für Willi tabu, und Willi hat doch Durst.

Er schickt sich drein und probiert ›die feinere Leemsart, watt Stups?‹ Stups trinkt der Linie wegen ohnehin meist nur Wasser, aber Willi gießt den Rosé in sich hinein, als ob er zapffrisches Bier wäre. Da der leichte Wein gut gekühlt ist und keinerlei Assoziationen an ›datt kleine Glas im geflechten Kreis‹ aufkommen läßt, ist Willi angenehm berührt. »Mensch Kinners, die feinen Piefkes wissen ja, watt se tun, datt schmeckt unserem Willi ja ganz hervorragend, gieß noch ma ein, *mon General,* damitte siehs, watt der Willi fürn braver Bursche ist, watt Stups?«

Und Madame gießt ein. Ein wenig zögernd erst, überrascht über die Wendung, die die Dinge genommen haben, aber sie gießt! Und nach ... und nach ... Sie ist selbst als echtes Kind des Weinlandes Bordeaux kein Kostverächter; wie jeder in der Familie trinkt sie täglich ihren Wein, zu jedem Essen mehrere Gläser, vorher genehmigt sie sich gewöhnlich einen kleinen Apéritif, und ein Verdauungsschnäpschen nachher gehört zur Gesundheitspflege. Sitzt die Familie zusammen, so werden die gläsernen Weinkaraffen laufend nachgefüllt – und doch haben Ron und ich niemals einen Franzosen betrunken gesehen. Ein bißchen beschwipst eventuell, aber es schlägt doch immer zum gesteigerten Esprit aus, es fördert den natürlichen Charme noch ein wenig, macht die Tischkonversation noch lebhafter, läßt das ›bon mot‹ noch schneller über den Tisch fliegen und fällt niemals ins Tierisch-Vulgäre.

Die Deutschen sind den Franzosen in der Kunst des Trinkens weit unterlegen. Bis auf Stups, die sich ihr Glas Wasser mit zwei Tropfen Wein veredelt, denn: »Watt ich ne Sekunde inne Kehle spür, datt will ich nich für immer auffe Hüfte hängen haben«, haben wir alle auf die eine oder die andere Art unsere Schwierigkeiten mit dem Wein und erleben niemals jene reuelose Leichtigkeit, in welche er die Franzosen versetzt. Dabei haben wir uns an seinen Genuß sehr schnell gewöhnt und können uns bald ein feines, knoblauchduftendes Lammkotelettchen oder eine zarte, gefüllte Kalbsbrust ohne denselben kaum noch vorstellen, und gar ein Fischgericht ohne den dazugehörigen ›leichten Weißen‹ erscheint uns wie eine Braut ohne Bräutigam.

Aber wie bei der Braut, so folgt auch hier die Reue auf dem Fuße! Zum Mittag getrunken, verdirbt uns der Wein regelmäßig den Nachmittag, den wir mit bleiernen Gliedern und stumpfem Kopf im Schatten der Garage verdösen oder, falls wir uns mit schleppenden Schritten an den Strand bemühen, in dem winzigen Schattenkringel, welchen uns der inzwischen angeschaffte Sonnenschirm schenkt.

Hat man sich so gegen sieben endlich von den mittäglichen Nachwehen erholt, kommt bereits die zweite Ladung. Sie mundet ebensogut wie die erste, hat jedoch die Wirkung, daß die gerade erst verschwundene Müdigkeit vom Nachmittag mit Blitzesschnelle in Kopf und Glieder zurückkehrt, oder aber einen so aufkratzt, daß die Nachtruhe dahin ist und man bis zum Morgengrauen hellwach herumliegt.

Bei Willi Wehhagen sind die Begleiterscheinungen von anderer Art. Zunächst einmal gießt er ungeheure Mengen von ›Madames rosa Schlabberwasser‹, wie er den Rosé nennt, in sich hinein, das eine über das andere Mal beteuernd: »Datt is so lecker wie Bier und so bekömmlich wie Bier.« Und wie Bier trinkt er es auch, ist ja bloß rosa Schlabberwasser. Dann kehrt gewöhnlich recht schnell jene Phase ein, in der Willi, um mit seinen eigenen Worten zu sprechen ›die Schotten aufmacht‹, was sich dahingehend äußert, daß er deftige Witze zum besten gibt und Stups Andeutungen darüber zukommen läßt, welche Genüsse ihrer heute nacht im Doppelbettchen noch so harren, eine Bemerkung, welche meist mit einer Einladung an uns endet, die er so formuliert: »Wenn einer Lust hat, zu Besuch zu kommen, dann is datt kein Problem, datt stapeln wer alles aufennander, watt Stups?«

Übergangslos verfällt er dann in Melancholie, hängt lustlos auf seinem Stuhl, bezichtigt sich aller möglichen Schandtaten, zieht traurige Bilanz über sein verpfuschtes Leben, meint trübsinnig, daß es ihm niemals gelänge, Zugang zur besseren Gesellschaft zu finden, und bedauert Stups, die für so einen gemeinen Kerl viel zu schade sei und auch was Besseres verdient habe. Wenn er sich dann schließlich von uns verabschiedet, beteuert er gewöhnlich, daß er unser aller Freund sei und wir uns auf ihn, Willi Wehhagen, allzeit verlassen können.

Die nächste Phase erleben wir dann nur noch akustisch mit. Gewöhnlich tritt sie etwa eine halbe Stunde, nachdem auch der letzte von uns das Licht gelöscht hat, ein, etwa zu jenem Zeitpunkt, zu dem man sich gerade zurechtlegen und die Augen schließen will.

Willi und Stups bewohnen das Zimmer, welches direkten Zugang zum Salon besitzt und der geräumigste und sonnigste Raum im ganzen Hause ist – wenn es nur einen separaten Eingang zum Korridor gehabt hätte … So hat man den Nachteil zu ertragen, daß der Gang zur Toilette nur durch den nächtlich verdunkelten Salon zu bewerkstelligen ist. Dies bedeutet nun, daß man, falls man nachts noch einmal hinaus muß – und Willi, bedingt durch seinen übermäßigen Weingenuß, muß allnächtlich noch einmal ›hinaus‹ –, im matten Schein der durch das Fenster hereinscheinenden Straßenlaterne den großen Eßtisch samt Stuhlparade zu umschiffen hat. Sodann ist der geschätzte Gast gezwungen, sich vorsichtig an der Wand entlangzuhangeln, ohne Zwischenfall den Flur zu erreichen und dort in vollkommener Finsternis zielsicher die dritte Tür von links anzupeilen. Erwischt Willi nun die falsche, so landet er verstört vor Ruppis oder unserem Bett oder strandet gar vor jenem Lager, auf dem *mon General,* die brennende Zigarette in der Hand, seine Nachtwachen abzuhalten pflegt.

Weil jeder von uns den guten Willi einmal vor seinem Bett vorgefunden hat, wo er angestrengt und verstört nach der Toilette suchte, verbarrikadieren wir nunmehr die Zimmer, indem wir Stühle unter die Klinken klemmen, und das Hantieren an der Tür und das unwillige Gemurmel, welches Willis tabbernden Gang begleitet, gehört bald zu unserem gewohnten Einschlafritual. Dies hätte uns nicht weiter gestört, wir sind inzwischen so gut erholt, daß uns Kleinigkeiten dieser Art nicht weiter beunruhigen, auch Madame kneift ein Auge zu, ist es doch schließlich der von ihr propagierte Wein, der dieses Ungemach verschuldet. Doch dann wechselt sie eines Tages die Tischdecke im Salon aus und damit fängt das Unglück an.

In den ganzen Wochen vorher war das ›Herz des Hauses‹ außerhalb der Mahlzeiten von einer beinahe bodenlangen Stickereidecke verhüllt, welche ihm ein wenig das Aussehen eines Altares verlieh, der er im weitesten Sinne ja auch war. Jedenfalls war der Tisch auch im Halbdunkel der Nacht gut zu erkennen, und Willi glückte die Umrundung bei jeder seiner nächtlichen Exkursionen auf Anhieb. Dann wurde die Decke in die Wäsche gegeben und durch eine andere ersetzt. Sie ist ebenfalls weiß, zierlich mit Rosen bestickt, kleiner als ihre Vorgängerin und bedeckt den Tisch nur unvollkommen. Rechts und links ragt die Platte um ein ansehnliches, schwarzpoliertes Stück heraus.

Eben dieses herausragende Stück Tisch ist nun in der Dunkelheit nicht sichtbar. Willi, auf seiner nächtlichen Wanderung befindlich, stutzt zwar einen Augenblick, nicht so recht begreifend, wieso der Tisch plötzlich so klein ist, er hat ihn größer in Erinnerung, kann sich natürlich auch getäuscht haben, nimmt dann die seltsame Verwandlung, die das ›Herzstück des Hauses‹ erfahren hat, hin (es gibt ja viele Dinge zwischen Himmel und Erde, die unser dummer menschlicher Sinn nicht begreift!), nimmt den gewohnten Anlauf, um die gewohnte Kurve zu kratzen, und prallt voll gegen die Tischkante, woraufhin die hohe Kristallvase umkippt und klirrend auf die Vitrine fällt – sämtliche Ahnenbilder kommen zu Fall …

Sofort erscheint, den Morgenrock fest um sich gewickelt, Madame auf dem Plan, macht Licht, führt Willi vor die richtige Tür, wischt Wasser auf, füllt die Vase neu, richtet Ahnen auf … ansonsten beschließt sie, den Vorfall zu vergessen, was bleibt ihr anderes übrig, gerade heute hat Willi ihr eine mit rosa Zuckerguß verzierte Torte mitgebracht. In der folgenden Nacht: dasselbe Spiel! Wieder begreift Willi nicht recht, wieder nimmt er den Anlauf zu kurz, wieder prallt er mit vollem Elan gegen den Tisch, wieder ist jede Notbremsung zu spät, das Möbel kommt ins Wanken, die Vase kippt, Wasser spritzt, sämtliche Ahnen legen sich flach …

Diesmal ist Madames Auftritt schon weniger nachsichtig. Sie bringt zwar alles wieder in Ordnung, nimmt jedoch Willis stammelndes Versprechen, ihr hundert neue Vasen und hundert neue Ahnenbilder zu bringen, mit unwilligem Stirnrunzeln zur Kenntnis und begleitet ihre Aufräumungsarbeiten mit Selbstgesprächen, in denen etwas wie ›*Idiot ça*‹ vorherrscht. In der dritten Nacht nimmt Madame vor dem Zubettgehen die Vase vom Tisch und bringt sie mit Seitenblick auf Willi in der Küche in Sicherheit. Nichtsdestotrotz kommt es zu erneuter nächtlicher Ruhestörung, weil Willi diesmal gleich mit dem ganzen Tisch Attacke auf die Ahnen nimmt, indem er mitsamt dem ›Herz des Hauses‹ gegen die Vitrine prallt.

Dabei bleibt uns allen die eigentliche Ursache dieser merkwürdigen nächtlichen Unfälle, welche so plötzlich begonnen haben, vollkommen unbegreiflich. Bis zu einem gewissen Tage hatte doch

Willi die Umrundung des Tisches immer recht elegant gemeistert, nun scheint es ihm mit einemmal schlicht unmöglich zu sein, ohne größere Unfälle die Toilette zu erreichen. In der vierten Nacht wird das Geheimnis dann von Stups persönlich geklärt, die zufälligerweise ihr Ohropax, ohne das sie die schnarchende Nähe ihres Gatten nicht erträgt, einzulegen vergessen hatte.

Erschreckt vom klirrenden Lärm, hervorgerufen durch die reihenweise auf den Rücken fallenden Ahnen, erscheint sie auf dem Schlachtfeld und findet ihren Willi hilflos, mit glasigem Blick und überhaupt nicht verstehend, an der überstehenden Tischkante gestrandet, vor.

Sie nimmt ihn liebevoll und tröstend in den Arm, beruhigt sein aufgewühltes Gemüt und geleitet ihn zum Ziel seiner Sehnsucht. Sodann macht sie ihrerseits Madame Vorwürfe, denn »datt Miststück von Tisch kann ja kein Mensch inne Dunkelheit erkenne, nä? Links von uns anne Tür, da gehört schon längst en Lichtschalter hin, nä, damit de Pangsionsgäste gefahrlos passieren können!«

Sie nimmt den inzwischen zurückgekehrten Willi mütterlich in Empfang und schließt ihre Rede mit der beiläufigen Bemerkung, daß sie, Stups, so schwarzpolierte Möbel überhaupt noch nie hat leiden können, denn: »Vor dein Sarchdeckel kuckse noch früh genuch, watt Willi?«

Die Tischdecke wird daraufhin ausgewechselt, nächtliche Überfälle auf Blumenvasen und Ahnengalerie bleiben künftig aus. Trotzdem bleibt die Atmosphäre recht gespannt, Madame zählt sichtlich entnervt die Tage bis zu Willis Abreise, auch wenn dieser die Angelegenheit bereits auf seine Weise ›geregelt‹ hat. (Er überraschte Madame mit einer sehr teuren Spitzendecke in passender Größe, die sie, widerwillig gerührt, entgegennahm.) Doch seine launige Bemerkung, daß ihm der Aufenthalt in ihrem Hause inzwischen so viel ›Späßkes‹ mache, daß er und Stups beschlossen hätten, ›noch 'n Wöchsken‹ zu verlängern und darüber hinaus im nächsten Jahr ganz bestimmt wieder vorbeiguckenzukommen, ›Hand auffet Herz!‹, scheint sie wenig zu erfreuen.

Unser fröhliches Miteinander erfährt eine interessante Abwechslung, da Madames Geburtstag herannaht, ein Erlebnis, welches sie bereits Tage vorher in freudig erregte Hysterie versetzt. Da werden diverse Menüpläne aufgestellt und wieder verworfen, da werden aufgeregte Telefonate mit Bäcker und Fleischer geführt, ob *Monsieur le Boucher* denn auch ganz bestimmt die Schweinelende für den *Rôti de Porc Boulangère* vorrätig haben wird und ihr einen besonders schönen Hasenrücken für die *Terrine Maison* zurücklegt. Dann muß die Frage erörtert werden, ob auch wirklich genügend Flaschen von dem 81er Bordeaux und jenem schweren Roten, dem, den noch Monsieur gekauft hat, eingelagert sind. Und soll man nun Madame Armand einladen, obwohl diese im vergangenen Jahr durch die tollkühne Bemerkung auffiel, die Pastete, die ihre Schwiegermutter anläßlich ihrer Hochzeit mit Maurice zubereitet habe, sei würziger gewesen. Und überdies werde sie sicher wieder ihre widerliche Schwester Monette mitbringen, die Madame schon gar nicht leiden kann ... da werden Tage zuvor geheimnisvoll umhüllte Kasserolen gebracht und in den Keller getragen, da herrscht ein ständiges Kommen und Gehen, in der Küche ist immer Betrieb, kurz, die Vorbereitungen zum Fest erfüllen auch uns mit jener kindlichen Spannung und Vorfreude, wie man sie seit den Vorweihnachtstagen der Jugendzeit nicht mehr verspürt hat ... ich hatte dieses geradezu selige Gefühl schon ganz vergessen.

Dann endlich, am Sonntag, ist es soweit. Für Ruppi und Claire soll es der vorletzte Ferientag sein, was zu dieser Stunde niemand von uns ahnt, sie selbst am allerwenigsten. Die Festtagstafel hat man diesmal im Salon gedeckt, es ist ein wenig windig, bedeckt zudem, kein vorwitziger Regentropfen soll auf die Hasenpastete fallen. Madame hat das Riesenschiff von Eßtisch noch um einiges erweitert. Wenn man den Fernseher entfernt, die Vitrine hart neben das Buffet rückt und die Tür aus den Angeln hebt, passen gerade noch vier weitere Stühle in den Salon. Es wird allerdings reichlich eng werden. Als Willis Blick auf die dicht an dicht stehende Stuhlparade fällt, bemerkt er: »Da mussich mir de Ärmkes aber auffem Bauch festbinden, datt ich meiner Tischdame nich aus Versehen mim Ellbogen die Zähne ausschlach, watt Stupps?!«

Es ist elf Uhr abends.

Das Festmahl geht seinem Ende zu. Wir sind beim dreizehnten Gang und haben bereits einiges hinter uns, nicht nur kulinarisch.

Wir haben die langwierige Begrüßungszeremonie hinter uns,

wir haben das Geburtstagsständchen des örtlichen Feuerwehrvereins hinter uns, wir haben hinter uns, daß Willi, auf Ruppis Hinweis, daß ›wir hier gewöhnt sind, Madames Geburtstag ebenfalls mit einem kleinen Geschenk zu würdigen‹, keck antwortet: »Mensch, datt hat der Willi doch bereits gemännätscht. Punkt sechs wird 'n kleines Angebinde vom Dorfflorist geliefert!« Wir haben die Anlieferung des angekündigten ›kleinen Angebindes‹ hinter uns; ein riesiger Weidenkorb wird angekarrt, dicht bestückt mit Röschen in den verschiedensten Farbschattierungen, ein traumhafter Anblick, wunderschön, mittendrin ein Kärtchen: ›*Hommage à notre General! Amicalement, Willi und Stups Wehhagen!*‹ – und wir haben hinter uns, wie Madame Willi freudig und zu Tränen gerührt umarmt, wie dann das Kärtchen von Hand zu Hand geht und sämtliche Anwesenden Willi voller staunender Anerkennung betrachten, ›*Chapeau! Quel esprit, c'est sensas, en effet*‹, wir erleben, wie das Gemeinschaftsgeschenk, welches Ruppi und wir überreicht haben (ein sehr hübsches Sahne-Zucker-Gedeck mit passendem Silbertablett), nach flüchtiger Beachtung und der Bemerkung: ›*C'est gentil, ça*‹, zur Seite geräumt wird (wir haben es nie wieder gesehen). Wir müssen erleben, wie der Willi nun zu voller Hochform aufläuft, wie seine ›*Käske datt denn*‹- und ›*La wie än rose*‹-Konversation ungeteilten Beifall, ja spontanen Applaus findet. (Warum haben wir uns eigentlich monatelang damit abgequält, Madeleine in sämtliche Zeiten auf die Brücke zu stellen?) Wir haben erlebt, daß alle dem Willi immer wieder zuprosten und sogar Stups in die allgemeine Begeisterung mit hineingezogen wird, obwohl sie überhaupt nichts sagt, sondern sich damit begnügt, ihrem Willi beifällig zuzunicken, und ansonsten damit beschäftigt ist, ihr entzückendes Konterfei, welches sich in der gegenüberliegenden Vitrinenscheibe spiegelt, zufrieden zu betrachten.

Es kommen die Gratulationen aus der Nachbarschaft, das Ständchen der Kinder, der Anruf von Pascin, meine scheinbar gleichgültige Frage, ob Pascin auf der Rückreise noch einmal vorbeikäme, Madames gleichgültige Antwort, das hätte sie zu fragen vergessen, aber wahrscheinlich nicht, Pascin hätte unterwegs Studienkollegen getroffen, und schließlich sei es ja doch ein ziemlicher Umweg, der sich kaum lohne …

Es kommen die gesammelten Herdkreationen der gesamten Sippe, *Anchoïade, Terrine Maison, Potage Queue de Bœuf, Truites à la Meunière, Coquilles Saint-Jacques à la Parisienne, Poule-au-Pot,* der *Rôti de Porc Boulangère* (um den Madame soviel Theater gemacht hat), *Tomates à la Provençale, Pommes Anna* – und all das marschiert in bunter Fülle über den Tisch, landet auf meinem Teller und wird, von Willis markigen Sprüchen kommentiert (Immer man rin, im Magen is duster), auf die Gabel genommen.

Es kommt die kleine wehmütige Minute, in der mir einfällt, wie sehr sich meine heutigen Tischherren (ich sitze zwischen Ruppi und Willi) doch von jenem unterscheiden, den ich bei meinem ersten Festmahl in Madames Hause ›gezogen‹ hatte. Nun ja, der menschliche Charme fällt unterschiedlich aus – auch ich gefalle nicht jedem. Soeben erst hat Willi mir verklickert, ›dat ich überhaupt nix richtich Weibliches an mir happ‹, und daß er, Willi, den ›armen Ronny‹ sehr gut verstehen könne, worauf mein Blick an das andere Ende der Tafel wandert, wo der ›arme Ronny‹ gerade dabei ist, sich von Babette ins Öhrchen beißen zu lassen ... Ich registriere mit einiger Verblüffung, daß Ron Babettes Händchen liebevoll in der seinen hält und die freie Rechte dazu benutzt, Babette seinerseits zärtlich das Genick zu kraulen. Mein Erstaunen ist so groß, daß ich das Erschrecken glatt vergesse. (Es kommt später nach!)

Manchmal bin ich reichlich begriffsstutzig und kann zwei und zwei nicht zusammenzählen, das hat meinen Mathematiklehrer früher immer schon so verbittert; auch geht meine Entdeckung und deren etwaige Auswirkung im allgemeinen fünfundzwanzigsten Madame-Zuprosten unter, diesmal mit dem ganz besonderen Wein, dem, den noch Monsieur ...

Und schließlich, wir feiern ja hier, nicht wahr, man muß das alles nicht so eng sehen (Willis Wahlspruch, er verkündet ihn stündlich), und ich kann auch heute schon mehr vertragen, am Eßtisch und auch sonst! Als sich da plötzlich sehr zärtlich ein Fuß gegen meinen Fuß schmiegt, bin ich gar nicht verblüfft. Ich lüfte diskret das Tischtuch, um nachzusehen, um wessen Fuß es sich handelt ... Ja denkste! – Es ist Ruppis Fuß!

Nun sucht mein Blick oberhalb des Tisches mit Ruppis Blick in jene Verbindung zu treten, in welcher sich unsere Füße bereits befinden. ›Hm?‹ machen meine Augen. Und: ›Versehen oder erstaunliche Absicht?‹ Und: ›Käske datt denn‹, um mit Willi zu sprechen.

Und: ›Aufforderung zum ›Wie än ros‹?‹, um Stups zu zitieren. In meinen Augen stehen all diese Fragen mit mehreren Fragezeichen dahinter, da beugt Ruppi sich ganz nah zu mir hinüber und macht mir ein überraschendes Geständnis. Das sei nämlich so: Er, Ruppi, habe mich schon immer heimlich geliebt, vom allerersten Augenblick an, sei er verrückt nach mir gewesen, bloß, ich sei immer so abweisend gewesen, manchmal ganz nett, dann wieder so abweisend, man wisse überhaupt nie so richtig, woran man sei, das sei es aber gerade, was ihn auch wieder gereizt habe, daß man eben nie so recht wüßte ... Ich staune ihn schweigend an.

»Ja, und hier in Frankreich, da dachte ich, daß sich vielleicht was ergibt, hier, wo doch alles ein wenig freier ist, ein bißchen unter die Haut geht, hier, fernab von all dem täglichen Ärger, wo doch einfach alles dazu verführt, sich seine Wünsche mal genauer anzusehen« – (ich sehe mir meine Wünsche unverzüglich genauer an – von Ruppi keine Spur!) –, »ja, da dachte ich, da hoffte ich ...«

Zu meiner Linken ist Willi mit der Bewältigung eines besonders großen Stückes Apfelkuchen beschäftigt und hofft seinerseits. »Mensch Kinners, wenn datt man gut geht, ich hoff ährlich, datt mir diese Nacht de unfallfreie Umrundung sämtlicher Antikwitäten glücken möge, ich wollte schon Warnlämpkes vonne Baustelle klauen und die dann rechts und links annen Tisch baumeln, watt Stups?«

»... morgen früh vielleicht mal allein an den Strand gehen? Nur wir zwei, ohne die anderen, vielleicht mal in Ruhe über alles sprechen, hm?« plaudert Ruppi ungerührt ob meines stummen Desinteresses weiter, »und was der gute Ron ist, der ist doch bestens beschäftigt!«

Ist er in der Tat! Bestens!

Ich sehe, wie er sich von Babettchen den Bart kraulen läßt und genießerisch die Augen schließt. Ich fixiere ihn quer über den Tisch hinweg mit strengem Blick, meine Augen krallen sich an Babette fest, nicht weniger streng. Umsonst. Ron ist nicht mehr erreichbar. Ron ist im siebenten Himmel, bodenständige Blicke sind zu niedrig für ihn. Jetzt flüstert ihm Babette etwas in jenes Öhrchen, das sie soeben mit soviel Hingabe beknabbert hat, und Ron lächelt, lächelt, ganz so, als ob ihm gerade im siebenten Himmel ein Englein begegnet wäre ...

»Was wird denn Claire dazu sagen«, wende ich mich mit einer gewissen Schärfe in der Stimme an Ruppi. »Hast du sie schon untergebracht?« Da wendet sich Ruppi, dessen Hand gerade noch schmachtend mein Knie massiert hat, ernüchtert ab und richtet seinen tadellos sitzenden Krawattenknoten. Dann greift er sich die gerade vorbeikommende Flasche mit dem Mirabellenschnaps und kippt einen Doppelten und gleich noch einen Einfachen hinterher.

»So«, sagt er, »erledigt!« Und in dem Blick, den er mir zuwirft, ist wenig Liebe, kaum Sympathie. Dann wendet sich meine Aufmerksamkeit Stups zu, die ihren Platz an Willis Seite verlassen hat und nun neben Jean-Marc sitzt. Jean-Marc wird heute von seiner lustlosen Gattin Marie begleitet, die den Festabend nach einer hastigen Begrüßung beinahe ausschließlich in der Küche verbringt; Jean-Marc seinerseits vertreibt sich die Zeit damit, seine kurzen, dicken Finger auf Stups' Arm spazierengehen zu lassen, was Stups in kichernde Freude versetzt. »Ich hab datt gern, datt kitzelt so schön«, lobt sie seine Bemühungen. Da nimmt Jean-Marc ihre Hand in die seine und küßt galant jede einzelne ihrer Fingerspitzen.

Willi beobachtet das Spielchen der beiden gut gelaunt, schnappt sich ein Äpfelchen von der gerade vorbeiziehenden Obstschale, beißt kräftig hinein und findet, ›datt noch der Tach kommen wird, wo in dieser Bude kein Aas mehr mit seinem angestammten Bettgenossen zufrieden sein wird!‹ Da kommt Stups um den Tisch herum und küßt ihn mitten auf den Mund.

»Doch Dicker«, sagt sie. »Ich!« Und küßt ihn noch einmal.

Mißgelaunt betrachte ich mir das.

Mir ist ein bißchen übel. Der Kopf tut mir weh. Die Augen tun mir weh. Mein Rockbund kneift, und Ron hat sich in Babette verliebt; noch weiß ich nicht, was ich davon halten soll.

Rechts neben mir teilt mir Ruppi soeben mit, daß ihm der ganze Urlaub keinen Spaß mache, dabei hätte es mit den ›richtigen‹ Leuten eine Mordsgaudi werden können. Willi dagegen findet das nicht, dieser Urlaub *sei* doch eine Mordsgaudi! Die Eheleute Wehhagen jedenfalls sind vollkommen zufrieden. Im Augenblick fordert Stups, von Willi angefeuert, Jean-Marc dazu auf, sich ein Stück Baguette aus ihrem Ausschnitt zu angeln – und Babette knabbert schon wieder an Rons Öhrchen.

Nun ja, trotz allem ein schönes Fest, ein gelungener Abend. Man amüsiert sich halt und darf das alles nicht so eng sehen.

Es ist Sonntag, Festtag, Madame feiert ihren fünfundsechzigsten, wir befinden uns beim fünfzehnten Gang und sind alle ein bißchen beschwipst – Hauptsache, die Kerle pfeifen!

Am nächsten Morgen sieht mich Ron gleich nach dem Aufwachen kläglich an und sagt: »Du, mir ist sauschlecht, ich muß heute im Bett bleiben, fahr allein an den Strand, ja?«

»Wahrscheinlich ist es Babettchen ebenso sauschlecht«, vermute ich bissig, »dann könnt ihr eure Leiden ja gemeinsam auskurieren!« Da zieht er sich die Decke über die Ohren.

Am Kaffeetisch finde ich ebenfalls nur die Hälfte der Besatzung vor, nämlich Willi und Stups.

»Ruppi geht et nich gut«, teilt Stups mir mit. »Datt Klärchen is schon inne Apotheke gesaust!«

»Hat er Kopfweh?« frage ich ungerührt, da kichert sie und sagt: »Nee, et is watt mitte Verdauung!«

»Zweimal hab' ich heute nacht ganz tadellos sämtliche Hürden genommen«, sagt Willi, »aber et war ganz umsonst, datt stille Örtchen war immer besetzt!«

»So!« Ich tunke mein Hörnchen in den Kaffee und bemühe mich, das Thema zu wechseln, doch dann erscheint Claire, den bleichgesichtigen Ruppi im Schlepp. Still und leidend nimmt er neben mir Platz, still und leidend rührt er in dem Tee, den ihm Madame zartfühlend zubereitet hat. Für Magenkranke hat sie Verständnis, für Magenkranke hat sie auch Tee im Hause, jenen Tee, den wir bereits kennen, den hellgrünen, lauwarmen, den aus den Pariser Jahren.

»Ich möchte Sie bitten, heute früh alle das Haus zu verlassen«, fordert Madame uns auf, »es ist viel zu tun, viel aufzuräumen von gestern. Die Schlafzimmer werden heute auch gründlich gerichtet, Babette wird mir dabei zur Hand gehen!« Dann wirft sie mir einen unergründlichen Blick zu und fügt hinzu: »Monsieur Gärtner kann natürlich im Bett bleiben, wenn ihm nicht gut ist! Babette putzt Ihr Zimmer dann morgen!« Sie bleibt noch einen Augenblick in der geöffneten Tür stehen, lächelt mir kurz zu und geht rasch hinaus.

»Datt sieht ja aus, als wenn unser Madamchen ne richtige Kupplerin wär«, läßt sich Willi neben mir vernehmen und grinst mich unverschämt an. »Die will wohl ihr Nichtchen unter de Haube bringen, datt hat man davon, wenn man datt mit de Eheschließung nich so wichtig nimmt, watt Stups?«

»Es soll bereits vorgekommen sein, daß auch Ehemänner fremdgegangen sind«, sage ich giftig, und Willi klopft mir beruhigend die Schulter. »Aber nich so leicht«, beteuert er. »Nich so leicht!«

Die unerfreuliche Diskussion erzeugt in mir einen kleinen schmerzhaften Stich und den Wunsch, noch einmal nach Ron zu sehen.

Er liegt unverändert im Bett, bei meinem Eintritt schließt er die Augen und seufzt. Keinesfalls kann er heute mit an den Strand. Nein, meine Hilfe benötige er nicht, ich solle nur ruhig mit den anderen den schönen Tag genießen. Er seinerseits habe nur den Wunsch, hier ganz in Ruhe liegen zu können. Er seufzt wieder, diesmal vernehmlicher.

»Ja dann«, sage ich und zucke die Schultern und wende mich zum Gehen. An der Tür werfe ich noch einen Blick zurück, aber Ron hat die Augen geschlossen.

Draußen fängt Madame mich ab. »Fahren Sie ruhig«, sagt sie. »Monsieur ist in bester Obhut.« Ich bedanke mich knapp und will an ihr vorbei. »Ich habe da noch ein kleines Problem«, sagt sie da und drückt mir ihren Autoschlüssel in die Hand. »Der Wagen braucht dringend einen Ölwechsel. Die Garage befindet sich direkt am Strand. Wenn Sie so gut wären und den Wagen dort abgäben, ehe Sie ans Wasser gehen. Mittags können Sie ihn dann abholen, es macht gar keine Mühe!«

»Natürlich«, sage ich zerstreut und denke darüber nach, ob Willi am Ende recht hat mit seiner Vermutung, daß Madame Ron und Babette miteinander verkuppeln will ... aber das ist doch absurd! »Fahren Sie bitte vorsichtig«, rauschen Madames Verhaltensmaßregeln an meinem Ohr vorbei, »Sie wissen ja, der Wagen gehört mir nicht, und Monsieur war in dieser einen Sache so eigen!«

»Ja, ja«, sage ich ungeduldig und gehe hinaus in den Garten. Das mit dem Wagen ist auch so eine von Madames Marotten, die ich nur spaßig finde, wenn ich gut gelaunt bin. Und heute bin ich verkatert und mit privaten Problemen beschäftigt. Daß der Wagen Madame so ganz besonders am Herzen liegt, weil Monsieur ihn noch zwei Tage vor seinem Tode gekauft hat und bloß einmal in ihm fahren konnte, was Madame veranlaßt, uns ständig mit Tränen in den Augen darauf hinzuweisen, daß es sich um ›Monsieurs‹ Wagen handele, in dem sie noch längst nicht jeden fahren läßt, finde ich heute schon fast ein bißchen schizophren.

Also gut, an den Strand. Willi und Stups sind bereits vorgefahren, ich frage Ruppi und Claire, ob sie mit einsteigen wollen.

»Zu liebenswürdig«, sagt Ruppi anzüglich, »Mademoiselle Lili genießt bereits Privilegien, von denen der Normalgast nur träumen kann!«

»Langweilige Träume hast du«, sage ich. Da schweigt er beleidigt. Sanft schaukelt die goldfarben gespritzte Kutsche dahin. Der Wagen ist bestens in Schuß, das muß man anerkennend sagen. Madame behandelt ihn mit größter Sorgfalt. Die Armaturen glänzen in der Sonne, sogar die weiße Lederpolsterung ist makellos.

Wir geben das Auto in der Garage ab. Der Garagist weiß Bescheid. Er kennt den Wagen, höflich nimmt er den Schlüssel in Empfang. In ein, zwei Stunden wird er fertig sein.

Es ist früher Mittag. Die Flut kommt gerade zurück. Am Wasser ist kaum ein Mensch zu sehen. Allerdings weht heute auch ein etwas kühler Wind, das treibt die Leute in die Dünen. Auch Ruppi treibt es in die Dünen! Ruppi kann heute keinen kühlen Wind vertragen. Von ferne können wir beobachten, wie er eilig von Dünental zu Dünental strebt. Mal sehen wir seinen blonden Schopf im Wind wehen, dann verschwindet er wieder.

»Da wird er et heute schwer haben«, stellt Willi mit ehrlicher Schadenfreude, auch einmal jemand anderen in Schwierigkeiten zu sehen, zufrieden fest. »Heute is jedes Dünental besetzt, aber datt merkse ers, wenne rein kucks.«

Als Ruppi schließlich wieder zu uns kommt, ist er hohlwangig und blaß. Er friert, er hat sogar eine Gänsehaut. Mitfühlend bietet Willi ihm seinen Bademantel an. »Komm, lech dir datt über de Schülterkes, datt macht nix, datt bleibt unter uns, watt Stups? Und watt datt Liliken is, datt hat sowieso andere Sorgen!«

Es gefällt uns heute nicht so recht am Strand. Wir sind nicht richtig in Form. Stups und Willi verabschieden sich frühzeitig, sie wollen vor dem Mittagessen noch etwas im Ort besorgen. Auch uns anderen fehlt heute die rechte Freude. Ruppi liegt der Mirabellenschnaps im Magen und mir Babette. Bereits nach einer Stunde brechen wir auf.

Der Wagen ist schon gerichtet und wartet chromblitzend in der Sonne. Von innen ist er angenehm erwärmt. Das tut gut nach dem kühlen Wind draußen. Wohlig setzen wir uns zurecht. Ich nehme wieder hinter dem Steuer Platz, Claire setzt sich neben mich. Ruppi möchte freiwillig nach hinten, es geht ihm wirklich miserabel. Aber es ist noch früh, gerade Mittag, Madame wird uns kaum jetzt schon im Haus haben wollen. Wir beschließen noch einen kleinen Umweg zu machen und erst in etwa einer Stunde zu Hause vorzufahren. Es ist sehr angenehm, in dem weichgepolsterten Wagen dahinzufahren, Claire trällert vor sich hin, hinter uns ist Ruppi eingeschlafen. Er lächelt selig im Traum. Willis Bademantel hat er sorgfältig über die Polster gebreitet, die Ärmel zur Kopfrolle verschlungen. Beinahe rührend liegt er da und schlummert, vertrauensvoll wie ein Baby.

Es ist beinahe zwei, als wir zu Hause ankommen.

Willi und Stups sind bereits da, von weitem sehen wir sie mit einigen Nachbarskindern auf der Straße Boule spielen. Als wir den Wagen in die ›Sommergarage‹, einen mit Bastmatten bespannten Baumplatz bringen, kommen sie näher. Wir wecken Ruppi aus seinem seligen Schlummer und steigen aus. Und dann sehen wir es!

Ich sehe es, Ruppi sieht es, Claire sieht es, die Kinder sehen es ... Ruppi ist ein Malheur passiert, seine helle Hose, Willis schöner Bademantel und die ehemals makellose weiße Lederpolsterung in Monsieurs Wagen, alles weist dieselbe unschöne Verfärbung auf, alles ist total ruiniert! Ruppis Gesicht ist grau und unbeweglich wie eine Maske, seine Verzweiflung so spürbar, daß sogar die Kinder es unterlassen, zu lachen. Wir sehen ihm nach, wie er jetzt im Eilschritt dem Hause zustrebt, Clairie trägt den Bademantel hinterher ... Ruppi hätte heute besser eine etwas gedecktere Hose gewählt.

»Du liebes Lottchen«, murmelt Willi neben mir und deutet auf die Lederpolster, »da hilft ja nur noch der Freitod, also wenne mich frächs.« Dann fällt ihm etwas anderes ein. »Wo is denn mein schöner Bademantel?«

»Hat Clairie«, sage ich eilig und strebe in unser Zimmer.

Das Zimmer ist leer. Das Bett ordentlich gemacht. Von Ron keine Spur. Ich werfe einen Blick in den Garten, zwei leere Liegestühle langweilen sich im Schatten der Garage, sonst ist nichts zu sehen.

In der Küche finde ich Madame. »Mit dem Wagen alles o. k.?«

»Ja, ja«, sage ich ungeduldig. Sie interessiert sich für ihren verdammten Wagen, ich mich für meinen verdammten Ron, so hat jeder sein Herzblättchen. Madame wirft mir über einen hohen Stapel gespülten Geschirrs hinweg einen Blick zu und sagt: »Ich hab' die beiden zum Markt geschickt, sie sollen die Perlhühner holen.«

So so, die Perlhühner. ›Rupf mir ein Perlhuhn, Babette‹« – nicht gut, eher schon: ›»Babette das Bettchen ist gemacht, das himmelblaue Himmelbett‹«, auch blöd. Ich möchte ins Bad, um mir ein bißchen kaltes Wasser über den Puls laufen zu lassen, das Bad ist besetzt. Von drinnen ruft jemand ziemlich kläglich: *»Fermé!«* Es ist Ruppi.

Heute gibt es nur einen kleinen Imbiß. Wir nehmen ihn im Garten im Schatten der Apfelbäume ein. Niemand hat Appetit. Ron und Babette sind immer noch nicht vom Markt zurückgekommen. Nun, so ein Perlhuhn, das ist etwas Besonderes, das will gut ausgesucht sein. Perlhuhn ist Perlhuhn, das kauft man nicht alle Tage, da sortiert man erst, da betrachtet man, da zählt man erst die Perlen. Im Geiste sehe ich bereits, wie Ron Babette eine Perlenkette schenkt. »Für jede mit dir verbrachte Stunde eine Perle, Chérie, hundert sind es jetzt, mögen es zehn Millionen werden.«

»Watt is denn, Ruppi?« erkundigt sich Willi, »watt bisse so still? Hasse watt?« Er tut ganz scheinheilig.

»Nein«, sagt Ruppi kurz. Er stochert lustlos in seinem Essen herum, dann legt er die Gabel hin und läßt die Hälfte stehen. Er steht wortlos auf und geht ins Haus.

Später schleiche ich mich heimlich zur Sommergarage. Sie befindet sich an der fensterlosen Westseite des Hauses, der Wagen ist vom Garten aus nicht zu sehen. Ich werfe einen verstohlenen Blick in sein Inneres. Irgendwer hat sich inzwischen an den Polstern zu schaffen gemacht, hat daran herumgerieben, das Ergebnis ist schauderhaft, die Polster sind total ruiniert.

Nun, so geht das auch nicht, jemand muß es Madame sagen. Ruppi wird es Madame sagen müssen, es geht nicht anders, es sei denn, daß er doch den Freitod vorzieht, im Moment scheint mir die Lösung gar nicht so schlecht. Also, wenn ich Ruppi wäre …

Obwohl ich mit der ganzen Sache eigentlich gar nichts zu tun habe, ist mir die Angelegenheit außerordentlich peinlich. Willis Bademantel wird sich ersetzen lassen, aber die weißen Lederpolster, die einstmals makellosen, die, auf denen Monsieur gesessen hat …

Vorn im Garten ist man inzwischen ein Stückchen weiter.

»Stups, watt hat nochma der Bademantel gekostet?« ruft Willi zum anderen Liegestuhl hinüber.

»Weiß ich aunich«, ruft Stups zurück. »Aber datt wa ja der gute Frottee, der teure aus Welur, weiße …«

»Also Freundchen, mim Hunderter bisse dabei«, wendet sich Willi treuherzig an Ruppi, »obwohl er ja gut und gern zwei blaue Jungs wert war, aber den Rest laß ich dir, für de Schmerzen!«

Und Ron und Babette sind immer noch nicht vom Markt zurück.

Einsam und verlassen stehen zwei Liegestühle unter den Apfelbäumen. In Babettes Stuhl sonnt sich ihr kleiner Sonnenhut, in Rons die französische Grammatik. Sie liegt flach auf dem Bauch, auf den Seiten 42 und 43. Ein Satz ist angekreuzt. ›Ich wäre glücklich, wenn ich Sie begleiten dürfte.‹

Ich gehe wieder in die Küche, lehne mich gegen den Geschirrschrank und sage so gleichgültig wie möglich: »Auf dem Markt scheint es sehr voll zu sein!« Madame versteht auch sofort, was ich meine, und sagt: »Oh, die Markthalle ist seit dreizehn Uhr geschlossen, Ron und Babette sind sicher noch an den Strand gefahren!«

»An den Strand?«

Da lächelt sie und sagt: »Wissen Sie, alles ist möglich in Frankreich, vor allem in der Liebe!«

Ich staune auf die Petersilie hinab, die auf dem Küchentisch liegt. Alles ist möglich in Frankreich. Na gut, daß man es weiß! Ich wandere durch den kühlen Flur in unser Zimmer, lege mich auf das Bett, starre die Decke an. Es ist sehr still. Der Fensterladen knarrt leise im Wind. Es ist ein seltsam leerer, schwerer Feriennachmittag. Die Stunden wollen nicht vergehen. Sie sind zäh wie Lehm. Im Garten ist es ebenfalls still und leer. Willi und Stups sind wieder fortgefahren. Von Ruppi und Claire ist nichts zu sehen. Sie haben sich in ihr Zimmer zurückgezogen, dort hört man sie leise miteinander sprechen. Später lege ich mich in Rons Liegestuhl und blättere ein bißchen in der Grammatik.

»Ich begleite dich, du begleitest mich, er begleitet sie!«

Hätte, könnte, würde, täte …

Ron und Betty.

Ron und Lili.

Ron und Babette.

Ist sie hübscher, klüger, besser?

Nein, eigentlich ist sie bloß anders, herrlich anders.

Babette ist anders als ich, ich war einst anders als Betty.

Es ist das alte, das uralte Lied.

Durch die halbgeschlossenen Augenlider sehe ich, wie Madame auf dem Vorplatz Wäsche aufhängt. Ob Monsieur sie oft betrogen hat? Wahrscheinlich. Die kluge Frau tut so, als merke sie nichts davon, die kluge Französin spricht nicht darüber und schließlich, *sie* bleibt Madame, und wenn Monsieur alt und tapperig wird, gehört er ihr ganz, und dann hat *sie* das Zepter in der Hand. Manchmal dauert es lange, bis es soweit ist, aber der Tag kommt. Und von dem Tage an, an dem Monsieur zum ersten Seitensprung ansetzt, von dem Tage an betrachtet Madame automatisch jede Frau als ihre persönliche Feindin. Über Monsieurs Tod hinaus! Ob Madame so eine ist?

Jetzt sehe ich, wie sie ins Haus geht und bald darauf mit einer kleinen Wanne mit Bügelwäsche wieder hinauskommt. Neben meinem Liegestuhl hält sie einen Augenblick an.

»Ich fahre eben in die Plätterei«, sagt sie. »Wenn Babette kommen sollte, sagen Sie ihr doch bitte, daß sie die Perlhühner in den Keller bringen möchte und daß ich gleich zurück bin.«

»Gern!«

Sie geht zu Monsieurs Wagen, und ich habe es mit einem Male sehr eilig, in mein Zimmer zu kommen. Ich mache sogar die Tür hinter mir zu. Wenn Madame die kleine Wanne mit der Bügelwäsche auf die hinteren Sitze heben wird – also diesen Augenblick möchte ich nicht miterleben.

Zunächst bleibt alles still. Ganz still. Ich denke schon, sie hat nichts bemerkt, da höre ich ihren leichten Schritt. Der Schritt kommt näher, es klopft.

»Ja?« Schon steht sie im Zimmer, das Gesicht ist weiß, die Augen ganz schmal, die Stimme vollkommen ruhig.

»Was ist mit Monsieurs Wagen passiert?«

Ich erhebe mich und stehe wie ein Schulmädchen vor ihr. Wie ein Schulmädchen sage ich: »Ich weiß nicht!«

Da wendet sie sich um, und ich höre Ruppis zitternde Stimme: »Könnte ich Sie einen Augenblick sprechen?«

Das Gespräch findet im Salon statt. Hinter geschlossenen Türen. Es beginnt leise, dann wird es lauter und schwillt zu einem schrillen Geschrei an. Ich kann die einzelnen Worte nicht verstehen, nur einmal höre ich, wie Madame mit gellender Stimme ruft: »Ach die Deutschen, immer mit ihrem Geld, Geld, Geld!!!«

Claire packt unterdessen die Koffer. Ich sitze auf dem Bettrand und sehe ihr zu. Ich mag sie nicht besonders, aber nun tut sie mir doch leid. Auch finde ich ihre Reaktion übertrieben. »Ich würde nicht so überstürzt abreisen«, sage ich, da schaut sie mich aus tränenerfüllten Augen an und sagt: »Das verstehst du nicht. Madame war unsere Freundin, wir waren auf diese Beziehung so stolz, wir glaubten, daß sie uns auch gern hätte, aber für sie waren wir wohl doch nur ein paar Feriengäste.« Dann sagt sie noch einmal: »Das verstehst du nicht!«

Wenig später sehe ich zu, wie Ruppi die Koffer in den Wagen trägt. Schweigend wird alles verstaut. Schweigend reichen mir beide die Hand, schweigend gehen sie an Madame vorbei, an Madame, die ihrerseits Tränen in den Augen hat und das eine über das andere Mal beteuert, daß sie das doch so nun nicht gemeint hätte, mein Gott, es ist doch schließlich nur ein kleiner Schaden, kein Beinbruch. Marie wird eine Schondecke häkeln, Dominique hat ein ganz ausgezeichnetes Reinigungsmittel für Lederpolster, man wird es gar nicht mehr sehen, mon Dieu!

Doch Ruppi hört nicht mehr auf ihre Worte. Er steigt ein und läßt den Motor an. Clairie hebt noch einmal leicht die Hand, dann fährt der Wagen davon.

Als Madame am Abend Ruppis Zimmer aufräumt, um es für Babette und die Enkelkinder herzurichten (in diesem Hause bleibt kein Bett lange leer), findet sie, lieblos unter das Waschbecken geknüllt, auch Willis Bademantel, den Ruppi in all seinem Elend mitzunehmen vergessen hat. Mit spitzen Fingern hebt sie ihn auf, da rutscht etwas aus der Tasche, fällt zu Boden und bildet auf dem feinen hellgrauen Teppich eine unschöne braune Lache. Madame bückt sich und betrachtet sich die Angelegenheit genauer – und entdeckt eine Ölflasche, eine Sonnenölflasche aus Plastik, der Stöpsel befindet sich lose in der linken Manteltasche.

Als Madame wenig später dem Willi sein Eigentum zurückgibt, diesen häßlich verschmierten Bademantel, und auch gleich die bis auf den letzten Tropfen geleerte Ölflasche samt sandverklebtem Stöpsel dazustellt, kann sich Willi vor Begeisterung gar nicht mehr einkriegen. Er klatscht in die Hände und macht einen wahren Veitstanz vor Vergnügen, wogegen Stups ihn finster mustert und sagt: »Datt is typisch Willi, datt kann ich ihm hundertmal sagen, datter die Ölflasche vanümftich zumachen und den Stöpsel nich immer mit Sand vaklem soll, datter nachher nich mehr richtig aufen Flaschenhals paßt, Mensch Willi, weiße eigentlich, datte fast 'n Menschenlem aufem Gewissen has? Datt der Ruppi sich fast watt angetan hätte? Datt kannze nie wieder gutmachen, wenne mich frächs!« Was Willi zu der Rechtfertigung veranlaßt: »Datt ordnungsgemäße Verschließen von Fläschken jeglicher Art gehört für mich zun Haushaltspflichten! Datt können die Weiber machen.«

Wir schreiben noch am selben Abend einen Gemeinschaftsbrief an Ruppi. Willi stellt eine Einladung ins französische Restaurant mit allen Schikanen in Aussicht, als Wiedergutmachung für den ausgestandenen Schrecken, und Madame entschuldigt sich in einer zierlichen, sehr charmanten Handschrift (es war das erste und einzige Mal, daß ich sie schreiben sah) und drückt unter ihre Zeilen sogar einen Lippenstiftkuß. Den Versöhnungstrunk in Form der ›ganz besonderen Flasche‹, jener, die noch Monsieur gekauft hat, stellt sie bereits heute für das nächste Jahr kalt. Alle beteuern wir, wie sehr wir Ruppis und Clairies Abreise bedauerten und daß die ganzen Ferien ohne sie überhaupt keinen richtigen Spaß machten. Als wir den Brief gerade verschließen wollen, fällt Willi noch etwas ein, was er Ruppi unbedingt mitteilen will. »Ich happ ihm geschrieben, datt er den Bademantel auch noch geschenkt kricht, den kanner ja gut noch tragen, jetz, wo er weiß, datt et bloß Öl war!«

Vielleicht gibt's den Himmel – die Hölle gibt's sicher!

… einstweilen aber gibt es Babette!

Nun, das ist ja bekannt: Eifersucht ist eine Leidenschaft, die mit Eifer sucht, was Leiden schafft. Und, ich brauche nicht lange zu suchen. Was ich selbst tapfer zu ignorieren bemüht bin, teilt Willi Wehhagen oft und gern mit: »Watt der Ronny ist, der hat sich innet Babettken valiebt, kann man ja auch verstehn, watt Stups?«

Kann man! Babette ist zwanzig Jahre jung, 43 süße Kilo leicht, einhundertsechzig allerliebste Zentimeterchen klein. Sie hat etwas Filigranes an sich. Die Woge schwarzen Haares, das ihren schönen Hals umhüllt und ihr fast bis auf die Taille fällt, ist fast zu schwer für sie, ich warte auf den Tag, an dem Ron sie fragen wird, ob er ihr beim Tragen ihres Haares helfen darf. Er reißt sich auch sonst darum, ihr beim Tragen zu helfen, trägt ihren Liegestuhl, ihren Sonnenhut, die deutsche und die französische Grammatik und sie selbst, wohin sie will.

Man kann es verstehen! Babette hat einen entzückenden Gang, ein entzückendes Lachen, entzückend die weiche Wölbung ihres Nackens, wenn sie das Haar, was manchmal vorkommt, mit den Händen hochhält, entzückend die kleinen, perlmuttfarbenen Nägelchen, entzückend die strahlendweiße Reihe ihrer Zähne. Wenn Babette so seitlich auf dem Stuhl sitzt, die Arme auf die Lehne gelegt, den Kopf auf die Hände stützt und dann von unten herauf guckt und dazu so ein klein bißchen mit der Fußspitze wippt … also der Willi kann datt verstehen! Wer nicht! Neben Babette wirkt selbst eine so charmante und schlanke Frau, wie ich eine bin, wie ein Mastkalb. Seltsam. Vor einigen Tagen fiel mir zum allerersten Mal auf, wie schwerfällig mein Gang ist und daß ich dringend eine andere Frisur benötige, aber dringend!!!

»Babette ist ungewöhnlich hübsch«, glaubt auch Madame mir mitteilen zu müssen, »außerdem ist sie ehrgeizig. Im Herbst wird sie in Marseille Sprachen studieren. Später wird sie ins Ausland gehen, Dolmetscherin will sie werden, Übersetzungen machen ...«

Nun, einstweilen flirtet sie meinen Ron an. Und Ron, der gute ›britische‹ Ron, der, der das Kameradschaftliche jeder Koketterie vorzuziehen vorgab, der, der noch vor gar nicht langer Zeit verkündet hat, daß ihm eine schweigsame Betty hundertmal lieber sei als tausend Französinnen zusammen, ganz einerlei, wie bestrickend sie sein Portemonnaie anlächeln, Ron gebärdet sich wie eine Mischung aus Mopedjüngling mit Imponiergehabe und balzendem Auerhahn. Er weicht möglichst keine Minute von Babettes Seite, ist dienstbeflissen wie ein Lakai der ganz alten Schule und von einer Aufmerksamkeit, die ich armes Kumpelwesen niemals an ihm kennengelernt habe.

Da es mit der Verständigung nicht so fließend klappt, sucht Ronny Babette auf andere Art und Weise zu unterhalten – auf die männliche. Er stemmt mit einer Hand sechs Klappstühle auf einmal hoch, er versucht sich im Handkantenschlag, er knackt Walnüsse mit den Zähnen, und als Babettes kleiner Wagen einmal nicht anspringen will, da schiebt er ihn einen sandigen Hügel hinauf, obwohl ihm dabei fast die Halsschlagader platzt.

Und Babette dankt es ihm auch. Sie flattert so ein bißchen mit den langen Wimpern, die wie kleine Sonnenschirmchen die schwarzen Kirschaugen beschatten, und sagt ›*merci*‹ und ›dan-ke‹. Dann steht sie auf und wippt davon, das kleine goldene Fußkettchen an ihrer linken Fessel blinkt in der Sonne. Willi blickt ihr nach und sagt, während er sich seinen üppigen, rosa-verbrannten Bauch mit Sonnencreme einschmiert: »Geh ja nich zu nah ran, Ron, sons musse se am Ende noch heiraten.« Dann macht er eine Pause und fügt hinzu: »Es sei denn, datte datt wills!«

Es sei denn, daß Ron das will! Was ich will, fragt niemand!

Babette ist in Ruppis Zimmer gezogen und geht Madame zur Hand, offiziell, inoffiziell soll oder möchte sie vielleicht testen, um was für ein Paar es sich eigentlich bei Ron und mir handelt. Ein Ehepaar sind wir nicht, ein verliebtes aber auch nicht, niemand hat uns jemals turteln gesehn, dies gab bereits mehrfach Anlaß zu Fragen. Vielleicht sind wir am Ende bloß Kameraden, komische Kameraden.

Babette ist kein Kamerad, das hat sie nicht nötig. Sie sitzt gern zu Rons Füßen, kauert gern neben ihm in der Sonne, wenn er zum Beispiel im Schatten der Garage seinen Mittagsschlaf hält oder vorgibt, er schliefe, obwohl doch seine sämtlichen Sinne auf jene kleine Stelle an seinem Knie konzentriert sind, an der sich Babettes Haar und seine Haut berühren, auf diese winzig kleine, glühend heiße Stelle.

Da Babette ja ohnehin bald nach Marseille gehen wird, um Sprachen zu studieren, kann sie auch gleich damit anfangen, denn wo fände sie einen geduldigeren Lehrer als in Ron. Mit eifrigem Gesicht studiert Babette in der deutschen Grammatik. Was sie gelernt hat, wendet sie dann gleich in der praktischen Konversation an.

»Isch -abe die kleinen -ärchen auf deinen Fingern so gern!« teilt sie Ron zum Beispiel mit.

Am nächsten Tag: »Isch -abe das kleine Muttermal auf deiner Schulter so gern!« Und Ron blüht auf. Natürlich blüht Ron auf. Er besitzt dieses Muttermal schon lange, schon ewig, und doch habe ich es niemals bemerkt, geschweige denn verliebt erwähnt. Es ist auch nur ein winziges Muttermal, kaum zu sehen, kaum der Rede wert, darum findet Babette es wahrscheinlich auch so nied-lisch!

Auch Ron seinerseits findet Details erwähnenswert: »Ich habe deine kleinen Fingernägelchen so gern. Deine kleinen weißen Zähnchen, weißt, du, daß du viel mehr Beißerchen hast als andere Frauen?« Babette weiß nicht, was ›Beißerchen‹ sind, trotzdem strahlt sie Ron aus ihren Kirschaugen an und bedankt sich. »Merci, du sagst immer so nette Sachen!« So weit geht Babettes Vertrauen!

Wenn Ron aufsteht, um sich in der Küche einen Apfel zu holen, dann geht Babette mit. Sie wirkt entzückend zerbrechlich an Rons Seite, Ron herrlich groß und männlich an der ihren. Mit beiden Händen kann Ron Babettes Taille umspannen, wetten? Er demonstriert es stündlich, kann ja doch sein, daß Babette in der letzten halben Stunde zugenommen hat, hat sie nicht, toll!

Willi und Stups, die uns jene abweisende Haltung, welche wir damals an Ruppis französischem Abend anläßlich ihrer Aktfotos und der damit verbundenen ›Aufforderung zum Tanz‹ gezeigt haben, immer noch nicht so ganz verziehen haben, freuen sich königlich. Sie fühlen sich verpflichtet, mich fortlaufend vom Stand der

Dinge zu unterrichten. »Eben hat Ron datt Babettken innen Nakken geküßt, so von oben herab, datt sah richtig süß aus!«

»Also watt die Babette is, die schwärmt für reife Männer, datt hat man ja oft bei so süße Dinger, datt kann man ja auch verstehen, son richtiger Mann hat einfach mehr zu bieten als 'n Mopedjüngling, watt Willi?«

»Also wenn ich mir datt hier so bekucke, dann bleibt der Ronny wahrscheinlich hier, der dampft gleich ab nach Marseille, den krisse gar nich wieder mit na Hause, watt Stups?«

An Madames Geburtstag hat es angefangen, beim gemeinsamen Perlhuhnkauf wurde es gefestigt, und angesichts der untergehenden Sonne nach gemeinschaftlichem Badevergnügen muß es besiegelt worden sein: Man hat sich wirklich unsterblich ineinander verliebt. Ron und Babette sind nach diesem ersten gemeinsamen Ausflug erst spät nach Hause zurückgekehrt. Sie entschuldigen sich mit einem ganz wundervollen Sonnenuntergang. Die Sonnenuntergänge seien nämlich gerade um diese Jahreszeit und gerade am hiesigen Strand ganz besonders schön. Beim Abendessen sitzen sie sich gegenüber und fallen niemandem besonders auf. Die Unterhaltung dreht sich an diesem Abend um die besten Anglergründe in der Normandie und um ein ganz bestimmtes Lokal in Lamballe, in welchem man ganz besonders guten Hummer essen könne. Ron beteiligt sich kaum an der Konversation, und Babette bleibt gänzlich stumm. Jedesmal, wenn Ron ihr eine der Platten reicht, wirft sie ihm einen komplizenhaften Blick zu und sagt in einer ganz bestimmten tiefen Tonart: »Dan-ke.« Ich habe bisher nicht gewußt, daß man dieses handgestrickte Wort mit soviel Sinnlichkeit aussprechen kann.

Nach dem Essen hilft Babette Madame in der Küche. Ron setzt sich mit Jean und André unter die Apfelbäume und spielt Karten. Ich sitze eine Zeitlang unschlüssig herum, dann stehe ich auf und gebe Ron einen Kuß auf die Stirn.

»Ich bin müde, ich gehe zu Bett!«

»Schlaf schön«, antwortet er zerstreut.

Später liege ich in der Doppelkuhle unseres Bettes auf dem Rücken, die Arme im Nacken verschränkt und starre trostlos die Decke an. Der Mond scheint ins Zimmer, die Gardinen bewegen sich sachte hin und her, die Zweige des Holunders vor unserem

Fenster malen Scherenschnittbilder an die Wand. Es ist sehr still. Hin und wieder, sehr von ferne, höre ich die Männer lachen.

Als Ron endlich ins Bett kommt, ist es nach zwei.

Vorher hat irgendwann die allgemeine Gute-Nacht-Sagerei stattgefunden, dann hat jemand die Stühle zusammengeklappt und das Garagentor geschlossen. Die ausgeleierten Federn von Madames Bett stöhnen gequält auf, André zieht knarrend sein Notbett auseinander. Dann ist alles still, irgendwo in der Nachbarschaft bellt ein Hund, Madame hustet mühsam unterdrückt. Ich höre Ron rufen, er käme gleich, er wolle nur noch das Gartentörchen abschließen. Das ist nun mehr als eine Stunde her. Man hat wohl erst nach dem Schlüssel suchen müssen. Man sucht ihn in vollkommener Stille, die schließlich durch das Knallen eines Sektkorkens unterbrochen wird. Dank der papierdünnen Wände darf ich dann einer Gute-Nacht-Zeremonie besonderer Art zuhören.

»Schlaf gut, Chérie!«

»Und du!«

»Und du!«

»Gute Nacht!«

»Gute Nacht!«

»…«

»Ich dich auch …« Danach eine langanhaltende Stille.

Schließlich öffnet sich die Tür, und Rons Silhouette erscheint im Türrahmen, eine Silhouette, die automatisch den Kopf einzieht. Er hofft, daß ich taktvollerweise schon schlafe, aber ich habe kein Interesse daran, taktvoll zu sein.

»Mit der einen Hand locken, mit der anderen züchtig den Ausschnitt zusammenraffen. Lustvoll dem Pochen deines Herzens lauschen und doch nur an die Brieftasche denken, die vor dem Herzen ruht«, zitiere ich Ron vor einigen Wochen.

Ich höre, wie er herzhaft gähnt, und dann das Poltern seiner zu Boden fallenden Schuhe.

»Babettchen ist ganz anders«, sagt er beinahe zärtlich. Und dann: »Wir haben heute sogar nackt gebadet, sie ist am ganzen Körper bronzebraun!« Ich denke verärgert an zwei kalkweiße Streifen, die meinen gebräunten Körper verunzieren (»Bitte benimm dich nicht wie Frau Wehhagen!«) – und gewisse Stellen meines Körpers wie von Scheinwerfern angestrahlt erscheinen lassen. Dann schieße ich meinen einzigen Pfeil ab. »Was ist das denn nun, verspätete Pubertät oder verfrühte Midlife-Krise?« Der Pfeil schießt meilenweit vorbei.

»Weiß nicht«, sagt Ron, und ich höre ihn im Dunklen leise lachen. »Auf jeden Fall ist es wunderschön!«

Dann legt er sich wohlig zurecht und nimmt jene Schlafposition ein, auf die wir uns inzwischen geeinigt haben: Ron in leichter Schräglage, ich exakt ausgerichtet parallel zu ihm. Wenn er sich umdreht, muß ich mich mitdrehen, man gewöhnt sich an alles. Ich versuche zu schlafen, es gelingt mir nicht. Auch Ron liegt wach. Hin und wieder höre ich ihn leise und wehmütig seufzen. Seine Gedanken sind wahrscheinlich heimlich und ohne sich unterwegs irgendwo zu stoßen, direkt in Babettes Bettchen spaziert, dort amüsieren sie sich auf ihre Weise.

»Ich bin doch sehr erstaunt«, versuche ich seine Gedanken mit Gewalt zurückzuholen, »da lebt man Jahr für Jahr miteinander, man kennt sich, man mag sich, man vertraut einander, und plötzlich … zack, aus heiterem Himmel, zack, da geschieht etwas, da erhebt sich der eine ohne jede Vorwarnung in die Luft, und der andere bleibt dumm grinsend auf dem Acker zurück und hat lediglich das Nachsehen.«

»Kannste nix machen!« sagt Ron. Die Antwort befriedigt mich wenig.

»Und sonst hast du keine Erklärung?« frage ich.

»Nee«, sagt Ron, »bin ja selbst ganz überrascht.« Er rückt ein wenig von mir ab und fügt hinzu: »Es ist so leicht, so herrlich, so frisch. Man fühlt sich plötzlich so lebendig …«

»Viel miteinander zu sprechen braucht ihr wohl nicht, ich meine, das fehlende Vokabular stört nicht?«

»Ach du, so ein Flirt, der Sprachbarrieren zu überwinden hat, kann was Wunderschönes sein«, klärt Ron mich kameradschaftlich auf. »Jedes Wort, das du sagst, gewinnt da nämlich enorm an Bedeutung, jeder Blick bekommt Gewicht. Und hinter dem fehlenden Vokabular kann man sich auch so schön verstecken, du mußt nicht immer geistreich sein, weißt du!« Er macht eine Pause, und dann lacht er in sich hinein.

»Als ich ihr heute sagte: ›Die Wellen schlagen an den Strand‹, so ein Sätzchen aus unserem Touristenführer, da hat sie vor Freude fast geweint.« Er rückt seine Kopfrolle ein wenig zurecht und fügt sachlich hinzu: »Das würdest du nie tun!«

Er kichert: »Morgen werde ich ihr mitteilen, daß der Mond zunimmt, was ist denn, heulst du etwa?«

»Du spinnst wohl«, sage ich aufgebracht. »Eifersüchtig war ich nie!«

»Dann ist es ja gut!« sagt Ron.

Meine Eifersucht halte ich gut in Schach. Ich lege ihr Fesseln und einen Maulkorb an, lasse keine spitze Bemerkung durchgehen, behandle Babette mit der freundlichen Nachsicht einer mütterlichen Freundin und kläre Willi und Stups darüber auf, daß sie mit ihrer Vermutung recht hätten, Ron und ich seien wirklich in erster Linie prächtige Kameraden, wo, bitte schön, findet man so etwas zwischen Mann und Frau, so was gelingt selten, woraufhin Stups bemerkt: »Datt find ich aber selten blöd, 'n Kamerad als Mann, mit dem man bloß Pferde stehlen kann, nä danke, mim Mann, da mach ich doch lieber watt anderes, watt Willi!«, und Willi findet: »Nä, also ich kann den Ronny gut verstehen, immer son Kameraden inne Poofe liegen zu haben, nä, Skat spielen wir lieber woanders, watt Stups?«

In den folgenden Tagen schließe ich mich mehr und mehr Madame an. Wir haben viel Gemeinsames. Beide sind wir über die Frühlingszeit des Lebens hinaus, beide an Haushaltsfragen interessiert, beide zuweilen von Kopfschmerzen geplagt, beide lieben wir es, schwatzend in der Sonne zu sitzen und … beide sind wir ohne Mann, so was verbindet.

Ich habe beschlossen, mich von dem munteren Strandleben, welches Ron und Babette in vollen Zügen genießen, zu distanzieren, niemand sieht gern zu, wie der eigene Mann seiner Angebeteten das Schminktäschchen trägt, während man sich selbst, groß und kräftig wie man ist, mit Kühltasche und Sonnenschirm abschleppt. Morgens nach dem Frühstück pflegt Ron mir dann auch neuerdings einen leicht verunsicherten Blick und die Frage zuzuwerfen, ob ich mit an den Strand wolle …

»Nein«, sage ich dann und entschuldige mich mit Kopfweh oder Sonnenbrand oder dem ›stillen Vormittag‹, den ich mir heute gönnen möchte, und erlöst hüpfen mein kleiner Sohn Ronny und seine kleine Spielgefährtin Babettchen davon. Angefangen hatte es damit, daß Ron die Frage ›Kommst du mit an den Strand?‹ nicht an mich, sondern an Babette richtete, damals, in jenen grauen Vorzeiten, als es noch selbstverständlich war, daß ich ihn begleitete, und Babette sagte niemals nein.

Sie zwitscherte *›oui‹* und *›naturellement‹*, und Ron brauchte nur fünf Minütchen zu warten, bis Babette ihren winzig kleinen Schmetterlingsbikini angezogen oder ihr Haar gerichtet oder ihre Zehennägelchen lackiert hatte, nur fünf Minütchen. Und Ronny wartete, fünf Minütchen oder zehn oder dreißig.

Abends heißt es neuerdings: »Hast du Lust, mit zum Rockkonzert zu gehen? Oder zum Chansonabend oder in die Spielbank?« Und immer spürt die liebe Mutti dieses etwas ängstliche Flimmern in der Stimme, dieses Flimmern, das die Frage begleitet, und immer sagt die verständnisvolle Mami: »Nein, heute nicht, amüsiert euch schön, Kinder«, und kommt sich wie eine Schwiegermutter vor, die man eigentlich nur mit in die Ferien genommen hat, damit sie die Kinder hütet und man unbeschwert zum Tanz gehen kann, obwohl man sie natürlich fragen muß! Und hofft, daß sie taktvoll ist! Sie ist es und hofft ihrerseits auf Rückkehr der Vernunft. – Die Vernunft läßt auf sich warten.

»Ich hätte Lust, meine Arbeit hinzuwerfen und einfach mal 'n Jahr auszusteigen«, teilt Ron mir am Ende der ersten verliebten Woche mit. »Dieser knochentrockne Job interessiert mich schon lange nicht mehr, immer dasselbe, Tag für Tag in so 'n stickiges Büro rennen, wer hält denn das aus, ich muß endlich mal was richtig Verrücktes tun!« Und dann: »Man weiß ja gar nicht mehr, wofür man überhaupt lebt!«

»Du sehnst dich also danach, dir ein Stirnband umzulegen und irgendwo, zum Beispiel in Marseille, bunte Glasketten zu verkaufen!«

»Woher weißt du das?« fragt Ron.

»Ich bin halt eine weise alte Frau«, sage ich, und Ron lacht.

»Du bleibst doch meine Beste«, sagt er dann und küßt mich auf die Stirn. Und ich komme mir nicht mehr wie Mami vor, sondern übergangslos wie die Mami der Mami.

Am Samstag druckst Ron herum und fragt, ob ich mit nach St. Marie fahren möchte. Babettes Eltern haben da ein kleines Strandhaus, Babette wolle dort ihren einundzwanzigsten Geburtstag feiern, sie habe ein paar junge Leute eingeladen, die wir nicht kennen, und André wird Gitarre spielen, und gegrillt werde auch. Also, wenn ich Lust habe, könne ich ›ruhig‹ mitkommen, ehrlich.

»Sag aber Willi und Stups nichts davon«, bittet Ron mich mit vertraulich gesenkter Stimme, »es kommen ja nur junge Leute, und es soll auch ein bißchen getanzt werden, Willi und Stups passen da nicht hin.«

»Sie sind genau zwei Jahre älter als du«, sage ich. »Vier Jahre älter als ich!« Und Ron sagt: »Das meine ich ja, für Ältere gibt's doch nettere Sachen!« Verliebtsein geht ja meistens mit einer mehr oder weniger schweren Auflösung des Verstandes Hand in Hand. Was Ron betrifft, so scheint dieser Auflösungsprozeß in vollem Gange zu sein. Ich entschuldige mich mit Magenschmerzen.

»Mußt aber ehrlich sagen, wenn du doch mitfahren möchtest«, sagt Ron.

»Klar«, antworte ich.

»Sie wollen nicht mit?« fragt Madame später, als Babette und Ron, assistiert von André, den Wagen packen.

»Nein!«

Da legt sie mir den Arm um die Schulter und sagt: »Ein Strohfeuer braucht jeder Mann irgendwann, bringen Sie es hinter sich. Wenn das Feuerchen erst ausgeglüht ist, wird Ihr Ron Sie auf Händen tragen.«

Vorläufig trägt er Babette. Vor der Villa Marie ist eine Schotterstraße. Um zum Auto zu kommen, muß man über den Kies laufen, die Steinchen sind sehr heiß. Babette wiederum hat ein geheimnisvolles Fußleiden, demzufolge sie keinerlei Schuhzeug erträgt, sie läuft immer barfuß. Zumindest im Haus, im Sand und auf Rasen. Über Schottersteine und heißen Asphalt muß Ron sie tragen. Kaum haben sie das Gartentörchen erreicht, hebt Babette ganz automatisch die Ärmchen, und Ron hebt das Federgewicht hoch. Dann legt ihm Babette zur Belohnung die Arme um den Hals und vertieft sich in den Anblick seines kleinen Muttermales.

»Datt Luder hat ne prima Masche drauf, datt muß man ihr lassen«, bemerkt Stups, die sich Babettes Verführungskunst fachkundig betrachtet. »Bin richtig froh, datt mein Willi der nich aufen Leim gegangen is!«

»Babette ist wohl eher dem Willi nicht auf den Leim gegangen«, sage ich bösartig. Da preßt sie die Lippen aufeinander und ist still.

»Weiße woranne merks, datt ne Frau älter wird?« schaltet sich Willi ein, der unserem Gespräch unbemerkt gelauscht hat.

»Nein!«

»Die Zunge wird spitzer!«

Um Mitternacht ruft Madame in St. Marie an, um Babette zum Geburtstag zu gratulieren. Die Stimmung im kleinen Wochenendhaus scheint auf dem Höhepunkt zu sein, man hört das Stimmengewirr, untermalt von lauter Popmusik, durch den Hörer.

»Ich soll Sie herzlich grüßen«, sagt Madame, nachdem sie das Gespräch beendet hat, zu mir.

»*Merci*«, sage ich und denke, das wäre nicht nötig gewesen, ich meine, daß man mich grüßen läßt, was habe ich davon? Ebenso wie die Zunge sind auch meine Gedanken dabei, an Schärfe zu gewinnen.

»Die sind mächtig in Stimmung«, plaudert Madame munter fort. »Dominique und Bébé sind überraschenderweise auch hingefahren, und was das tollste Geschenk ist, Michel hat an diesem Wochenende frei bekommen.«

»Michel?«

»Babettes Freund. Er will Journalist werden, zur Zeit ist er beim Militär!« Dann kneift sie mir ein Auge zu und sagt: »Daß er frei bekommen hat und nach St. Marie kommen konnte, das freut mich für Babette, und für Ron auch! Wenn man sich ein bißchen zu stark erhitzt hat, tut eine kühle Erfrischung ja immer gut.«

Dann guckt sie mich ernst an und fügt hinzu: »Nebenbei, wenn Sie im nächsten Jahr wiederkommen, dann möchte ich Ihnen zur Hochzeit gratulieren können, ein Paar, das soviel Klasse hat, wie Sie und Monsieur, das sollte verheiratet sein!«

Trotz Madames optimistischer Betrachtungen ist, als Ron und Babette aus St. Marie zurückkehren, keine spürbare Veränderung in ihrem Verhalten festzustellen. Die Abkühlung hat nicht stattgefunden. Michels Existenz scheint nicht viel bewirkt zu haben. Ich frage Ron danach. Er sieht mich nur groß an.

»*Michel? Je ne comprends pas!*« (Ron hat sich so an Babettes Allgegenwärtigkeit gewöhnt, daß er zuweilen sogar mit mir französisch spricht!)

»Der Freund von Babette, Madame sagte mir, er wäre als Geburtstagsüberraschung zum Fest erschienen.«

»Ach, so groß war die Überraschung gar nicht!« klärt Ron mich auf. Und dann: »Weißt du, so ein junges Mädchen sollte sich nicht zu früh binden.« Nun, man braucht sich keine Sorgen zu machen, Ron wird schon dafür Sorge tragen, daß Babette sich nicht zu früh bindet, zumindest nicht mit irgendeinem jungen Schnösel, der überhaupt nicht zu ihr paßt. »Aber etwas anderes, das wird dich freuen ...«

Und Ron erzählt mir, daß er noch von St. Marie aus zu Hause in der Firma angerufen hat, »um denen zu verpassen, daß ich meinen Urlaub verlängere. Freust du dich?« Ich bin weniger erfreut als erstaunt. »Den Alten hat's natürlich umgeschmissen, der war nicht gerade entzückt, aber das ist schließlich sein Problem.« Da staune ich noch mehr. Bis jetzt ist es nämlich immer Rons Problem gewesen, daß ›der Alte‹ stets entzückt war, das Entzücken des Chefs durfte niemals gefährdet werden, alles andere, vor allem ich, hatte da zurückzustehen ... nun ja, alles auf dieser Welt ist ständiger Veränderung unterworfen, nichts bleibt, wie es ist. Auch der Alte muß auf der Strecke liebgewordener Selbstverständlichkeiten bleiben, auf jener Strecke, auf der auch ich seit einiger Zeit in verblüffter Unschlüssigkeit herumstehe. Der Alte und ich bilden bereits ein Schicksalspaar, an sich könnten wir uns zusammentun.

Madame ihrerseits betrachtet mit verblüffter Unschlüssigkeit und gerunzelter Stirn eine Rechnung, die sichtlich nicht aufgegangen ist. Das hat sie nicht gern. Schließlich ist sie doch wohl noch immer ein bißchen klüger als Babette, oder nicht? Babette ist nicht klug, dafür glücklich.

»O Michel«, zwitschert sie, als Madame sie nach ›ihrem Freund‹ fragt. »Der, dem geht es gut!« Dann zieht sie das Näschen kraus und findet, daß Michel der kurze militaristische Haarschnitt nicht stehe, wie ein Baby sehe Michel mit so kurzen Haaren aus.

Ron sieht aus wie ein Star aus einem US-Film. Er ist inzwischen bronzebraun, die Zähne wirken in dem dunklen Gesicht sehr weiß, das Haar hat viele helle Strähnen. Wenn er seinen blitzblauen Blick so über das Wasser schweifen läßt und ihn dann in Babettes

Kirschaugen versenkt, so mit diesem ihm eigenen stillen, bedächtigen Lächeln, diesem Lächeln, das ganz eindeutig sagt, daß schon alles gutgehen wird und daß eine kleine Babette sich nicht zu sorgen braucht, solange sie einen großen starken Ron hat, dann kann man plötzlich auch Babette verstehen. Natürlich kann man sie verstehen.

Die beiden flirten nun ganz offen miteinander, ganz offen, vor aller Augen und fahren nicht mal auseinander, wenn *le General* sich vernehmlich räuspert.

»Datt Spielchen fängt ja an, richtig spannend zu werden«, findet Willi. »Watt meinze Stups, sollnwer ne Wette abschließen, wie datt ausgeht? Also ich wette fuffzich Maak, datt der Ronny der Babette noch en Heiratsantrag macht, ehe der Urlaub zu Ende ist. Stups watt sachs du?«

»Datt selbe«, sagt Stups. »Frei isser ja!«

»Weißt du«, sagt Ron abends, als wir gezwungenermaßen in unserem französischen Bett liegen, ich meine abends, als Ron gezwungenermaßen neben mir in unserem französischen Bett liegt, »manchmal vergeht ein halbes Leben, ehe man begreift, wohin man eigentlich gehört. Nimm mich zum Beispiel, ich gehöre ganz einfach nach Frankreich, dies ist meine Kultur, meine Sprache, dies ist mein Land. Das hab' ich nur nie gewußt.«

»Wie schön, daß du es letztendlich doch noch gefunden hast«, sage ich.

»Ja«, sagt Ron schlicht. »Das ist schön. Das ist beinahe eine Gnade.« Wir schweigen still, draußen rauscht der Wind in den Kiefern.

Wir hören, wie Madame in den Salon geht, dann hören wir sie sprechen. »Was redet sie denn da noch?« fragt Ron. »Es ist lange nach Mitternacht!«

»Ich glaub', sie telefoniert«, flüstere ich.

»Möchte wissen, mit wem!« sagt Ron.

Am nächsten Tag klärt Madame uns darüber auf, mit wem sie nachts so lange telefoniert hat. Mit Monsieurs Nichte Cathérine, sie wohne in La Rochelle, sei unpäßlich, und ein Besuch Madames sei dringend erforderlich. Aber Madame hat bereits einen Plan gemacht, der alle zufriedenstellen wird. »Madame und Monsieur Wehhagen werden an diesem Wochenende ja ohnehin abreisen, und Madame Gärtner könnte mich eigentlich begleiten.« Man könnte mir bei dieser Gelegenheit die Stadt zeigen, Monsieurs Nichte werde entzückt sein, mich kennenzulernen, und Monsieur Gärtner werde es doch nicht stören. Oder?

Nein, Ron stört es überhaupt nicht. Mit geradezu beleidigendem Enthusiasmus beteuert er mehrmals, daß ich ruhig mitfahren soll, ihn störe es ganz und gar nicht, er werde sich an den paar Tagen schon allein versorgen.

»O non«, wehrt *le General* ab, und ihre blauen Augen strahlen vor schierer Schadenfreude. »Dominique und Bébé werden kommen und den Haushalt übernehmen. Dominique kann auch von hier aus zur Arbeit fahren, und Bébé kocht ganz ausgezeichnet. Monsieur wird vollkommen zufrieden sein!«

»Jetzt könnwer beruicht abfaan, Stups«, bemerkt Willi, »jetz hamwer nich mehr viel zu verpassen. Watt Ronnylein?«

Vielleicht gibt's die Hölle – den Himmel gibt's sicher

... denn einstweilen gibt es Pascin!

Er lehnt schmal und dunkel an der Kaimauer, so als hätte ein verliebter Regisseur ihn dort hingestellt. Gegenlichtaufnahme, Wind von vorn und das berühmte Lächeln.

»Ja, ausgezeichnet! Und jetzt gehst du langsam auf sie zu, streckst die Hände nach ihr aus und ... Schluß! Das Ganze noch einmal. Lili hat die Aufnahme geschmissen. Kind, warum gehst du ihm denn nicht entgegen, warum bleibst du denn wie angewurzelt stehen? Du bist doch überrascht, das Herz klopft, eine freudige Erregung hat dich erfaßt, und du weißt es bereits: Mit diesem Mann wirst du traumhaft schöne Stunden erleben. Das alles will ich sehen! Das muß jeder gleich erahnen ...« Vorläufig ahnt niemand etwas.

Ich selbst vielleicht ein kleines bißchen, von Pascin weiß ich es nicht. Er reicht mir mit jenem lächelnden selbstverständlichen französischen Charme die Hand, der jeder Frau ein paar Sekunden lang das überraschende Gefühl gibt, ein bildschönes, einzigartiges Geschöpf zu sein, und den ein vierjähriger französischer Monsieur offensichtlich im Kindergarten lernt.

Voilà, wir sind also in La Rochelle! In einem ganz anderen La Rochelle freilich als dem, in dem wir einst (in einem anderen Leben) das komische Zimmer mit der Schaufensterscheibe gemietet haben, in einem anderen auch als dem, wo wir einst die fröhliche Party in der Casa Carmen feierten – ich würde die Casa Carmen gar nicht wiederfinden, hier, in diesem anderen La Rochelle.

An Rons Seite sah ich die Stadt mit den Augen einer etwas ermüdeten Touristin, die, den Stadtführer in der Hand, brav ihr Pensum herunterbesichtigt. Eine durchschnittliche Besucherin besichtigt eine durchschnittliche Stadt. An Pascins Seite gewinnen die Stadt und ich enorm an Bedeutung, wir sind beide auf unsere Art einzigartig, berühmt wegen unserer Schönheit und Exklusivität und Hauptdarsteller in einem Film mit dem Titel *›La vie en rose!‹*

Monsieurs Nichte Cathérine bewohnt eine komische kleine

Wohnung mitten in der Stadt, in einem der vielen Häuser mit den Laubengängen. Das Treppenhaus ist dunkel und riecht nach getrockneten Feigen. In der ersten Etage betreibt Monsieur Brillon eine Gewürzhandlung, in der zweiten wohnt Cathérine mit ihrem schönen Sohn Pascin, wenn er nicht gerade in Paris studiert. Sie selbst ist vor einigen Jahren, nach dem Tode ihres Mannes, nach La Rochelle zurückgekehrt, in jene Stadt, in der sie vor 59 Jahren geboren wurde. Hier hat ihr Leben begonnen, hier wird sie es beenden, das ist richtig für sie.

Im Salon, diesem halbdunklen Raum, der sich hinter angelehnten grauen Fensterläden dem ständigen Halbschlummer einer sehr alten Dame hinzugeben scheint, empfängt Cathérine ihre Gäste. Der Salon riecht nach alten Stoffen, nach sommerlicher Wärme, gepflegtem Parfüm, polierten Möbeln und dem Leder der gebundenen Bücher, die sich in den Regalen, auf dem Boden und dem niedrigen kleinen Tischchen vor der Recamière stapeln. Die winzige Dreizimmerwohnung ist überflutet von diesen Büchern; man trifft sie im Flur ebenso wie im Schlafraum und in der Küche. Es sind Mitbewohner, Hausgenossen, die der Wohnung ihren Zauber und ihre Atmosphäre verleihen. Und wie Hausgenossen werden sie geliebt und gescholten. »Wo ist der liederliche Proust schon wieder«, sagt Cathérine, »und wo, zum Teufel, haben sich die beiden Balzacs heute versteckt, die ich immerzu suchen muß!«

Cathérine ist eine Frau, die man übergangslos in sein Herz schließt. Sie ist Tänzerin von Geburt an, vom ersten Atemzug an, und wird bis zum letzten Tänzerin bleiben, sehr klein, katzenhaft biegsam. Das schöne Gesicht mit den dunklen Augen unter schweren Lidern, eingerahmt von einem ebenmäßigen Oval straff zurückgekämmten Haares, könnte ich immerzu ansehen; das Gesicht erinnert mich an Pascin, und alles, was in irgendeiner Weise an Pascin erinnert, habe ich gern. Ich liebe es sehr, neben ihm auf dem niedrigen Sofa zu sitzen, seine Nähe zu spüren und gleichzeitig in den Augen seiner Mutter seinen Blick zu entdecken. Dies ist ein doppelter Genuß, den ich heimlich und amüsiert genieße.

Ich weiß nicht, was Madame Pascin aufgetragen hat. Vielleicht hat sie gesagt: »Hier ist Lili, du kennst sie ja bereits, zur Zeit ist sie ein bißchen verletzt, man hat sie verwundet. Mach es wieder gut, mach, daß sie *France la Douce* in guter Erinnerung behält, irgend so etwas eben. Macht gar nichts, wenn sie sich ein bißchen verliebt.«

Abends gehen die listige Madame und die überaus liebenswürdige Cathérine aus. Sie machen einen Abendspaziergang unter den Arkaden. Sie sehen sich Schaufenster an. Sie verabschieden sich auf einen Apéritif im ›Café de la Paix‹, jenem schönen Café, in dem ich gern meinen Nachmittag verbringe, vor mir einen *Café crème*, hinter mir die lange Spiegelfront, die die Gesichter gepuderter alter Damen und kichernder junger Mädchen verdoppelt.

Wenn die beiden Damen gegangen sind, setzt sich Pascin in den Lehnstuhl nahe der Lampe, greift sich eines der Bücher, legt für Sekunden sein Gesicht zwischen die Seiten, sagt, daß alte Bücher einen ihnen eigenen pilzartigen Geruch hätten und er sie schon allein dieses Geruches wegen lieben würde – und liest dann mit seiner vollkommenen Stimme vor. Ich verstehe kein Wort, lausche andächtig einem kleinen privaten Kammerkonzert und bin vollkommen glücklich. Glücklich, hier mit einer dicken gelben Katze im Arm auf diesem Divan zu liegen, dessen rauher Samtbezug meine Wange kitzelt, und Pascins Stimme zu hören.

Es ist warm und gemütlich. Die Hitze des Tages ist noch in diesem Abend gefangen, das Zimmer ist erfüllt vom Aroma eines fast verwelkten Rosenstraußes, von Wein und Konfekt. Die kleinen Lampen mit den bemalten Schirmen strahlen gedämpftes Licht aus, die dicke Katze schnurrt und träumt von einem früheren Leben im Palast der Königin von Saba, unter den Arkaden spielt der Abendwind, man hört das leichte Geklapper des gemächlichen Feierabendschrittes vorbeispazierender Passanten. Dann rasseln eins nach dem anderen die Rolläden der Geschäfte hinunter, unter dem Fenster unterhalten sich zwei alte Frauen, die Katze macht plötzlich einen Buckel, springt vom Sofa und muß mit gesträubtem Nackenhaar einen erträumten Feind vertreiben.

Pascin liest ›*A la recherche du temps perdu*‹, und ich verstehe kein Wort und betrachte ihn und höre aufmerksam zu und bin vollkommen glücklich.

Pascin nimmt mein beschädigtes Selbstbewußtsein an die Hand; auch seine Hand gefällt mir, eine feine, schmale Hand, mit feinen schmalen Fingernägeln und einem Gewirr von Linien und Verästelungen in den Innenflächen. Ich betrachte mir diese Hand gern, oft und ausgiebig.

Tagsüber zeigt mir Pascin die Stadt: Die Stadt ist ungewöhnlich schön, natürlich. Nur, er könnte mir auch die Schlachthöfe von Lille zeigen oder die Kanalisation von Metz, an Pascins Seite gewinnen alle Dinge einen eigenartigen poetischen Reiz. Als Lehrbuch der deutschen Sprache, in der er manchmal mit mir spricht, benutzt er den Gedichtband eines unbekannten jungen Dichters. Den Grundstock seines zärtlichen Vokabulars bilden Worte wie: Schnee, Sehnsucht, Liebe, Licht, Tau auf Apfelblüten und durchsichtiger Morgen. An Pascins Seite erlebe ich ein Stück blauen Sommers, das nur sich selbst gehört, in dem alles Bisherige an Realität verliert, über den Rand eines fernen Horizontes rutscht und ins Vergessen fällt.

Nichts ist gewesen, nichts wird sein! Wir laufen Hand in Hand an diesem Strand entlang, es regnet, und wie mit Farbe ist auf die grauen Wolken geschrieben: Pascin.

»Regentropfen im Haar stehen dir gut«, sagt er, ehe er mich zum erstenmal küßt.

Nichts vorher, nichts nachher. Träume fangen gewöhnlich mittendrin an, hören mittendrin auf. Nichts bleibt davon zurück.

Madame telefoniert täglich mit zu Hause. Sie fragt Bébé, ob alles in Ordnung sei, im Haushalt und auch ›so‹. Bébé bestätigt, alles sei in vollkommenster Ordnung, im Haushalt und auch ›so‹. Madame brauche sich überhaupt keine Sorgen zu machen. Madame fragt, ob auch Ron gut versorgt würde, schließlich sei er ein zahlender Pensionsgast, der gewisse Ansprüche zu stellen hätte. Dann verlangt sie, Ron selbst zu sprechen. Sie wechselt ein paar höfliche Worte mit ihm, dann reicht sie mir den Hörer.

Ich frage Ron, wie es ihm gehe. Er sagt, es ginge ihm gut, er hoffe von mir dasselbe. Er hoffe vor allem, daß ich mich nicht langweile, immer in der Stadt, immer mit den beiden alten Damen.

Ich sage, daß er sich da keine, aber überhaupt keine Sorgen zu machen brauche, denn ich habe einen außerordentlich charmanten Begleiter gefunden, einen, der mir alles zeige und mir die Zeit auf die denkbar angenehmste Art und Weise vertreibe.

Und dann muß ich Ron noch ein Geständnis machen.

Ich muß ihm nämlich sagen, daß ich ihn nach wie vor liebe, jetzt vielleicht noch mehr als früher, denn endlich sei es mir gelungen, all seine Gefühle, auch die aus den hintersten, den verstecktesten Winkeln, voll und ganz nachzuempfinden.

Denn dies ist mein Land, dies ist meine Freiheit!

Nie zuvor habe ich mich so jung, so leicht, so lebendig gefühlt! Wie gut ich Ron verstehe, wie gut ich *Pas de Loup* verstehe, wie gut ich Ruppi und Claire verstehe!

Ich liebe alle Menschen, ich liebe Ron, Pascin, *Madame le General*, Cathérine, Bébé, Dominique und den kleinen, dicken Baskenmützenmonsieur, der morgens immer das Baguette bringt.

Ich liebe sogar Babette, schließlich sind ihre Fußnägelchen wirklich ganz ungewöhnlich schön geformt.

Wahrscheinlich werde ich für immer hier bleiben und mich Liliane nennen.

Am Samstag beschließen wir die Heimreise.

Cathérine und Pascin werden uns begleiten und ihrerseits noch einige Tage am Meer verbringen. Madame fragt mich mit bezaubernder Heimtücke, ob mich dies stören würde. Ich versichere ihr, daß dies nicht der Fall sei. Wenn es sein muß, würde ich Cathérine sogar mein Bett überlassen und mit Pascin draußen im Stehen übernachten, selbst wenn es regnet! Madame chauffiert den Wagen in atemberaubendem Tempo Richtung Bordeaux. Cathérine sitzt neben ihr, Pascin und ich im Fond. Ich sitze scheinbar vollkommen ruhig und vollkommen gleichgültig da, habe die Augen halb geschlossen und tue so, als ob ich aus dem Fenster schaue. In Wirklichkeit schaue ich nirgendwohin, denn meine ganze Aufmerksamkeit ist auf jene winzig kleine Stelle gerichtet, an der Pascins Hand und mein Puls sich berühren. Wenn Pascin Arzt wäre, würde er sagen: »Ihr Puls geht ziemlich rasch, Madame!«

Pascin sagt nichts, auch ich gebe mich einem schönen, tiefen Schweigen hin. Innerlich bin ich mit der Planung meiner näheren Zukunft beschäftigt. Ich werde wahrscheinlich hier bleiben. Für immer! Im Ernst, was soll ich in meiner ungeliebten Heimat, die eigentlich gar nicht meine richtige Heimat ist, die ich bloß rein zufällig von unwissenden Eltern verpaßt bekam? Daß ich dort genaugenommen nie so richtig glücklich war, nur dumm und stumpf dahinvegetiert habe, das ist mir während der vergangenen Woche in La Rochelle erstmals so richtig klar geworden.

Man sagt, der Mensch habe zwei Heimatländer, das seine und Frankreich. Dieser Satz ist ein Blödsinn.

Ich zum Beispiel habe mit Sicherheit nur ein Heimatland: Frankreich! Man sollte tatsächlich auf der Stelle diesen öden Job in diesem öden Betonklotz in der öden City einer öden grauen Stadt hinwerfen, die Schuhe in die Dünen schmeißen, ein besticktes Stirnband umlegen und im Süden, zum Beispiel in La Rochelle, bunte Glasketten verkaufen. Was soll ich noch zu Hause, in diesem fremden Land, in dem der Himmel so kleinkariert und überdies meist grau verhangen ist? Kein Wunder, daß die Menschen dort so wenig lachen.

Hier lachen sie, und der Himmel ist blau, und wenn die Sonne untergeht, dann ist er manchmal blau-weiß-rot wie die Trikolore!

Und immer ist er weit und groß!

Als wir ankommen, sitzen Dominique, Bébé und Ron am Gartentisch unter den Apfelbäumen und spielen Karten. Von Babette ist nichts zu sehen. »Oh, sie ist in die Stadt gegangen, um Besorgungen zu machen«, sagt Bébé auf unsere Frage. »Morgen fahren wir alle nach St. Marie. Dominique hat noch ein paar Tage Urlaub, und Babette soll sich auch noch ein wenig erholen, ehe sie nach Marseille geht! Im Herbst beginnt sie ja mit dem Studium, und der Sommer ist beinahe zu Ende!«

Ja, der Sommer ist beinahe zu Ende. Morgens ist es manchmal schon recht kühl, abends ist die Wiese unter unseren Füßen feucht. Ron hat erneut mit seinem Chef telefoniert. Mitte der nächsten Woche wird er zu Hause erwartet, dringend erwartet! Am Montag werden wir gleich morgens abreisen. Wenn wir früh genug aufbrechen, können wir die Strecke bequem in einem Tag hinter uns bringen. Wenn wir früh genug aufbrechen …

Irgendwo hat alles ein Ende, und irgendwo fängt alles wieder an.

Abschiednehmen ist immer ein bißchen wie Sterben.

Regentropfen im Haar stehen mir gut, und die Fantasie ist das einzige Paradies, aus dem wir nicht vertrieben werden können.

Was zurückbleiben wird, ist ein wenig lächelnde Erinnerung, man bringt ja immer gern ein Souvenir mit nach Hause!

Als Ron und ich abends in unserer ›Tragetasche‹ liegen, Seite an Seite und zum letztenmal, sagt Ron: »Im Grunde ist Babette doch noch ziemlich unreif. Ich meine natürlich nicht, daß sie dumm ist, aber eben doch ziemlich unreif!«

»Ach ja?«

Ron legt sich behaglich zurecht, dann teilt er mir mit: »Gegen einen netten Ferienflirt, der der Sache ein bißchen Pfeffer gibt, habe ich nichts einzuwenden, verheiratet bin ich dagegen doch lieber mit einem blonden, treudeutschen Mädel! Bei dir ist es etwas anderes«, fügt er belehrend hinzu. »Du mußt aufpassen, denn du bist imstande, für ein Lächeln die Welt zu verschenken.«

»Mach dir um mein Herz keine Sorgen«, sage ich. »Da paß ich ganz allein drauf auf.«

Ron sucht im Dunklen nach den Zigaretten, findet sie schließlich und zündet uns beiden eine an. Er macht einen tiefen Zug und sagt dann: »Wie ich die Sache sehe, läßt du dein Herz wahrscheinlich hier.«

Wir rauchen eine Weile schweigend vor uns hin.

Schließlich sage ich: »Und du?«

Ron lacht. »Für einen reinen Ferienflirt investiert man sein Herz nicht!«

Er gähnt und reicht mir das Wasserglas, das wir als Aschenbecher benutzen, damit ich meine Zigarette ausdrücken kann.

Dann sagt er: »Im Grunde bin ich es jetzt auch ziemlich leid. Ich meine, es reicht. Freu' mich richtig auf zu Hause und sogar auf meinen Job!«

»Und Babettchen?« frage ich vorsichtig.

»Oh, Babettchen wird eine nette Erinnerung werden, obwohl ich zugeben muß, daß es in den letzten Tagen doch manchmal recht anstrengend wurde. Weißt du, immer und immer dieses mühselige französische Parlieren und immer und immer den Kavalier spielen zu müssen, das nervt einen. Außerdem hat sie mich heute beleidigt!« fügt er lachend hinzu.

»So?«

»Ja, sie beleidigte die deutsche Sprache. Sie sagte, ›Strumpf‹ wäre ein scheußliches Wort.«

»Weißt du was?« teilt Ron mir am nächsten Morgen als allererstes mit, kaum, daß ich die Augen geöffnet habe.

»Ich hab' mir überlegt, daß wir eigentlich schon heute abend abreisen könnten. Da können wir die Nacht durchfahren und sind morgen früh zu Hause. Was hältst du davon?«

Was soll ich schon davon halten?

Die Realität hat gesprochen, zwecklos, mit ihr zu debattieren. »Heb mir mal die Koffer vom Schrank runter, damit ich packen kann«, sage ich. »Und hol die Badehosen rein, die draußen auf der Leine hängen!«

»Prima bist du«, sagt Ron und küßt meine braune Nasenspitze. »Ich liebe dich!«

Das glaube ich ihm gern. Ich liebe mich auch.

Wir sind gegen sieben aufgebrochen und fahren nun in den Abend hinein, die untergehende Sonne im Rücken. Wenn wir sie wieder aufgehen sehen, werden wir bereits in Deutschland sein.

Madame hat uns ein Mitternachtspicknick eingepackt: zwei Hähnchen, zwei Baguettes, Obst, eine Flasche Wein, Kaffee in einer Warmhaltekanne.

Wir fahren schweigend dahin, jeder in seine Gedanken versunken. Ich bin mit der Vergangenheit beschäftigt, Ron mit der Zukunft. Der näheren und der ferneren. In der näheren spielen Job und Chef tragende Rollen, die plötzlich wieder wichtig sind, und die eigene Person, welche aus der Rolle des romantischen Liebhabers übergangslos in die einer gewichtigen ›Säule des Geschäftes‹ schlüpft. Wie mühelos einem Mann dieser Wechsel gelingt, das hab' ich immer schon bewundert! Ich dagegen hab' die Abschiedsküsse noch auf der Wange, die Stimmen noch im Ohr. Noch ist alles ganz nah, die Seele hat den Verlust noch nicht registriert und gibt sich sorglos schönen Träumen hin. Die Sehnsucht hat noch nicht begonnen ...

Ich denke an *Madame le General*, an Bébé, an Dominique, an Babette und an den Strand, an das ›Café de la Paix‹ und den Salon von Cathérine, an Cathérine selbst und an die Markthalle, an *Monsieur le Boulanger* und an die Apfelbäume und den Tisch unter den Apfelbäumen. An das Stilleben aus Kräutern und Gemüse, das Madame auf dem Küchentisch arrangiert, und den Efeu, der ungebeten zum Küchenfenster hereinwächst. Gedankliche Bilder erscheinen und verschwinden wieder, Pascin taucht auf, kommt näher, bleibt! Noch fällt es mir leicht, ein ganz bestimmtes Lächeln herbeizuzaubern, ganz nah, so nah, wie ich es möchte, der reale Verlust ist noch nicht groß, der Schmerz beinahe angenehm. Ich bin noch ganz und gar in der Villa Marie, und meine Gedanken sprechen französisch.

Als wir die Wohnung betreten, ist es bereits hell. Auf dem blauweiß gewürfelten Tischtuch stehen noch die Kaffeetassen vom Abreisemorgen. Ich öffne das Fenster und zupfe mechanisch ein paar der abgeblühten Geraniendolden ab. Alles erscheint mir soviel enger, als ich es in Erinnerung habe, es ist soviel Beton ringsum, und wo, zum Teufel, ist der Himmel geblieben? Soll mir dieses taschentuchgroße, rußgraue Tränentuch künftig genügen?

»Das nächste Mal nehmen wir weniger Gepäck mit«, sagt Ron, der unsere Koffer in den Flur wuchtet. »Die Regenmäntel zum Beispiel haben wir überhaupt nicht gebraucht.«

»Nein«, sage ich und habe gar nicht zugehört.

Vielleicht gibt's die Hölle, den Himmel gibt's sicher ... trallalala tam tam ...

Angesichts der Wirklichkeit vor meinem heimatlichen Küchenfenster kommt mir diese optimistische Behauptung fragwürdig vor!

Und das Bild, das dich in seiner Gewalt hat,
läßt dich am Leben bleiben,
in Schlaflosigkeit und Beklemmung,
immer ist es bei dir, dieses Bild, das flieht.

Apollinaire

Eigentlich ist doch gar nichts geschehen, und doch ...

Als Ron am nächsten Abend zum erstenmal aus der Firma nach Hause kommt, bringt er stolz ein Baguette und vier Artischocken mit, die er unterwegs an einem Gemüsestand gekauft hat. Außerdem erzählt er freudig erregt von einem Depot, das ausschließlich französische Weine vertreibt und welches just an unserer Straßenecke eröffnet worden ist. (Es ist bereits vor gut einem Jahr an unserer Straßenecke eröffnet worden, aber Ron, der täglich zweimal daran vorbeifährt, hat es immer für jenen Discountladen gehalten, der vorher dort untergebracht war!) Ron läßt es sich nicht nehmen, die Artischocken höchstpersönlich ins kochende Wasser zu werfen, und ich bereite die französische Knoblauchmayonnaise zu, deren Rezept mir Madame verraten hat. Ehe wir uns später an unserem derben bayrischen Eßtisch niederlassen, nehmen wir in der Couchecke einen Pernod ...

Nach dem Essen haben wir das dringende Bedürfnis, unsere ›französischen‹ Freunde anzurufen. Ruppi ist am Apparat. Wir beginnen das Gespräch, in dem wir »... *allooo*« sagen und »*Comment allez-vous*«, und dann will Ruppi alles ganz genau wissen, und wir wollen unbedingt alles ganz genau erzählen, und ich zupfe Ron am Ärmel und flüstere, daß er doch Ruppi und Claire für morgen einladen soll und Willi und Stups auch, ist ja doch möglich, daß einer schon seine Dias fertig hat ... ich bin richtig süchtig danach, *Madame le General* zu sehen, und die Villa Marie und die Bilder von Madames Geburtstag und das Dia, das Ruppi von Pascins Motorrad gemacht hat, weil er sich für die Maschine interessiert! Ja, wenigstens die Bilder will ich sehen, wenigstens die Bilder.

Noch ist es mir nicht ganz bewußt, noch spüre ich nichts als diesen etwas vagen dumpfen Druck unterhalb der Kehle, aber mein eifriges Fragen nach den Bildern verrät meinen Zustand: Die Sehnsucht hat begonnen.

Gleich am nächsten Abend besuchen uns unsere ›französischen‹ Freunde. Zu viert kommen sie strahlend die Treppe herauf. Die Begrüßungszeremonie nimmt eine geraume Weile in Anspruch, ich meine, bis wir uns alle so geküßt haben ...

Bei den Männern klappt es auch noch nicht so ganz reibungslos, sie stoßen des öfteren mit den Nasen gegeneinander, wenn sie bestrebt sind, sich wie Profis auf *méditerranée* zu küssen, aber selbst der britische Ron hat nichts dagegen, daß Willi die Arme ausbreitet und seinen Kopf zu sich herunterzieht, was Willi zu der anschließenden Bemerkung veranlaßt: »Stups, datt Rasierwasser, watt der Ron benutzt, datt musse mir besorgen!«

Wenig später ist der Raum verdunkelt.

Madame le General flimmert auf der Leinwand. Sie hält die Zigarette im Mundwinkel, den Gartenschlauch in der Hand und blinzelt gegen die Sonne. Unsere Villa Marie im Hintergrund wirkt so auf dem Dia ziemlich klein, aber innen ist massenhaft Platz, das glaubt man gar nicht. Es folgen in bunter Reihe: die Küche, der Salon, der Eßtisch, der Wäscheplatz, der kiesbestreute Weg, das Gartentörchen, der Plattensteg, der zum Meer führt, und das Meer selbst. Die Familie als lächelnde Gruppe gegen die Hauswand gelehnt. Und wieder *Madame le General,* diesmal üppig mit Blumen dekoriert. Sie steht in der geöffneten Haustür, Zigarette im Mundwinkel, Gladiolen im Arm und blickt unfreundlich in die Kamera, weil, wir erinnern uns lachend, im Hintergrund der *rôti de Porc Boulangère* auf dem Ofen schmorte und sie sich überdies grundsätzlich nicht gern fotografieren läßt, früher, an Monsieurs stattlicher Seite, da war es etwas anderes, aber heute, als *veuve* ...

Es folgen die Straße vor dem Haus und Pascins Motorrad. »Datt Ding hab' ich doll getroffen, watt?« bemerkt Willi. »Datt könnte man glatt als Reklamefoto verhökern. War aber auch 'n schniekes Maschinchen, mein lieber Scholli, watt Stups?«

Stups interessiert sich weniger für die Maschine als für deren Besitzer. »Hasse eigentlich kein Foto von dem Paskän?« fragt sie mir direkt aus der Seele. »Datt war wirklich ma 'n schöner Franzose!«

»Nee, hab' ich nich!« sagt Willi. »Aber dein Jean-Marc kannze haben. Den hab' ich wenichstens dreimal!«

Und etwa dreizehnmal hat er Babette.

Ein Nymphchen steigt aus dem Wasser. Die Augen strahlen. Wassertropfen perlen auf samtiger Haut. Sie ist bildschön.

»Mensch, die hasse ja fast so gut getroffen wie datt Motorrad«, sagt Stups. Dann fällt ihr auf: »Wann hasse die ganzen Fotos eigentlich gemacht? Datt hab' ich ja gar nich mitgekricht!«

»Datt war doch an dem Vormittach, als du mit dem Jean-Marc Eis essen waas«, sagt Willi gemütlich. »Weiße nich mehr? Hier hab' ich doch noch den Paskän, leider nur von hinten!«

Auch von hinten ist Pascin schön! Er lehnt am Fenster und blickt in den Garten. Scherenschnittgleich hebt sich seine Silhouette von der flimmernden Helligkeit ab.

»Der hat 'n guten Friseur«, findet Stups. Und Willi sagt: »Datt der nu besonders schön sein soll, datt ist mir gaa nich so aufgefallen, datt siehse als Mann nich so, watt sachs du Ron?«

Ron hat keine Meinung, zumindest keine, die er öffentlich zugibt. Er lehnt in seinem Sessel, hat den Kopf gegen die Lehne und die Füße auf das Beistelltischchen gelegt und schweigt. Als unsere Blicke sich begegnen, lächelt er mich an.

»Tja«, sagt Ruppi in unser Schweigen hinein. »Jetzt haben wir noch etwa 250 Tage hinter uns zu bringen. Dann können wir wieder losfahren!«

»Ist ja nicht mehr lange«, sagt Ron lakonisch.

Nach Mitternacht setzen wir uns hin und schreiben einen Gemeinschaftsbrief an Madame. Wir danken ihr. Für jede einzelne Stunde, die wir in ihrem Haus verleben durften und eigentlich auch für den heutigen Abend, den wir ohne sie als verbindendes Element niemals in dieser Weise miteinander verbracht hätten. Schließlich danken wir ihr auch für ein neues Lebensgefühl.

Sie ihrerseits wird uns niemals schreiben.

Sie wird nicht in ihrem Salon sitzen und mit überströmender Seele und Sehnsucht im Herzen Dias ansehen, die ihre deutschen Feriengäste zeigen. Vielleicht telefoniert sie gerade mit Cathérine oder dem *Boulanger,* vielleicht geht sie unter ihren Apfelbäumen spazieren und denkt an Monsieur oder meditiert über die Frage, warum der Kirschstrudel, den Bébé immer macht, dieses unvergleichliche Aroma hat.

Wenn wir uns im nächsten Jahr wieder anmelden, dann wird sie uns wieder aufnehmen. Sie wird sich über die willkommene Abwechslung freuen, sie wird uns *amis* nennen und wie die Kinder schelten, wenn ihr etwas an uns mißfällt. Und zum Abschied wird sie vielleicht ein wenig weinen, denn Abschiednehmen ist ja immer ein bißchen wie Sterben, nicht wahr? Dann wird sie in ihre Küche gehen, um das Menü vorzubereiten. Und es wird uns niemals gelingen, über den Abschied hinaus ihr Herz zu gewinnen. Wir unsererseits haben keine Wahl. Wir haben keine andere Möglichkeit, als sie und ihr Land zu lieben und wieder hinzufahren, auch wenn wir uns zuweilen schwarz ärgern müssen. Und wenn wir uns vielleicht immer ein bißchen wie jener verliebte Freier fühlen werden, der ahnt, daß ihn seine Angebetete niemals erhören wird, und den es trotzdem dazu drängt, ihr die roten Rosen zu schenken.

Als wir den Brief beendet haben, jenen Brief, der niemals beantwortet werden wird, fügt Ron noch ein P. S. hinzu.

»Lili und ich werden in einigen Wochen heiraten«, schreibt er. »Ich denke, das wird Sie freuen, Madame!«

Ron und ich heiraten am 15. November.

Im ganz kleinen Kreis. Willi Wehhagen und Claire Hausmann sind unsere Trauzeugen. Zum anschließenden ›gemütlichen Beisammensein‹ haben wir nur die engsten Verwandten und den Französischkurs eingeladen. Monsieur Rischaarch hat es sich nicht nehmen lassen, ein französisches Festmenü vorzubereiten, die Mühe hat ihn so erschöpft, daß er versehentlich sogar deutsch spricht. Wir essen, wir trinken! Wohlbekannte Genüsse wie *Terrine Maison, Potage Queue Bœuf, Coquilles Saint-Jacques à la Parisienne, Poule au Pot* und *Tomates à la Provençale* wandern über den Tisch. Es riecht nach Thymian und Knoblauch und nach Wein und Basilikum, es riecht nach süßen Erinnerungen. Wir trinken schließlich alle Brüderschaft miteinander. Auch *Pas de loup* ist natürlich gekommen und wird herzlich wie ein alter *ami* aufgenommen. Schließlich verdanken wir auch ihm einen Aufenthalt in Frankreich, der heute, wenn wir daran zurückdenken, von ganz eigenartigem Reiz ist. Vergessen werden wir die Stunden, die wir auf Bel Air verbracht haben, mit Sicherheit unser ganzes Leben lang nicht, so war der Aufenthalt im Schloß doch auch wieder unvergleichlich, auf seine Weise …

Als *Pas de loup* vorschlägt, doch an die beiden Schloßfräulein eine gemeinsame Karte zu schreiben, stimmen Ron und ich freundlich zu. Gegen Mitternacht rufen wir bei Madame an. Es kommt uns ganz natürlich vor, irgendwie ist sie während der ganzen Feier die Hauptperson gewesen. Wir hätten uns unendlich gefreut, wenn sie uns geschrieben hätte, natürlich hat sie es nicht getan. So rufen wir sie an. Wie schon gesagt, wir haben keine Wahl!

Madame ist auch gleich am Apparat und lacht und weint und sagt, daß sie den ganzen Tag an uns gedacht hätte, daß mit unserer Eheschließung einer ihrer Herzenswünsche in Erfüllung gegangen sei und sie jetzt auf der Stelle den besonderen Wein reservieren wird, für uns, wenn wir wiederkommen, um anzustoßen. Mit jenem ganz, ganz besonderen Wein, den noch Monsieur gekauft und eingelagert hat. Dann ruft sie durch die Muschel, daß sie uns alle umarmt und sich sehr nach uns sehnt.

Und ich möchte, wenn ich könnte, jetzt auf der Stelle in ihre helle unordentliche Küche fliegen, mich in meinem hochzeitlichen Seidenkleid an den Küchentisch setzen, die Arme aufgestützt zwischen dem Gurkenglas und zwei Kilo Tomaten, und mir ein bißchen von ihren Pariser Jahren erzählen lassen. »Räum mal einer den Tisch ab, damit wir den Mokka servieren können«, ruft Claire.

Es ist ein herrlicher Tag, eine schöne Feier. Wir sind alle ein wenig beschwipst und auf eine angeregte Art und Weise glücklich.

Und zur Verbrüderung bereit.

Normalerweise würde mich nichts mit Stups verbinden, wäre uns die Freundschaft von Ruppi und Claire eher lästig, fänden wir das Gebaren eines *Pas de loup* höchstens für eine Stunde interessant. Aber unser ›anderes‹ Heimatland verbindet uns, und das Glück, das ein jeder von uns auf seine Weise dort gefunden haben mag.

Nichts, gar nichts würde mich normalerweise in Willi Wehhagens Nähe ziehen. Aber heute sitze ich sehr glücklich neben ihm, denn Willi kennt *mon General,* er trank seinen *Café au lait* im ›Café de la Paix‹, und er weiß, was eine *Anchoïade* ist. Willi ging durch die Straßen von La Rochelle, und er hat die Straßenlaterne gesehen, unter der ich mich in der Dämmerung des herannahenden Abends von Pascin verabschiedet habe.

Mit Willi kann ich lebensnotwendig gewordene ›Weißt du

noch-Geschichten‹ austauschen, das verbindet mich zur Zeit mehr als die Blutsverwandtschaft mit Onkel Berni. Wir haben heute den 15. November, seit 64 Tagen sind wir wieder zu Hause. 190 Tage liegen noch vor uns, mindestens. Nun ja! Ron und ich sind jetzt seit vierzehneinhalb Stunden miteinander verheiratet und noch immer glücklich. Wir feiern unsere Hochzeit zu Hause, im ganz kleinen Kreis, wir sind *entre nous,* und im Radio singt jemand ›*Je me rapelle Claudine*‹.

Je me rapelle, tu te rapelles, nous nous rapellons.

SELBST WUNDER SIND MÖGLICH

Es soll uns dereinst
in unserem Sorgenstuhl
eine Ehre und ein Vergnügen
sein, daß auch wir einmal
mitten im Grünen auf dem
Kopf standen und uns nicht
schämeten.

Wilhelm Raabe

Wenn Sie am nächsten Sonntag nichts Besonderes vorhaben oder Ihre Schwägerin sich zum Nachmittagskaffee angesagt hat und Sie sich um das gute ererbte Porzellan sorgen, weil die Kinder Ihrer Schwägerin unter sechs und zudem ganz ungewöhnlich lebhaft sind, so kommen Sie doch ruhig mal in der ›Blauen Mühle‹ vorbei, und sehen Sie sich unsere Antiquitäten, das historische Gemäuer und den alten Mühlenvorplatz an. Gehen Sie ganz ungeniert umher und schauen Sie, und bringen Sie den Kindergarten ruhig mit. Es macht gar nichts, wenn eine Kostbarkeit zu Bruch geht, wir sind gegen Schäden aller Art versichert.

Der hochgewachsene, dunkelhaarige Hausherr namens Pierre, bewandert in allen kunsthistorischen Fragen, bewandert in allen Regeln feinsten Benehmens und überdies geradezu betörend charmant (zu charmant für einen Ehemann, wenn Sie mich fragen), wird Sie herumführen und Ihnen seine antiquarischen Schätze zeigen, welche Sie zuerst bewundern und später käuflich erwerben sollen.

Die etwas abgekämpft wirkende junge Frau im Hintergrund (sobald Sie sich zum Kauf entschlossen haben, wird sie mit strahlendem Lächeln und selbstangesetztem Kräuterlikör auftauchen) bin ich. Wenn Sie weiblichen Geschlechts sind, werden Sie sich zuerst für das alte Gemäuer, dann für die Antiquitäten und schließlich für den Hausherrn selbst interessieren. Seinetwegen werden Sie wiederkommen, angeblich, um sich mal die neu eingetroffenen Gobelins anzusehen, in Wirklichkeit jedoch, um festzustellen, ob Pierres Lächeln wirklich so unwiderstehlich ist, wie Sie es (etwas verwirrt) in Erinnerung haben. (Seien Sie gewiß, es ist ...)

Wenn Sie männlichen Geschlechts sind, werden Sie dagegen etwas zögernd unseren romantischen Mühlenhof durchqueren und spätestens beim Anblick der Preisliste zutiefst bedauern, daß es Ihrer Frau Thekla gelungen ist, Sie hierher zu schleppen, noch dazu an einem Sonntag, an dem Uerdingen gegen Bochum antritt und Sie dem Spiel urgemütlich auf Ihrem heimischen Sofa liegend beiwohnen könnten.

Zu spät.

Während Sie etwas unbeholfen versuchen, jenes Interesse zu mimen, das Thekla von Ihnen erwartet, stellen Sie mit Entsetzen fest, daß Ihre Frau (von Pierres Charme leicht betäubt) im Begriff steht, dieses winzig kleine Ölbildchen zu erwerben, dessen Größe in keinem rechten Verhältnis zu seinem Preis zu stehen scheint.

Wenn Sie jetzt zögern, so wird sich Thekla, beschwingt von Pierres Interesse, einem der riesigen Bauernschränke auf der Diele zuwenden und leuchtenden Auges zur Kenntnis nehmen, daß Pierre zu einem gewissen Preisnachlaß bereit ist, ja ihr den Schrank nahezu zum Einkaufspreis überläßt, da er in Thekla eine jener, heute so selten gewordenen, Antiquitätenkennerinnen erkannt hat, die sein Herz mit Wärme erfüllen.

Wenn Pierre jetzt den Preis nennt, wird Ihnen auch warm, hinten, im Kragen, und Sie entschließen sich etwas überstürzt zum Kauf des kleinen Bildes und sagen, daß Sie wegen des Schrankes noch einmal wiederkommen werden.

Dann fragen Sie nach der Gästetoilette, um heimlich Ihr Geld zu zählen.

Im Gästeklo wartet der Buddha!

Er paßt nicht ganz ins geschmacklich sonst so einwandfreie Interieur, denn er ist aus grünem Glas, sehr feist, kahl und überdies mit Wein gefüllt. An seiner Rückseite befindet sich sehr diskret der kleine Stöpsel zum Rausziehen, und auf seinem respektablen Bauch stehen die Worte: »Gruß aus Roquetas!«

Der Buddha thront, nicht zu übersehen und von zwei kleinen Gummipalmen flankiert, auf dem Brettchen über dem Waschbecken, und während Sie jetzt Ihre Brieftasche hervorziehen und anfangen, Ihr Geld zu zählen, fühlen Sie sich irgendwie beobachtet. Sie heben den Blick und stellen irritiert fest, daß der Buddha Ihnen zusieht, mehr noch, sein Grinsen deutet darauf hin, daß Sie in Begriff stehen, eine große Dummheit zu begehen, und das teure kleine Ölbild eigentlich das Letzte ist, nach dem Sie sich jemals gesehnt haben. Dann fällt Ihnen die längst fällige Reparatur Ihres Öltankes ein, und Sie stecken die Brieftasche zurück in die Gesäßtasche.

Wie ein Mensch, der eine unerklärliche Schwäche glücklich überwunden hat, verlassen Sie den stillen Ort, treten fest und selbstsicher auf, nehmen Thekla fest und selbstsicher am Arm, verabschieden sich ohne zu erröten souverän von Pierre und seinen Antiquitäten und steuern zielbewußten Schrittes dem Mühlentor zu.

Irgendwann, innerhalb der nächsten Wochen, werden Sie allein und ohne Theklas Wissen wiederkommen! Sie stehen plötzlich in der Küchentür und sehen mir beim Kartoffelschälen zu, und wenn sich unsere Blicke begegnen, lächeln Sie mich an. Sie werden mich wahrscheinlich allein in der Mühle antreffen, denn es ist ein ganz gewöhnlicher Wochentag und Pierre in Geschäften unterwegs. Alles ringsum ist von einem schönen Frieden erfüllt, die Luft ist still und blaßblau, und ein tiefer, sehr weit entfernter Horizont stippt in die Rheinwiesen. Ich werde Ihnen auf Anhieb gefallen, denn ich bin so ein kumpeliger Cordhosentyp, heiße Julika und verblasse neben der charmanten Geschmeidigkeit meines Mannes ein wenig, gewinne jedoch allein enorm an Reiz. Ich habe etwas Grundanständiges in der Ausstrahlung, so daß Sie ohne zu zögern nach dem Preis des Buddhas fragen (der Ihre Fantasie seit einiger Zeit stark beschäftigt). Sicher, daß so ein frischgewaschener Kattuntyp wie ich es gar nicht über das Herz brächte, Sie übers Ohr zu hauen.

»Der Buddha ist vor fünf Jahren in Südspanien erworben worden und hat 58 Mark gekostet. Im Laufe der Zeit wird er an Wert gewonnen haben, denn schon der Wein in seinem Innern ist ja kostentreibend gereift, jedoch, diese Antiquität ist unverkäuflich.«

»Wie schade!« werden Sie sagen.

»Der Buddha mit seinem unvergleichlichen Lächeln hat mich bei meinem ersten Besuch in der Mühle vor einer großen Dummheit bewahrt, ich kam mir plötzlich so klein und überdies recht lächerlich vor, deshalb dachte ich …«

»Ich weiß«, werde ich antworten.

»Gerade deshalb ist er ja unverkäuflich. Weil auch ich dazu neige, Dummheiten zu begehen, und mich wenigstens einer davor bewahren muß … und schließlich, der Buddha ist die einzig greifbare Erinnerung an einen unvergeßlichen Ferienaufenthalt und an einen unvergeßlichen Mann!«

Und jetzt weiß ich genau, was Sie denken.

»Muß ein ungewöhnlicher Mensch gewesen sein, dieser Kerl,

der seiner Geliebten so etwas Scheußliches schenken darf, ohne daß sie sich die Beziehung zu ihm noch nachträglich selbst übelnimmt, oder er hat sich etwas ganz Besonderes dabei gedacht.«

Der Mann, von dem hier scheinbar beiläufig die Rede ist (und von dem in meinen Träumen recht häufig die Rede ist!), hat sich bei seinem Kauf, seinerzeit in Roquetas, überhaupt nicht viel gedacht. Wahrscheinlich empfand er den Buddha ganz einfach als schön und überdies, als Gefäß für Hochprozentiges, von praktischem Wert. Ein Gebrauchsgegenstand, dekorativ genug für die Vitrine, im doppelten Sinne nützlich. Ich hatte mir damals übrigens etwas aussuchen dürfen, freie Wahl in der Andenkenabteilung. Spanierin im Spitzenkleid, Torero mit Stierkopf in den Händen oder Pferd im Sprung, mit Pralinen gefüllt. Daß meine Wahl auf den praktischen Buddha fiel, erfüllte den edlen Spender mit Zufriedenheit. Ein guter Kauf, etwas fürs Leben. Zum Gebrauchen, zum Anschauen, zum Weitervererben. Daß das Geschenk einmal im Gästeklo einer historischen Mühle landen und dort sein Unwesen treiben würde, davon war damals keine Rede.

Nein, der grün-gläserne Buddha ist unverkäuflich, denn er und ich (ich weiß, es klingt pathetisch, aber ich sage es trotzdem) sind Freunde. Sein unverschämtes Grinsen richtet mein zuweilen arg lädiertes Selbstbewußtsein wieder auf, und wie oft suchen meine Augen die seinen, welche so tröstlich »Weißt du noch« sagen können. Zudem hat das Lächeln des Buddhas die Fähigkeit, sich zu verändern. Je nach Situation ist es ironisch, warnend, weise, verschmitzt, jedoch immer wissend.

Ich brauche dieses Lächeln zuweilen, zum Beispiel, wenn Pierre in Geschäften unterwegs ist (er ist als renommierter Antiquitätenhändler und Kunstexperte sehr oft unterwegs und mitnichten immer allein), und ich brauche es, wenn das, was unsere niederrheinischen Lyriker so schön mit »dieser durchsichtigen Weite unter einem endlosen Firmament« beschreiben, zwei Meter hinter der Hoftür aufhört, weil alles im Nebel erstickt: der Fluß, die Wiesen, die Schafgatter, die Schafe selbst, das heisere Tuten unsichtbar vorbeituckernder Dampfer, die gute Laune und, in Ausnahmefällen, die Liebe zu Pierre.

Und ich brauche es vor allem, wenn ich meinem jährlichen Februartief entgegenhinke, welches mich, seitdem ich in der romantischen Mühle hause, noch mehr schüttelt als früher. Im Sommer ist die Mühle nämlich ein Tummelplatz für begeisterte Besucher, ja selbst für begeisterte Verwandtschaft ... aber im Winter!

Im Winter schreibt mir meine Schwester Doris zum Beispiel: »... stellen wir es uns ganz besonders romantisch vor, gerade um diese Zeit in Eurer Mühle zu sein, wenn der Sturm ums alte Gemäuer tobt und das Feuer im Kamin prasselt. Deshalb wollten wir eigentlich noch einmal vorbeikommen, aber Veit ist beruflich stark eingespannt, und ich habe auch wieder so mit der Schulter zu tun. Aber wenn es wärmer wird, kommen wir ganz bestimmt, und die Kinder werden wir auch mitbringen.«

Das werden sie, ganz bestimmt ... im Sommer, wenn es schön warm ist und der Sturm sich gelegt hat.

Doris ist das genaue Gegenteil von mir, das heißt, daß sie praktisch veranlagt und absolut illusionslos ist. Sie wohnt mit Veit und den beiden wohlerzogenen Kindern mitten in der Stadt und hat mir meinen Aufstieg von einer stellungslosen Träumerin mit hoher Versagerquote (im persönlichen sowie im beruflichen Bereich) zur Mühlenbesitzerin und Gattin des charmanten Pierre nie so recht verziehen. Sie sagt nichts, aber man merkt es an den herabgezogenen Mundwinkeln, wenn sie Pierre begrüßt oder unser Anwesen mustert.

Im Moment herrscht wieder einmal tiefster Januar, mit Rauhreif am Morgen und Frost in den Nächten und Einsamkeit, die beinahe greifbar in allen Ecken und Winkeln der Mühle lauert.

Zu Weihnachten hatte mir Mütterchen Feline geschrieben, daß sie zu Beginn des neuen Jahres für einige Zeit käme (ganz bestimmt), doch dann sagte sie ab, wegen einer Ausstellung im Frühjahr, auf die sie sich bei uns nicht vorbereiten kann, »weil mir in eurer Grabeskälte die Finger am Malpinsel festfrieren«. Ich versteh' das, natürlich, aber weh tut es doch, zumal ich Felines malende Gegenwart sehr schätze. Sie versteht sich auch ganz ausgezeichnet mit Pierre, was jedoch bei Felinchen nicht viel zu bedeuten hat. Felinchen versteht sich mit allen Menschen gut, sogar mit Schwager Veit, mit dem sie sich angeregt über solche Sachen wie Infrastruktur und Devisen unterhält, ohne daß er die blasseste Ahnung davon hat, wie sehr sie das Thema anödet.

Aber apropos Kälte:

»… und das Feuer im Kamin prasselt«, hatte Doris geschrieben. Pustekuchen, der Kamin zieht nicht, und der Ofensetzer ist inzwischen zweimal dagewesen, um auf geheimnisvolle Art und Weise im Inneren des Kamins herumzustochern.

Ich stand hoffnungsvoll und zitternd daneben.

Am nächsten Morgen ist dann die Hoffnung versiegt, und das Zittern ist geblieben …

Ein Anruf der schlimmen Maud richtete mich vorgestern abend teilweise wieder auf. Maud ist eine irgendwie angeheiratete Tante von Feline und betätigt sich trotz ihrer 82 Jahre noch immer als Chefin eines gutgehenden Herzromanverlages, den ihr ihr verstorbener Gatte hinterlassen hat. Ich schreibe hin und wieder kleine Romane für sie (zum Beispiel, wenn Pierre nicht zu Hause ist und ich mich selbst nach ›Herz‹ und ›Happy-End‹ sehne) und habe sogar Erfolg damit.

Die alte Hexe, womit ich ganz offiziell Maud meine, denn sie nimmt die Bezeichnung wie einen Titel, brüllte ins Telefon, wie es mir ginge, sie würde sich Sorgen machen, denn in Hamburg wäre es so kalt, daß die Rohre und die Außenalster einfrieren würden. Ich schrie zurück, es ginge ganz gut, bloß der altmodische Kamin, um den mich alle Freunde beneiden, zöge nicht richtig, so daß ich wahrscheinlich einschließlich sämtlicher Antiquitäten in Kürze Schimmel ansetzen würde.

Scheinbar ohne jeglichen Zusammenhang sagte sie:

»Ja, die Kerle, alles Verbrecher, hab's ja immer gesagt.«

Und dann:

»Pierre in Paris?«

»Ja, Geschäfte, weißt du und …«

»Ts, ts, ts, ts!«

Dann ihr bekanntes, selbstzufriedenes Lachen.

»Hast du keine Angst vor dem Mühlengeist?«

»Nein!« log ich tapfer, wohlweislich verschweigend, daß ich dazu neige, die Türen zu verriegeln und dann noch dreimal nachzusehen, ob ich auch wirklich …

»Schreib mal wieder 'n Romänchen für mich«, schlug sie mir vor. »Wir haben das Programm übrigens auf leichte Unterhaltung erweitert. Kannst dich in diesem Metier ruhig auch mal versuchen. Übrigens, da existierte doch mal so 'n Tagebuch, ich erinnere mich, daß du damals in Spanien geschrieben hast, schick's mal rüber, vielleicht schneidere ich mir das zurecht.«

»Ja, aber ...«

»Ich muß Schluß machen«, schrie sie.

»Meine Lieblingssendung im Fernsehen fängt an. Ich darf den Anfang nicht verpassen, sonst weiß ich hinterher nicht, warum Mary beim Anblick des Doktors in Ohnmacht sinkt. Hab' übrigens Horoskope für dich gesammelt, weil du ja an den Quatsch glaubst, tolle Aussichten fürs kommende Jahr, einschneidende Veränderung der gesamten Lebenskonstellation, selbst Wunder sind möglich! Wahrscheinlich wird der Kamin plötzlich wieder ziehen«, fügte sie hinzu, ehe sie auflegte.

Das Päckchen mit den Horoskopen wurde mir von Maud per Post zugeschickt. Der Briefträger, Herr Liebchen (er heißt wirklich so), legte mir meine sorgfältig verschnürte Zukunft auf den Küchentisch und labte sich anschließend mit einem Likör aus unserer Privatbrennerei. Er schüttelte sich ein bißchen und bemerkte mit einem Blick aus dem Fenster:

»Sauwetter, dies Jahr, na, wird auch mal wieder Frühling, junge Frau!«, woraufhin er den Mantelkragen hochschlug und wenig später im Nebel verschwand.

Ich trug das Päckchen in die Sofaecke, das heißt in die unmittelbare Nähe des lauwarm vor sich hin qualmenden Kamins, und vertiefte mich in die Prognosen meiner rosigen Zukunft. Ich tat dies sehr konzentriert, denn ich glaube fest an Horoskope, Orakel, Pendel, Handlinien, ja selbst an die schwarze Katze und die Schäfchen zur Linken.

Der Hang zum Aberglauben ist mir von Feline vererbt worden und wurde in früheren Zeiten von Doris folgendermaßen kommentiert: »Anstatt eine guteingeführte Sekretärinnenschule zu besuchen und etwas Brauchbares für die Zukunft zu lernen, legt Julchen die Hände in den Schoß und wartet auf ein Wunder!« Und sie hatte nicht mal so unrecht, meine Schwester, denn ich hatte bereits als Kind die wundersame Entdeckung gemacht, daß stilles ›Vor-sich-hin-Hoffen‹ etwas sehr Angenehmes ist. Man ermüdet nicht, macht sich nicht schmutzig und kann sogar größere Durststrecken überstehen, ohne zu verzweifeln. Ich hoffte, bis ich 26 war, und das war wohl doch ein bißchen zu lange gewesen, denn plötzlich befand ich mich in jener dunklen Sackgasse, in der man die Wände nach einem stabilen Haken absucht, an welchem man ›den Strick‹ befestigen kann. Ich war kurz davor, als mich ein Schwung nahezu umwerfend guter Zukunftsprognosen rettete, denn: »Herausgefordert durch Jupiter, Saturn und Pluto ist im kommenden Jahr erhöhte Spannkraft, Erfolgstendenz in jeder Beziehung und schicksalshafte Veränderung zu erwarten. Eine wichtige Begegnung im Vorfrühling, Profit im Sommer, Anregung im Herbst und Happy-End im Dezember ...«, alles in allem genug Gründe, die Sache mit dem Strick am Fensterkreuz noch einmal zu vertagen, denn:

»Das kommende Jahr bringt das ganz große Glück zu Ihnen! Selbst Wunder sind möglich.«

Es traf dann alles haargenau so ein, wie vorausgesagt, bis auf das ›Happy-End im Dezember‹, welches ich ein bißchen forcieren mußte, indem ich Pierre, als er mich über eine Schubkarre mit Bauschutt hinweg unvorsichtigerweise fragte, ob ich mir denn wohl eine gemeinsame Zukunft vorstellen könnte, unverzüglich vor den Traualtar zerrte und somit auch das ›happy-end‹ aufatmend als ›ebenfalls eingetroffen‹ abhaken konnte.

In den ersten drei Jahren meines Ehe- und Mühlenlebens interessierte ich mich nicht mehr sonderlich für Horoskope. Ich war glücklich und beschäftigt.

Irgendwann gab es jedoch in meinem Leben immer mehr ›Mühle‹ und immer weniger ›Ehe‹. Ich war immer beschäftigter und immer weniger glücklich, und alles stand in keinem so rechten Verhältnis mehr zueinander ... und so ist mir wieder mal nach ›einschneidender Veränderung‹ zumute, oder eher nach rückläufiger Veränderung, was schlecht ausgedrückt ist, denn eigentlich will ich kurz und bündig sagen: Ich will, daß zwischen Pierre und mir alles wieder so wird, wie es am Anfang war. Punktum.

Und so ist es wohl an der Zeit, mal wieder die Zukunft zu befragen, auch wenn die von Maud geschickten Horoskope wahrscheinlich keine Antwort darauf geben werden, wie lange mein Mann wohl diesmal in Geschäften unterwegs ist und ob er wirklich vor lauter Arbeit nicht dazu kommt, mal eben so zwischendurch anzurufen.

»Juleschka kann man ruhig wochenlang allein lassen, sie ist einfach großartig«, pflegt mein schöner Gatte zu vorgerückter Stunde, lässig gegen einen altfriesischen Bauernschrank gelehnt, seinen Gästen mitzuteilen.

»Eine richtige Kameradin, eine Frau zum Pferdestehlen, keine Zimperliese, die dem Mann ewig am Rockzipfel hängen will!«

Oh, wenn er wüßte, wie sehr ich mich zuweilen nach eben diesem Rockzipfel sehne und mitnichten jene forsche Kumpelfrau bin, die er zu heiraten geglaubt hat. Es ist, auf Dauer gesehen, entsetzlich anstrengend, mit einem Mann zusammenzuleben, der viel von einem hält, und der Umstand, ständig beweisen zu müssen, daß er sich nicht geirrt hat, macht vorzeitig müde.

Sicher, zuweilen, wenn es Situationen zu meistern galt, in denen es wohlgetan hätte, so richtig schön hysterisch und zimperlich zu sein, und ich mich trotzdem nicht an besagten Rockzipfel hängen konnte, weil bereits eine andere daran hing, hatte ich mir die bereits erwähnte Verschnaufpause in der Gästetoilette gegönnt und den Kopf mit all den wirren Gedanken gegen die kühle Fliesenwand gelehnt, und der Buddha hatte alle Zimperlichkeit über den Haufen gegrinst.

»Gemessen an der Ewigkeit, liebe Freundin, ist das hier doch ein Klacks!«

Ist es, aber trotzdem!

Denn was tut man, wenn der eigene Mann einen auf ein turmhohes Podest gestellt hat und sich am Fuße des Podestes mit einer stinknormalen Kunststudentin vergnügt, die für einige Wochen in die Mühle kommt, um beim Restaurieren der Vitrinenschränke zu helfen, und dann monatelang bleibt, auch noch die Kollektion alter Pendeluhren sowie Pierres (mit den Jahren ganz leicht vergilbten) Charme aufmöbelt, und die der neupolierte Pierre dann zum Dank mit nach Paris nimmt, denn:

»Schau Julika, Eveline fürchtet sich so allein in der Mühle, noch dazu im Winter, und du kannst auch besser mit den Kunden umgehen ... und dir macht es doch nichts aus!«

Wenn ich heute so an unsere erste Begegnung denke, damals an der Bushaltestelle in Roquetas, an der ich zittrig vor Ungeduld auf einen ganz anderen Mann wartete, so wird mir im nachhinein schlagartig klar, was Pierre bei meinem Anblick gedacht haben mag: »Hoppla, da steht ja haargenau die Frau, die mir beim Umbau der Mühle helfen wird und dann später die alten Klamotten hütet, wenn ich in Paris bin.« Und er verliebte sich spontan in meine so beruhigend kurz geschnittenen Fingernägel.

Ich schnürte das Päckchen auf, welches Maud mir geschickt hatte, und heraus fielen die Broschüren meiner beiden letzten Herzromane ›Nur mit dir‹ und ›Nie mehr ohne dich‹, ein Bündel Horoskope und ein handschriftliches Briefchen der schlimmen Maud.

Ich vertiefte mich zuerst in die Horoskope.

Sie erinnerten mich stark an die, die mir vor fünf Jahren sozusagen das Leben gerettet haben.

Wieder werden sich Jupiter und Saturn für mich einsetzen, wieder wird erhöhte Spannkraft versprochen und einschneidende Veränderung in Aussicht gestellt. »Ihr Leben wird auf geradezu wunderbare Weise erweitert werden!«

Maud schrieb dazu:

»Liebes Nichtchen,
angesichts der Tatsache, daß Dir das Glück im kommenden Jahr frei Haus geliefert wird, wirst Du wahrscheinlich dazu neigen, mit gefalteten Händen auf ebendieses Glück zu warten.
Sollte Dir dies (wider Erwarten) zu langweilig werden, so könntest Du versuchen, einen Beitrag zu unserem erweiterten Ressort ›leichte Unterhaltung‹ zu leisten. Im Gegensatz zu ›Herz‹ ist es hierbei nicht unbedingt nötig, daß sie sich am Ende kriegen, Hauptsache, der Leser nimmt's nicht tragisch und lacht darüber. Viel Inspiration, Deine alte Hexe M.
P.S. Denke an das Tagebuch

Ja, das Tagebuch. Es liegt seit Jahren in der Abstellkammer in einem der Kartons, in denen Pierre alte Jahrgänge seiner bevorzugten Kunstzeitschrift aufbewahrt, welche ich nicht wegwerfen darf, weil er sich einbildet, daß sie irgendwann noch einmal von Nutzen sein könnten.

Vielleicht werde ich das Tagebuch heute nachmittag heraussuchen und einen Spaziergang in die Vergangenheit unternehmen, was ja immer ganz amüsant ist, wenn man im nachhinein weiß, daß alles (im ganzen gesehen) doch noch gut ausgegangen ist. Ob es sich für Mauds Romanfabrik eignet, weiß ich allerdings nicht, denn fest steht, daß ›sie‹ sich am Ende nicht kriegten, und so weit ich mich erinnere, hat kein Mensch darüber gelacht, und zumindest eine Person nahm es (kurzfristig) tragisch.

Also, falls Sie in der nächsten Zeit mal nichts Besonderes vorhaben oder sich langweiliger Besuch angesagt hat, den Sie irgendwie beschäftigen müssen, so schauen Sie ruhig mal in der ›Blauen Mühle‹ vorbei, Oversrade, Gatterbühl 5.

Aber bitte nicht innerhalb der nächsten Tage, da hab' ich zu tun.

P.S. Kommen Sie bald, wer weiß, ob ich im Frühjahr noch hier bin, siehe Absatz: einschneidende Veränderung!

TAGEBUCH

29. JANUAR

Der heutige Tag hatte schlecht angefangen. Beim Aufstehen war ich auf dem Bettvorleger ausgerutscht und hatte mir den kleinen Zeh verstaucht. Eine Blumenvase mit verblühten Tulpen und zehn Tage altem Wasser rutschte mir aus der Hand und ergoß ihren übelriechenden Inhalt über den Frühstückstisch. Im Briefkasten fand ich zwei Mahnungen, die Stromrechnung für die letzten vier Monate und eine freundliche Erinnerung des Autohauses Glierke an die längst vergessene Reparatur für ein längst verkauftes Auto. Rechnungen für Autos, die inzwischen ein anderer fährt, schmerzen besonders. Außerdem kam die buntbemalte Einladungskarte zu Lesleys Karnevalsparty. In Anbetracht des schmerzenden Zehs, der unbezahlten Rechnungen, der totalen Ebbe im Portemonnaie und meiner außerordentlich schwierigen Lage (finanziell und im Liebesleben) ist mir jedoch nicht sehr nach Feiern zumute. Es macht nur Spaß, sich als Clochard zu verkleiden, wenn man im Sportwagen vorfährt. Ich bin auf dem allerbesten Wege, selbst Clochard zu werden (meine Schwester Doris prophezeit es mir beinahe täglich), und das ist weit weniger romantisch, als man vielleicht glauben möchte.

In welcher Art von Verkleidung könnte ich mich noch auf ein Karnevalsfest begeben? Ich könnte als ›großartige Versagerin‹ gehen, als kürzlich ausgebootete Verlobte, als Arbeitslose, als Eintagsfliege diverser Jobs, mit denen ich seit einem Jahr versuche, mein Dasein zu fristen. Angefangen vom Mannequin für Bademoden bis hin zur Zustellerin von Reklamezetteln, welche mir die erbosten Briefkastenbesitzer am liebsten wieder nachwerfen möchten, bin ich so ziemlich alles gewesen, was mies ist und schlecht bezahlt wird. Ich gehe meinen Jobs so lange nach, bis man mich nicht mehr braucht, und das ist gewöhnlich ziemlich bald.

Während ich die Karte studierte und innerlich ein Absageschreiben entwarf (Liebe Lesley, leider kann ich nicht zu Deiner Party kommen, Gunther Sachs hat mich zum selben Termin auf seine Jacht eingeladen), plärrten aus dem Radio Karnevalsschlager. Es soll ja Leute geben, die Ruckizuckimusik so kalt läßt wie frisch gefallener Schnee. Ich habe beim Hören solcher Lieder das unbezwingbare Bedürfnis, mich im Schnee zu wälzen und Juchuu zu brüllen, notfalls auch im kurzen Röckchen und mit nackten Beinen. Ich nahm die Karte und schrieb da, wo vornehm ›u. A. w. g.‹ stand, mit rotem Filzstift ›Yes‹!«

Ich fand das originell!

SPÄTER

Lesley kam aus Trinidad und leitete den Englischkurs, in welchem ich den Sommer über versucht habe, meine einsamen Abende totzuschlagen. Wir freundeten uns an. Man sagt ja, daß Gegensätze einander anziehen. Lesley hat kaffeebraune Haut, die wie Samt aussieht, taillenlanges, tintenschwarzes Haar, lange seidige Wimpern und ist schlank, rassig und sehr, sehr sexy. Gemäß des Gegensatzprinzips freundeten wir uns sehr an. Frauen mögen mich ganz allgemein sehr gern und vertrauen mir unbesorgt den kranken Kanarienvogel, die Kinder und ihren Ehemann an, weil sie wissen, daß sie alles unversehrt zurückbekommen. Nachdem wir uns einige Wochen lang kannten, stellte dann Lesley auch prompt das fest, was alle feststellen: Julika, mit dir kann man prima Pferde stehlen. Eben!

Nicht, daß es mir das Geringste ausmachen würde, ein Pferd zu stehlen, ich hab's nur nicht gern, wenn der Mann, für den ich das Pferd gestohlen habe, ein total unsportliches Mädchen zu sich in den Sattel hebt und mir von oben herab die Wange tätschelt.

»Dank dir, Julika, und bleib ein braves Mädchen!«

Wobei mir wieder Karli einfällt, der sich, nachdem es ihm gelungen war, seinen rostigen VW mit einem Lancia, seine Zweizimmerbude mit einer Penthousewohnung und seine Verlobte Julika mit einem filigranen Geschöpf namens Ev zu vertauschen, schick ›Cary‹ nennt.

Im vergangenen Jahr hat Karli sich von mir entlobt, und oben geschilderte Szene ist mir mit ihm passiert. Ich blieb übrigens tatsächlich ein braves Mädchen, und das keineswegs freiwillig. Mir fehlt irgendwie dieses Katzenhaft-Langmähnige, dieses Knisternd-

Erotische, was andere Frauen so anziehend macht. Mir fehlt vor allem diese schicke, mondäne Langeweile, die auf bleistiftdünnen, hohen Absätzen daherkommt. Um im Bilde zu bleiben: Während ich den Gaul sattelte, mit dem Karli und ich in eine gemeinsame Zukunft reiten wollten, probierte Ev bereits den sündhaft teuren Reitdreß an.

Sie sah bezaubernd darin aus.

Und ich stelle voller Genugtuung fest, daß ich inzwischen wieder soweit hergestellt bin, daß es mir nicht weiter schwerfällt, dies zuzugeben.

8. FEBRUAR

»Eine Karnevalsliebe, sag, bist du dreizehn?«

Ich mag Kitti eigentlich gern, sie ist meine Wohnungsnachbarin, und wir teilen Kaffee, Cognac, Kummer und zuweilen richtig gute Ratschläge miteinander, wenn sie nur nicht immer so fürchterlich logisch wäre. »Das muß man pragmatisch sehen« ist zum Beispiel ein typischer Satz von Kitti. Ich habe mir angewöhnt, das Zusammenleben beziehungsweise Wand-an-Wand-Leben mit Kitti pragmatisch zu sehen, es hat seine Vor- und Nachteile, wie alles im Leben.

Ich bin heute morgen nur sehr ungern aufgewacht. Im Halbschlaf hatte ich Badis Lächeln vor mir gesehen und seine Stimme gehört. Eine Stimme wie oft gestreichelter Samt, und das trotz Ruckizuckimusik über Stereo. Ich hatte im Halbschlaf noch einmal gehört, wie diese Stimme »Julika« sagte, es klang wie Polkatanzen. Übergangslos sprach er dann mit sehr zärtlicher Stimme davon, wie er sich seine Zukunft vorstellt, eine wundervolle Zukunft, mit einem rätselhaft-schönen Geschöpf namens Julika als Zentralfigur.

Mitten in meine verwegenen Träume hinein war das dreimalige Läuten gefallen, welches zu Kitti gehört und das ich einem ungeschriebenen Gesetz zufolge niemals ignoriere, auch wenn es diesmal die Scheidung von Badi einleitete. Ich griff nach meinem Bademantel und schlich, die schmerzenden Schläfen massierend, zur Tür.

»Kitti, du?«

»Wer denn sonst? Sag mal, willst du heute überhaupt nicht

mehr aufstehen? Andere Leute, in Krankenhäusern zum Beispiel, haben bereits ein volles Arbeitspensum hinter sich.« Kitti ist Pflegerin im städtischen Krankenhaus und steht, wenn sie Frühschicht hat, schon morgens um vier auf, eine Tatsache, die sie mir armer Arbeitslosen zuweilen taktlos unter die Nase reibt. Heute war sie schlecht gelaunt, wie alle, die anstatt Karneval zu feiern frisch Operierte umbetten müssen. Ich hatte volles Verständnis dafür, und schließlich, *sie* hatte ja keinen Badi kennengelernt.

»Komm rein«, sagte ich.

»Fühl dich wie zu Hause.« Was soviel heißt wie: koch Kaffee, deck den Tisch, wirf Aspirin ins Wasser und tröste mich ein bißchen. Sie warf mir einen raschen Blick zu und fiel in die Pflegerinnenrolle.

»Du siehst mies aus, trink Pfefferminztee, ich mach' welchen. Ist besser für den kaputten Magen. Daß du immer so viel rauchen mußt, letzte Woche hatten wir einen Fall, der ...«

»Ich weiß«, sagte ich schnell. Ich kenne Kittis Fälle.

Seitdem sie selbst das Rauchen aufgegeben hat, neigt sie dazu, die Fenster aufzureißen, »über die verpestete Luft in diesen Räumen« zu lamentieren und mir in farbigen Einzelheiten eine sehr düstere Zukunft zu schildern, sobald ich nur nach der Schachtel greife. Die Schachtel enthält übrigens seit einem Jahr nur noch Tabak, ich drehe selbst, was den Konsum von allein reduziert. Sie setzte das Teewasser auf und stellte die Tassen auf den Tisch. »Was ist denn?«

»Nichts«, sagte ich. »Badi!«

»Wie bitte?«

»Eigentlich heißt er Badiolla, aber darüber lachen die Leute, sagt er, und er ist nämlich Orientale, gestern abend, o Kitti!«

Sie starrte mich wortlos an, die Zuckerdose in der Hand.

»Übermorgen zieht er nach Frankfurt, und anrufen kann er vorher auch nicht mehr, und er hat hier das Glück gesucht, dabei war es zu Hause, in ... fhhh ... einem kleinen Dorf!«

Ich merkte erschreckt, daß ich weinte, ich bin irgendwie mit den Nerven herunter und größeren Belastungen nicht mehr gewachsen. »Wieso kann er nicht anrufen?« fragte Kitti und schob mir die Teetasse hinüber.

»Trink es heiß, du hast es nötig!« sagte sie, in immer noch strengem Ton. Angesichts der Tatsache, daß ich tatsächlich weinte, war ihr Blick jedoch ein wenig milder geworden.

»Er kann nicht anrufen, weil er bald nach Japan geht und dann nach Hause, vielleicht, und weil ich ja gar kein Telefon mehr habe und weil alles keinen Zweck hat.«

»Gott sei Dank«, sagte Kitti.

»Eine Karnevalsliebe gehört nach dem Fest genau dahin, wohin die verbeulte Pappnase auch gehört, in den Mülleimer!«

Ich saß so am Tisch und sah der raschen Geschicklichkeit ihrer Hände zu, welche jetzt meine Küche aufräumten. Meine Küche ist eigentlich bloß ein sogenannter Kochschrank, den ich aber sowieso kaum benutze, weil ich mit dem Geld, für das ich Lebensmittel kaufen könnte, die sündhaft teure Wohnung bezahlen muß, in der der Kochschrank steht. Meine winzige Mansardengemütlichkeit über den Dächern der Düsseldorfer Altstadt kostet nämlich ebensoviel wie eine Dreizimmerwohnung in einem Neubau vor der Stadt, aber ich weigere mich, sie abzugeben. Es ist das letzte, was mir geblieben ist, nachdem die anderen Liebhabereien wie mein Auto, das Telefon und Karli bereits zum Teufel gegangen sind. Dabei entbehrt die Bude jeglichen Komforts, aber das Treppenhaus ist sehenswert (Jugendstil) und der Blick aus den großen Dachflächenfenstern einfach bezaubernd. Und schließlich, wenn sich die Ausgabe der Miete irgendwann einmal gelohnt hat, so ist es jetzt. Ich nutze die Miete den ganzen Tag ab. Badi wird die Wohnung niemals sehen, dabei hätte ihm der Anblick des Wetterhahnes auf der gegenüberliegenden Kirchturmspitze sicher gefallen. Der Wetterhahn hat goldene Schwanzfedern, dreht sich und glänzt in der Sonne.

»Und meine Horoskope sind so gut gewesen!« überlegte ich laut. Meine Horoskope sind wirklich ganz ausgezeichnet für dieses Jahr, sogar das indische und das chinesische Horoskop, welches, um sieben Ecken herum, ja für Badi verantwortlich ist, versprachen Erfolgstendenz und erhöhte Spannkraft wie nie zuvor. In der Sylvesternacht hatte ich beim Bleigießen etwas geformt, was eigentlich nur eine Krone darstellen konnte und somit Macht, Geld und Einfluß prophezeite. Von alldem ist bis jetzt nichts eingetroffen, obwohl das Jahr ja erst angefangen hat und man somit noch hoffen kann, aber trotzdem. Die vergangene Nacht hätte ganz anders aussehen müssen. Es hätte sich herausgestellt, daß Badi in der

Nähe bleibt, von Japan hat er nie etwas gehört, Heimweh kennt er nicht, und die Spanienreise, von der er gesprochen hat, unternehmen wir gemeinsam. Auf dieser Reise könnte uns dann das Glück in jeglicher Form begegnen.

Das Schicksal, finde ich, hat in meinem Falle überhaupt keine Fantasie.

ABENDS

Warum bin ich bloß auf diese dämliche Karnevalsparty gegangen? Ein paar Augenblicke des Glücks, und schon kann man sich mit schmerzlichen Erinnerungen abschleppen und wieder einmal der berühmten verpaßten Gelegenheit nachtrauern. Ich bin im Augenblick sehr anfällig für Traurigkeit, und zum schnellen Vergessen habe ich einfach zu wenig zu tun. Gestern um diese Zeit habe ich mich für den Abend umgezogen, lustlos, weil ich nichts erwartete. Da mir die Ideen fehlten, wie man sich als ›Versager‹ oder ›Entlobte‹ kostümieren könnte, griff ich kurzentschlossen zu der bekannten karierten Schiebermütze und dem ausgeleierten Ringelhemd, welches irgendwer mal bei mir liegen ließ. Das Hemd war vorne etwas eingerissen, aber ich steckte den Schlitz, der für meine hochgeschlossene Kumpelhaftigkeit ein bißchen zu tief geraten war, kurzentschlossen mit einer leicht zerfetzten Papierrose zusammen. Mein Anblick im Spiegel war trotz der mit viel Hingabe aufgetupften Sommersprossen nicht dazu angetan, meine Stimmung zu heben. Ich befinde mich in meinem jährlichen Februartief, in dem jeder Satz mit ›zu‹ beginnt.

Zu dunkel, zu kalt, zu grau, zu langweilig, im Moment zusätzlich zu wenig vermögend und zu entlobt, und das alles schon zu lange.

Als ich den Partyraum betrat, quollen mir bereits am Eingang die grau-blauen, säuerlich-muffigen Schwaden gelungener Festfreude entgegen. Lesley hatte die Kellerbar ihrer Stammkneipe in Kaiserswerth gemietet und ein üppiges Buffet aufbauen lassen. Alle Gäste, sofern sie männlichen Geschlechtes waren, einschließlich Kneipenbesitzer, Kellner und Koch, waren eifrig bemüht gewesen, sie keinen Handschlag selbst tun zu lassen. Dafür, daß Lesley ein einziges Mal die kaffeebraune Schulter hebt, das Gesicht verführerisch seitlich dreht, die Augen auf Halbmast senkt, das tintenschwarze Haar über den linken Busen fallen läßt und dazu so unnachahmlich rauchig »hey ...« sagt, sind sie bereit, selbst ihre im Sterben liegende Großmutter mit einem Fußtritt zur Seite zu räumen, um Lesley beim Tragen ihres Schminktäschchens zu helfen.

Lesley entdeckte meine im Türrahmen stehende Unschlüssigkeit mit eckigen Knien und Papierblumendekolleté und schlängelte sich auf mich zu. Sie hauchte mir einen nach ›Paris-flair‹ duftenden Kuß auf die Wange und flüsterte mir zu:

»Die Knaben sind wieder stinklangweilig und prügeln sich darum, mit mir zu tanzen, obwohl sie nicht die Spur Rhythmus im Blut haben, sei lieb und nimm mir ein paar von ihnen ab.«

Bei näherem Studium waren die Gäste wirklich nicht der Rede wert. Der Einfachheit halber hatte Lesley ihren derzeitigen Englischkurs eingeladen, und der war, obwohl in der Überzahl natürlich männlich, in der Tat wenig aufregend, denn leider waren die Herren nicht vom Typ Alain Delons, sondern entsprachen eher jenem unscheinbaren Kerlchen, welches bei Alain das Telefon bedient und für seinen Terminkalender verantwortlich ist, womit ich sagen will, daß man unter den verwegenen Piraten- und Cowboyverkleidungen jene nadelgestreifte Uniform mit weißem Hemd und Krawatte roch, in der sie gewöhnlich ihren Alltag meistern.

»Geh und hol dir an der Theke erst mal ein Bier, um dich für die große Aufgabe zu stärken, und dann wirst du ein bißchen Schwung in den Laden bringen«, sagte Lesley. Ich versprach es ihr, obwohl ich angesichts ihrer in Goldlamé gehüllten Geschmeidigkeit berechtigte Zweifel hegte, ob die Knaben Lesleys Verruchtheit vergessen und sich statt dessen für meine Schiebermütze begeistern würden. Lesley schenkte mir ein strahlendes Lächeln, dessen Ausläufer noch ein soeben neu hinzugekommenes Paar begrüßten, und schob mich in Richtung Theke. Aus den Augenwinkeln bemerkte ich noch, daß sie das (männliche) Paar herzlich willkommen hieß, indem sie unverzüglich ihre Schulter hob, die Lider senkte und »Hällou« flüsterte.

»Sie kann vielleicht keinen Cézanne von einer Glückwunschkarte unterscheiden und hält Einstein für einen Typ aus ihrem verfluchten Englischkurs«, dachte ich etwas verbittert, »aber sie hat rechtzeitig begriffen, worauf es im Leben wirklich ankommt.« Ich leistete mir eine winzige, unbemerkte Minute echten, schönen, gelben Neides und wandte mich der Theke zu. Sie war nicht gut besucht. Es waren ein paar Frauen da, die zu den Typen gehörten, welche Lesley umtanzten und schon jetzt jegliche Stimmung eingebüßt hatten. Unter den verwegenen Kopfbedeckungen und den grün-goldenen Lidschatten sahen ihre Augen traurig aus.

Ich erinnerte mich schlagartig meiner Mission, für Stimmung zu sorgen. »He du da, 'n Bier, aber 'n großes!« brüllte ich einem in weißes Leinen gehüllten Wesen zu, welches sich, mit dem Scheuerlappen in der Hand, heftig hinter der Bar zu schaffen machte. »Und 'n Schnaps dazu!« fügte ich in jener Lautstärke hinzu, die signalisieren sollte, daß ich 'n toller Karnevalstyp bin und mich überdies bereits in jener lockeren Stimmung befinde, in die sich verklemmte Typen erst langsam hineinsaufen müssen.

»Alt oder Pils?«

. . . .

Die Punkte sollen die Schrecksekunde symbolisieren, die daraufhin eintrat. Bei mir! Nicht bei ihm.

Ich kann nur sagen, daß mein albernes Herz plötzlich den Rhythmus änderte, daß alle Sinne die Signale auf ›Achtung‹ stellten und daß ich schlagartig nur noch einen Wunsch hatte: eines dieser halbausgezogenen, langmähnigen, knisternden Geschöpfe zu sein, die nie auf die Idee kämen, in einem alten, ausgeleierten Ringelhemd auf eine Karnevalsparty zu gehen. Meine sorgsam gehüteten Träume, meine im vorigen Jahrhundert angesiedelte Fantasie, meine unerfüllten Wünsche witterten einen Spielkameraden. Ich sah zwei schwarze, blitzende Augen und darunter ein sieggewohntes Lächeln. »Vorsicht!« dachte ich und versuchte, meine stolpernden Gefühle aufzuhalten. »Das geht nicht gut.«

»Alt oder Pils?« wiederholte er geduldig mit einer sehr dunklen, warmen Stimme und einem hauchzarten, kaum merklichen ausländischen Akzent.

»Pils!« sagte ich, obwohl ich kein Pils mag.

»Dauert zehn Minütchen!«

Er ließ die blonde Flüssigkeit in ein Glas laufen und wandte sich zu mir.

»Tanzen wir?«

Sein Blick war sehr konzentriert, sehr wach. Er fiel irgendwie direkt in meine Seele und stiftete dort Unruhe und Verwirrung an.

»Komm«, sagte er und ergriff meine Hand.

Ich hatte das verrückte Gefühl, daß sich unsere Hände bereits seit langem kannten, sie sagten sozusagen übergangslos ›du‹ zueinander. Ich hatte ihn noch nie im Leben gesehen, aber ich schwöre, daß er haargenau der Mann war, dessen Wesen ich in allen Einzelheiten kannte, denn auf ihn hatte ich seit meinem fünften Lebensjahr gewartet.

Wir tanzten. Neben uns tanzte Lesley. Ihr liegt Tanzen im Blut. Die Herren, die so aussahen, als ob sie bei Alain Delon das Telefon bedienen, hatten erhitzte Gesichter, bildeten einen Kreis um Lesley, klatschten in die Hände und riefen »hey, hey, hey«.

»Das gibt morgen ein schreckliches Erwachen«, stellte mein schöner Tänzer mit einem Blick auf die ›hey‹ schreienden Bürokraten fest.

»Warum?«

»Na, so! Beim Anblick der eigenen Frau im Morgenrock. Wie heißt du?«

»Julika!«

»Genau so siehst du auch aus!«

»Und du?«

»Ich nenn' mich hierzulande Badi. Bei meinem richtigen Namen kriegen die Leute Schreikrämpfe.«

»Wie ist denn dein richtiger Name?«

»Ich sag's dir, wenn du das Geheimnis für dich behältst und mir versprichst, es nicht weiterzusagen.«

»Bestimmt nicht!«

Er zog mich dicht an sich heran, ich spürte seine Lippen an meinem Ohr.

»Badiolla! Ich möchte so gern Sascha heißen, oder Heinz-Peter!«

»Und ich möchte so gern mal 'n richtiger Vamp sein!«

Ich weiß wirklich nicht, warum ich das sagte. Irgendwie hatte ich das Bedürfnis, ihm auch ein Geständnis zu machen.

Er schob mich ein bißchen von sich ab und unterzog mich einer eingehenden Musterung. Sein Blick wanderte vom Rand der verwegenen Schiebermütze über die wahrscheinlich schon verschwitzten Sommersprossen zu dem mit der Papierrose verschlossenen Eingang meines Dekolletés, und ruhte sich dort kurzfristig aus. Dann rutschten seine Augen an den Ringeln des Hemdes hinab, bis zu den in nicht ganz sauberen Turnschuhen steckenden Füßen.

»Aber du bist doch ein Vamp!« sagte er dann.

Mal angenommen, er hätte mich gefragt, ob ich bereit sei, zu Fuß die Sahara zu durchqueren, Kamelreiten und Sackhüpfen zu lernen, eine zusammengebrochene Hütte wieder aufzubauen oder ein, zwei Pferde für ihn zu stehlen, ich hätte ohne mit der Wimper zu zucken ›ja‹ gesagt.

Er bat mich jedoch um nichts von alledem.

»Küß mich mal«, sagte er statt dessen.

Ich zögerte, wohin ich meinen Kuß placieren sollte, und entschied mich schließlich für die schwarzen lockigen Haare, die ihm widerspenstig in die Stirn fielen. Außerhalb des Gesichts war der ganze Mann in wogende weiße Stoffmassen gehüllt, die ein Scheichkostüm ahnen ließen. Das Kostüm bestand bei näherem Hinsehen aus zwei Teilen, einem kleinen Bettuch, welches am Kopf mit einer Art Heiligenschein befestigt war, und einem großen Laken, das ihm vorn bis auf die Füße fiel und hinten in einer Art Schleppe staubaufwirbelnd den Boden schleifte.

Badi bemerkte meinen Blick und sagte:

»Nicht besonders originell für einen Orientalen, aber alles andere ist schon eingepackt. Kopfkissenbezug und Laken habe ich in letzter Minute vom Bett gerissen.«

»So!«

Mir fiel nichts anderes ein als dieses kleine, zurückhaltende ›so‹!

»Du ziehst fort?«

»Ja!«

»Weit?«

»Ja!«

»Bald?«

»Ja!«

Nun gut! Vergessen. Was soll ich mit einem Orientalen? Habe ich mir je einen gewünscht?

Entsetzt sah ich ihn in ebendieser Aufmachung in Kuwait sitzen und mit der linken Hand die Wasserpfeife halten. Die rechte pantscht derweil gelangweilt in einem Becken voller Goldstücke.

Wieso mich diese Vorstellung entsetzte, ist mir unklar, das war mal wieder typisch für mich.

»Nein, kein Öl«, sagte er, als ob er meine Gedanken gelesen hätte. »Vor 15 Jahren für kurze Zeit nach Deutschland gekommen und dann irgendwie hängengeblieben.«

»Wo?«

»Auf der Technischen Hochschule und in den Armen von Carlotta.«

»Wie schrecklich!« sagte ich und dachte: Wie freundlich vom Schicksal, ihn mir nach fünfzehnjährigem Aufenthalt zwei Tage vor der Abreise doch noch über den Weg zu schicken. Gerade noch rechtzeitig, um mich ein bißchen unglücklich zu machen.

Diesmal erriet er meine Gedanken nicht.

»Was ist schrecklich, die Technische Hochschule oder Carlotta?«

»Alles!« Dann faßte ich mich.

»Was bist du denn außerhalb dieses schönen Kostüms? Ingenieur und Carlotta-gebunden?«

»Doktor für Elektrotechnik, zur Zeit erfinde ich ein schnurloses Telefon. Die Arme von Carlotta haben sich inzwischen für einen anderen geöffnet.«

»Für einen anderen Orientalen?«

»Für einen Deutschen vom Finanzamt!«

Die Musik hörte auf, jemand rief, wo denn die Bänder mit der südamerikanischen Musik wären, Lesley sang, von zwei Cowboys unterstützt, die bekannte Weise von ›Unser Omma ihr klein Häuschen!‹ An der Bar herrschte heftiges Gedränge, und man verlangte nach dem Barkeeper. Lesley rief, Badi solle sich gefälligst darum kümmern, er hätte es versprochen.

Er kümmerte sich auf der Stelle darum. Ein Lächeln für Lesley, ein Lächeln für mich, die Bitte um Vergebung lag darin.

Vergebung dafür, daß er mich so schnell schon aus seinen Armen entließ.

Ich hatte gar nicht bemerkt, daß sich das Fest inzwischen um unsere tanzende Zweisamkeit herum heftig entwickelt hatte. Man verkaufte ›unser Omma ihr klein Häuschen‹ bereits zum drittenmal, und die erste und die zweite Hypothek obendrein. Mich überfiel auf einmal tiefe Sehnsucht nach der gekachelten Einsamkeit und Kühle der Waschräume. Ich schloß die Tür hinter mir und genoß die wohltuende Stille. Eine vergessene Puderquaste langweilte sich neben verknülltem Kleenex, und das Gesicht, das mir im Spiegel entgegenkam, zeigte verschmierte Sommersprossen und ein seliges Lächeln. Ich ließ kaltes Wasser über meinen Puls laufen und dachte an den Orient. Meine Vorstellung desselben ist von der Realität weit entfernt und irgendwo im Märchenland von ›Tausendundeiner Nacht‹ angesiedelt. Vor meinem inneren Auge erschienen Seidenkissen unter einem Baldachin und schmalhüftige Bauchtänzerinnen, die sich armreifklirrend vor einem Kalifen wanden

Den Kalifen habe ich übrigens selbst mal in einer Schüleraufführung gespielt, und das angenehme Gefühl, welches diese Rolle begleitete, noch in allerschönster Erinnerung. Das Stück hieß ›Kalif Storch‹, und ich hatte nichts weiter zu tun, als auf einem sehr schönen, großen Daunenkissen zu sitzen, huldvoll zu lächeln und würdevoll den Kopf zu neigen, wenn sich meine als Sklaven verkleideten Klassenkameraden vor mir verbeugten. Sie verbeugten sich so tief, daß ihre Stirn den staubigen Boden der Turnhalle berührte, und wenn sie sich dann in gebückter Haltung rückwärtsgehend von mir verabschiedeten, wobei sie mir respektlos die Zunge herausstreckten und Grimassen schnitten, hatte ich müde die Hand gehoben und: »Hinfort mit euch!« gesagt.

Es war, wie gesagt, eine sehr schöne Rolle gewesen.

Während der nächsten Stunden bekam ich Badi kaum noch zu fassen. Er hantierte unter Lesleys dekorativer Assistenz hinter der Theke herum, wo er die Gläser füllte, welche Lesley mit unnachahmlicher Grazie über die Theke schob. Die Herren hatten sich ausnahmslos vor der Bar versammelt, wo sie in Dreierreihen darauf warteten, einen von Lesleys langwimprigen Blicken aufzufangen. Die dazugehörigen Damen drückten sich lustlos auf den Bänken im hinteren Teil des Raumes herum und teilten ihren Unmut miteinander, indem sie die Theke geflissentlich mieden und statt dessen über den Gymnastikkurs an der Volkshochschule sprachen. Unbeachtet schepperte die Musik vor sich hin und brannten die Kerzen in den bunten Lampions nieder. Es war irgendwie kein richtig gelungenes Fest, zumindest nicht für die Damen. Ich ließ mich neben Elvira auf die Holzbank fallen. Sie warf mir einen schnellen Seitenblick zu und rückte unmerklich von mir ab, denn ich gehöre nicht richtig dazu. Erstens, weil ich nicht im Club der verheirateten Frauen bin und Probleme mit Säugling und Schwiegermutter mir gänzlich unbekannt sind, und zweitens, weil ich keinen Mann besitze, der vor Lesleys Reizen geschützt werden muß. Zudem habe ich eine echte, nicht gespielte Sympathie für Lesley, der ich ungestört nachgeben kann, da ich Karli ja bereits an Ev verloren habe.

So hörte ich dann den Gesprächen der Damen mit halbem Ohr zu und beobachtete Badi, der geschäftig hin und her lief und überall erschreckend freigiebig sein zauberhaftes Lächeln verteilte. Mein in der vergangenen Woche verstauchter Zeh machte sich auch wieder unangenehm bemerkbar.

So lahmte das Fest in der folgenden Stunde einem reichlich frühen Ende zu. Die Herren hatten die Hoffnung, die rassige ›Lesley in Goldlamé‹ ein einziges Mal ›ohne Goldlamé‹ zu sehen, mit viel zuviel Alkohol hinuntergespült, und das in zu kurzer Zeit.

Sie hingen an der Theke, und die Blicke, die sich zu Beginn des Abends feurig an ihrer Figur gelabt hatten, stierten jetzt glasig ins Leere. Die Damen benutzten die Gelegenheit, ihre Ehemänner mit sanfter Gewalt zum Aufbruch zu zwingen. Lesley, Badi und ich befanden uns auf einmal allein auf dem Schlachtfeld umgefallener Gläser und verknüllter Papiergirlanden.

»Was mach' ich nur mit all den Resten vom Buffet«, sagte Lesley und sah Badi an. Ich bemerkte, daß sie, während sie mit ihm sprach, ganz normal guckte und kein bißchen die Schulter hob.

»Geh nach Haus, Schatzi«, sagte er. »Ich ruf' dir ein Taxi! Julika und ich machen das hier schon!«

»O ja«, rief ich mit jener wilden Begeisterung, die man sonst nicht an mir kennt, wenn es darum geht, Küchendienste zu verrichten. »Wir machen das schon. Ruf dir ein Taxi!«

Badi telefonierte bereits, das Taxi kam schnell, wir waren plötzlich allein mit einer launigen Männerstimme, die uns schwungvoll mitteilte, daß unser Omma nun, da ihr Häuschen verkauft ist, im Hühnerstall Motorrad fährt. Gut, daß sie den Hühnerstall wenigstens noch hat. Lesley kam noch einmal zurück, um uns mitzuteilen, daß sie auch für mich ein Taxi bestellt hätte. Es käme sofort.

Ich mag sie wirklich gern, aber in diesem Moment hätte ich sie erwürgen können. Wenn schon mal jemand glaubt, für mich etwas tun zu müssen.

Badi stellte das Tonband ab, es war still im Raum, wir arbeiteten schweigend vor uns hin. Stellten Gläser ins Becken, räumten Reste in den Kühlschrank, leerten Aschenbecher. Einmal berührten sich unsere Fingerspitzen und unsere Blicke in der gleichen Sekunde.

»Und du?« fragte er.

»Ich? Och!«

Er nahm seinen Kopfputz ab und legte ihn ordentlich zusammengefaltet über eine Stuhllehne. Er hatte dickes, schwarzes Haar in Wirbeln. »Das ist nicht besonders viel!« stellte er einsichtig fest.

»Nein!«

»Was tust du denn so?«

»Nichts«, sagte ich aufrichtig. »Ich warte auf das berühmte Wunder.«

Er sah mich an und lachte. Es lag soviel echte Warmherzigkeit in diesem Blick und in diesem Lächeln.

»Du wirst staunen, darauf warte ich auch.«

Er schwieg eine Weile und fügte dann hinzu:

»Aber komischerweise ist das Glück immer gerade da, wo ich nicht bin, wie Brecht so schön formuliert: Das Glück läuft hinterher!«

»So könnte man es auch sagen.«

»Weißt du, Julika«, sagte Badi, »ich bin in einem ganz kleinen, sehr armen Dorf aufgewachsen und wußte nicht, daß das Glück genau neben mir im Innenhof unseres Hauses saß. Ich Dummkopf dachte, es wäre hier, meilenweit weg, das denkt man ja immer, daß das Glück weit weg ist.«

»Du glaubtest also, es wäre in Deutschland, auf der Hochschule, unter dem Doktorhut, in Carlottas Armen ...«

Er lächelte versonnen, dann sagte er: »Weißt du, es ist vorgekommen, daß die Suche nach dem Glück so anstrengend war, daß man es gar nicht mehr genießen konnte, als man es endlich gefunden hatte.« Nun, das würde mir nicht passieren. Ich hatte zwar auch emsig gesucht, mich jedoch keinesfalls dabei überanstrengt.

»Bist du irgendwie gebunden?« fragte er auf einmal, und ein kleines, sehr nettes Erschrecken flimmerte durch seine Stimme.

»Ich war, jetzt nicht mehr!«

»Du hast dem miesen Kerl den Laufpaß gegeben!« sagte er verständnisvoll.

»Nein, der miese Kerl mir. Er zog ein Mädchen namens Ev vor.«

»So ein Glück!«

Dann, nachdenklich:

»Aber ich habe nichts mehr davon.«

Er seufzte in komischer Verzweiflung.

»Typisch, immer wenn ich denke, jetzt könnte es mal was werden mit dem Glück, habe ich nichts mehr davon.«

»Du ziehst um?« Ich sagte das nur ganz leise.

»Ja, nach Frankfurt, zunächst. In einem halben Jahr schickt mich die Firma für ein halbes Jahr nach Japan. Und danach möchte ich eigentlich wieder nach Hause ...«

Er blickte mich unschlüssig an und senkte die Augen. Wahrscheinlich hat er sich kurzfristig eine Julika im Schleier vorgestellt, ein Bild, welches ihm offensichtlich nicht gefiel.

Er wendete sich ab, begann Gläser abzutrocknen.

»Na ja!«

Ich sah ihn an. So schnell also gab dieser Bursche die Suche nach dem Glück auf. Andererseits ... na ja!

Das Taxi kommt. Lesley hat das wirklich fabelhaft organisiert. Irgendwer hat mir eingebleut, daß man Taxen nicht warten lassen darf, somit bekommt unser Abschied etwas Schmerzlich-Plötzliches. Ich haste in die kalte Winternacht hinaus.

Badis Entsetzen folgt mir bis an das heruntergekurbelte Wagenfenster.

»Ja, höre ich denn nie mehr etwas von dir?«

»Wozu?« Trotzdem nesteln meine Hände bereits an der Handtasche. Ich finde eine alte Rechnung und kritzle auf die Rückseite meine Adresse. »Hier! Gut aufheben. Für Notfälle! Falls dich die Frankfurter rauswerfen! Falls Japan geschlossen ist oder dir deine Heimat doch nicht mehr so gut gefällt ... bitte!«

Er greift nach dem Zettel, verstaut ihn sorgfältig.

»Kann man dich anrufen?«

»Nein!«

»Warum nicht?«

»Ich hab' mein Telefon vor zwei Monaten abgemeldet.«

Da lacht er und strahlt mich an. Schneeflocken hängen in seinem Haar und kleben sogar an den Wimpern. Wie gern ich ihn jetzt auf der Stelle küssen möchte.

»Du bist so ein richtig modernes Mädchen, was?«
»Nein, ein stellungsloses!«
Er lächelt.
»Komisch, bei dir find' ich das irgendwie süß!«
»Was, das stellungslose?«
»Das abgewürgte Telefon!«
»Melde dich mal«, sage ich.
»Melde dich bald.«

Der Chauffeur hatte erstaunlich viel Geduld mit unserer umständlichen Verabschiedung, aber allmählich wurde es ihm wohl doch zuviel. Er gab Gas, der Wagen hoppelte über einige Schneeberge und schlitterte auf die Straße. Ich hörte, wie Badi noch etwas rief.

»... anien!«

»Wie?«

Er stand einsam und seltsam verlassen mitten auf der vereisten Fahrbahn und hatte die Hände trichterförmig um den Mund gelegt. »Jetzt Urlaub in Spanien ... dann Japan ... ich schreib' aus Roquetas, wenn ...« Den Rest kann ich nicht mehr verstehen, wir sind schon zu weit weg. Frühestens in einem Jahr wird er sich melden. Per Ansichtskarte, wenn überhaupt ...

Das Taxi kostete mehr, als ich für diesen Abend eigentlich hatte ausgeben wollen, 7 Mark 50. Ich drückte dem Chauffeur einen Zehnmarkschein in die Hand und stieg aus. Mag er den Rest behalten, so werde ich dem totalen Ruin eben schneller entgegengehen, am Ende wird es ja doch dazu kommen. Warum das Elend unnötig verlängern. Es schlug vier, als ich die Wohnungstür aufschloß.

Auf der Matte lag meine Post. Seitdem ich den Schlüssel zu meinem Briefkasten verloren habe, wandern meine Briefe erst mal in den von Kitti, bis sie mir den Kram irgendwann einmal nachträgt. Ich frage nie, ob Post für mich da ist, sondern genieße jeden Tag, an dem ich keine bekomme. Die an mich gerichteten Briefe sind seit einiger Zeit einfach zu unerfreulich.

Diesmal waren es zwei blaue Umschläge mit Fensterchen und amtlichen Stempeln (Arbeitsamt und Elektrizitätswerk) und eine Karte von Feline. Ich legte die Briefe ungeöffnet auf die kleine Flurkommode und las zuerst, was Feline schrieb:

»Komm am Mittwoch mal vorbei, damit wir ein bißchen reden können. Doris hat vielleicht eine Stelle für dich! Küsse, Feline.

P.S. Komm bestimmt!!! vorbei.«

Feline ist an erster Stelle Kunstmalerin und an zweiter Mutter. Die von Doris und mir. Ich mag es, daß sie erst an zweiter Stelle Mutter ist. Es verpflichtet die Kinder zu nichts.

Ich kann Feline lieben, ohne mir Gedanken darüber zu machen, mit wem sie ihren Geburtstag feiert, wenn ich zum Beispiel keine Lust oder keine Zeit habe, sie zu besuchen. Außerdem langweilt sie sich nie und klagt darüber, daß sie langsam alt würde und selbst die eigenen Kinder sie vergessen.

Die Aussicht, sie zu sehen, stimmte mich fröhlich. Die Aussicht, daß Doris eine Stelle für mich hat, verdüsterte dagegen augenblicklich mein Gemüt. Doris ist die einzige in der Familie, die es zu etwas gebracht hat, und nervt Feline und mich mit ihrem ständigen Bestreben, uns bei irgendeinem Aufstieg behilflich zu sein. Sie quält zum Beispiel Feline damit, daß diese ihren Stil ändern und surrealistisch malen soll, und mich, indem sie mir unverdrossen die Vorteile einer richtigen Berufsausbildung unterbreitet. Feline hört aufmerksam zu, nickt, sagt, daß Doris unbedingt recht hat und daß sie sich das mit dem Surrealismus überlegen wird. Dann malt sie unverdrossen genau so und genau das, was sie will. Ich höre Doris überhaupt nicht zu, sondern fahre ihr bereits beim ersten Satz mit der Bemerkung über den Mund, daß sie mir gefälligst den Buckel herunterrutschen soll und mir die Vorstellung, eine Sekretärinnenschule zu besuchen, Übelkeit verursacht.

Feline streitet nie mit Doris. Sie ist soviel weiser als ich, und das bewundere ich so an ihr.

Ich beschloß, sie am Mittwoch zu besuchen, und freute mich im voraus darauf, ihre Stimme zu hören und ihre neuesten Bilder anzusehen.

Ringelhemd und Schiebermütze warf ich übrigens noch am selben Abend in den Mülleimer. Ich brauch' das nicht mehr, ich meine Ringelhemden für Karnevalspartys. Wahrscheinlich werde ich mir doch das Leben nehmen. Morgen noch nicht, aber später …

MITTWOCH NACHT

Feline!

Irgendwie ist sie immer das junge Mädchen geblieben, das mit neunzehn Jahren ganz allein durch den Nahen Osten trampte. Sie war ihrer Zeit voraus. Irgendwo in der Türkei hat sie Paul getroffen, welcher bereits seit zwei Jahren unterwegs war. Zusammen gingen sie nach Düsseldorf, zusammen besuchten sie die Kunstakademie. Zusammen produzierten sie zwei Töchter, erst Doris, dann mich. Paul wird Karikaturist, ein ziemlich guter sogar, findet eine feste Anstellung bei der Zeitung. Zwei Bücher mit Cartoons finden reißenden Absatz. Feline bleibt zu Hause, spielt mit den kleinen Töchtern und malt Bilder auf Leinwand. Irgendwie kommen die beiden nie dazu, die erste, improvisierte Einrichtung zu vervollständigen. Die großen Atelierräume unter dem Dach einer Kölner Mietskaserne sind heute noch genau so, wie ich sie seit meiner Kindheit her kenne. Die beiden gestapelten Matratzen hinter dem weißen Nesselvorhang, ein riesiger Küchenschrank, von Feline bemalt, ein paar Haken an der Wand, zwei große Tische, die Staffelei … Nachdem Paul sich endlich durchgesetzt hatte, hängte er die Malerei an den Nagel. Das Ganze langweilte ihn. Er wollte wieder hinaus, in Australien war er zuletzt. Die Ansichtskarte, die er vor zwei Jahren geschickt hat, lehnt seitdem auf dem Tellerbord. Feline hatte Verständnis für Paul und malte. Doris und ich wurden irgendwie groß. Doris wurde sogar sehr groß, sie machte richtig Karriere. Hat Abitur gemacht und Betriebswirtschaft studiert, man muß sich so was mal vorstellen. Ich machte keine Karriere, wäre am liebsten für immer bei Feline geblieben, hätte dies aber um keinen Preis zugegeben. Irgendwie hat man immer Angst, Feline zu stören. Dabei sind diesbezügliche Sorgen ganz unbegründet, nichts stört Feline, wenn sie malt. Weder eine Nervensäge wie Doris noch ein Mann, der nach Australien will, noch eine Julika, die nichts ist und nichts will und nicht mal irgendwelche Zukunftsvorstellungen hat. Feline betrachtete ihre aus der Art geschlagenen Töchter und wunderte sich. Kurzfristig! Dann malte sie wieder. Ihre Bilder, haargenaue Abbildungen ihrer Umwelt, kamen plötzlich in Mode. Ihr ›Fotorealismus‹ wurde gefragt. Wir lebten davon. Nicht gut, aber es reichte, um immer wieder neue Farbe und neue Leinwand zu kaufen und hin und wieder ein Stück Fleisch für den Suppentopf.

Ich kenne keinen einzigen Menschen, der glücklicher lebt als Feline.

Heute mittag um drei stieg ich die neunzig Stufen zu Felines Atelier hinauf. Ich klingelte, Doris öffnete die Tür.

Ich konnte mein Entsetzen, sie im Türrahmen stehen zu sehen, kaum verbergen.

»Hallo, wo ist Feline?«

»Nicht da, kommt aber gleich!«

»Was heißt gleich?«

»Nun, eben gleich. Du kennst Feline doch, gleich kann fünf Minuten, zwei Stunden oder drei Tage bedeuten. Komm rein. Kaffee?« Wir sitzen uns an dem großen Küchentisch gegenüber. Mustern uns, wie sich zwei Schwestern, und zwei Töchter einer so bezaubernden Mutter, eigentlich nicht mustern dürften.

Es liegt an sich nicht so sehr daran, daß wir uns nicht leiden können, es liegt am Altersunterschied. Doris ist fünf Jahre älter als ich, und damit ist eigentlich alles gesagt. Sie war für fünf süße Jahre hindurch Felines Prinzessin, Felines Schoß gehörte ihr allein. Mit ihr ging Paul am Sonntag in den Stadtpark, ihr wurden abends die Märchen erzählt. Wenn sie sich im Dunklen fürchtete, kam Feline und hielt ihre Hand.

Dann erschien an einem grauenvollen Tag im August plötzlich Julika, zerbrüllte das Paradies, forderte Aufmerksamkeit und bekam sie auch. Paul trug sie auf dem Arm herum, und am Abend mußte man auf Zehenspitzen gehen und ganz leise sprechen, denn sonst brüllte sie wieder. War es geschehen, nahm Feline sie auf den Arm, sang und ging im Raum auf und ab.

Situationen wie diese verzieh Doris mir nie. Wahrscheinlich beschloß sie bereits im Alter von sechs Jahren, diese Familie zu verlassen, Karriere zu machen und es allen zu zeigen. Mir zeigte sie es von Anfang an. Meine täppischen Annäherungsversuche lehnte sie ab. Der Aufforderung, mit mir zu spielen, kam sie höchstens dahingehend nach, daß sie mich heimlich in den Po kniff und dann unschuldig bemerkte, sie wüßte auch nicht, warum die Kleine wieder so brüllt.

Später fehlte es uns an Gemeinsamkeiten, und der Stachel des

Neides besorgte den Rest. Der Stachel des Neides bohrte sich genau an dem Tage in mein Fleisch, an dem mir bewußt wurde, daß es eine Tatsache gab, an der einfach nicht zu rütteln war. Doris würde immer fünf Jahre älter sein als ich, immer die Privilegien der Älteren genießen. Sie durfte fünf Jahre eher bis zehn aufbleiben, fünf Jahre eher das Gymnasium besuchen. Fünf Jahre eher als ich schminkte sie sich für die Tanzstunde. Fünf Jahre eher trug sie den Minirock, fünf Jahre eher steckte sie die seidenbestrumpften Beine in hochhackige Schuhe. Kam ich mühsam hinterhergehumpelt, war die Zeit für die begehrte Sache schon vorbei. Minirock war längst nicht mehr ›in‹, und die Tanzstunde wollte ich gar nicht erst besuchen. Ich gab es irgendwann einfach auf, hinter Doris her zu robben. Offensichtlich war die ›Zeit‹ für gewisse Dinge immer just in jenem Jahr vorbei, in dem ich sie endlich erreicht hatte. Doris erwischte immer die richtigen Zeiten. Nach der Tanzstunde das erste Rendezvous, das schulterfreie Abendkleid, das Abitur, die Verlobung nebst Verlobungsfeier. Studium, das Jahr im Ausland, Hochzeit, Stellung mit Aufstiegschancen. Nach einem Ehejahr das erste Kind, zwei Jahre später das zweite Kind. Erst Junge, dann Mädchen, Hausbau!

Zur Einweihungsparty bin ich gar nicht mehr gegangen, ich war das Schnürchen so satt, an dem sich das Leben meiner Schwester abspulte. Seit einigen Jahren beschäftigt sich Doris damit, mir Stellen zu verschaffen, meist Stellen bei jener Firma, für die sie selbst arbeitet, natürlich vier Etagen tiefer, denn: »Schau Julika, du hast ja keine richtige Fachausbildung, und bei uns kannst du aufsteigen. Besser wäre es natürlich, wenn du zwei Jahre auf die Sekretärinnenschule ...« Und so weiter und so weiter.

Nun sitzen wir uns also gegenüber und warten auf Feline. Doris paßt nicht mehr in diese Umgebung, sie weiß es und ist stolz darauf. Ihre Hand spielt mit der Kaffeetasse, eine tadellos manikürte Hand mit Ehering. (Unvorstellbar, daß man sich von Doris entloben könnte!) Über dem Ehering ein kleiner, sehr hübsch gefaßter Brillant. (Verlobung) An der anderen Hand ein Ring mit drei kleinen Rubinen. (Hochzeit) An ihrem Handgelenk glänzt ein Armreif mit eingelassenen Initialen. (Erster Hochzeitstag) Die Geschenke der anderen acht Hochzeitstage liegen wohlverwahrt in der ledernen, abschließbaren Schmuckschatulle.

»Nun, Juleschka, wie geht's?« Ihr Blick streift meine Beine, die ich lang ausgestreckt habe und die in beigen, etwas ausgebeulten Cordhosen stecken. Der Blick umkreist, eher angewidert, die derben Lederstiefel mit leicht angeschmutztem Pelzbesatz. Der Pulli, den ich trage, stammt übrigens von ihr. Sie vererbt mir manchmal kaum getragene Kleidungsstücke und hat später so eine impertinente Art zu fragen: »Sag mal, Julika, die Bluse, die du da anhast, ist das nicht eine von mir …? Erstaunlich, wie sich die teuersten Stücke verändern, wenn du sie ein einziges Mal getragen hast!«

»Och«, antworte ich schließlich auf ihre Frage nach meinem Wohlergehen und fühle wieder diese sinnlose Wut in mir aufsteigen, die mich überkommt, seitdem sie mich im Alter von zwei Jahren absichtlich in eine Pfütze fallen ließ.

»Sehr gut!«

»Ja, hast du denn Arbeit?«

Zum Glück kommt Feline. Sie trägt schwarze Hosen, einen schwarzen hochgeschlossenen Pulli, flache, einfache Schuhe und einen weiten Poncho. Ihr Haar ist ganz kurz geschnitten und wird langsam weiß. Das weiße Haar steht ihr sehr gut, es macht sie seltsamerweise noch hübscher, als sie es ohnehin ist.

Feline wirft den Poncho auf den Stuhl und küßt mich.

»Julchen, Liebling, du siehst gut aus …«

»Arbeit hat sie keine«, bemerkt Doris und betont das Wort ›Arbeit‹ in unnötiger Weise.

»Kinder«, sagt Feline mit ihrer leisen, typischen Art, »wir müssen ja nicht gleich von Stellungssuche sprechen.«

»Wann denn?« fragt Doris. »Ich hab' ja nicht unbegrenzt Zeit! Ich muß Felizitas vom Blockflötenunterricht abholen, und Götz ist auf dem Reitplatz. Seine Stunde ist gleich zu Ende.« Mit diesem Satz hat Doris eine Menge gesagt. Erstens, daß ihr Haushalt wie am Schnürchen läuft, zweitens, daß sogar so kleine Dinger wie Götz und Felizitas bereits einen festen Terminkalender haben, an den sie sich halten.

»Im Schreibsaal unserer Firma wird demnächst eine Stelle frei«, fährt Doris unbeirrt fort, »weil eine Stenotypistin heiratet. (Kleine Pause) Du kannst die Stelle haben, ich werde mich dafür einsetzen.«

»Ich brauche deine Stelle nicht«, höre ich mich zu meiner eigenen Verblüffung sagen, »weil ich demnächst eine tolle Stelle haben werde.« »Du spinnst ja«, sagt Doris mitleidig. »Du wirst nie erwachsen. Träum weiter! Und schädige die Gesellschaft.«

»Ich schädige die Gesellschaft nicht, ich lebe von meinen Verhältnissen ...«

So blöd enden alle unsere Unterhaltungen. Ich bin nicht imstande, einigermaßen sachlich mit Doris zu reden. Sie stand dann auch bald auf und verabschiedete sich. Feline half ihr in den Mantel. (Nutria, dreißigster Geburtstag) Sie küßte Doris sogar, weiß Gott, wie sie das fertigbringt.

»Grüß Veit«, sagte ich, als sich unsere Fingerspitzen flüchtig berührten.

»Mach' ich!« Veit ist mein Schwager, unsere gegenseitige Sympathie beschränkt sich darauf, daß wir uns regelmäßig durch Doris grüßen lassen. »Schönen Gruß von Julika«, wird Doris heute abend zu Veit sagen. »Wenn sie jetzt die Kurve nicht bald kriegt, muß man sie für immer aufgeben.«

»Wie alt ist sie denn eigentlich inzwischen?« wird Veit, hinter seiner Zeitung versteckt, unbeteiligt fragen.

»26! Die Rolle der zauberhaften kleinen Julika, die so entzückend unfähig ist, wird allmählich peinlich. Nur Feline fällt noch immer darauf herein!«

Dann geht Doris in die Küche und drückt mit ihrem fein manikürten Zeigefinger den Knopf der Spülmaschine.

Feline und ich saßen uns noch bis Mitternacht gegenüber, sprachen über das Leben im allgemeinen und über Möglichkeiten, damit fertig zu werden. »Brauchst du Geld?« fragte sie einmal. »Nein!« sagte ich schnell, denn ich brachte es nicht über das Herz, ihr zu gestehen, daß ich sehr wohl Geld brauche. Dreihundert mindestens. In den vergangenen Wochen habe ich das umfangreiche Manuskript für einen Schriftsteller abgetippt. Fünfhundert hat er versprochen, keinen Pfennig hat er bis jetzt bezahlt. Was soll ich machen, auch der Schriftsteller hat kein Geld. Feline zeigte mir die Bilder der letzten Zeit, kleinformatige Stilleben in wunderschönen Grautönen. Abbildungen ihres ureigenen Alltags. Der alte Trench, unordentlich über eine Stuhllehne geworfen, der nicht abgedeckte Küchentisch, der Zeichenblock neben dem Farbkasten ... Das Bild ›Küchenbord‹, ein Ausschnitt desselben, mit Teedose, Makkaroniglas, Kaffeebechern und der Ansichtskarte von Paul, schenkte sie mir. Wir küßten uns zum Abschied. Feline roch wie immer ganz leicht nach Terpentin und nach Veilchen.

»Mach's gut«, sagte sie.

»Ja, du auch! Paß auf dich auf.« Es ist immer so eine kleine, taktvolle Distanz zwischen uns, die die Möglichkeit zuläßt, dem anderen nicht zu nahe zu treten und ihn dennoch sehr zu lieben.

15. FEBRUAR

Heute morgen ging es mir nicht sehr gut. Ich fühlte mich, wie ich mich nach einem Zusammensein mit Doris immer fühle: außerordentlich mies. Um zehn rief ich den Schriftsteller an, aber er war nicht zu Hause. Die Post brachte ein Couvert mit Fotos, die ein Typ namens Jens auf der Karnevalsparty gemacht und um die ich eindringlich gebeten hatte, obwohl es mir eigentlich nur um ein einziges Foto ging: das, welches er von Badi gemacht hat. Es ist total verwackelt und läßt Badis Schönheit nur ahnen. Dafür schickt mir Jens etwa dreißig Bilder der rassigen Lesley. Die Rechnung lag auch dabei. 33 Mark, und das, obwohl ich selbst kein einziges Mal darauf bin und Badi bloß verwackelt. Ich packte sämtliche Fotos plus Rechnung wieder ein und sandte alles mit freundlichen Grüßen an Jens zurück. Mag er denken, was er will.

Nachmittags begab ich mich zum Arbeitsamt, zu Fräulein Schöntag, die dort für meine Arbeitsprobleme verantwortlich ist. Der Name ist das einzig Erfreuliche an ihr, ansonsten wirkt Fräulein Schöntag wie ein Aspirin auf nüchternen Magen. Heute bot sie mir einen Job in einer Pantoffelfabrik an.

»Was soll ich denn da machen?« fragte ich entsetzt.

»Die Latschen eintragen?«

»Nein, die Glasknöpfe draufnähen, aber die suchen sowieso eine Fachkraft.« Wie schön, daß ich für diesen aussichtsreichen Posten nicht qualifiziert genug bin.

Der Rückweg führte mich am Stadttheater vorbei. Ich besah mir die kostümierten Figuren auf den Fotos in den Schaukästen und bekämpfte eine kleine Welle des Neides, die mir die Kehle hochstieg. Ich wäre aber sowieso keine gute Schauspielerin geworden. Der Nachmittag verstrich in unglaublicher Öde. Ich blätterte in verschiedenen Büchern, konnte mich zum Lesen jedoch ebensowenig aufraffen wie zu allem anderen. Eine Winterfliege versuchte mit wütendem Gebrumm durch das verschlossene Fenster zu entkommen. Auch sie eine unverbesserlich Hoffende. Schließlich gab die kleine Fliege ihr sinnloses Tun auf und blieb mit kläglich nach oben gereckten Füßchen lautlos auf dem Teppich liegen.

Die zarten Flügelchen zitterten vor Schmerz.

Die kleine Fliege war wirklich total erledigt, ermüdet vom Hoffen. Wie ähnlich wir uns doch im Augenblick sind. Ich werde sie Esperance nennen und als Freundin bei mir aufnehmen. Fliegen sind ziemlich anspruchslos, und andere als anspruchslose Freunde kann ich mir im Moment nicht leisten. Meine permanente Geldlosigkeit schränkt irgendwie die Gesprächsthemen ein. Die Tatsache, daß eigentlich alle, die ich kenne, gut verdienen und ich arbeitslos bin, ist den anderen immer so peinlich. Als ich kürzlich Ina auf der Kö traf und ganz unbefangen fragte, ob sie in diesem Jahr wieder mit den Kindern nach St. Gallen zum Skilaufen fährt, blickte sie so verschämt zur Seite. Die Freundschaft mit Esperance wird also unter allen Umständen unkomplizierter sein.

Wir zwei sitzen im selben Boot.

SONNTAG, KURZ VOR MITTERNACHT

Es gibt nichts Ekelhafteres als einen Feiertag, wenn man eigentlich immer Feiertag und überdies kein Geld hat. Und wenn man erst 26 ist, die Senilität einem also noch nicht über den bitteren Schmerz hinweghilft. Ich war heute ganz besonders depressiver Stimmung, was zum Teil daran lag, daß Kitti Dienst im Krankenhaus hatte und obendrein kein Telefon vorhanden ist, das unverhofft läuten könnte. Die Tatsache, daß es zumindest läuten *könnte* und sich ein junger Mann, zum Beispiel Badi, meldet und fragt, ob man am Abend etwas vorhat, würde die Trostlosigkeit doch entschieden mildern. So kann man selbst das Flämmchen der Hoffnung begraben. Zum Frühstück versuchte ich mich mit der Lektüre meiner diesjährigen

Horoskope zu trösten, die ich ausgeschnitten und sogar säuberlich auf einen Bogen Papier geklebt habe und die mir, wie bereits erwähnt, gerade für dieses Jahr alles Glück der Welt versprechen. In grauer Sonntagsstimmung neige ich jedoch dazu, alles als Unsinn abzutun. Bereits im vergangenen Jahr sollte ich Dank Jupiters Einfluß selten gute Tage erleben, doch im Laufe des Jahres stellte sich heraus, daß ich nicht gute Tage wie selten, sondern selten einen guten Tag haben sollte. Auch das chinesische Horoskop hatte ich völlig verkehrt interpretiert, denn den Punkt: ›einschneidende Veränderung im Mai‹ hatte ich als hoffnungslos optimistischer Mensch irgendwie mit der Vorstellung einer positiven Begegnung gleichgesetzt, welche dann eben die einschneidende Veränderung herbeiführen würde. Statt dessen verlor ich im Mai erst meine Arbeitsstelle und dann Karli, Veränderungen, die in der Tat sehr einschneidend waren, vor allem auf dem Konto und in der Seele.

Beide, die Firma Eiermann und mein Bräutigam, hatten mich als überflüssig erkannt und aus ihrem Leben wegrationalisiert. Bei Karli war es angeblich der Blitz aus heiterem Himmel gewesen, der an dem Tage einschlug, als ihm Ev zum erstenmal über den Weg lief. Bei Eiermann hatte ich drei Jahre lang in einem düsteren Kontor gesessen und Mahnbriefe und Rechnungsschreiben verfaßt. Dann führte die Firma ein Rationalisierungsprogramm durch, demzufolge Einsparungen vorgenommen wurden. Was zuerst eingespart wurde, war ich. Am Anfang war es mir egal. Ich trennte mich von Eiermann ebenso leicht, wie Eiermann sich von mir trennte, die Sehnsucht hielt sich auf beiden Seiten in gut erträglichen Grenzen. Der Schmerz um den verlorengegangenen Bräutigam deckte den Schmerz um den verlorengegangenen Arbeitsplatz auch zu. Ich lag viele Stunden auf dem Sofa, starrte die Decke an und gab mich der Verzweiflung hin. Ich erinnere mich, daß ich mich der Verzweiflung sogar mit einer gewissen Wonne hingab, doch mußte ich irgendwann das Schmerzenslager verlassen, und dann fing der ermüdende Kram mit dem Arbeitsamt, den Jobs und den Bewerbungsschreiben an, auf die ich immer dieselben freundlichen Absagen erhielt. Damals hatte ich dann angefangen, auf das Wunder zu hoffen, darauf, daß es plötzlich an die Tür klopft und sich etwa so vorstellt: Gestatten, gnädiges Fräulein, mein Name ist Wunder …

Das Wunder ließ auf sich warten. Ich schrieb weiterhin Bewerbungen, in denen ich meine nie erlahmende Schaffenskraft und meine Erfahrungen auf dem Sektor des Mahnbriefschreibens anpries. Ich bekam weiterhin Absagen und außerdem selbst Mahnbriefe. Trotz der schlechten Erfahrungen, die ich im vergangenen Jahr in Sachen Horoskop gemacht hatte, las ich also heute früh die günstigen Prognosen für die nähere Zukunft noch einmal, konnte mein Herz jedoch nicht erfreuen und warf den Bogen schließlich in die Küchenschublade, zu den Mahnbriefen der vergangenen Woche. Dann ging ich ans Fenster, lehnte den Kopf gegen das Glas und starrte trübsinnig in den Hof. Bereits der Anblick der im Hof stehenden Mülltonnen genügte, mir vollends den Rest zu geben. Ich dachte, wie geschwächt meine Nerven schon waren und von welchen Kleinigkeiten neuerdings meine Stimmung abhing. Ein Blick in den Kühlschrank zum Beispiel genügt an manchen Tagen, und schon kommt die Melancholie auf samtenen Pfoten dahergeschlichen, und an ihrer Seite hüpft ihr Schwesterchen, die wilde Verzweiflung:

»Hallo, wir sind da! Wollen mit dir spielen.«

Früher habe ich das alles gar nicht bemerkt, die Mülltonnen im Hof waren mir völlig egal.

Später hielt ich mich lange mit der Frage auf, was ich denn heute so zu Mittag essen könnte. Im Kühlschrank langweilen sich seit Tagen ein Camembert mit leicht eingetrockneten Rändern und ein Glas Marmelade zu Tode und wissen nichts miteinander anzufangen. Ich entschloß mich schließlich, den Camembert zu verzehren, und röstete ein etwas altbackenes Brötchen auf der Ofenplatte genießbar. Kauend ging ich durch die Wohnung und überlegte, welches der Möbelstücke ich vielleicht in einem der Trödelläden unten in der Altstadt verkaufen könnte. Da ich sie in ebendiesen Läden selbst zu ganz ordentlichen Preisen erstanden habe (ich feilsche nicht gern), würde es unter allen Umständen ein Verlustgeschäft, das begreife sogar ich.

Nachmittags landete ich wieder am Fenster, blickte hinunter in den Hof, mit der wilden Hoffnung im Herzen, daß doch endlich etwas geschehen möchte. Es geschah aber nichts. An den Wäscheleinen glitzerten die Regentropfen. Zwei Socken, die irgendwer vergessen hat, wehen seit Wochen nutzlos im Wind. Ein blauer und einer mit roten Ringeln. Im kahlen Geäst der hofeigenen Birke schilpen die Spatzen, eine gelbe Katze duckt sich unter die Gartenbank … gegenüber öffnet plötzlich eine junge Frau das Fenster, guckt prüfend hinaus und schließt es wieder.

»Jens, es regnet immer noch, wir können nicht spazierengehen.«

»So ein Sauwetter, na, mach den Fernseher an.«

Schön, Jens wird fernsehen, und ich? Ich drehe ein bißchen am Radio und schalte es schnell wieder aus. Kammermusik. Diese Art von Musik genügt an solchen Tagen, und ich beginne unverzüglich die Wäscheleine am Fensterkreuz zu befestigen.

Später fand ich beim erneuten ruhelosen Auf- und Abgehen in der Wohnung unverhofft mein lange vermißtes, französisches Wörterbuch wieder. Es stützte das zu kurze Bein der Flurkommode. Dabei fiel mir ein altes Kinderspiel wieder ein, zu dem ich immer Zuflucht nahm, wenn der Verdacht, in Mathe doch wieder eine Fünf geschrieben zu haben, allzu drückend wurde. Ich schlug dann ein Buch willkürlich auf und tippte mit geschlossenen Augen auf irgendein Wort, welches mir Antwort auf meine drückenden Probleme in Sachen Mathe geben sollte. Hatte ich dann: ›Ende‹ getippt, oder ›Galgen‹, war alles in Ordnung, ich brauchte mir keine weiteren Gedanken mehr zu machen. Tippte man dagegen zum Beispiel ›Sofaecke‹, mußte man das Ganze wiederholen.

Ich erinnerte mich heute nachmittag daran, spielte das alte Spielchen und tippte ›se reposer‹! Ausruhen! Wie sinnig. Ausruhen werde ich auch künftig, viel ausruhen. Vom Hoffen und vom ewigen Geldausgeben.

Ich glaube, ich werde niemals vergessen, wie unglaublich langsam der heutige Tag verstrich. Ich hörte förmlich, wie die Minuten bleischwer in das Schicksalsglas der Zeit tropften. Um vier war es immer noch halb zwei.

Um acht kam endlich Kitti aus dem Krankenhaus. Ihre laute Anwesenheit verscheuchte die widerliche Selbstmörderstimmung, die den ganzen Tag über in der Wohnung geherrscht hatte, im Nu. Sie erzählte von einem Patienten, der sich zu Tode geraucht hat. Selbst das erlaubte ich ihr, so glücklich war ich, daß überhaupt jemand irgend etwas erzählte. Als sie gegangen war, ging es mir wieder so gut, daß ich doch die Horoskope noch einmal hervorkramte, vielleicht, daß ich eine kleine, aber wichtige Nuance übersehen habe, etwa: März: unverhofftes Wiedersehen mit ausländischer Person, oder so ähnlich.

Den Hinweis auf ein unverhofftes Wiedersehen mit wem auch immer fand ich trotz sorgfältigen Studiums zwar nicht, dafür versprach mir das chinesische Horoskop jedoch etwas, auf das ich bis jetzt gar nicht so richtig geachtet habe: »Affe: Ende Februar: ganz großes Glück, selbst Wunder sind möglich.«

Ich glaube nicht mehr so ganz daran, aber ich werde doch recht zufrieden einschlafen.

Irgendwo im Herzen, zerknüllt wie weggeworfenes Seidenpapier, die Erinnerung an Badi. Unterschwellig habe ich den ganzen Tag an ihn gedacht.

ZWEI TAGE SPÄTER

Das im chinesischen Horoskop vorausgesagte Wunder kündigte sich am Montag mit einem Telegramm an.

»Ankomme vierzehn Uhr, Abholung nicht nötig!«

Als das Telegramm eintraf, war es zwölf! Ich hatte gerade noch Zeit, das Geschirr abzuwaschen und für das letzte Geld einen Busch rosa Nelken zu besorgen. Der Kauf überstieg meine Vermögensverhältnisse um etliches, die rosa Blumenpracht verlieh dem Zimmer jedoch eine heitere Note.

Bis kurz vor zwei lief ich ununterbrochen hin und her, rückte die Gegenstände zurecht und placierte den Topf mit den rosa Nelken an fünf verschiedenen Stellen. Schließlich stellte ich ihn doch wieder auf die Fensterbank, wo er sich wirkungsvoll gegen den grauen Himmel abhob.

Schließlich, Punkt zwei, klingelte es. Tante Maud, irgendwie mit Paul verwandt, irgendwo ein kleines bißchen verrucht, Paul hatte nie so recht von ihr sprechen wollen. In den alten Familiengeschichten war sie nie in Erscheinung getreten. Es gab ein Bild von ihr im Fotoalbum. »Wer ist das?« »Das, och, eine Tante von mir!«

»Wo wohnt sie denn, lebt sie noch?«

»Ich weiß nicht, wahrscheinlich. Blättere mal weiter.«

Ich öffne die Tür, sie ist schon oben, wir sehen uns an. Also Tante Maud, geborene Wunder, verheiratete Schlipsmüller, verwitwete Schlipsmüller, verheiratete Knopps, verwitwete Knopps. Welch bewegtes Leben manche Leute doch haben.

Seitdem Herr Knopps gestorben ist, nennt sie sich wieder Schlipsmüller.

Wir haben uns lange nicht gesehen. Zuletzt vor 26 Jahren anläßlich meiner Taufe. Ein Foto existiert davon. Meine eigene Erinnerung an diese Begegnung ist stark verblaßt.

»Hallo«, sagte ich verlegen. Leuten, die man 26 Jahre nicht gesehen hat, steht man ja meistens etwas hilflos gegenüber. »Freut mich! Komm rein.«

Während sie den Mantel aus imitierter Schlangenhaut auszieht, mustere ich sie verstohlen von der Seite. Es hat in all den Jahren sehr wenig Kommunikation zwischen uns stattgefunden, nachdem sie mit einem angewiderten Blick in das Babykörbchen festgestellt hat, daß sie Säuglinge nicht ausstehen kann.

Vor allem solche, die zahnlos brüllen und keine Haare haben. Dann war unsere zwischenmenschliche Beziehung wieder eingeschlafen, und keine Seite hatte sich um Wiederbelebung derselben bemüht. Nun steht sie also unerwartet in meinem Zimmer, sieht mich an, sieht das Zimmer an, sieht die zusammengewürfelte Einrichtung an und sagt zunächst einmal gar nichts.

Ein Schlachtschiff von einem Weib.

Üppig, groß, dröhnend, in starre, grell gemusterte Seide gehüllt. An den fleischigen Fingern funkelt die Miete für wenigstens ein Jahr. Das breite, geschminkte Gesicht wird von einer furchterregend krausen Haarwoge umrahmt, über dem Abgrund des gewaltigen Busens baumelt die Taschenuhr ihres verstorbenen Gatten. Auf dem Deckel prangt unübersehbar sein Name: Leopold.

Seitdem sie Leopold begraben hat, befindet sie sich ununterbrochen auf Reisen. Besichtigt Städte, besichtigt Museen, besichtigt lange nicht gesehene, unterdessen leicht vergilbte Verwandtschaft. Das teilt sie mir in den ersten fünf Minuten mit. Heute besichtigt sie mich.

»Laß dich anschauen, Deern. Bist du nicht mein Patenkind? Ich meine, ich erinnere mich daran, konnte mich leider nicht drücken. Ich hasse so was. Groß bist du geworden.«

»Ja, Tante Maud!«

Tante Mauds imponierende Gestalt und ihre dröhnende Stimme

bewirken eine gewisse Einschüchterung. Man ist plötzlich wieder sieben Jahre alt und hat Angst, zu widersprechen.

»Als wir uns zuletzt sahen, hattest du noch keine Zähne und überdies die Hosen voll. Ich fand dich wenig erfreulich. Wie alt bist du?«

»26!«

»26 Jahre kann es noch nicht her sein, das würde ja bedeuten, daß ich siebzig bin. Sagen wir, du bist zwanzig, das genügt.«

»Ich hätte gesagt, du bist fünfzig, höchstens.«

»Lüg deine alte Tante nicht an, fünfundsiebzig hättest du mir wenigstens gegeben. Aber zumindest siehst du nicht aus wie eine, die auf Erbschaften aus ist. Dir werde ich meinen Nerzmantel vermachen, du bist dünn, du frierst im Winter.«

Tante Maud stellte ihre Handtasche auf den Tisch und wanderte bedächtig im Zimmer umher. Sie sah sich alles ganz genau an, warf auch einen Blick aus dem Fenster und betrachtete ausgiebig die Mülltonnen und die beiden Socken an der Leine.

Dann wandte sie sich wieder zu mir.

»Nun, Karriere scheinst du nicht gemacht zu haben. Ich versteh' das nicht, du, der Sproß einer sonst so erfolgreichen Familie. Ich telefonierte mit Doris, die mir sagte, daß du deine Stelle verloren hättest. Stimmt das?«

»Och!«

»Was heißt och? Ja oder nein?«

»Ich bin seit beinahe einem Jahr arbeitslos. Sparmaßnahmen.«

»Quatsch, Sparmaßnahmen. Wer was taugt, wird nicht eingespart, wer was bringt, wird nicht gefeuert. Wie lange warst du in der Firma tätig, bis sie merkten, daß du nichts kannst?«

»Über drei Jahre!«

Tante Maud pfiff anerkennend durch die Zähne.

»Drei Jahre dein Geld so gekriegt, bis sie endlich dahinterkamen, daß du nichts bringst. Immerhin, immerhin.«

Sie warf mir einen Blick zu, in dem eine gewisse Anerkennung lag. »Was tust du denn seitdem den ganzen Tag?«

»Ich jobbe so rum. Wenn ich nichts zu tun habe, liege ich auf dem Sofa und hänge meinen Gedanken nach. Hin und wieder lese ich im französischen Wörterbuch. Se reposer zum Beispiel heißt ausruhen.«

Tante Maud hat sich gesetzt. Sie sieht mich sehr nachdenklich an. »Hast du Liebhaber?«

»Bitte?«

»Ich fragte nach deinen Liebhabern. In deinem Alter hatte ich welche.«

»Nun …«

Ich starrte auf den Teppich und leistete mir eine traumverlorene Karli-Erinnerung.

Schön war's ja doch gewesen. Zumindest am Anfang … manchmal! Tante Mauds Stimmung weckt mich aus meinen sentimentalen Erinnerungen.

»Du stehst so richtig mit beiden Beinen auf dem Boden, was?« Sie beschloß, einige Tage zu bleiben. Verlegen bot ich ihr mein nostalgisches Sofa im Wohnzimmer an. Unerwarteterweise war sie einverstanden. Dann warf sie einen Blick in den Kühlschrank und lud mich zum Essen ins Restaurant ein, wahrscheinlich weil sie dem Inhalt meines Kühlschrankes nicht traute.

Es tat sehr gut, mal wieder in einem richtig schicken Lokal zu sitzen und zu essen, ohne die rechte Seite der Speisekarte auch nur eines Blickes zu würdigen. Ihren Nerz will Maud mir auch vererben, ich rechnete bereits aus, wieviel er bringen wird. Gutes Essen und guter Wein fördern die Sympathie. Tante Maud erzählt von Ehemann eins und zwei und den Männern vorher und nachher. Eine ganze Reihe stattlicher Kavaliere marschiert grüßend über das Tischtuch. Nach der ersten Flasche Wein betrachten wir uns mit geradezu liebevollen Augen und nennen uns gegenseitig ›Schätzchen‹. »Ich liebe das Leben und habe es rücksichtslos genossen, deshalb war ich der Familie auch immer so peinlich«, gesteht sie mir leise rülpsend nach der zweiten Flasche. »Sogar deinem Vater war ich peinlich.«

»Weil du so viele Affären hattest?«

»Weil ich mit Leopold zusammen eine Romanfabrik betrieb, in der ich Kitschromane produzierte. Meine eigenen Erlebnisse im Himmelbett nahm ich als Grundlage. Wir hatten reißenden Absatz …« Sie stiert mit leicht glasigen Augen vor sich hin, dann winkt sie dem Ober. Er soll eine neue Flasche bringen.

»Ich sauf' nicht immer soviel«, sagt sie beruhigend. »Bloß heute, weil ich zufrieden bin.«

»Hast du viel verdient?« Das Geschäftliche interessiert mich im Augenblick an ihren Geständnissen am meisten.

»Massig. Im Gegensatz zum wirklichen Leben gingen meine Affären auf dem Papier immer gut aus. In der Realität ist das nicht so, da sind die Kerle Verbrecher ...«

Nachdem wir die dritte Flasche geleert hatten, entdeckten wir starke verwandtschaftliche Gefühle füreinander und sogar gewisse äußere Ähnlichkeiten.

Bis jetzt habe ich es nicht gewußt, aber die Augenbrauen und die angewachsenen Ohrläppchen habe ich von ihr.

SAMSTAG

Am nächsten Morgen ist mir nicht sehr gut. Wahrscheinlich kann ich gutgewürzte Speisen in solchen Mengen nicht mehr vertragen. Mein Magen ist an kleine und kleinste Portionen gewöhnt und rebelliert, sobald er zuviel auf einmal zu tun kriegt. Ein blasses Morgengesicht mit violetten Ringen unter den Augen blickt mir im Spiegel entgegen.

Tante Maud, im rosa Morgenrock, Rüschen um den Hals und eine gewaltige Schleife unter dem massigen Kinn, guckt mich wenig später prüfend über den Rand der Kaffeetasse hinweg an.

»Du siehst blaß aus, gestern abend gefielst du mir ganz gut, aber wenn ich dich jetzt so betrachte ...

Du mußt etwas tun, das passive Herumliegen bekommt dir nicht, bekommt keinem, ist auch nicht normal. Wahrscheinlich bist du krank.«

Jawohl, ich bin krank. Beginnendes Verrücktwerden, zweites Stadium. Ich blicke Tante Maud aus waidwunden Augen an. Vielleicht vermacht sie mir den Nerz schon jetzt, das würde meinen Zustand schlagartig verbessern und Farbe auf meine blassen Wangen zaubern.

Wir frühstücken eine Weile schweigend vor uns hin.

Dann sagt sie plötzlich: »Eigentlich sind arbeitslose Nichten nicht schlecht, vor allem, wenn sie weder durch Kinder noch durch einen Ehemann oder bettlägerige Verwandtschaft ans Haus gefesselt sind. Es ist an sich auch recht gemütlich bei dir, so ruhig, so gar nicht hektisch. Leopold war immer so hektisch, das lag an seinem Beruf.«

Sie nimmt einen tiefen Schluck aus der Kaffeetasse und fügt hinzu: »Ich habe beschlossen, noch zu bleiben.«

Ich nicke zustimmend, mir ist es egal.

»Später werden wir weitersehen. Vielleicht tun wir uns überhaupt zusammen.«

Ich spürte einen Stich in der Herzgegend und den zarten Druck einer Schlinge, die sich um meinen Hals wand. Vor meinem inneren Auge sah ich Tante Maud in meinem Leben herumstehen, in meinem Leben Platz nehmen, viel Platz nehmen, schließlich allen Platz für sich beanspruchen. Ich sah mich an ihrer Seite Verwandte besuchen, Städte, Dörfer, Kirchen, Museen, sah sie am Steuer eines weichgepolsterten Wagens und mich daneben, ich wählte bereits Telefonnummern, die sie diktierte, buchte Reisen, Hotels, Friseurtermine, stand in Modehäusern mit Goldschild am Eingang, in denen wunderschön gekleidete Verkäuferinnen Kleider an mir drapierten, während Maud, im Sessel sitzend, Anweisungen gab. Und überall würde sie ihr Scheckbuch zücken, während ich mit eingeknicktem Selbstbewußtsein und vor Dankbarkeit vereisten Mundwinkeln daneben stand. Man wird so leicht zum willenlosen Püppchen, wenn man längere Zeit arbeitslos ist, und kann sich dann den Luxus nicht mehr abgewöhnen.

»Ich seh' schon, du willst nicht«, sagt sie auf einmal in meine Gedanken hinein.

»Du kannst sehr schlecht lügen, nicht mal mit den Augen kannst du lügen. Na laß gut sein, bleib wie du bist, aber den Kühlschrank solltest du trotzdem mal abtauen, auch wenn nichts drin ist. Spart Stromkosten!«

MONTAG

Komisch, irgendwie scheinen sich die Ereignisse seit jener Einladung zu Lesleys Karnevalsparty zu überstürzen. Ich meine natürlich gemessen an meinem sonst so ereignislosen Dasein.

Am vergangenen Montag war Maud gekommen, am Dienstag bot sie mir eine Dauerstellung in ihrem Leben an, am Mittwoch sprach sie davon, mir eine Erholungsreise zu schenken, am Donnerstag erreichte mich ein Brief von Karli. Ich wollte ihn erst nicht öffnen, da mich die großen, steilen Schriftzüge unangenehm berührten, denn in ebendiesen großen, steilen Schriftzügen hatte einst ›ich liebe dich‹ neben dem Klingelknopf unserer ersten gemeinsamen Wohnung gestanden. Nun, die betreffende Hauswand wird man inzwischen auch übertüncht haben. Von ihm persönlich habe ich seit unserer Trennung nichts mehr gehört. Daß er sich in seiner neuen Stelle enorm nach oben katapultiert hat, mit Ev verlobt ist und seit neuestem einen Lancia fährt, erfuhr ich so nach und nach durch Dritte, die der Meinung waren, ich müßte dies unbedingt erfahren. Ich dachte damals so an Phase ›eins‹ seines Lebens, Phase eins, in der durchgescheuerte Jeans, möblierte Zimmer der billigsten Sorte und Riesentöpfe mit Spaghetti tragende Rollen gespielt hatten. Wie schön, daß Karli nun Phase ›zwei‹ genoß, Phase zwei, mit Fönwellenfrisur, Eigentumswohnung und Lancia. Und wie klug von der schönen Ev, sich selbst für diese Phase aufzusparen und taufrisch dort einzusteigen, wo ich leicht verschwitzt ausgestiegen war.

Maud öffnete den Brief. Sie ist so gar nicht zartfühlend, was das Privatleben anderer Leute betrifft. Zudem räumt ihr der Umstand, daß sie den Kaffee, mein neues Nachthemd und jedes einzelne Brötchen aus eigener Tasche bezahlt hat, gewisse Rechte ein.

Sie sagt auch erschreckend oft das Wörtchen ›wir‹!

Maud öffnete also den Brief und las, während ich mich, um Gleichgültigkeit bemüht, in der Schlagzeile der Morgenzeitung festbiß. Dann hörte ich ein hämisches Lachen.

»Dem geht's vielleicht dreckig! Er hat Schiffbruch erlitten, jetzt kommt er gekrochen. Das tun sie letztlich ja alle«, japste sie voller Freude.

Ich hatte Maud an unserem allerersten Abend mein bisheriges Leben einschließlich der Sache mit Karli, ohne etwas zu beschönigen geschildert, und wenn sie auch nicht ganz begriffen hatte, wie einem ›so was‹ passieren konnte, so hatte sie der Umstand als solcher doch mit Empörung erfüllt.

»Da, lies und freu dich«, sagte sie und reichte mir das Schreiben über den Tisch hinüber.

»Der will dich jetzt zurückerobern, entlobt ist er auch, und der Lancia ist ebenfalls futsch.«

Ich nahm ihr Karlis Brief aus der Hand und staunte. Für so viele Neuigkeiten war er nämlich erstaunlich kurz.

Liebe Julika!

Ich habe geschäftlich in Düsseldorf zu tun und würde mich freuen, Dich am Mittwoch in unserer alten Stammkneipe (bei Pitter) zu sehen. Bitte schlage mir die Bitte nicht ab, ich werde auf jeden Fall gegen acht da sein. Mein Rückzug geht erst gegen 23 Uhr ab Hauptbahnhof. Hab also bitte ein bißchen Zeit. Karli.

P.S. Ich freue mich sehr auf Dich. Hamburg ist doch ein regnerisches Pflaster, und das in mancher Beziehung …

Ich las die wenigen Zeilen mehrere Male und warf Maud einen Blick zu.

»Von einer geplatzten Verlobung, einem aufgegebenen Lancia und davon, daß er Schiffbruch erlitten hat, kann ich beim besten Willen nichts lesen«, sagte ich.

Maud schlug die Augen gen Himmel und schüttelte den Kopf über soviel Unverstand.

»Julischka, man merkt dir verdammt deutlich an, daß deine Erfahrungen mit Männern gleich Null sind. Hätte er den Wagen noch, käme er nicht mit dem Zug, noch dazu in die alte Heimat, wo man doch zeigen will, daß man es zu etwas gebracht hat. Wenn er noch immer glücklich verlobt wäre, würde er seine Braut mitbringen, um ihr die alten Spielplätze zu zeigen und in Erinnerungen zu schwelgen. Zumindest würde er dich nicht anrufen, sondern die Gelegenheit nützen und Ev mit einem Altstadtgirl betrügen … und dann schreibt er doch klipp und klar, Hamburg sei ein regnerisches Pflaster, und das in *jeder* Beziehung.«

Sie sah mich nachdenklich an und sagte dann:

»Hamburg wird ihm noch bedeutend reizloser erscheinen, wenn er dich erst wiedergesehen hat und merkt, daß du unwiderbringlich verloren bist. Du wirst natürlich hingehen, und vorher werde ich dich neu einkleiden. Der soll nicht denken, daß du ohne ihn zugrunde gehst.«

Irgendwie hat mich Maud schon betäubt. Ihre despotische Natur macht mich willenlos und schwach, und so fand am Nachmittag genau die Szene statt, die ich in meiner Schreckensvision bereits vorausgeahnt hatte. Maud und ich in einem Modeladen, den ich bis jetzt nur von außen kannte und in welchem ich linkisch herumstand, während Maud mit den Verkäuferinnen verhandelte. Auch wurde mir erschreckend klar, wie abgetragen meine Stiefel doch sind. Sie bildeten einen unschönen Kontrast zu dem perlgrauen Teppich, und meine Jacke, die eine der bildschönen Damen mit spitzen Fingern über einen goldenen Bügel gehängt hatte, wirkte geradezu abstoßend. Ich hätte die Jacke am liebsten verleugnet.

Ich hätte mich selbst am liebsten verleugnet.

DONNERSTAG

Angetan mit einem todschicken Wildlederanzug in Lindgrün, einer farblich genau dazu passenden Rohseidenbluse und hochhackigen Schuhen, betrat ich gestern abend die Kneipe von ›Pitter‹. Ich kam absichtlich zu spät. Maud hatte mir dazu geraten, denn: »Schau Julika, er will allein und ungestört mit dir sprechen, also sitzt er hinten im Lokal, er erwartet dich, also sitzt er mit Blickrichtung zur Tür. Du mein Liebling hast dadurch die Chance des ganz großen Auftrittes. Allein die Tatsache, daß dir die Blicke der anderen Männer folgen werden, bewirkt in Karli die Vorstellung, dich unter allen Umständen zurückerobern zu müssen. Dann verhalte dich folgendermaßen: Fragt er dich, wie es geht, lächle vielsagend und sage: du wirst staunen, mir geht's gut. Laß deinen Worten ein inhaltschweres Schweigen folgen, verfang dich nicht in Einzelheiten, geh nicht ins Detail. Du kannst so was nicht, strauchelst, stotterst rum, widersprichst dir, machst Fehler. Man merkt dir an, daß du lügst, und denkt, daß alles nur geliehen ist, die Kledage, die Selbstsicherheit, das Glück auf deinem Gesicht. Natürlich bist du in einen tollen Kerl verliebt … in wen? Oh … du willst Karli ja nicht weh tun und mit Einzelheiten quälen. Du wirst sehen, wie die Masche zieht, es wird ihn kaputtärgern, dich verlassen zu haben, und er wird meinen, die attraktivsten Männer lägen dir zu Füßen.« Soweit Tante Maud.

Wie gesagt, ich verspätete mich. Da ich ein schrecklich pünktlicher Mensch bin, mußte ich die Verspätung künstlich herbeiführen. Zwanzig Minuten lief ich zähneklappernd die umliegenden Straßen ab. (Wildleder ist nicht sehr wärmend.)

Dann trat ich lässig ein, überflog mit hochgezogenen Augenbrauen das Lokal, begab mich gemessenen Schrittes in den hinteren Teil, stand unschlüssig der Kellnerin im Weg und setzte mich schließlich an den kleinen Tisch in der Ecke. Blickrichtung zur Tür ... denn Karli war noch nicht da.

Nach etwa zehn Minuten geschah dann haargenau das, was Maud so scharfsinnig vorausgesehen hatte, nur im umgekehrten Falle. Karli trat auf, und alle Blicke folgten ihm, als er langsam und suchend das Lokal durchquerte. Ich sage absichtlich ›er trat auf‹, denn er trat nicht einfach so ein, so, wie er früher irgendwo eingetreten war, und folgendes sah man auf den allerersten Blick:

Mein Studentenkarli, immer so lieb verschusselt, immer so ein bißchen hintenan und so ganz leicht verlegen, und das auf bezaubernde Weise, hat es geschafft.

Und was haben sie aus ihm gemacht!

Diese Art eines termingeschädigten Geschäftsmannes, gewohnheitsmäßig auf die Uhr zu sehen, ist neu. Blicklos drückt er der gerade vorbeikommenden Kellnerin den Mantel in die Hand und hebt, aalglatte, oft geprobte Höflichkeit, die Hände in der bewährten Demutsgeste:

»Julika, die Verhandlung ... du verstehst ...« Küßchen auf die Wange, Blick zurück, Fingerschnippen.

»Bitte ein Bier!«

Blick zu mir. »Du? Wein? Auch Bier? Zwei Alt!«

Dann ganze Konzentration auf die Sache.

Die Sache, heute unter Punkt ›fünf‹ im Terminkalender, bin ich. ›Pause zwischen Verhandlung mit Schroer und Partner und Abfahrt: drei Stunden Julika!‹

Er legt scheinbar übergangslos seine schön manikürten Hände um meine, die beschäftigungslos auf dem Tisch liegen.

Sein Blick umkreist Frisur und Gesicht, befühlt die Qualität meiner Garderobe, betastet den von Maud geliehenen Goldschmuck, der meinen Hals verschönt.

»Julischka, meine Kleine, schick bist du! Alles neu?«

»Nein!«

Ich sehe ihn an. Keine der von Maud so hoffnungsvoll gestellten Pleiteprognosen scheint sich zu bewahrheiten. Hier sitzt der Erfolg in Person.

»Wie geht's?« frage ich. »Was macht Ev?«

»Oh, Evchen, ja ...« Er lacht, will weitersprechen, das Bier kommt ihm dazwischen, er greift nach dem Glas und trinkt in tiefen Zügen. »Ahh, das tut gut nach den trockenen Verhandlungen, ich sag' dir, harte Brocken, die Brüder des Managements ... aber man fängt sie schließlich doch.«

Er sieht mich ein wenig zerstreut an.

»Wo waren wir stehengeblieben ... ah ja, Ev! Ja, das war ein schöner Sommer! Zu Weihnachten hat sie sich mit meinem Geschäftspartner verlobt.«

»Ich denke, mit dir!«

»Mit mir?« Er lachte mit zusammengekniffenen Augen und beinahe lautlos. Nur der Knoten seines dezent gemusterten Seidenschlipses, Ton in Ton zum Hemd passend, bewegte sich sachte auf und nieder. Diese Art zu lachen war neu, und sie gefiel mir nicht.

»Nein, ich hab' nicht vor zu heiraten. Dafür ist das Leben noch zu aufregend ...«

Und er lehnte sich zurück und begann zu erzählen. Die ganze Hamburger Schickeria bevölkerte unser Eckchen in der alten Düsseldorfer Kneipe, die einstmals ›unsere Kneipe‹ gewesen war. Jetzt war sie nur noch irgendein mäßig originelles Lokal, in dem sich zwei Leute trafen, die einstmals geglaubt hatten, das Glück für sich gepachtet zu haben. In meine etwas wehmütigen Gedanken hinein, Karlis Stimme ...

Geschäftsreisen mit und ohne Sekretärin, Sekretärinnen mit und ohne Reisen, Partys, ›irre‹ Leute, ›irre‹ Augenblicke, ein ›irres‹ Leben. Dazwischen eingestreute Momentaufnahmen des neuen Karli; auf dem Surfbrett, im Segelboot, in Cannes, zu Pferde, zu Schiff, in den Lüften ... Gast an sämtlichen Theken Europas. Er sprach eine geschlagene Stunde nur von sich selbst. Es war erschöpfend, ihm zuzuhören.

Dann warf er mir plötzlich einen Blick zu und fragte: »Und du?«

Es gibt so Fragen, denen man anmerkt, daß sie aus purer Höflichkeit gestellt sind. Der Fragende ist geradezu entsetzt, wenn man die Frage als solche nimmt, und hört sich die Antwort gequält und mit zur Decke gerichteten Blicken an. Ich beschloß, mich umgehend zu revanchieren, lehnte mich bequem zurück, steckte mir eine Zigarette an, inhalierte tief und sagte:

»Oh, ich habe mich ziemlich geändert, weißt du! Das Wunder der Liebe ... komisch, aber das gibt's wirklich.« Ich lächelte. »Im Grunde haben wir zwei doch viel miteinander verpaßt. Wir waren so jung, so unerfahren, konnten nichts und übten dieses Nichts auch noch recht dilettantisch aus.«

»Wie meinst du das?« fragte er knapp.

Ich warf Karli einen interessierten Blick zu.

In seinen Augen bemerkte ich jenes hauchfeine Glimmen, das einen kleinen Stich im Inneren signalisiert. In Karlis Fall war es wohl im Moment jener Stich, den man empfindet, wenn der alte Rokokosessel, dessen man schon so lange überdrüssig war, von einem neuen Besitzer sichtlich erfreut abtransportiert wird. Man guckt seine goldverzierten, krummen Beinchen so an und findet, daß er im Grunde doch ein wertvolles Stück gewesen ist.

»Nun ja«, sagte ich lässig. »Du weißt doch, wie das ist. Da ist man auf einer stinklangweiligen Party, auf die man eigentlich gar nicht hatte gehen wollen, und bums! Auf einmal steht es neben dir!«

»Ringelnatz!«

»Nein, in meinem Falle Orient!«

Er beugte sich vor. »Was?«

Ich sah ihm bieder ins Auge.

»Julika!«

Er trank aufgeregt, verschluckte sich, hustete, kam schließlich wieder zu Atem.

»Du lieber Himmel, so 'n Scheich! So mit Bauchtanz und Liebe unterm Baldachin? So mit exotischer Musik und schwüler Beleuchtung, und das alles auf roten Seidenkissen ...«

Ich lachte. Mauds Gesicht tauchte kurzfristig vor meinem inneren Auge auf und verschwand wieder.

»Nein, Scheich nicht gerade, aber natürlich ziemlich wohlhabend. Und was die Leidenschaft betrifft ... nun ja, man sagt ihnen ja so einiges nach ... ich hatte Gelegenheit festzustellen, daß es stimmt!«

»So!«

Ich sehe es ganz deutlich, Karli ist eifersüchtig. Gar nicht so sehr auf Badi, gar nicht so sehr meinetwegen … mehr so allgemein beleidigt. Und wütend. Die Wut des Besitz- und Erfolggewohnten, der plötzlich Verluste gemeldet kriegt, dem gemeldet wird, daß die dürren Felder, welche er abgestoßen hat, unter der Hand des neuen Besitzers reiche Ernte bringen.

Er lächelte dünn.

»Nun mal ehrlich. Ich meine, wir zwei … brauchen doch nichts voreinander zu verheimlichen. Ich hab' dir ja auch alles von Ev erzählt.«

Hat er! Mit Bild! Das fotografierte neue Glück, das ich mir an unserem letzten gemeinsamen Abend begucken durfte, denn: »Schau Julika, zwischen uns lief das ja schon lange nicht mehr, und das mag ich auch so an dir …, daß du so verdammt anständig verlieren kannst. In irgendeiner Ecke meines Herzens werde ich dich immer liebhaben!« O Gott, ich konnte mir die Ecke vorstellen. Aber natürlich hatte ich tapfer genickt und mir Karlis neues Glück beguckt, das Glück namens Ev, in bunt, vergrößert!

Ev, aus dem Wasser steigend (Adria), an der Bar lehnend (Sylt), am Kühler des Lancia (Schwabing), auf dem Surfbrett (Atlantik), und immer so verdammt gut gewachsen, bronzefarben und goldmähnig.

Ich seufzte der wehen Erinnerung nach und schenkte Karli ein Lächeln. »Natürlich, es ist kein Geheimnis dabei. Er lebt seit über zehn Jahren in Deutschland und ist sehr, sehr klug und sehr, sehr schön. Und wahnsinnig lieb. In Kürze werden wir heiraten.«

Er beugt sich vor und wirft mir einen jener Blicke zu, die bei den Damen angeblich sehr beliebt sind. Seine Augen sind noch immer so seltsam ehrlich und so unwahrscheinlich blau. Diesen Augen hat das neue Leben noch nichts anhaben können. »Komm vorher noch mal nach Hamburg, Julika. Abschied feiern. War doch schön mit uns, all die Jahre und selbst danach … ehrlich, ich hab' doch oft an dich gedacht.«

»Wenn du ein Pferd brauchtest …«

»Wie bitte?«

Ich lache.

»Nichts! Ich hab bloß' laut gedacht!« Dann ernst: »Es wird leider nicht gehen. Badi und ich fahren nämlich demnächst zusammen in die Ferien, Südspanien, weißt du. Und dann … er ist wahnsinnig eifersüchtig … gewöhnlich trägt er ein Messer im Strumpf!«

»Julika«, sagt Karli, »wie tief bist du gesunken!«

Er betrachtet mich kummervoll. »Ja dann ...«

»Eben!«

Wir schauten beide gleichzeitig auf die Uhr.

»Es ist Zeit, bringst du mich noch zum Zug?«

»Gern!«

Er zahlt, das Trinkgeld ist üppig. Auch dies ist neu. Beim Hinausgehen berührt er leicht meinen Arm, ergreift dann meine Hand, doch meine Hand erinnert sich nicht mehr. Selbst meine Hand hat seine vergessen. Er merkt es, läßt mich los, steckt beide Hände in die Taschen.

»Taxi!«

Ich setze mich neben ihn in den Fond, schaue zum Fenster hinaus, während Karli dem Taxichauffeur erzählt, daß er eigentlich aus Hamburg ist, nur wegen dringender Geschäfte in Düsseldorf, ja, früher hier gewohnt, aber gegen Hamburg ist Düsseldorf ja doch Provinz ...

Ich schaue zum Fenster hinaus, langweile mich und ärgere mich über Julika. Warum, zum Teufel, sage ich immer so folgsam ›gern‹, wenn mich jemand um etwas bittet? Warum, zum Teufel, bringe ich diesen wildfremden Mann zum Bahnhof? Was hab' ich mit ihm zu tun?

Der Zug ist weg, als wir ankommen, aber es fährt noch einer über Hannover. In einer halben Stunde. Wir verbringen die halbe Stunde im Wartesaal. Um mich zu wärmen, erzähle ich von Badi, seiner Stimme, seiner Intelligenz, wie sehr wir uns lieben ... blühe auf, verliere mich in Einzelheiten.

»Und nächste Woche fahren wir nach Spanien ...«

»Das ist richtig«, sagt Karli und blickt mich an wie jemanden, den man gerade kennengelernt hat. Von einem Kurzausflug ins möglich Erotische ist er übergangslos wieder zu jener Ebene zurückgekehrt, auf der man allenfalls zusammen Pferde stehlen könnte.

»Spanien ist immer richtig, Südspanien vor allem!«

Er blickt mir bieder ins Auge.

»Ich war erst kürzlich mit Conny da.« Dann zündet er sich eine neue Zigarette an und fügt hinzu:

»Es war eine Trickreise, weißt du. Conny ist eher ein spröder

Typ, ziert sich, läßt sich bitten, sehr reizvoll übrigens, zumindest am Anfang.«

Ich überlegte blitzschnell, ob ich mich seinerzeit auch geziert hatte, aber es wollte mir nicht mehr einfallen.

Mein Gott, selbst das habe ich vergessen, kein Wunder, daß sich Karli von mir entlobt hat.

»Ich hatte für Conny schon wenigstens fünfzig Rosen investiert«, erzählte er weiter und zog heftig an seiner Zigarette. »Und für hundert Mark Opernkarten. Sogar einen Rehpinscher hab' ich ihr gekauft, weil sie angeblich dringend einen brauchte, aber sie biß einfach nicht richtig an. Bedankt sich, lächelt süß, gibt Schmatzerchen auf die Wange, so daß man sich wie ein spendabler Lustgreis vorkommt, und wieder nichts. Dann war ich es leid. Ich schleppte sie in den Süden. Süden wirkt immer«, fügte er lässig hinzu, wie einer, der sich bereits als Dreijähriger bestens mit den Weibern ausgekannt hat. Ich weiß aus eigener Erfahrung, daß seine etwas tollpatschige Zärtlichkeit eher dazu angetan ist, nervösen Damen auf den Nerv zu gehen, und einen keinesfalls dazu anregt, sich in freudiger Erwartung auf Tigerfellen auszustrecken und ›Cary come here‹ zu hauchen, aber der Süden hatte das Wunder offenbar vollbracht. Laut Karlis Schilderung hatte sich die spröde Conny in eine Miß Erotica verwandelt, daß sich die Palmen bogen. Vielleicht, dachte ich, hat Karli aber auch dazugelernt.

»Ja«, sagte er jetzt und schaute träumerisch zu dem fünfarmigen Leuchter hinauf, der den Wartesaal in erbärmliches Licht tauchte.

»In Roquetas ist es dann geschehen …«

»In Roquetas?«

Irgend etwas an diesem Wort elektrisiert mich. Hatte Badi nicht damals, im Schnee, auf der Straße stehend, ebendieses Wort gerufen? Erstmalig fiel es mir wieder ein, nachdem Karli das magische Wort so gelassen ausgesprochen hatte, Karli, der mich jetzt äußerst interessiert mustert. »Roquetas, ja, ein himmlischer Ort für Verliebte.«

Dann, vertraulich: »Nicht ganz billig natürlich, du verstehst, aber dafür ist man auch unter sich, kein Massentourismus, sondern nur wenige, exklusive Hotels, unverbaute Küste, noch ganz ursprünglich, etwas für Kenner …« und dann, wie mir scheint, etwas verstört: »Wieso, willst du hinfahren?«

»Nicht allein, natürlich«, sage ich lässig.

»Wie der Zufall so spielt, Badi und ich wollen nämlich genau dorthin, er kennt den Ort und will mir das heimliche Paradies zeigen …«

»Ach nee«, sagt Karli und lehnt sich zurück und betrachtet mich nun mit unverhohlener Neugier. Dann lacht er ein bißchen in sich hinein und fügt hinzu:

»Du hast Glück gehabt, Julika, ein Orientale, der die schönsten europäischen Plätze kennt und noch dazu in der glücklichen Lage ist, sie auch zu bezahlen.«

Er steht, immer noch lachend, auf und greift nach seinem Mantel. »Es wird Zeit! Schade, war angenehm, mit dir zu plaudern, so … so erheiternd.«

Der Zug kam pünktlich. Ich wartete noch, bis Karli eingestiegen war und von innen das Abteilfenster herunterließ. Er drückte mir ein letztes Mal die Hand.

»Du brauchst nicht zu warten und frierend herumzustehen«, sagte er.

»Wir sind ja nicht miteinander verlobt.«

Er lächelte. Ich auch. Der Zugvorsteher knallte die Türen zu. »Grüß den Mann mit dem Messer im Strumpf und sag ihm, daß er Glück gehabt hat, so ein braves Mädchen wie meine Juleschka …«

Später, im Bett, zusammengerollt um meine Einsamkeit, wurde mir schockartig bewußt, daß ich ja gar nicht nach Roquetas fahren werde. Ich werde nirgendwohin fahren, weder mit Badi noch ohne ihn. Und während Karli mich im orientalischen Liebesfeuer wähnt, werde ich auf meinem heimischen Diwan liegen und im französischen Wörterbuch blättern.

Se reposer heißt ausruhen, mourir heißt sterben.

Ich werde Badi niemals wiedersehen. Wer weiß, mit wem er nach Roquetas fährt, diesem exklusiven Küstenort für finanzkräftige Kenner. Er wird mir auch nicht schreiben, und anrufen kann er mich nicht, sonst hätte er es vielleicht doch einmal getan. Das Telefon ist abgemeldet, ich selbst bin abgemeldet. Kein Anschluß unter dieser Nummer.

Mourir heißt sterben.

Heute früh fiel mir das Blatt mit den Horoskopen wieder in die Hand. »Ende Februar: ganz großes Glück, selbst Wunder sind möglich!«

Ich frage Maud am Kaffeetisch, was sie davon hielte.

Gar nichts. Maud ist ein eher praktisch veranlagter Typ, der sich seine Wunder selbst bastelt. Sie fragte mich, ob ich nicht Lust hätte, Leopolds Platz in der Romanfabrik einzunehmen.

»Du würdest dich schnell einarbeiten. Vorher schicke ich dich zwecks Auffrischung auf Reisen ...«

Ich sag's ja, selbst Wunder sind möglich. Wie frisch und klar die Sonne heute früh durch die Fenster scheint, wie vergnügt die Spatzen schilpen ...

»... in ein wirklich gutes Hotel im Schwarzwald.«

»In den Schwarzwald? Was soll ich denn da? Ich dachte an Spanien.«

»Iähh ...« Maud verzog das Gesicht, als ob sie versehentlich auf eine ganze Knoblauchzehe gebissen hätte.

»Spanien ist widerlich, dreckig und laut. Ich war ein einziges Mal da, und es hat mir gereicht. Erspar dir diese Erfahrung ... grausam! Nein, dafür ist mir mein Geld zu schade. Ich will ja noch was von dir haben, also Schwarzwald oder gar nichts. Sauerstoff, würzige Luft, gutes, nahrhaftes Essen und abends früh ins Bett ...«

Sie kramt in ihrer Tasche, blättert das Scheckheft auf. Schreibt mit gesammelter Miene. Tausend Mark! Ich sehe es mit freudigem Erschrecken.

»Leopold war so geizig, jetzt hab' ich den Ärger mit all dem gesammelten Geld. Glaubst du, daß es reicht? Zwei Wochen Schwarzwald in einem wirklich guten Hotel?«

Ich beteuere ihr, daß es reicht. Es reicht, wenn ich schon nicht nach Spanien soll, für die fällige Miete und die nötigsten Rechnungen. Das feine Hotel im Schwarzwald wird keinen einzigen Pfennig davon zu sehen kriegen.

»Schick mir die Quittung des Reisebüros, in dem du buchen wirst«, sagt Maud. »Vielleicht kann ich das von der Steuer absetzen.«

Sie sagt es ganz ernst und ohne mit der Wimper zu zucken, und dann steht sie auf und stellt die Teller zusammen.

»Du mußt natürlich nicht fahren«, sagt sie dann plötzlich und greift nach dem Scheck.

»Laß ihn liegen«, sage ich schnell.

Ich habe ein bißchen Erholung wirklich dringend nötig.

MONTAG

Heute ist etwas Seltsames passiert. Sozusagen eine Fügung des Schicksals. O Gott, das mit dem Wunder scheint sich zu bewahrheiten.

Maud und ich beschlossen nach dem Frühstück gemeinsam in das Reisebüro zu gehen, um die Schwarzwaldreise zu buchen. Es fing ganz normal an. Wir betraten den Laden, und ich wollte meinen Wunsch gerade äußern, als es Maud schlecht wurde. Sie griff sich mit der Hand an die Gurgel und wurde weiß wie die Wand. Dann taumelte sie. Ich fing sie mit ziemlicher Mühe auf und führte sie ins Freie.

Vorsichtig lehnte ich sie gegen die Schaufensterscheibe.

Sie erholte sich schlagartig.

»Guck mich nicht so an, als ob ich krepieren würde. Diese Reise wirst du noch ohne Nerz machen. Jetzt geh rein und buche, und beeil dich ein bißchen, ich will nicht, daß die Leute meinen, daß ich ein Freudenmädchen bin, welches auf Kundschaft wartet.«

Ich lief in das Reisebüro zurück und buchte wie besessen drei Wochen Roquetas, Hotel Don Juan, volle Pension. Hin- und Rückfahrt mit dem Reisebus, alles inklusive für 700 Mark.

Ich bebte ein bißchen, als ich wieder hinauskam. Maud schob es auf die Sorgen, die ich mir um sie gemacht hatte.

Die Quittung wollte sie nicht mal richtig ansehen.

»Ist gut, gib mir das später, jetzt will ich endlich die Stadt besichtigen.«

Wir eilten in ziemlichem Tempo über die Königsallee und durch den Schloßgarten. Glücklicherweise begann es zu regnen. Zu weiteren Exkursionen wäre ich auch zu erschöpft gewesen. Mein Gott, ich habe Roquetas gebucht. Warum eigentlich? Nächste Woche werde ich reisen.

Warum eigentlich?

Wahrscheinlich habe ich bereits Mangelschäden im Gehirn.

Roquetas, Hotel Don Juan, volle Pension, mit Hin- und Rückfahrt 700 Mark. Und wieso ist es so billig, wo doch alles andere im Leben ein Schweinegeld kostet ... hoffentlich gibt es nicht zwei Roquetas, eins für Kenner und eins für die anderen ...

Ich habe noch eine Woche Zeit bis zum Tag der Abreise, aber ich kann mein Reisefieber nicht genießen, weil Maud in meinem Leben herumsitzt. Die Reiseprospekte kann ich auch nur abends lesen, heimlich, im Flur, auf der Campingliege, auf der ich die Nächte verbringe, weil Maud auf dem Sofa schläft. Sie schläft schlecht, aber es macht ihr nichts aus. Sie ist munter und zu Unternehmungen bereit, einen Schwächeanfall hat sie nie wieder gehabt.

Ich erzählte Feline am Telefon von meinen heimlichen Reiseplänen, und sie sagte, warum ich denn nicht lieber in den Schwarzwald gefahren wäre, Schwarzwald wär' doch hundertmal schöner als Spanien ...

Sie will jedoch Doris Bescheid sagen, die bereits öfter im Süden war und natürlich auch die entsprechende Garderobe hat. Doris wird mir ein Päckchen schicken, mit den Klamotten, die sie nicht mehr trägt, weil die Mittelmeerwellen sie bereits einige Male darin bewundert haben.

Ich erwartete das Paket in freudiger Stimmung.

Es kam am Donnerstag und enthielt ein Nichts von einem Bikini, das dazu passende Badecape, die dazu passenden Badeschuhe, sechs T-Shirts mit passenden Baumwollhosen und ein sündhaft schönes schulterfreies Abendkleid. Es gelang mir, das Päckchen unbemerkt in den Kleiderschrank zu schmuggeln, aber Maud war sowieso abgelenkt. Sie hatte mit gleicher Post ein Schreiben bekommen, welches sie zurück nach Hamburg pfiff.

Irgend etwas mit der Romanfabrik war nicht in Ordnung.

Sie flog mit der Sechzehnuhrmaschine. Beim Abschied in der Flughalle hielt sie meine Hand sekundenlang fest und versprach mir ein baldiges Wiedersehen. Mit unbeschreiblicher Erleichterung sah ich die Maschine wenig später hinter den Wolken verschwinden. Es würde vollauf genügen, wenn sie so jedes Jahr ein-, zweimal für einen kurzen Besuch käme, Schecks ausfüllen und wieder abreisen würde. Auf diese Weise würde sich unsere Freundschaft jahrzehntelang erhalten.

Zu Hause hatte ich dann endlich Gelegenheit, die neuen Sachen anzuprobieren. Man muß nur die Tatsache verdrängen, daß die Brocken Doris gehört haben, dann gefallen sie ausnehmend gut.

Ich finde mich in dem Bikini sehr niedlich und in dem Abendkleid beinahe aufregend. Ich meine natürlich für meine Verhältnisse. Ich behielt das Abendkleid gleich an und zwinkerte mir zufrieden zu, sobald ich mir im Spiegel entgegenkam. Das Kleid ist jetzt schon ein bißchen zerknittert, aber das sieht man fast nicht.

MONTAG

Mir bleiben noch drei Tage, um alles vorzubereiten.

Am Freitag sandte mir der Schriftsteller unerwarteterweise 200 Mark in einem Briefumschlag. Dem Geld lag ein Zettel bei mit der Mitteilung, daß er den unerheblichen Rest so bald wie möglich schicken will. ›So bald wie möglich‹ wird nie sein, das weiß ich aus bitterer Erfahrung, aber ich nahm ›die Anzahlung‹ doch gerührt entgegen, hetzte zum Friseur und ließ mir die Haare streichholzkurz schneiden, eine Tat, die ich später, bei eingehender Betrachtung vor meinem eigenen Badezimmerspiegel, heftig bereute. Ich habe zwar jetzt entfernte Ähnlichkeit mit Mia Farrow in irgendeinem Belmondofilm, aber eher wie Mia an jenem Tage, an dem sie beschließt, sich das Haar doch wieder wachsen zu lassen.

Ich beschloß ebenfalls in selbiger Sekunde, mir das Haar wieder wachsen zu lassen.

Samstag beschäftigte ich mich damit, meinen Koffer zu packen, und dann packte ich denselben Koffer noch dreimal um.

Sonntag schrieb ich ein kurzes Grußkärtchen an Maud, auf dem ich ihr mitteilte, daß ich nun in Begriff stände, in den Schwarzwald zu fahren, in Liebe an sie dächte und ihr nochmals herzlich danken würde.

Dann taute ich den Kühlschrank ab und brachte mein kränkelndes Fleißiges Lieschen zu Kitti in Pension. Sie warf einen angeekelten Blick auf die gelblichen, völlig blütenlosen Triebe und warf den Topf in den Mülleimer.

»Daß du dich von den alten Brocken nie trennen kannst«, sagte sie. »Na, dann! Gute Reise, und verliebe dich nicht.«

»Warum nicht?«

»Weil es dir nicht bekommt. Wenn du zurückkommst, habe ich vielleicht eine Stelle für dich im Krankenhaus.«

O Gott, schon wieder eine, die sich Gedanken um meine Zukunft macht.

»Und vergiß das Zurückkommen nicht, du scheinst in der letzten Zeit außerordentlich schusselig zu sein.«

»Ach wo«, sagte ich und nahm ganz in Gedanken ihren Schlüssel vom Bord. Sie riß ihn mir erschrocken aus der Hand.

»Julika«, sagte sie, ehrlich besorgt. »Irgend etwas hat dir den Verstand verwirrt.«

»Ja«, sagte ich.

»Der kleine Hunger und die große Sehnsucht wahrscheinlich!«

»Ich hab' noch einen halben Napfkuchen von gestern«, rief sie, »warte, ich pack' ihn dir ein.«

Ich sah geduldig zu, wie Kitti den Kuchen in Papier wickelte und in einer Plastiktüte verstaute, bedankte mich herzlich und küßte sie zum Abschied.

Dann habe ich leider vergessen, den Kuchen mitzunehmen. Ich ließ ihn auf dem Küchenschrank liegen.

LLORET DE MAR, DEN 2. MÄRZ

Es gibt eine fleischfressende Pflanze, die heißt Sonnentau, wächst vorwiegend im Moor, sieht harmlos aus und wartet so vor sich hin, bis eine Fliege kommt ... von der Fliege bleibt dann natürlich nicht viel übrig.

Wir sind in Lloret de Mar, Hotel Simone, Kapazität 1700 Betten, eines davon hat man für mich reserviert, das andere für Maud Sonnentau, wir befinden uns auf dem Wege nach Roquetas, nach siebzehnstündiger Fahrt sind wir zwecks Ruhetag in Lloret gelandet. Wir sind vollkommen erschöpft. Maud hat mir bis jetzt dreiundzwanzigmal mitgeteilt, daß sie diese ganze verfluchte Reise einzig und allein mir zu verdanken hat. Ich sage nichts, obwohl ich sie ungerecht finde. Spanien gefällt mir nicht, das nebenbei.

Gestern um diese Zeit wußte ich noch nicht, daß ich bloß eine Fliege bin und der Sonnentau, der mich vertilgen wird, schon unten aus dem Taxi steigt. Ich hörte es bereits an der gebieterischen Lautstärke der Klingel, daß es nur Tante Maud sein konnte, und irgendwie war es mir auch in selbiger Minute klar, daß sie mitfahren würde. Man hat manchmal so Ahnungen und blickt dem nahenden Unheil hilflos entgegen, unfähig, sich zu bewegen.

Maud wuchtete zwei Koffer die Treppe hinauf und stellte beide neben meinen zitternden Knien auf den Boden.

»Lauf runter, hol die drei Plastiktüten und meine Schminktasche«, sagte sie. »Das Zeug steht neben der Haustür!«

Als ich wieder hinaufkam, hatte sie bereits das Teewasser aufgesetzt und blickte mir, am Tisch sitzend, triumphierend entgegen.

»Mußt deine Reiseprospekte nicht so herumliegen lassen, liebes Kind«, sagte sie. Und dann, mit einem Hauch von Verzeihen in der Stimme: »Bist nicht verheiratet, lebst allein, bist das Verstecken, das Lügen und den heimlichen Genuß nicht gewöhnt!«

Sie legte ihre dicken, ringgeschmückten Händchen auf meine Schultern und sah mir bieder ins Auge.

»Ich fahr' nur mit, um dir zu beweisen, daß ich recht hatte. Den Augenblick, in welchem du zum erstenmal bitter bereust, nach Spanien gefahren zu sein, den will ich miterleben.«

Sie lehnte sich genüßlich im Sessel zurück und grinste mich an. »Schön, wenn man endlich alt und vermögend genug ist, daß man seinen kleinen Rachegelüsten aus vollem Herzen nachgeben kann.« Sie gluckste zufrieden vor sich hin.

»Das bin ich nämlich schon immer gewesen, leidenschaftlich und rachlustig!«

Ich hatte es vergessen, aber jetzt fiel es mir wieder ein. Tante Maud ist Skorpion.

Maud fuhr mit!

Was sollte ich dagegen tun?

Der, der zahlt, hat die Rechte.

Der, der sich einladen läßt, hat folgsam mit dem Kopf zu nicken und keine eigene Meinung zu haben. Schon gar nicht über den, der zahlt.

Der ersehnte Augenblick, in dem ich bitter bereute, den ganzen Unfug mit der Spanienreise überhaupt angezettelt zu haben, ergab sich übrigens eher als erhofft. Genauer gesagt bereute ich bereits in jener Minute, als ich erfuhr, daß Maud mitfahren würde. Sie hätte also genießen und dann zu Hause bleiben können. Gedankengänge dieser Art behielt ich jedoch für mich. Was soll's? Auch diese Reise wird irgendwann Vergangenheit sein, so wie Maud und ich Vergangenheit sein werden, ich vermutlich eher als sie. Sonnentau hält sich erfahrungsgemäß recht lange. Es war 18 Uhr 30, als wir gemeinsam meine Wohnung verließen. Pünktlich um neunzehn Uhr erreichten wir Seite an Seite den Busbahnhof.

Der Reiseleiter, der uns in der geöffneten Tür des Busses stehend erwartete, wirkte bereits vor Beginn der siebzehnstündigen Fahrt reichlich abgekämpft. Er hatte volles weißes Haar, leicht nach vorn gebeugte Schultern, einen resignierten Zug um den Mund und ließ ganz klar erkennen, daß er zu jener Minderheit von Menschen gehörte, die keinerlei Reiz darin entdecken können, sich mitten im Winter von ihrem heimischen Herd weglocken und durch unwirtliches Land bis an die spanische Küste fahren zu lassen. Er war Maud auf Anhieb sympathisch. Sie schüttelte ihm kräftig die Hand. Dann stellte sie uns den übrigen Reisenden vor. »Mein Name ist Schlipsmüller, ich fahre bereits zum zweitenmal nach Spanien, dies hier ist meine Nichte Julika, sie schreibt zur Zeit an ihrer Doktorarbeit. Thema: das Verhalten von Langzeiturlaubern in Überwinterungshotels.« Sie verteilte ihre Massen über eineinhalb Sitze, ordnete die kleineren Gepäckstücke in bequeme Reichweite und beugte sich vertraulich über den Gang.

»Wer sind Sie?«

Die alte Dame, welche so unvermittelt angesprochen wird, zuckt erschreckt aus ihren Träumen auf. Es ist Frau Vogel, eine Rentnerin aus Hattingen, vom Leibesumfang her Tante Maud nicht unähnlich, aber von wesentlich sanfterer Wesensart. Fünfundsechzig Jahre, seit sieben Jahren verwitwet (Maud bedachte sie ob dieser Eröffnung mit schwesterlich-verschmitzten Blicken), fünf Enkel, im Hause von Sohn und Schwiegertochter wohnend. Jedes

Jahr um diese Zeit schenken ihr die Kinder einen vierwöchigen Aufenthalt in Roquetas, wenn sie selbst zum Skilaufen in die Schweiz fahren. In diesem Jahr fährt sie bereits zum fünftenmal.

»Ich träum' das ganze Jahr davon«, teilt sie Maud vertraulich mit. »Früher, mit meinem Mann, da sind wir immer nach Tirol gefahren, immer in dasselbe Hotel, immer zum Wandern, war auch ganz schön. Aber der Süden, oh, wenn Sie wüßten, der Süden …« Frau Vogel, seit sieben Jahren verwitwet, fünf Enkel, im Hause von Sohn und Schwiegertochter wohnend, scheint ein ganz anderes Spanien zu kennen als das, vor dem sich Maud so fürchtet. Auch der Herr, der schräg hinter Frau Vogel sitzt, scheint sich der Vorfreude auf den Süden voller Genuß hinzugeben. Sobald er auf die Uhr schaut, und in ungeduldiger Abfahrtserwartung schaut er beinahe in jeder Minute auf die Uhr, erregt er das Interesse der gesamten Nachbarschaft. Beide Arme sind bis an die Ellbogen mit Armbanduhren bepflastert. Er bemerkt das staunende Interesse und lächelt. »Kranzmeier! Kranzmeier aus Mülheim an der Ruhr. Ich hab' unten in der Nähe von Roquetas ein Haus, fahr' nur aus Ersparnisgründen mit dem Bus, geh' nie ins Hotel, aber die Reise mit 'nem Busunternehmen ist am billigsten.«

»Haben Sie 'n Uhrenladen?« fragt Maud dazwischen, und ich stoße ihr in die Seite, weil ich berechtigterweise befürchten muß, daß sie sich als nächstes nach dem Umsatz erkundigen wird, den Herr Kranzmeier mit seinem Laden macht. Maud hat ein nie erlahmendes Interesse an Geschäftlichem.

»Ich? Nee, schöne Frau«, lacht Herr Kranzmeier. »Die Uhren hab' ich selbst gekauft.« Und vertraulich: »In 'nem Billigladen, wissense! Die mach' ich unten zu barem Geld. Kein Arbeiter im Dorf, der nich watt fürn ollen Kranzmeier tut, und der 'n ollen Kranzmeier nich wie den Weihnachtsmann persönlich erwartet, wenn er aus Deutschland angefahren kommt. Eigentlich hab' ich datt Häusken ja für meinen Lebensabend gebaut, aber dann is' meine Frau gestorben, und nu halt' ich es höchstens noch zwei Monate im Jahr da aus. Dann muß ich wieder wegfahren, wieder nach Mülheim, bloß, da fällt mir nach kurzer Zeit die Decke genauso aufen Kopp!«

»Das versteh' ich«, mischt sich unser linker Hintermann ein, »ich bin seit meiner Pensionierung in derselben Situation. Immer bloß zu Hause rumsitzen macht mich fertig. Meine Frau hat ja zu tun, der sitz' ich im Weg, fahr' ich in der Welt rum, sitz' ich mir selbst im Weg.« Er erhebt sich halb von seinem Sitz und deutet in Mauds Richtung eine Verbeugung an. Ich sehe es mit Erstaunen, Maud scheint ihre Wirkung auf das männliche Geschlecht nicht verloren zu haben. »Gestatten g'nä Frau, Alfred, nicht vorne. Hinten.«

»Wie heißen Sie denn vorne?« will Maud wissen. »Alfons!«

»Ihre Mutter besaß Humor«, stellt Maud fest.

»Nee, einen Onkel, der Alfons hieß!«

»Und wieviel hat er Ihnen hinterlassen?«

»Wie meinen Sie das?«

Ich stoße Maud erneut in die Rippen, diesmal weniger sanft.

»Was ist denn?« flüstert sie so laut, daß alle in unmittelbarer Nähe Sitzenden es hören können. »Wenn man schon ein ganzes Leben mit dem Namen von 'nem Onkel rumlaufen muß ...«

»Mein Onkel war kein vermögender Mann«, sagt ›Gestatten Alfred‹ und lächelt.

Und Maud: »Pech für Sie, na man kann's sich nicht immer aussuchen. Ich heiße übrigens Schlipsmüller, Maud Schlipsmüller. Hamburg! Verlagswesen. Dies«, sie tippt mir auf die Schulter, »ist meine Nichte Julika. Sie schreibt zur Zeit an einer Studie über ...« Ehe sie mich abermals vorstellen kann, heult der Motor auf. Es gibt einen Ruck, demzufolge Frau Vogel fast in den Gang fällt, und wir setzen uns in Bewegung. Der Komfortbus rollt durch die Nacht. Draußen ist es kalt und dunkel. Nebelschwaden fetzen vorbei. Lustlos fahre ich einem vollkommen gleichgültigen Ort entgegen, einem Ort, an dem ich mir plötzlich einen Mann wie Badi nicht mehr vorstellen kann. An dem ein Badi mit Sicherheit auch gar nicht sein wird. Und wenn, wird Tante Mauds energische, zahlende Gegenwart jegliche Annäherung auch zu verhindern wissen. Ich sitze neben ihr, gegen die kalte Fensterscheibe gepreßt, und hasse mich selbst. Doris hat ganz recht. Ich bin eine ganz und gar blödsinnige Person, die niemals erwachsen werden wird. Ich bin vollkommen unfähig, ein nutzloses Mitglied der Gesellschaft. Warum, zum Teufel, sitze ich hier, in diesem Bus? Warum fahre ich nach Roquetas? Warum liege ich jetzt nicht zu Hause auf meinem nostalgischen Diwan und lese ein bißchen im französischen Wörterbuch? Warum habe ich bloß immer so dämliche Einfälle, und warum führe ich gewöhnlich gerade die dämlichsten meiner Einfälle mit vollendetem Eifer aus? Die von Maud so sehnlichst erwartete Reue über meinen Ungehorsam hat mich voll gepackt. Maud merkt nichts davon. Sie hat die Augen geschlossen, den Kopf zurückgelehnt und schläft friedlich vor sich hin. Man sieht ihr an, sie träumt etwas sehr Schönes.

Ich weiß nicht, was andere Leute auf langen Reisen so denken. Vermutlich beschäftigen sich auch ihre Gedanken während der ersten hundert Kilometer noch mit zu Hause.

Frau Vogel stellt sorgenvolle Überlegungen an, ob die Kinder auch gut in St. Moritz angekommen sind. Hoffentlich hat sich der Kleine nicht erkältet, er ist immer so leicht angezogen. Die jungen Mütter heutzutage sind doch in vielem recht leichtsinnig. Und hoffentlich hat der Junge die lange Fahrt hinter dem Steuer gut überstanden. Er schien Mutter Vogel in letzter Zeit doch reichlich überarbeitet. Immer so blaß und häufig gereizt. So war er früher nicht. Aber die jungen Frauen heutzutage stellen ja auch unermeßliche Ansprüche …

Dann überlegt sie sich, ob sie das Badezimmerfenster eigentlich richtig zugemacht hat, und kriegt bei dem Gedanken, daß sie das Bügeleisen wahrscheinlich in der Eile doch nicht ausgeschaltet hat, vorübergehend Magenschmerzen.

Herrn Kranzmeier aus Mülheim an der Ruhr bewegt ein anderes Problem. Zwar ist auch er im Zweifel, ob das Bügeleisen, mit dessen Hilfe er schwitzend und fluchend seine Reisegarderobe auf Vordermann zu bringen versucht hat, nicht doch angeblieben ist, darüber hinaus beschäftigt ihn nicht minder quälend die Frage, ob die Müllersche, der er traditionsgemäß den Schlüssel anvertraut hat, nicht alles durchschnüffeln wird. Zwar hat er, die Schnüffelsucht mit einkalkulierend, vorher nochmals gründlich aufgeräumt, aber ein etwas ungutes Gefühl hat er doch. Er seufzt ein bißchen und beschließt, die Probleme zunächst einmal zu verdrängen. Wenn er zurückkommt, wird die Müllersche ihn schief angucken, und das Haus wird noch stehen oder infolge des nicht abgestellten Bügeleisens abgebrannt sein. Was soll's? Kann er's ändern?

Alfons Alfred weiß jetzt, da er in diesem engen, schlecht gelüfteten Reisebus sitzt und nach Spanien fährt, traditionsgemäß bereits nicht mehr, warum er diese Reise eigentlich gebucht hat. War es nicht an jenem Tag geschehen, an dem ihm seine Gerti die spitze Frage an den Kopf warf, ob seine Finger vom vielen Zeitungsblättern nicht schon wund wären, und gleich darauf die Hoffnung aussprach, das Wohnzimmer ›endlich einmal gründlich saubermachen zu können, ohne daß jemand darin herumsitzt‹? Nun hat er das Wohnzimmer verlassen und sitzt statt dessen im Reisebus, wieder einmal! Sorgenvolle Betrachtungen halten ihn wach. Hoffentlich wird es nicht wieder so ein Reinfall wie im vergangenen Jahr in Jugoslawien, und hoffentlich wird man in diesem Jahr das Essen besser vertragen. Längst vergessene Erinnerungen an Magen-Darm-Koliken, lärmende Nachbarn und Zimmer mit tropfenden Wasserhähnen, gurgelnden Heizungsrohren und schlecht schließenden Fenstern tauchen unschön wieder auf.

Und hoffentlich hat man diesmal die richtigen Kleidungsstücke eingepackt. Der dunkle Anzug, den man immer mitnimmt, weil man glaubt, daß etwas Unerwartetes geschehen könnte, demzufolge man dann einen dunklen Anzug braucht, wird auch wieder unbenutzt zurückreisen. Daß man dieselben Fehler doch immer und immer wieder macht ...

Ich habe keinen dunklen Anzug eingepackt, weil ich keinen besitze, und Bügeleisen plus Badezimmerfenster sind mir herzlich egal.

Der Herr, der vor mir sitzt, hat seinen Sitz so weit nach hinten geklappt, daß ich mich in den Anblick seines spärlich behaarten Hinterkopfes vertiefen kann, der, vom grünlichen Notlicht fahl beleuchtet, wie ein bleicher Mond vor meinen Augen hin und her pendelt. Ich selbst kann mich nicht zurücklehnen, weil mein Sitz klemmt. Das haben geschenkte Sitze so an sich. Maud dagegen schläft tief und gut, schläft den Schlaf derer, die ein gutes Gewissen und überdies ein gutgefülltes Bankkonto haben. Sicherheit macht ruhig. Sie hat den Kopf weit nach hinten gelehnt und träumt mit leicht geöffneten Lippen vor sich hin.

Manchmal bewegt sie leise die Hand, so, als ob sie nach etwas greifen wollte. Sicher sucht sie im Traum nach ihrer Brille oder nach dem Scheckheft.

Nach und nach gelingt es mir, mich zu entspannen.

Das monotone Geräusch des Motors und das sanfte Gefühl des Geschaukeltwerdens wirken wie immer sanft und beruhigend auf meine Nerven. Dazu befriedigt mich der Gedanke, daß es, solange ich auf Reisen bin, schlichtweg unmöglich ist, mich mit häuslichen Problemen und peinlichen Fragen zu belästigen, wie zum Beispiel: »Hast du die Miete schon bezahlt, wenn nein, warum nicht, wenn ja, wovon? Und wie lange willst du eigentlich noch ohne Arbeit in der Welt herumlungern?«

Unterwegs bin ich für nichts, aber auch für gar nichts verantwortlich.

Ich habe während langer Reisen in Gedanken Häuser eingerichtet, Traumgärten angelegt, Traummänner geheiratet, brillante Reden gehalten, unzählige Geschichten geschrieben, an knisternden Kaminfeuern tiefgründige Gespräche geführt und mit einem wildbärtigen, sehr zärtlichen Mann eine Hütte auf Korsika bewohnt. Während er sich um das Feuerholz bemühte und eimerweise Wasser vom Dorfbrunnen herbeischleppte, saß ich wohlig entspannt vor dem Haus, blickte sinnend in das unendliche Azur des südlichen Himmels und arrangierte prächtige Stilleben aus köstlichen Früchten und Orchideen auf der derben Platte unseres Tisches. Auf dieser Reise nun stand mir der Sinn eher danach, mit dem Zärtlich-Wilden ein Haus in Spanien einzurichten (maurischer Stil). Der Zärtlich-Wilde hatte die lange Lagerzeit in irgendeiner Schublade meines Gedächtnisses tadellos überstanden, denn er hatte noch immer bronzefarbene Haut, ein halblanges Gewirr schwarzer Locken, blendendweiße Zähne und lachende Augen.

Zudem schien er sichtlich erfreut, mich wiederzusehen.

Das Landhaus, vor dessen Eingang wir uns trafen, hatte weißgeschlämmtes Mauerwerk, einen intimen Innenhof, hohe Mauern ringsum und war mit wildem Wein berankt. Wir legten den Hof mit wunderschönen Keramikplatten aus, das heißt, der Zärtlich-Wilde verstand sich wunderbar auf diese Tätigkeit (er ist ein ungemein begabter Typ, der auch Gedichte schreiben und zur Laute singen kann), und ich saß auf der Außentreppe, sah zu und sagte, wie ich die Platten verlegt haben wollte.

Wir sprachen gerade davon, daß wir, wenn der Hof erst einmal fertig wäre, eine Party für die Dorfbewohner geben und zu diesem Anlaß alles mit Fackeln beleuchten würden, als der Bus hielt.

Maud griff mit der linken Hand erschreckt ins Leere und dann an meinen Arm.

»Großer Gott, sag bloß, wir sind schon da.«

Sie warf einen kurzen Blick in die tropfende Dunkelheit vor den Busfenstern und bemerkte:

»Nun bitte, guck dir dieses verfluchte Spanien an!«

Wir waren nicht in Spanien, wir waren in Frankfurt.

»... machen wir zehn Minuten Pause, um die Reisenden aus dem Rhein-Main Gebiet aufzunehmen, wer will, kann sich die Füße vertreten.«

Niemand verspürte die geringste Lust, sich im Nieselregen die Füße zu vertreten. Wie eine Herde glotzäugiger Schafe starrten wir zum Eingang des Busses, wo jetzt die Reisenden aus dem Rhein-Main-Gebiet zu sehen waren. Es waren genau vier Stück. Ein älteres Ehepaar, eine wirklich atemberaubend attraktive junge Frau im weißen Lederanzug und Badi!

Mein Herz tat einen beglückenden schnellen Extraschlag ... und einen eifersüchtigen hinterher, denn die atemberaubend attraktive junge Frau wandte sich mit einem strahlenden Lächeln an jenen Mann, den ich gern für mich gehabt hätte.

»Würdest du misch einmal ...elfen«, sagte sie und wies auf ein winziges Köfferchen.

»Gern«, antwortete der Mann, den ich gern für mich gehabt hätte, und schenkte dieser Person jenes Lächeln, von dem ich eine ganze Karnevalsnacht hindurch geglaubt hatte, daß es eigens von ihm für mich erfunden worden war. Nun zeigte sich, daß es sich um einen Serienartikel handelte, den er großzügig verteilte.

Mit großer Spannung verfolgten sämtliche Gäste Badis Bemühung, das Köfferchen der bildschönen Französin im Netz zu verstauen.

›Gestatten Alfred‹ spurtete nach vorn und wollte helfen, Herr Kranzmeier aus Mülheim bot gar seinen Platz an, auf dem er es sich mit Sofakissen und Proviantbeutel gerade so richtig gemütlich gemacht hatte, aber: »Ein so nettes, frisch verlobtes Paar kann man doch nicht auseinanderreißen, nicht wahr? Gestatten, Kranzmeier aus Mülheim an der Ruhr!«

»Audrée Chanté«, stellte sich die junge Dame vor und lächelte. Sie hatte eine etwas rauchige Stimme, die wunderbar zu dem französischen Akzent paßte. Badi und sie nahmen nebeneinander Platz, sie steckten die Köpfe zusammen, und sie flüsterte ihm etwas ins Ohr.

Man hörte sie lachen.

Glücklicherweise fuhr der Bus in diesem Augenblick wieder an. Das große Licht verlosch. Zu sehen war nur noch der Hinterkopf des vor mir sitzenden Herrn und Mauds schon wieder schlafendes Gesicht.

Das genügte auch.

Während der Reise durch Frankreich hatte ich einiges zu tun. Vergessen der Zärtlich-Wilde und unser Haus im maurischen Stil, mochte er die Platten ein anderes Mal verlegen.

Ich mußte mir überlegen, ob wohl Badi und die schöne Dame, die sich Audrée nannte, diese Reise gemeinsam geplant hatten, oder ob es der Zufall gewesen war, der sie zusammenführte. Beides schien mir gleichermaßen gefährlich. Ich dachte intensiv darüber nach und war bei Dijon zu der Erkenntnis gelangt, daß sie sich wahrscheinlich erst unmittelbar vor Abfahrt des Busses kennengelernt hatten. Vor meinem inneren Auge sah ich sie aus verschiedenen Richtungen aufeinander zulaufen.

Sie: »Entschuldigen Sie, der Bus von Globusreisen, der, der nach Spanien fährt, der hält doch hier, ja?«
Er: »Der hält hier, und ich weiß auch jetzt schon, daß es eine wunderbare Reise werden wird.«
Sie (kokett): »Wieso?«
Er: »Weil Sie mitfahren, Mademoiselle ...«
Sie: »Audrée!«
Lächeln! Ende der ersten Szene.

Einige Kilometer später hörte ich bereits die Hochzeitsglocken läuten, und wir erreichten die Provence, als sie sich zu zweit über das gemeinsam fabrizierte Baby beugten.

Der Bus näherte sich der spanischen Grenze, da hatte ich mich bereits total in die Geschichte zwischen Badi und Audrée vertieft. Ich sah sie jetzt inmitten ihres Freundeskreises. Man feierte die silberne Hochzeit.

»Erzähl uns doch mal, Audrée, wie ihr euch eigentlich kennengelernt habt!«

»Ach, das war ungeheuer komisch. Ich hatte doch diese Winterreise nach Roquetas gebucht, es fuhren nur ältere Leute mit, und das Ganze war eigentlich ziemlich trostlos, aber stellt euch vor, eine Minute vor der Abreise sehe ich Badi, der auch mitfuhr, und zwei Minuten später wurden wir schon für Verlobte gehalten, na, da *mußten* wir doch einfach heiraten … es ist dann eigentlich unsere Hochzeitsreise geworden, stellt euch vor, eine Hochzeitsreise und dann ein Hotel, in dem alle Gäste viel älter waren als wir, ach so eine komische dicke Type mit ihrer Nichte, die war auch da. Die Nichte hatte irgend etwas, das fiel einem gleich auf, am vierten oder fünften Urlaubstag nahm sie sich das Leben.«

»Nahm sie sich das Leben?«

»Ja, keiner wußte warum, die Tante war ganz durcheinander, es war irgendwie für alle ein Schock, weißt du noch, Badi, diese seltsame junge Frau … Badi!!!«

»Ja chérie, verzeih, ein Schwächeanfall, schon vorbei.«

»Oh, mein Liebling, wie blaß du bist, liebst du mich noch?«

»Aber mein Zwitschermäuseli, natürlich, wie am allerersten Tag. Ich sah dich da stehen, an diesem Busbahnhof, mit deinem klitzekleinen Köfferchen, und mir war es schlagartig klar: die oder keine!« Ja, so albern sind die Männer!

Maud hat das erkannt. Sie hat ihre Erfahrungen gemacht und ihre Leidenschaften überwunden. Schließlich hat sie sich darauf beschränkt, die Männer zu beerben. Das ist wahrscheinlich das Beste, was man mit den Männern tun kann, sie zu beerben. Ich seufzte unwillkürlich auf.

»Was ist?« Tante Maud erwachte mit einem wehleidig langgestreckten Zischlaut.

»Sind wir da?«

»Nein, ich dachte nur gerade, wie gern ich auch mal einen Ehemann beerben möchte.«

»Du beerbst mich doch«, sagte Maud. »Also sei zufrieden mit dem, was du hast!«

Ich beschloß auf der Stelle, ihrem Ratschlag Folge zu leisten und mich mit dem zu begnügen, was ich hatte.

Schulden und eine blühende Fantasie.

Im fahlen Morgenlicht wirkt eine übermüdete, graugesichtige Reisegesellschaft wenig erfreulich.

Den einzig wirklich schönen Anblick bot ein junges Paar, das in einer der vorderen Reihen saß. Ein tiefschwarzer und ein kupferroter Haarschopf lehnten sich zärtlich gegeneinander.

Ich seufzte unwillkürlich auf.

»Hab' ich dir doch gesagt, Sauspanien!« ließ sich Maud vernehmen und drückte mir eine Apfelsine in die Hand.

»Hier, pell mal. Ich hab's nicht gern, wenn mir der Saft die Hände verklebt.«

»Herrlich!« flötete Maud, Mißbilligung in meine Richtung verströmend und im Zimmer auf und ab wandernd. Wir waren gerade in Lloret angekommen, ich hatte die Koffer ins Zimmer geschleppt und war eigentlich nur noch müde. Selbst der Schmerz um Badi wich beinahe unter dem Druck dieser Müdigkeit.

Maud jedoch war gut ausgeschlafen und zu allen Taten bereit. Vor allem dazu, mich ein bißchen zu quälen.

»Ein herrliches Hotel, fürwahr. So gediegen, so vornehm! Guck bloß nicht in die Toilette.«

»Warum nicht?«

Es war eine rein rhetorische Frage, denn an sich war ich nicht nach Spanien gekommen, weil mich die dortigen Toiletten interessierten. Maud warf mir einen kurzen, jedoch sehr vielsagenden Blick zu und bemerkte: »Aber du wolltest ja unbedingt in den Süden. Kannst du mir vielleicht einmal sagen, wo ich mich hinsetzen soll?«

Ich konnte es nicht. Die im Reiseprospekt angepriesene ›typisch spanische Möblierung des Apartments‹ hatte keinen Stuhl vorgesehen. Wahrscheinlich begibt man sich als typischer Spanier direkt von der stehenden in die liegende Position. Man legt sich gleich in die Betten.

Diese Betten hier jedoch sind eigentlich nicht als solche zu betrachten, vielmehr handelt es sich um einfache Campingpritschen, zugedeckt mit grauen Decken, wie sie gewöhnlich von Möbeltransporteuren zum Umhüllen zerbrechlicher Gegenstände benutzt werden.

»Los, riech mal dran!« forderte Maud mich auf.

Ich weigerte mich standhaft, an den Decken zu riechen, die mir nicht frisch gewaschen, sondern reichlich benutzt erschienen. Feindselig starren wir uns über die beiden Pritschen hinweg an. Wunderbar! Da befinden wir uns also in unserem Übernachtungsquartier in Lloret de Mar, Hotel Simone (gemütlich eingerichtete

Apartments, alle mit Balkon und WC), und sind seit der Ankunft vor einer Stunde ununterbrochen übel gelaunt.

Maud, weil sie es sich vorgenommen hat, und ich, weil mir der ganze Spanienkram bereits seit der Abfahrt in Düsseldorf zum Halse hinaushängt und ich überdies an Audrée und Badi denke, die sicherlich keine der kostbaren Minuten ihres Lebens damit vergeudet haben, nach dem Stuhl zu suchen. Sie werden sich unter allen Umständen sofort in die stuhllose Situation schicken und ins Bett legen.

Ich werfe mich seufzend auf eine der Pritschen und schließe die Augen.

»Julika?«

»Ja?«

»Schläfst du?«

»Fast! Ich bin so müde!«

»Julika?«

»Ja?«

»Hast du die Tür abgeriegelt? Ich glaub' im Vorraum ist jemand!«

Im Flur ist niemand, dafür taucht jetzt der Verdacht auf, daß sich nicht nur im Flur, sondern direkt am Kopfende unserer Betten jemand niedergelassen hat. Der Jemand ist eine Dame, die gerade frisch eingetroffen ist. Übernächtigt, überreizt, nörgelig und unzufrieden.

Unzufrieden, mit Zimmer und Ehemann.

Wir hören durch die Wand, die jeden nachbarlichen Laut scheinbar verstärkt wiedergibt, daß Wilm bitte sofort hinuntergehen und sich beschweren soll.

Unter diesen Drecksdecken schläft die Dame nicht, und ob Wilm mal in die Toilette geguckt hat.

Hat er nicht!

Dann soll er es gefälligst tun.

Offensichtlich weigert sich Wilm ganz energisch, in die Toilette zu gucken, denn unsere Nachbarin hält ihm jetzt sämtliche Sünden vor, derer er sich im Laufe der Ehe schuldig gemacht hat. Eine sehr lange Ehe muß das sein. Auch bei der Wahl seiner Ehefrau scheint Wilm seinerzeit nicht richtig hingeguckt zu haben.

Maud ist durch die diesbezüglichen Gespräche nebenan wieder

an unser eigenes Problem erinnert worden. Sie winkt mich ins Bad, untersucht eingehend die Toilettengegend.

»Du, da ist überhaupt kein Abzug dran!«

»Nicht möglich!«

Zu zweit untersuchen wir den Spülkasten, stehen abwechselnd auf dem Toilettendeckel, wir kontrollieren den Boden, tasten die Kachelwand ab. Nichts.

Der Spülkasten ist oben offen und mit Wasser wohl gefüllt, aber es scheint keine Möglichkeit zu geben, das Wasser in die Toilette zu kriegen, es sei denn, man schöpft es mit Hilfe des Zahnputzglases hinein. Ich denke voller Wehmut, daß ich mir die Realisierung des Punktes: ›Nachmittag zur freien Verfügung, genießen Sie den Strand von Lloret‹, laut Reiseprospekt: ›Ein unvergeßliches Erlebnis‹, eigentlich anders gedacht habe.

»Du bist auch zu allem zu dämlich«, sagt die überreizte Dame da direkt an meinem Ohr.

»Hier ist es doch!«

Und schon rauscht nebenan das Wasser, gurgelt und gluckst, wie der Rheinfall von Schaffhausen.

Das weckt erneut unseren Ehrgeiz. Wieder kriechen wir auf dem graugesprenkelten Steinboden herum, wieder umkreisen wir das Toilettenbecken, erklimmen den Deckel, prüfen den Spülkasten. Maud tastet zentimeterweise die gekachelte Wand ab.

»Hier!«

Tatsächlich, als Mittelpunkt einer gelbblättrigen Blume erfühlen die Fingerspitzen ein winziges weißes Knöpfchen, optisch nicht unterscheidbar von 500 kleinen weißen Punkten, die den Mittelpunkt jeder einzelnen gelbblättrigen Blume zieren.

Maud drückt, es rauscht! Gottvoll.

Wie sinnvoll ausgeklügelt von den spanischen Designern, die Harmonie dieser Badezimmereinrichtung nicht durch einen großen, ordinären Abzugsknopf zu zerstören, sondern das Unvermeidliche so diskret wie nur eben möglich anzubringen.

Im Eifer des Gefechtes waren wir wohl etwas zu laut geworden, denn plötzlich hörten wir Wilm sagen:

»Komm Pussi, hab' den Kanal voll, bin's zum Sterben leid, die dämlichen Gespräche anderer Leute anzuhören, gehn wir lieber einen saufen …«

Obwohl Wilm und Pussi unverzüglich das Apartment verließen, brauchten wir auf die inzwischen bereits vertraute Unterhaltung nicht zu verzichten, die unter ›Punkt drei‹ der fantasievollen Reisebeschreibung rangierte: ›Vielseitige Unterhaltung, langweilig wird es sicher nicht.‹

Nein, langweilig wurde es nicht. Unsere Nachbarn zur rechten, Engländer, waren eingetroffen. Die debattierten heftig miteinander, schrieben Ansichtskarten und schnitten sich die Nägel.

In der Wand scheinen hochqualifizierte Verstärker eingebaut zu sein, denn man hörte sogar, wie sie die Briefmarken ableckten und was sie dachten.

Bobby dachte: »Diese widerliche Schlampe kann man nur noch im Suff ertragen, ich werd' mich heut abend vollaufen lassen, bis ich beinahe bewußtlos bin.«

Und Betty: »Wie lange bin ich eigentlich schon mit diesem Widerling verheiratet, von dessen tätowiertem Segelschiff ich einst so hingerissen war!« Ich hörte, wie sie heimlich seufzte, dann schraubte sie ein Fläschchen mit Nagellack auf und begann, sich die Nägel zu lackieren.

Maud hatte inzwischen ihr Kleid ausgezogen und auf den einen rachitischen Drahtbügel gehängt, der die Innenausstattung des Wandschrankes ausmachte. Dann lüftete sie mit zwei mißtrauischen Fingerspitzen das Bettzeug, beäugte die Laken und legte sich schließlich gottergeben nieder. Dort ruht sie nun, den Kopf mit abgeknicktem Kinn gegen die beinharte Nackenrolle gelehnt, und hält die Augen geschlossen, um all das Elend ringsum nicht sehen zu müssen. Ich legte mich so vorsichtig wie möglich neben sie.

»Laß uns vor dem Abendessen noch ein bißchen schlafen«, sagte ich mit sanfter Stimme.

»Morgen sieht alles schon anders aus, und die Sonne hat doch auch schon recht nett geschienen …«

»Die Sonne ist auch das einzige, was die Dreckskerle zu verkaufen haben«, antwortete sie mürrisch. »Und verdammt teuer lassen sie es sich bezahlen …«

Sie schwieg eine Weile, dann fügte sie hinzu: »Ich habe den Ersten und den Zweiten Weltkrieg überstanden, Inflation, Hungerjahre, Diphtherie, zwei Ehemänner und ein widerwärtiges Furunkel am linken Augenzahn, ich werde, bei Gott, auch dieses verfluchte Spanien überstehen, aber das eine, das sage ich dir …«

»Ist in Ordnung!« sagte ich folgsam. Es erübrigte sich, sie darüber aufzuklären, daß ihr schließlich niemand diese Reise aufgezwungen hatte und der Aufenthalt in Spanien, noch dazu im Hotel Simone, kein Schicksalsschlag war, wie die Sache mit dem Furunkel und den Herren Knopps und Schlipsmüller, denn sie hätte ohnehin widersprochen.

Nachdem Maud eingeschlafen war (sie kann in jeder nur erdenklichen Situation und Lage schlafen, eine positive Folge ihrer schweren Jahre wahrscheinlich), stand ich heimlich wieder auf und schlug im Reiseprospekt die entsprechende Seite auf, um die Anmerkungen über Lloret de Mar noch einmal zu lesen.

»Lloret de Mar!

Die landschaftliche Schönheit der Costa Brava kann im Winter bei frühlingshaften Temperaturen genossen werden. Die Küste: wild und abwechslungsreich. Restaurants, in denen man es versteht, die Küche Katalaniens vorbildlich zuzubereiten. Sie erhalten die Früchte des Meeres und dazu die feurigen Weine des Landes. Unser Vertragshotel, das Simone, wird Ihren Ansprüchen vollauf genügen. Es handelt sich um eine lebhafte Hotelanlage mit 1700 Betten und vielseitiger Unterhaltung. Es wird alles geboten, was des Urlaubers Herz begehrt, Hallenbad, Spielsaal, Skat, Fahrradverleih, Tischtennis, Tennis, Fernsehen, Kegelbahn, vier Bars, täglich Tanz. Die Zimmer mit ihrer typisch spanischen Möblierung sind gut ausgestattet, Bad, WC, Telefon. Jedes Apartment besitzt einen Sonnenbalkon, der mit Sitzmöbeln bestückt ist.«

Ich blickte mich im Zimmer um und stellte fest, daß der Hausdichter der Globusreisegesellschaft stark untertrieben hatte. Er hatte vergessen, das Ölgemälde zu erwähnen, welches die Wand zierte, und die Extrarolle Toilettenpapier, die wir im Wandschrank vorgefunden hatten. Außerdem den Kleiderbügel und die eine Glühbirne in der dreiarmigen Deckenleuchte.

Ansonsten ist das ganze Simone im gleichen Stil ausgestattet. Unterschiede werden nicht gemacht. Die Apartments sind alle gleich möbliert, wie der Prospekt zu berichten weiß. Wie beruhigend zu wissen, daß alle den gleichen rustikalen Korbstuhl auf dem Balkon haben, sich auf die gleichen durchgelegenen Pritschen legen und mit den gleichen übelriechenden Decken zudecken müssen. Gleich die knochenharten Nackenrollen, gleich auf sämtlichen Korridoren der schmutzstarrende dunkelgrüne Läufer, gleich die braunen Türen, von denen die Farbe abblättert, gleich im ganzen Haus der graugesprenkelte, geradezu abstoßend häßliche Steinfußboden ... in unserem Apartment, im Vorraum, im Bad, ja, selbst auf der Terrasse: graugesprenkelter Stein, man spürt die Kälte durch die Fußsohlen.

Über dem linken Bett hängt das Telefon an der rauhverputzten Wand. Es dient dazu, die Touristenscharen zur Abfahrt zusammenzutrommeln, sonst hat es keine Funktion. Die Wand gegenüber ist giftgrün tapeziert. An der giftgrünen Wand hängt das Ölgemälde. Aus dunkelgebeiztem Rahmen lächelt verführerisch eine junge Spanierin. Sie hält den Kopf seitlich geneigt, was dem satten Fall ihrer tiefschwarzen Haare zugute kommt. Sie hat die Lippen lustvoll geschürzt und rafft mit der linken Hand notdürftig den Ausschnitt ihrer durchsichtigen Bluse zusammen. Die Bluse ist so knapp geschnitten, daß der rechte, porzellanfarbene Busen kaum bedeckt ist. Sicherlich hat das Geld für mehr Stoff nicht ausgereicht. Spanien ist ein armes Land, von dem Luxus, den der deutsche Tourist, zum Beispiel im Simone, genießt, hat der Spanier immer nur geträumt.

Maud stöhnt und wirft sich mit Schwung auf die andere Seite. Süß anzusehen, wie sie verzweifelt versucht, die Nackenrolle zum Kopfkissen zu knautschen, die Brauen unwillig zusammenzieht und das Unterfangen schließlich aufgibt.

Ich stehe leise auf und inspiziere den Sonnenbalkon.

Leider ist der heutige Tag nicht sehr sonnig. Gegen Mittag haben sich die Wolken zusammengezogen und hängen schwer und dunkel über Lloret de Mar und seinen landschaftlichen Reizen.

Die Balkons des Simone sind schräg versetzt, so daß man bequem den Anblick des Balkonlebens seines rechten Nachbarn genießen kann (Punkt: vielseitige Unterhaltung).

Bobby und Betty scheinen sich mit allem abgefunden zu haben. Auf ihrem Balkon lagern haufenweise leere Weinflaschen, die Zigarettenkippen sind nicht zu zählen. An der Wäscheleine hängen ein Paar Seidenstrümpfe mit Laufmaschen und eine Badehose mit Tarzanmuster. Auf dem durchgesessenen Korbstühlchen liegt eine Illustrierte, die Seiten flattern im Wind.

Ansonsten bietet der Balkon einen äußerst reizvollen Blick auf das Dach des gegenüberliegenden ›Paradiso‹ und die Straße, auf der unablässig Reisebusse an- und abfahren. »Langweilig wird es sicher nicht!« In der Tat, während des Aufenthaltes auf dem ›sonnigen‹ Balkon kann jeweils ein Bewohner des Apartments in dem Sesselchen Platz nehmen, während der andere, lässig gegen die Brüstung gelehnt, das Kommen und Gehen im ›Paradiso‹ oder das nachbarliche Balkonleben beobachten kann.

Prachtvoll!

Anschließend betrachte ich mir noch einmal in aller Ruhe das Bad. Es ist mit zwei rauhen, dunkelgrauen Handtüchern bestückt, auf die unübersehbar das Wort ›Simone‹ gedruckt ist. Der Spiegel ist gesprungen, was dem Gesichtsausdruck etwas leicht Verzerrtes gibt, zudem sieht man in dem grellen Neonlicht wie ein Leichnam aus. Ich wende mich schnell ab.

Vor der Dusche hängt ein grauer Plastikvorhang, der jedoch nur dekorativen Wert hat, denn unten ist er ein gutes Stück zu kurz, so daß das Wasser ungehindert in den Raum fließen kann. Wahrscheinlich soll er lediglich zur ›wohnlichen Atmosphäre‹ beitragen.

Ich stellte fest, daß es nur kaltes Wasser gibt, was mein Duschbad stark verkürzte und den Wasserverbrauch von selbst beschränkte. Nach dem Duschvergnügen stand ich mit nackten Füßen und klappernden Zähnen auf den eiskalten Fliesen und machte sicher jenen etwas hilflosen Eindruck, den unerfahrene Gäste ja meist hinterlassen, wenn sie zum erstenmal im Ausland sind und zu spät feststellen, daß der ›typische Spanier‹ offensichtlich keine Badematten duldet. Schließlich entschloß ich mich, mit nassen Füßen in die Schuhe zu fahren; aber die Schuhe waren innen auch ganz naß ... ich stellte sie zum Trocknen auf den Balkon.

Nun gut, ich habe geduscht, eher hastig als gründlich. Dann bin ich mit nackten Füßen über den Steinboden geflitzt und habe die Füße diskret an den Bettlaken abgetrocknet. Der Boden ist nicht ganz sauber, das sieht man jetzt der Bettwäsche an. Zähneklappernd ›kuschelte‹ ich mich unter die übelriechende Decke, schloß die Augen, und sofort tauchte das Zimmer 1208 auf. Das Zimmer von Badi und Audrée. Zwar sah ich nur Badi hineingehen, aber die süße Audrée wird unbemerkt hinterhergeschlüpft sein. Hinter der Tür steht Badi und erwartet sie mit ausgestreckten Armen. Dann schließen sie die Vorhänge und schieben die beiden Pritschen zu einem Wonnelager zusammen. Just in diesem Augenblick betrachtet Badi sehr zärtlich und sehr konzentriert Audrées Gesichtchen und malt mit dem Zeigefinger ihre Augenbrauen nach. Audrée ihrerseits darf sein schönes schwarzes Haar zerwühlen.

»Mon Chérie, mon chou chou, mon petit trésor!«

… das ganz große Glück, selbst Wunder sind möglich.

Mein Wunder liegt neben mir auf der Pritsche und schnarcht, daß die Decke bebt.

Es ist siebzehn Uhr.

Gestern um diese Zeit wanderte ich vor dem Spiegel auf und ab und überlegte, ob ich den rosa Samtblazer oder doch lieber die blaue Windjacke einpacken soll. Um dieselbe Zeit stieg Maud aus dem Flugzeug und gab wenig später dem Taxichauffeur meine Adresse an. »Dort wohnt meine Nichte, ich besuche sie heute, ein Überraschungsbesuch, wissen Sie!« Und zur selben Zeit fragte sich Audrée mit klopfendem Herzchen, ob wohl ein schicker junger Mann unter den Mitreisenden sein würde, einer, der der ganzen Reise erst das gewisse Flair geben wird. Gestern um diese Zeit teilte Badi seinen Mitarbeitern lächelnd mit, daß sie ihn so bald nicht wieder zu Gesicht kriegen werden. »So ein bißchen Erholung, eine kleine Reise, ja, nach Spanien, ein wenig Sonne mitten im Winter …«

Und ich stand währenddessen vor meinem Spiegel und überlegte sorgenvoll, ob mich mein Traumheld nun wohl lieber in dem rosa Blazer oder in der blauen Windjacke sehen würde. Größere Probleme haben mich gestern nicht gedrückt!

Ich seufzte, schloß die Augen und versuchte zu schlafen. Ich war auf einmal schrecklich erschöpft.

NACHTS

Während sich Badi und Audrée ihren kleinen Zärtlichkeiten hingaben, während er spielerisch in ihr Ohrläppchen biß und sie sein schönes wirbeliges Haar noch wirbeliger streichelte, latschten Maud und ich durch das Städtchen. Ein mäßiges Vergnügen.

Wir sind beide übel gelaunt, Maud, weil sie schlecht geschlafen und ihr überdies die ungewohnte Nackenrolle das Genick versteift hat, ich, weil mich die Vorstellung quält, daß Badi und Audrée womöglich ihr Wonnelager verlassen haben und mir unvermutet entgegenlächeln könnten.

Bis jetzt hat Badi meine Anwesenheit weder im Bus noch im Hotel bemerkt, und im Augenblick möchte ich ihm keinesfalls unter die Augen kommen, blaß und irgendwie hohläugig, um die Worte zu gebrauchen, mit denen Maud soeben etwas hämisch mein Äußeres beschrieb. Ihrer Meinung nach genügt bereits ein kurzer Aufenthalt in ihrem verhaßten Spanien, und man altert im Zeitraffer vor sich hin. Und in der Tat fühle ich mich wesentlich weniger frisch als noch am gestrigen Abend in Düsseldorf, wo ich vollkommen zufrieden mit mir und der Welt vor meinem schönen großen Spiegel stand.

In meinem augenblicklichen Zustand dagegen kann ich eine Begegnung mit Badi und Audrée irgendwie nicht verkraften, und Maud gehört überdies keinesfalls zu jenen Tanten, welche man dem Mann seiner Träume bedenkenlos vorführen möchte.

Wenn schon nichts Hautnaheres, so will ich zumindest eine zarte rosa Erinnerung für Badi werden, möchte als elfengleiches, unerreichbares Geschöpf durch seine Träume schweben und nicht als ›das Mädchen mit der komischen Tante‹ in seine persönliche Geschichte eingehen. Mein Spaziergang durch Lloret de Mar, vorbei an trostreichen Schildern, die deutsches Sauerkraut und ›Reibeplätzchen wie zu Hause‹ versprechen, vorbei an ›Mariannes Bierpub‹ und ›Bemis Skathöhle‹, bekommt somit etwas leicht Verkrampftes. Bei jedem entgegenkommenden Paar weiche ich unmerklich zurück, und bei jeder Taverne spähe ich so auffällig durch die Tür, daß Maud unwirsch bemerkt: »Was ist eigentlich? Hast du das Olgemälde entwendet, daß du jedesmal zusammenschreckst, wenn jemand dich ansieht?«

Wir wanderten schließlich zweimal die Strandpromenade hinauf und hinunter und nahmen in ›Oskars Kneipe‹ einen Sherry. Dann schlug Maud vor, ins ›Simone‹ zurückzugehen und sich für das Abendessen umzukleiden. Ich stimmte wehen Herzens zu. In der Intimität des Speisesaales werde ich Badi und Audrée kaum entgehen können, Badi wird mich unter allen Umständen dort entdecken, mich und das ›Wunder‹ an meiner Seite.

Man kann heiß duschen!

Wir erholen uns von unserem reichlich kühlen Spaziergang und setzen dabei Bad und Vorraum unter Wasser.

Tut nichts, man fühlt sich hinterher doch wesentlich besser.

Ich verbringe eine anregende Viertelstunde vor dem gesprungenen Spiegel, intensiv mit Lippenstift und Puderdose beschäftigt. Nebenan bemerkt Pussi, daß sie überhaupt nicht zum Dinner ginge, wenn Wilm keine Krawatte umbände.

Es stellt sich heraus, daß Wilm gar keine Krawatte im Gepäck hat, was wiederum Pussis Schuld ist.

»Wer hat den Koffer denn gepackt, du oder ich?« fragt Wilm, nach dem Besuch in irgendeiner Taverne merklich ermutigt und zum Widerspruch gereizt.

»Ja ich, aber warum denn auch, doch nur, weil ich immer alles machen muß, während du …«

Der Rest der Debatte und die Auflösung des Rätsels, warum bei Wilm und Pussi immer Pussi alles machen muß, geht im Wasserrauschen unter.

»Landesküche«, liest Maud, auf dem Pritschenrand sitzend, laut aus dem Prospekt vor und pfeift gekonnt durch die Zähne. »Da kann man sich ja auf einiges gefaßt machen. Hör mal: Spezialitäten der Costa Brava, vollendet zubereitet:

Puckero: ein köstlicher Eintopf aus Rindfleisch, Huhn, Wurst, Kichererbsen und Kartoffeln.

Escudella: Fleisch und Gemüseeintopf, würzig-pikant.

Etofado: Rotweingulasch, mit einheimischen Kräutern gewürzt.

Zarzuela: ein herrliches Gericht aus den verschiedensten Fischen und Seetieren komponiert.

Was hältst du davon?«

»Ich weiß nicht recht, aber ich glaube, am meisten hielte ich heute von Zarzuela, obwohl Puckero sicher auch nicht übel … Großer Gott, was stinkt denn so schrecklich? Etwa der Puckero?«

Maud trat auf den Balkon und schnupperte zu den im Erdgeschoß liegenden Küchenfenstern hinunter.

»Ich weiß nicht, ich weiß nicht«, sagte sie dann. »Das riecht verflucht so ähnlich wie alter Blumenkohl in ranzigem Fett gekocht. Das riecht wie direkt nach der Währungsreform …«

Nun, einheimische Küche ›wie bei Juan zu Hause‹ kann man in einem 1700-Betten-Hotel nicht erwarten, und auf Delikatessen hatte ich mich gar nicht erst gefreut, aber nach dem ›Diner‹ im ›Simone‹ wird uns mit Erschrecken klar:

Dies ist gar kein Hotel, sondern das erste Glied einer Kette grausamer Orte, deren letztes den Eingang zur Hölle darstellt, und jeder, den mit Recht ein schlechtes Gewissen plagt, hat im ›Simone‹ die Gelegenheit, den künftigen Aufenthalt im Fegefeuer bereits auf Erden zu proben. Ein paar Wochen in diesem Hotel, und man ist für alle Fälle gerüstet.

Das ›Simone‹ arbeitet mit wahrlich teuflischen Methoden.

Auf dem Weg zum Speisesaal hat man Muße genug, die im Lift aufgehängten Plakate zu studieren, ja, man *muß* sie studieren, man kann gar nicht daran vorbeisehen. Da gibt es gewaltige Langusten, verführerische Salatplatten, ganze Spanferkel mit glänzender Kruste, am Spieß gegrillte Braten, von denen der Saft in das Feuer tropft, Ananashälften mit Krabben gefüllt, Sekt in eisgefüllten Kühlern und eine Pyramide der schönsten Früchte. Und hinter all diesen Herrlichkeiten steht die Küchenbrigade, schöne Jungs mit feurigen Augen und hohen Kochmützen, schneeweiß gekleidet.

Hat man sich in den Anblick der Plakate vertieft und ist einem angesichts dieser Herrlichkeiten das Wasser im Mund zusammengelaufen, so trifft einen die triste Wirklichkeit wie ein Keulenschlag in den Magen. Es ist etwa so, als ob man einem Gefangenen einen Bildband mit taufrischer Siebzehnjährigkeit zum Anschauen überläßt und ihm schließlich ein altes, zahnloses Weib mit harter, grauer Haut und harten, grauen Haaren aufs Lager wirft.

Die Küche des ›Simone‹ ist nicht dazu bestimmt, die Urlauber gerade noch am Leben zu erhalten, so wie das in anderen Massenhotels üblich ist, sondern hier hat ein geniales Gehirn einen Plan ausgetüftelt, demzufolge es herauszufinden gelang, bei welchem Grad des Stumpfsinns man den Menschen gerade noch dazu bringen kann, freiwillig zu schlucken, ehe man dazu übergehen müßte, Maßnahmen der Zwangsernährung zu ergreifen.

Den Eßraum des ›Simone‹ betritt man durch eine Art Schleuse, in der sich sämtliche Küchengerüche der letzten zehn Jahre ein munteres Stelldichein geben. Dahinter liegt der Speisesaal, der so groß ist, daß es schier unmöglich scheint, ihn mit einem Blick zu erfassen. Er hat die Ausmaße eines Fußballfeldes.

Zum Untertauchen, wenn man, egal aus welchen Gründen, nicht erkannt werden möchte, ist er bestens geeignet, zum stilvollen Speisen weniger.

Immerhin, man bekommt am Tisch serviert, obwohl man beim Eintritt in diese Ernährungsfabrik unwillkürlich nach ›dem Blechnapf‹ Ausschau hält, mit dem sich in sozialkritischen Filmen bleichgesichtige Gestalten in lange Warteschlangen einreihen. Hier laufen Kellner in schmuddeligen Jacken hin und her und werfen die Schüsseln im Wahnsinnstempo auf die kleinen Vierertische, welche in endlosen Reihen in dem spärlich beleuchteten Raum stehen. Maud und ich ergatterten einen Tisch in der Nähe der Toiletten, und wir saßen noch nicht, als bereits das gesamte Menü vor uns stand. Unschlüssig betrachteten wir die Schüsseln. Es gab Hühnersuppe, Hamburger Steak und Obst. Schließlich konnten wir es nicht länger hinauszögern und probierten ein paar Löffelchen von der lauwarmen Fettbrühe, in der einige sehr harte Erbschen schwammen. Dann rührten wir gedankenvoll in dem Blumenkohlbrei. Das Fleisch, welches uns entfernt an ›Faschiertes‹ erinnerte, mochten wir nicht einmal mit der Gabelspitze berühren. Von den Äpfeln, welche zum Nachtisch serviert wurden, teilten wir uns den kleinsten. Er hatte eine sehr harte Schale und war wurmstichig. Von dem Wein kosteten wir einen nachdenklichen Schluck, den Rest ließen wir stehen.

»Morgen früh werde ich den Toten auf dem deutschen Friedhof einen Besuch abstatten«, bemerkte Maud, »sie haben es überstanden, die Glücklichen.«

Wir haben es noch lange nicht überstanden. Am liebsten würden wir jetzt auf der Stelle ins Bett gehen, aber im ›Simone‹ kann man sich nicht einfach zurückziehen, man muß sich amüsieren, ob man will oder nicht. Aus der großen Halle im Erdgeschoß dröhnt ohrenbetäubende Musik, und ein schmalhüftiger junger Spanier singt: »Rramonna, was warst du doch so wunderrschönn, Rramonna, wenn wirr uns beide wiederrsähn ...«

Wenn man sich die tanzenden Paare auf den Tanzflächen so betrachtet, kann man seine Sehnsucht verstehen, die schöne Ramona hat sich im ›Simone‹ offensichtlich seit längerer Zeit nicht mehr blicken lassen. Maud und ich tranken an jeder der vier Bars jeweils einen Sherry, danach war es noch immer nicht Nacht.

»Weißt du was, ich geh' jetzt einfach ins Bett«, sagte Maud böse. »Im Liegen und mit geschlossenen Augen ist das grausame Spiel vielleicht besser zu ertragen, als wenn man es hören und sehen muß.« Ich stimmte dienstbeflissen zu, denn ich war inzwischen so erschöpft, daß ich das unbezwingbare Bedürfnis hatte, mich in die Geborgenheit unseres Apartments zurückzuziehen, dahin, wo ich vor Audrée und Badi in Sicherheit war. Denn jetzt, wo ich nicht nur blaß und hohläugig, sondern zudem auch noch taumelig vor Müdigkeit bin, möchte ich ihnen auf gar keinen Fall über den Weg laufen.

Wir fuhren also hinauf und begaben uns in unser Apartment, wo wir uns unverzüglich auf die Pritschen warfen und zu den Klängen von ›Tulpen aus Amsterdam‹ tatsächlich einschliefen. Der gnädige Schlaf währte jedoch nicht lange. Es war etwa zwei Uhr, als wir von Betty und Bobby geweckt wurden, die sturzbetrunken nach Hause kamen. Sie befanden sich in übelster Laune und warfen sich wüste Beschimpfungen und leere Flaschen an den Kopf.

Sie waren noch auf das Heftigste miteinander beschäftigt, als es auch zur Linken laut wurde. Wilm und Pussi kehrten heim. Sie hatten offenbar einen wunderbaren Abend verbracht, sich mit sämtlichen Schwächen des Hotels ausgesöhnt und sahen einen herrlichen Urlaub auf sich zukommen.

»Sogar Dortmunder Bier«, schwärmte Pussi, während sie an dem klemmenden Reißverschluß ihres Kleides herumzerrte.

»Ja, und Grünkohl mit Speck«, entgegnete Wilm.

»Hast du übrigens mitgekriegt, daß der Wirt aus Wanne-Eickel stammt?«

Das hätte Wilm nun besser nicht erwähnt, denn seine Worte erregten Pussis Unmut.

»Hätte dir auch beizeiten einfallen können«, erwiderte sie giftig. »Damals, als in dem Touristengeschäft noch was drin war. Dann hätten wir jetzt nicht all den Ärger mit unserem Laden und deinem Herrn Vater am Hals, der uns immer ...«

Das Dröhnen gewaltiger Wassermassen verschluckte den Rest ihrer Worte, und Wilm erwiderte nichts mehr. Man hörte nur noch das Stöhnen der Pritschen, auf denen sie sich nunmehr zur Ruhe begaben, und Pussis unwirsches: »Ach, laß mich in Ruhe!«

Das tat Wilm denn auch. Es wurde still.

Ganz von fern hörte man die Wellen des Meeres.

Ich schloß die Augen, und sofort erschienen Badi und Audrée, die sich an den Händen hielten und außerordentlich glücklich aussahen. Da ich sie weder in den Straßen noch im Speisesaal oder in einer der vier Bars gesehen hatte, lag der Verdacht nahe, daß sie ihr Zimmer gar nicht verlassen hatten, kein schöner Verdacht, fürwahr!

Sie werden etwas Besseres zu tun gewußt haben, als den elenden Fraß hinunterzuwürgen und anderen zu den Klängen von ›Ganz in Weiß, mit einem Blumenstrauß‹ beim Tanzen zuzusehen, etwas viel Besseres. Wahrscheinlich haben sie längst ein eigenes weißes Fest geplant, zu dem es eine Menge Blumensträuße geben wird ...

Ich seufzte still vor mich hin.

»Nun stöhn' nicht rum, sondern genieße dein Spanien«, sagte Maud. »Wenn ich, was ja nicht anzunehmen ist, noch mal nach Spanien fahren sollte, werde ich unbedingt ein eigenes Kopfkissen mitnehmen!«

»Und ich einen eigenen Badi!« dachte ich.

ROQUETAS, DEN 5. MÄRZ

Wenn ich aus dem Fenster sehe, erblicke ich die pyramidenartig aufgetürmten Betonklötze der Ferienanlage ›Miramar‹, Kapazität: 2100 Personen.

Die Rollos sind herabgelassen, die Eingänge verschlossen. Im trüben Wasser des Swimmingpools treiben Papierfetzen und eine bleiche Gummiente. Weiter links rauscht das Meer. Müde Wellen lecken lustlos den Strand.

Zwischen dem ›rauschenden‹ Meer (links) und der Anlage des Miramar (rechts) hat man einen freien Blick auf die Steppe. Das Miramar bildet die Bebauungsgrenze von Roquetas. Gleich dahinter beginnt das Land. Flaches, ödes, versteptes Land, so weit das Auge reicht. Rechts, hinter dem Miramar, weit entfernt, die Berge.

Auberginenfarben, nicht bewachsen, nicht benutzbar. Nicht mal dekorativ genug für ein Foto.

Direkt am Strand steht eine ehemals blau gestrichene Bretterhütte mit der Aufschrift: Kalte Getränke, Sonnenschirmverleih. Nun, die Ausgabe für den Sonnenschirm werde ich mir sparen können, es regnet ununterbrochen. Der Regen tropft von den Fenstersimsen, von den müde herabhängenden Palmwedeln, von Dächern und Balkonen und im großen Speisesaal durch die Decke. Es tropft von sämtlichen Reklameschildern, und es tropft in mein Gemüt.

Bei Sonne wären das ›Don Juan‹, dieses scheußliche Roquetas und mein sinnloses Leben sicher besser zu ertragen, aber die Sonne scheint nicht.

»Kannst deinem Schicksal nicht entgehen«, pflegte eine alte Nachbarin zu sagen, die früher zuweilen abends zu Feline kam. »Abhauen hat keinen Zweck, das Schicksal merkt es und kommt hinterher.«

Auch mein Schicksal merkte etwas und kam hinterher. Es scheint es darauf abgesehen zu haben, dafür zu sorgen, daß ich mein Leben in sterbenslangweiligen Zimmern auf dem Bett liegend verbringen soll. So gesehen, hätte ich gleich zu Hause bleiben können. Das ›Don Juan‹ ist ein mieser, rechteckiger Kasten mit blauen verglasten Balkonfronten und im Sommer sicher von größerem Reiz. Zwei Swimmingpools, eine Snack-Bar, ein Park (Palmen), ein künstlich angelegter, sehr kurzer Bach, ein Grillplatz und der direkte Zugang vom Park ins offene Meer werden das Hotel reizvoller machen. Und die Band wird unter freiem Himmel auftreten. Wenn die Sonne hinter den Reklameschildern versinkt, werden sie ›Viva España‹ spielen.

Alle Zimmer im ›Don Juan‹ sind gleich. Es gibt nur Doppelzimmer. Notfalls muß man das Zimmer mit einer fremden Person teilen. Die beiden Pritschen sind durch ein Nachtkonsölchen voneinander getrennt. Der Fußboden im ganzen Hotel besteht aus graugesprenkeltem Stein. Der Duschvorhang ist zu kurz, so daß das Wasser ungehindert auf den Boden fließen und Bad plus Vorraum überfluten kann. In dem eingebauten Schrank befindet sich ein Drahtbügel, auf der Terrasse ein durchgesessener Korbstuhl.

Auf den Pritschen liegen graue Decken, die merkwürdig riechen, und beinharte Kopfrollen. Auf den Handtüchern steht: ›Don Juan‹. Im ganzen Hotel ist es so kalt, daß ich mich wundere, wieso die Langzeiturlauber noch keinen Schimmel angesetzt haben.

Unter den Punkt: ›Vielseitige Unterhaltung‹ fällt sicher auch die Möglichkeit, dem Intimleben der jeweiligen Nachbarn beizuwohnen. Die Wände sind so dünn, daß man mühelos jedes Wort versteht. Die Balkons sind schräg versetzt, so daß sie interessante Einblicke in das Balkonleben der Nachbarn gestatten. Das Paar, welches rechts von mir wohnt und auf dessen Balkon ich blicken kann, scheint sich mit allem abgefunden zu haben. In den Ecken liegen haufenweise leere Weinflaschen, der Boden ist mit Zigarettenkippen bedeckt. An der Wäscheleine trocknen ein Badeanzug Größe 48 und ein Paar Herrensocken. Während ich hier auf der einen Pritsche liege, derweil die andere stumm und unberührt im Raum steht, schaut mich die in Öl auf Leinwand gemalte junge Spanierin an, die an der grellrot tapezierten Wand hängt. Sie hält den Kopf leicht geneigt, was dem satten Fall ihrer tiefschwarzen Haare zugute kommt, und rafft den dünnen Stoff ihrer Bluse züchtig mit der Hand zusammen. Der Stoff reicht aber nicht ganz, der linke, porzellanweiße Busen ist fast vollständig zu sehen.

Ich bin jetzt zwei Tage in Roquetas, und soeben habe ich etwas Schreckliches festgestellt:

Ich sehne mich nach Tante Maud, doch Tante Maud weilt in Marokko, und vor Ende der Woche wird sie nicht in Roquetas eintreffen. Ich kann mir im Augenblick kaum vorstellen, bis dahin zu überleben. Wie sehne ich mich nach Mauds lauter Unzufriedenheit, wie wohltuend wäre ihr energischer Widerspruchsgeist. Wie gern würde ich mir von ihr sagen lassen, daß ich eine komplette Idiotin bin, die im realen Leben nichts zu suchen hat.

Das Hotel ist nur zur Hälfte gefüllt. Keiner der übrigen Gäste ist mir bis jetzt bekannt. Die langen Flure, die an den einzelnen Zimmern vorbeiführen, liegen öde und leer.

Wie sehne ich mich nach jemandem, der meine Hand hält und an meiner Seite durch diese riesigen, schwach beleuchteten, kaum erwärmten Hallen schreitet, neben mir auf der Pritsche ruht und mir mit warmer Stimme versichert, daß am Ende doch noch alles gut wird! Langanhaltende Enttäuschung, so sagt man, festigt den Charakter, macht demütig und still. Schafft ein weites Feld der Erfahrung. Und am Ende winkt ja auch die Belohnung: das Geschenk der Weisheit.

Noch ist es allerdings nicht so weit, noch befinden wir uns in der Phase langanhaltender Enttäuschung.

Die letzte Enttäuschung fand vor genau drei Tagen statt und sitzt mir noch so in den Knochen, daß mir beim bloßen Gedanken daran die Knie zittern. Ich war am Morgen der Abreise von Lloret durch das ohrenbetäubende Schrillen des Telefons aus eher unschönen Träumen geweckt worden. Eine morgenmüde Stimme mit spanischem Akzent teilte mir mit, daß der Bus nach Roquetas in dreißig Minuten starten würde und wir uns bitte in die große Eingangshalle zum Ausgang C zu begeben hätten. Wir fuhren verschreckt in unsere Kleider, und Maud trug bereits unser Gepäck zum Lift, während ich noch mit Puderdose und Lippenstift beschäftigt war, um bei einem etwaigen Zusammentreffen mit Badi und Audrée zumindest nicht durch Hohläugigkeit unangenehm aufzufallen. Als ich schließlich ebenfalls den Gang betrat und zum Aufzug eilte, sah ich, wie sich dessen Türen gerade hinter Badi schlossen. Von Audrée war nichts zu sehen. In der Halle, welche die Ausmaße einer Bahnhofshalle besaß, ging er mir im Getümmel verloren, dafür segelte Maud auf mich zu. Maud, bestens ausgeschlafen, mit leicht gerötetem Gesicht und voll neuerwachter Vitalität.

»Los, los, beeil dich«, schrie sie mir entgegen.

»Wo bleibst du denn bloß so lange, während sich deine alte, gichtige Tante um alles kümmern muß.

Wir fahren nämlich nicht in dieses elende Roquetas, sondern nach Marokko, und die Truppe startet in einer Viertelstunde. Hab' noch zwei Plätze bekommen, die ein Ehepaar nicht belegen kann, weil er heute nacht einen Anfall bekommen hat«, fügte sie hochzufrieden hinzu.

»Dafür fahren wir zwei jetzt mit und ...«

»Ich will nicht nach Marokko!«

»Wie?«

Maud guckt mich an, als ob sie nicht richtig gehört hätte. »Ich will nach Roquetas!«

Während ich das sage, schlägt mir mein Herz in seltsam unrhythmischen Stößen gegen die Rippen, denn ganz hinten, neben der Tür zum Billardraum, sehe ich Badi geduldig in einer Schlange stehen. Von Audrée ist nichts zu entdecken.

Maud blickt mich an. Trotzig und zum äußersten entschlossen halte ich ihrem Blick stand. Hier steht Maud, und dort hinten, neben der Tür zum Billardraum, steht mein Glück, und wenn Maud jetzt allein nach Marokko fährt und mir das Schicksal auch nur ein einziges Mal ein ganz kleines bißchen gnädig ist, dann könnten mein Glück und ich … in Roquetas … ganz allein …

Wenn das Schicksal mir nur ein einziges Mal gnädig ist.

»Kommen Sie, kommen Sie«, drängt sich die Stimme eines Reiseleiters dazwischen, »die Truppe für Marokko, ich bitte Sie, sich mir anzuschließen, alle ins Büro!«

Maud wird von nach vorn drängenden Menschenmassen einfach mitgerissen, ich sehe noch ihren fassungslosen Blick, sehe, wie sie sich noch einmal in meine Nähe rudert und sich mit dem Zeigefinger kurz und eindeutig gegen die Stirn tippt.

Sie sagt etwas von verspäteter Trotzzeit und Pubertätserscheinungen, erwähnt, scheinbar übergangslos, meine Schwester Doris, der sie in irgendwelchen Punkten unbedingt recht gibt, reicht mir kühl die Hand, meint, wir würden uns ja dann in etwa einer Woche wiedersehen, wird von der Stimme eines Lautsprechers an weiteren Bemerkungen gehindert und verschwindet tatsächlich und eilenden Schrittes in Richtung Büro.

Mir zittern ein bißchen die Beine, als ich nun meinerseits dem bereits vorgefahrenen Bus zustrebe, der Badi und mich nach Roquetas bringen wird, in dieses herrliche Paradies für Verliebte.

Vor Aufregung habe ich das für mich reservierte Lunchpaket an der Rezeption liegenlassen und im Gewühl mein kleines Schminktäschchen verloren, aber es macht nichts. Mein launiges Schicksal scheint sich endlich für mich entschieden zu haben, die große Wende ist da!

Ich bin noch einmal davongekommen und spüre bereits das Glück sowie die ›erhöhte Spannkraft‹, die mir für dieses Jahr prophezeit worden ist, in sämtlichen Gliedern.

Ich erreiche den Bus und steige ein.

Der Bus ist nur spärlich besetzt. Der größte Teil der Truppe ist wohl in Lloret geblieben oder hat den Aufenthalt im ›Simone‹

nicht lebend überstanden. So belege ich die gesamte hintere Sitzbank und spähe klopfenden Herzens nach Badi aus.

Er kommt nicht.

Man muß sich das einmal vorstellen, er kommt einfach nicht. Andererseits, so Ausländer von der schwarzhaarigen Sorte sind als wenig pünktlich bekannt, möglich, daß er vielleicht doch noch in der allerletzten Minute …

Der Fahrer steckt sich eine Zigarette in Brand und rückt den Rückspiegel zurecht. Dann tuschelt er mit dem Reiseleiter. Der schließt die Türen.

Der Bus setzt sich langsam in Bewegung, umkurvt elegant die beiden mickrigen Blumenrabatten sowie eine Dame, die mitten auf der Fahrbahn stehend Zeitung liest, schwenkt jetzt nach rechts aus und hält noch einmal an, weil jemand wie verrückt winkt.

Ich schließe, elend vor Erleichterung, die Augen … und öffne sie wieder, als sich dieser Jemand neben mich in die Polster wirft. »Oh, das ist großes Glück, daß isch das noch geschafft habe!« sagt Audrée und blitzt mich mit makellosen Zähnen an.

»Oh, isch bin froh!«

Sie lacht, und ich lache zurück.

Was bleibt mir anderes übrig?

Dieser Fahrt von Lloret nach Roquetas, dieser Fahrt an den bis zur Unkenntlichkeit verbauten Küsten ›Brava, Blanca und Almeria‹ entlang, habe ich meine ersten drei grauen Haare zu verdanken. Ich fand sie bei meiner Ankunft in Roquetas vor, und ich schwöre, daß sie in Lloret noch nicht vorhanden gewesen sind.

Dem ersten Impuls folgend, wollte ich sie herausreißen und unauffällig vernichten, aber dann ließ ich sie doch stehen. Wo einmal das erste Haar ergraut ist, folgen die anderen in der Regel seinem Beispiel – man zupft und zupft und kommt schließlich gar nicht mehr nach, es sei denn, man zieht dem frühergrauten Haupt die Kahlköpfigkeit vor.

Audrée ist nicht ergraut, wovon auch?

Sie ist, wie sie munter erzählte, mit einem reichen Deutschen verheiratet, der sich in Spanien niederließ, um ins Touristengeschäft einzusteigen. Er stieg ziemlich tief ein, dieser Widerling hat zum Beispiel das ›Simone‹ gebaut.

Er selbst wohnt nicht im ›Simone‹, das hat er nicht nötig.

Er lebt in kleinen privaten Villen, die nach strategischen Regeln über das ganze Land verteilt sind. Audrée, seine rassige Frau, trifft sich mit ihm am heutigen Abend im ›Hauptquartier‹, einer wundervollen Villa im Hollywoodstil, erbaut in der Bestlage von Valencia.

Audrée zeigt mir das Haus im Foto. Ich werfe einen eher flüchtigen und äußerst leidenschaftslosen Blick darauf.

»Ist auch nicht besonders gut getroffen«, lacht sie und steckt das Foto zurück in ihre kleine Krokodilledertasche.

»In Wirklichkeit ist unser Haus viel schöner! Sie können misch übrigens ruhig mal besuchen, wenn Ihnen Roquetas doch nicht gefällt«, fügt sie hinzu.

»Übrigens, Monsieur Badi, den netten jungen Mann von der Hinfahrt, habe ich auch eingeladen, leider wird er nicht kommen, weil er heute morgen nach Marokko gefahren ist. An sich wollte er ja mit einem Freund nach Roquetas, aber in letzter Minute hat er sich für Afrika entschieden, weil ein Ehepaar zurückgetreten ist. Der Mann hatte heute nacht einen Schwächeanfall, haben Sie davon gehört?«

»Ja!«

»Sehr traurisch!« bemerkt Audrée und prüft in ihrem kleinen perlmuttbesetzten Taschenspiegel den Schwung ihrer Lippen.

Auch der Schwung von Audrées Lippen ist tadellos.

»Ich bin müde!« sage ich ziemlich unfreundlich. »Ich möchte ein bißchen schlafen.«

Audrée hat nichts gehört.

»Wo waren Sie gestern abend?« erkundigt sie sich. »Monsieur Badi und ich waren sehr schön spanisch essen, in einem kleinen Lokal, etwas außerhalb, nur wenig Leuten bekannt, ein Geheimtip. Schade, daß Sie nicht dabei waren.«

Ja, sehr schade.

»Kennen ... kennen Sie Monsieur Badi schon lange?«

Meine Worte klingen ein bißchen gequetscht, Audrée merkt nichts.

»O nein, wir haben uns im Bus kennengelernt, ich fahre immer mit dem Bus, wenn ich nach Deutschland will, weil ich vor dem Fliegen Angst habe, ... aber so lustig wie gestern war es noch nie. Monsieur Badi ist sehr lustig«, fügt sie hinzu. »Heute ist es langweilig!«

In der Tat, heute ist es langweilig, sehr langweilig sogar, in diesem schlecht gelüfteten Bus, der an schier endlosen Reihen von Reklameschildern und Orangenhainen entlangfährt, während Badi jetzt wahrscheinlich neben Maud sitzt, Badi, der jenen Platz zugewiesen bekam, den ich seinetwegen nicht einnehmen wollte, und der sicherlich nicht einmal ahnt, daß er neben meiner Tante sitzt … Gut, daß er es nicht ahnt! Gut, daß er nicht weiß, daß von mir die Rede ist, wenn Maud jetzt zum Beispiel zu ihm sagt: »Meine gottverdammte Nichte wollte nämlich plötzlich nicht mitfahren, beginnender Schwachsinn, wissen Sie, total meschugge. Haben Sie Nichten?«

»Ja, 27 Stück, aber ziemlich weit weg.«

»Na, seien Sie froh, und pellen Sie mir hier mal die Apfelsine, wenn Sie schon neben mir sitzen, ich hasse es, wenn ich mir die Hände verklebe.«

Nein, es ist wirklich nicht unbedingt nötig, daß Maud ihre Identität preisgibt.

»Die Marokkofahrer kommen ja alle noch für eine Woche nach Roquetas«, bemerkt Audrée in meine Gedanken hinein. »Bestellen Sie Monsieur Badi einen schönen Gruß, und sagen Sie ihm, die Einladung gilt noch. Sie können auch ruhig mitkommen«, fügt sie gnädig hinzu.

Nun, ich werde nicht ›ruhig‹ mitkommen, ich werde auch ihre Grüße nicht bestellen, und ich werde nicht neben Audrée auf einem weißen Ledersofa sitzen und Badi Gelegenheit geben, Vergleiche anzustellen, ich mit meiner blassen Gesichtsfarbe und den drei grauen Haaren auf dem Kopf.

»Das ist aber sehr unschön von Herrn Badi, seinen Freund einfach in Roquetas sitzenzulassen«, sage ich, denn irgendwie erfaßt mich ein sehr ungerechter Zorn.

»Oh, das würde Monsieur Badi niemals tun«, widerspricht Audrée heftig und blickt mich mit ihren Schattenmorellenaugen ernst an. »Der Freund konnte geschäftlich nicht weg und will selbst erst später mit dem Wagen runterkommen, deshalb war Monsieur Badi ja so froh, daß er Gelegenheit hatte, Marokko zu sehen. Denn Roquetas ist kein besonders lustiger Ort. Jetzt, mitten im Winter, sind ja kaum junge Leute da, und was hätte Monsieur Badi denn die ganze Zeit machen sollen?« Allerdings, was hätte Monsieur Badi schon die ganze Zeit machen sollen. »Wahrscheinlich kommt er jetzt auch gar nicht mehr hin«, spinnt Audrée ihre erfreulichen Gedanken weiter aus.

»Wenn sich die Abreise seines Freundes noch länger verzögert, lohnt es sich ja nicht mehr.«

»Was wollten die beiden denn überhaupt in Roquetas«, frage ich kampflustig, »wo sie doch wissen, daß es ein scheußlicher Ort zum Ferienmachen ist?«

»Aber die wollen da doch keine Ferien machen«, lacht Audrée und schüttelt den Kopf über soviel Unverstand.

»Monsieur Badis Freund hat da eine Villa, die er verkaufen will, mit Monsieur Badis Hilfe.«

»Wobei soll er denn helfen, beim Geldzählen?«

»Beim Dolmetschen, Monsieur Badi spricht fließend spanisch.«

»Ich hab' nämlich zwei Nichten«, sagt Maud in diesem Augenblick zu Badi. »Eine sehr erfolgreiche, und eine, die gar nichts kann. Die kann keine Stelle und nicht mal 'n Verlobten halten, geschweige denn ein paar Worte spanisch. Gut, daß ich Sie getroffen habe, junger Mann. Da können Sie dem Reiseleiter gleich mal 'n schönen Gruß von mir bestellen und ihm sagen, daß es mir von links oben am Kopf zieht.«

Nun gut, Maud und Badi reisen einträchtig und Seite an Seite nach Afrika. Ich werde Afrika niemals sehen, dafür kann ich das Dach des gegenüberliegenden ›Miramar‹ betrachten, die Promenade auf und nieder wandeln und die Palmen zählen, die rechts und links die Promenade schmücken. Es sind genau 19 Stück. Die Promenade selbst erstreckt sich zwischen dem ›Don Juan‹ und dem ›Miramar‹ und ist exakt 256 Schritte lang.

14 UHR

Ich liege wieder auf dem Bett! Was soll ich sonst tun? Auf der Palmenpromenade bin ich heute schon zweimal gewesen. Das Mittagessen im schwach beleuchteten Speisesaal (die meisten Birnen der großen, vielarmigen Leuchter hat man aus Ersparnisgründen herausgedreht) bestand aus folgender Menüfolge:

1. Gang
Hahn in Champagner.
In einer seltsam riechenden, dünnen, gelblichen Tunke schwimmt zähes Geflügelgebein. Der Champagner schmeckt irgendwie nicht richtig durch, vielleicht hat sich der zarte Geschmack auch durch zu häufiges Aufwärmen verflüchtigt, oder die Menge des Sektes war nicht reichhaltig genug bemessen.

2. Gang
Gemüsesalat
Blumenkohl und grüne Bohnen vom Vortag, mit einer feisten, ranzig schmeckenden Mayonnaise übergossen, das Ganze mit Zitronenachteln garniert.

Ich lutschte nur die Zitronen aus. In dem Salat haben sich bei näherem Hinsehen Dinge gefunden, die man nicht näher definieren konnte.

»Schmeiß die alten Filzlatschen und die gebrauchten Servietten auch mit rein, Valtito, und dann alles einmal durch den Fleischwolf. Merken die Schweine ja doch nicht. Und gieß ein bißchen von dem Spülwasser obendrauf, damit der Pamp besser rutscht.«

Zum Nachtisch gab es kalten Reis mit Zucker und Obstsalat. Der Obstsalat war sehr gut. Ich aß zwei Portionen und dachte an den Reiseprospekt, in dem es geheißen hatte:

»Mittag- und Abendessen am warmen und kalten Buffet.

Bedienen Sie sich! Schmausen Sie, soviel Sie wollen.«

Nun, die Leitung des ›Don Juan‹ sorgt schon dafür, daß kein Gast zuviel schmaust. Man würgt gerade so viel hinunter, daß man einem Schwächeanfall entgeht. Sobald die Beine aufhören zu zittern und das flaue Gefühl im Magen nachläßt, legt man den Löffel nieder.

Das Frühstück funktioniert übrigens nach demselben System. »Zum Auftakt des Tages erwartet Sie unser Frühstücksbuffet. Verschiedene Marmeladen, Wurst, Kaffee oder Tee. Greifen Sie zu, stärken Sie sich für den Tag.«

Nun, allzu sehr muß man sich nicht stärken, dies hat die Hotelleitung einkalkuliert. Den Tag verbringt man, mit deutschen Illustrierten der Regenbogenpresse oder dem Strickstrumpf bewaffnet, in einer der drei Aufenthaltshallen. Bis dahin tragen einen die müden Beine gerade noch. Gestärkt hat man sich für dieses Ferienvergnügen mit pappigem Weißbrot, bernsteinfarbenem Kaffee und einer der Marmeladen, die in großen Schüsseln bereitstehen. Die Marmelade ist so dünn, daß sie rechts und links von dem Brot hinunterfließt und die Bluse beschmutzt, woraufhin man den Genuß angewidert von selbst einstellt. Und auch die Einheitswurst, die man schon im ›Simone‹ angeekelt betrachtet hat, läßt man nach einmaligem Genuß auf der Platte liegen. Die Wurst ist rosa, sieht auch nach Wochen noch verhältnismäßig frisch aus, füllt die Platten und hat sonst keine Funktion.

Der Kellner, der am warmen Buffet bedient, trägt eine fettige Plastikschürze. Er ist weder glücklich noch unglücklich. Er ist gar nichts mehr. Mit leeren Augen wirft er ›Hahn in Sekt‹ oder ›Bulette Flamenco‹ auf angestoßene Teller und schiebt sie blicklos über die Theke. Kleine spanische Burschen in schmuddeligen weißen Jakken laufen zwischen den Tischen umher und sammeln die Teller ein. Die Reste wandern samt und sonders in einen großen Plastiksack. Unter Mayonnaise versteckt, werden wir sie abends am kalten Buffet wiederfinden.

Der Oberkellner trägt einen feinen schwarzen Anzug, ein makelloses Hemd und eine Fliege um den Hals. Wie eine Statue steht er da. Sonst tut er nichts. Manchmal ziehen sich seine Mundwinkel angewidert nach unten. Ich glaube, daß er das ›Don Juan‹ und jeden einzelnen Gast wie die Pest verabscheut. Nach jeder Mahlzeit schleppen sich die Gäste zurück in die Halle, um zu lesen oder zu stricken und auf die nächste Mahlzeit zu warten. Manche wandern auch einmal über die Palmenpromenade. Das tun sie jedoch nur in der ersten Woche, denn die Wanderung über die Promenade verliert ziemlich schnell an Reiz.

Heute morgen bin ich durch den Ort gegangen. Die großen Hotels sind fast alle geschlossen. Auf den Straßen hat der Regen große Lachen gebildet. Das Apartmenthaus ›Paradiso‹ ist voll besetzt. Im Keller des ›Paradiso‹ befindet sich eine Taverne ›Bei Klaus‹. Täglich Tanz! Neben dem ›Paradiso‹ ein kleines Geschäft: ›Spar‹. Ich kaufte bei ›Spar‹ eine Tafel Schokolade. Sie kostete drei Mark fünfzig. Dafür schmeckte sie ungewöhnlich schlecht.

MITTWOCH

Heute habe ich in aller Ruhe das Hotel besichtigt. Es gibt ein Schwimmbad im Keller und ein Solarium auf dem Dach. Das Solarium besteht aus einer großen Terrasse unter freiem Himmel, auf der verrostete Liegestuhlgestelle in großen Wasserlachen herumstehen. Vom Dach des ›Don Juan‹ hat man einen weiten Blick über das Land und das Meer. Man blickt über die flachen Dächer der übrigen Hotels hinweg, bis hin zu den Bergen. Die Berge bilden eine feine Linie am Horizont. Sie sind sehr weit weg. Wir alle hier sind sehr weit weg, weg von Leben, Frohsinn und Spiel. Man kann sich nicht vorstellen, daß hinter den Bergen noch irgend etwas kommt. Wir sind am Ende der Welt.

Den Swimmingpool kann man jederzeit kostenlos benutzen. Das Wasser ist erwärmt. Ich ging zwecks Aufwärmung mit meinem Badeanzug unter dem Arm hinunter, suchte die Umkleidekabine jedoch vergeblich. Es gibt keine. Es gibt auch keine Dusche.

Man zieht sich also am Rande des Beckens vor den Augen der müßig Herumsitzenden um und springt beherzt in die Fluten. Das Becken ist nicht gekachelt. Reste der abgeblätterten Farbe schwimmen im Wasser, zusammen mit einigem Ungeziefer. Ich verschluckte vor Schreck fast einen großen schwarzen Käfer, als ich ihn plötzlich direkt vor meiner Nase auftauchen sah.

Die ganze Baderei machte mir wenig Spaß. Hinterher stellte ich fest, daß ich mein nasses Haar nicht fönen konnte. Der Stecker paßte nicht in die Steckdose. Ich begab mich in den Friseursalon, um mir die Haare trocknen zu lassen. Das Mädchen im schmuddeligen Kittel hielt den Fön genau sieben Minuten an mein Haar, dann verlangte sie zwölf Mark. Die Methode, nach der das ›Don Juan‹ geführt wird, geht mir auf die Nerven, man wird aggressiv und reizbar, der ewige Verdruß macht nervös.

DONNERSTAG

Ich habe mich mit ›Gestatten Alfred‹ angefreundet, zu zweit läßt sich manches einfach besser ertragen, zumal die meisten der Mitreisenden, die ich von der Hinfahrt kenne, nicht im ›Don Juan‹ gelandet sind. Sie sind, weise wie sie waren, gleich im ›Simone‹ geblieben oder haben sich der Truppe nach Marokko angeschlossen. So wie Maud und Herr Kranzmeier aus Mülheim an der Ruhr, und so wie Badi zum Beispiel. Übrig geblieben sind lediglich ›Gestatten Alfred‹, Frau Vogel und ich. Frau Vogel scheint ihren ›Süden‹ tatsächlich zu genießen, fragt sich nur wo. Gleich nach dem Frühstück verläßt sie das Hotel und läßt sich dann den ganzen Tag über nicht mehr blicken. Selbst die beiden reichhaltigen Mahlzeiten und die Gelegenheit, die ›typisch spanische Küche‹ kennenzulernen, läßt sie sich entgehen. ›Gestatten Alfred‹ ist dagegen inzwischen ebenso genervt wie ich, der gemeinsame Verdruß verbindet uns. Er weilt zum erstenmal in Roquetas und ist seit seiner Ankunft im ›Don Juan‹ ununterbrochen empört. Die vergangenen Tage hat er damit verbracht, seiner Empörung in Briefen an die Hotelleitung Ausdruck zu verleihen. Er fühlt sich geschädigt und verbringt nun die Zeit bis zu seiner Abreise damit, seinerseits das Hotel zu schädigen.

»Ich lasse nämlich jetzt morgens und nachmittags mehrmals die Wanne ganz mit heißem Wasser vollaufen und lasse das Wasser dann wieder ab! Wie finden Sie das?« raunte er mir ins Ohr. Es dauert jeweils fünfzehn Minuten, bis die Wanne ganz mit Wasser gefüllt ist, das Ablassen dauert ebenso lange.

Alfred schafft somit zwei Durchgänge pro Stunde. Sechs in drei Stunden. Der lange, öde Tag vergeht auf diese Weise schneller, und es befriedigt seinen Rachedurst.

»Man kann doch nicht einfach alles passiv über sich ergehen lassen!« meinte er und war ein bißchen beleidigt, weil ich mich nicht an der Revolte beteiligen wollte, aber ich habe keine Lust dazu.

FREITAG

(noch 17 Tage)

Hans-Georg, der ›Animateur‹ des ›Don Juan‹, wird sicher nicht am Streß zugrunde gehen! Allenfalls wird er wegen Mordes im Gefängnis landen, und zwar genau an dem Tag, an dem ihn der hundertste Gast nach der Toilette gefragt hat.

Hans-Georg residiert hinter seinem kleinen Privatpult in der Halle, umgeben von selbstgemalten Pappschildern, auf denen die jeweiligen Attraktionen des Tages angekündigt werden.

Attraktionen wie ›Disco‹ oder ›Spaziergang‹.

Hans-Georg verziert seine Plakate mit selbstgemalten Bildchen, einem Paar unbestimmten Alters, das sich im Tangoschritt wiegt, und einer Gruppe kräftiger Burschen, die hinter ihrem Wanderführer hermarschieren. Es ist nicht Hans-Georg, der die Truppe führt, es ist der Pfarrer. Jeden Sonntag, nach dem Gottesdienst, kann, wer Lust hat, unter der sachkundigen Leitung des Seelenhirten über die Palmenpromenade wandeln.

Hans-Georg dagegen begnügt sich damit, die Gäste mit haßerfülltem Gesichtsausdruck darüber aufzuklären, daß die Toilette in der Halle abgesperrt ist und warum, daß die im Prospekt angezeigten Vergnügungsmöglichkeiten so zahlreich nicht sind und er sich überdies weigert, die Tischtennisschläger auszuhändigen.

Etwa zehn- bis zwanzigmal pro Stunde wird Hans-Georg um Herausgabe der Tischtennisschläger gebeten. Dann glimmen seine matten Äugelein in jäher Schadenfreude, dann zaubert sein Händchen die Schläger unter der Tischplatte hervor, und ebenso schnell zaubert es sie wieder zurück, denn dies ist das letzte Paar, und die wird er nicht herausrücken, damit sie gestohlen werden, wie die anderen. Für Maßnahmen dieser Art kann sich der Urlauber nämlich bei früheren Gästen bedanken, die die Schläger einfach nicht zurückgebracht haben.

Da es unmöglich ist, sich bei früheren Urlaubern zu bedanken, bleibt einem nichts, als die Achseln zu zucken und zu verschwinden. Hans-Georg kann sich auch nicht weiter mit der leidigen Angelegenheit beschäftigen, denn er muß einem der Gäste erklären, warum die Toilette in der Halle abgesperrt ist.

»Ja, da müssen Sie eben das zu Ihrem Apartment gehörige WC benutzen. Steigen Sie zu Fuß in den neunten Stock, denn der Fahrstuhl wird gerade repariert.«

Pech Junge, nimm's leicht, auch Hans-Georg hat einst Träume gehabt, die wie Seifenblasen zerplatzt sind, denn als er den Beruf des Animateurs ergriff, weil er so fabelhaft surfen und so schick den Pulli über die Schulter werfen kann, da hatte er sich vor den begeisterten Blicken knuspriger Siebzehnjährigkeit über die Wellen reiten sehen, vor den Augen langbeiniger Schönheiten, die in die Hände klatschten und ›Hey Georgy‹ riefen.

Hier ruft niemand ›Hey Georgy‹!

Hier läuft man gleichgültig an ihm vorbei und hat keinen Blick für sein engsitzendes cremefarbenes Tennishemd, das vorn geöffnet ist und Teile seiner braungebrannten Brust und das Goldkettchen mit dem Kreuz daran freigibt.

Jedesmal, wenn ich Hans-Georg so ansehe, denke ich daran, wie er sich im winterlichen Roquetas fühlen muß: Wie ein chromblitzender funkelnagelneuer Ferrari, der einem Streich des Schicksals zufolge versehentlich auf einem Platz mit Gebrauchtwagen gelandet ist.

Ehe er sich zum Mittagessen begibt, schließt Hans-Georg die Schublade, in der sich die kostbaren Tischtennisschläger befinden, mit einem großen Schlüssel ab und schreibt unter das Wort ›Disco‹ mit rotem Filzstift: ›fällt aus!‹ Dann wirft er sich den schneeweißen Wollsweater über die Schultern, knotet die Ärmel lässig über der Brust zusammen und begibt sich mit federnden Schritten zur Siesta.

Heute winkte er mich mit gelangweilter Geste zu sich heran.

»Telefon«, sagte er und streifte mich mit einem müden Blick.

»Wo? Wer?«

Ich war so aufgeregt, daß ich beinahe den Zitronendrops verschluckte, den mir ›Gestatten Alfred‹ soeben verehrt hatte.

»Kabine sieben!«

Ich verirrte mich erst und riß versehentlich die Tür zum Männerklo auf, welches heute ausnahmsweise einmal geöffnet war, vielleicht weil Feiertag ist und das ›Don Juan‹ zur allgemeinen Festtagsstimmung auch einen Beitrag leisten möchte. Drei Herren wandten mir erschrocken die Köpfe zu, und ich warf, nicht weniger erschrocken, die Tür wieder ins Schloß.

»Neben der Rezeption«, sagte Hans-Georg und schien sichtlich zu überlegen, ob ich nicht vielleicht doch älter bin, als ich aussehe. Ich ergriff den Hörer und schrie:

»Ja?«

»Chanté!«

»Ach so!«

»Sind Sie enttäuscht?« fragte Audrée und lachte.

»Nein, warum? Nett, daß Sie anrufen, wie geht's?«

Ich kann vielleicht nicht besonders gut kopfrechnen, aber ich kann mich zusammennehmen, wenn es darauf ankommt.

»Isch dachte, daß Sie vielleicht einen Anruf von einem schicken Mann erwarten und jetzt enttäuscht sind.«

Wir lachten beide, ich etwas weniger hell als sie.

»Isch wollte misch nur verabschieden. Schade, daß Sie mich nicht mal besucht haben, mein Mann und ich fahren heute abend ab.«

»Fahren Sie auch nach Marokko?«

»Nach Marokko? Nein, nach Paris.«

»Ja, dann gute Reise.«

»Schade, daß wir uns nicht noch mal gesehen haben, mein Mann und ich wollten eigentlich immer mal nach Roquetas kommen, um Sie zu besuchen, aber mein Mann hatte nie Zeit. Außerdem liebt er Roquetas nicht.«

Das kann ich gut verstehen.

»Ja dann, alles Gute ... grüßen Sie Paris.«

»Danke, mach' ich, übrigens, Badi geht es sehr gut.«

»Ach ja?«

Der Zitronendrops steckt quer im Hals und drückt mir die Kehle zusammen.

»Ich habe gestern eine Karte von ihm bekommen, die er vor der Überfahrt, noch von Spanien aus, geschrieben hat.«

»So!«

»Ja, es muß eine tolle Truppe sein, fast nur junge Leute, er schreibt, sie hätten ganz viel Spaß!«

»Wie schön!«

»Schade, daß man nicht mitgefahren ist, was?«

»Ja, sehr schade!«

»Ja dann, adieu!«

»Adieu!«

Sie hängt auf, ich halte den Hörer noch eine Weile in der Hand und höre dem monotonen Tuten zu. Dann lege ich ihn langsam auf die Gabel.

»Eine nette Truppe, nur junge Leute, viel Spaß, wie schön, wie schön!«

Audrée fährt mit ihrem reichen Mann nach Paris, Badi und Maud sind mit einer tollen Truppe in Afrika ... und ich schleppe meine lustlosen Glieder heute abend zum ›Ball‹. Der Ball ist seit Tagen angekündigt und beginnt um 21 Uhr.

Ich werde mich köstlich amüsieren.

Wie schön!

SAMSTAG NACHT

Ich habe mich mit allem abgefunden und bin auf dem besten Wege, ebenso abzustumpfen wie die übrigen Hotelgäste auch.

Nur in einem Zustand der totalen Teilnahmslosigkeit kann man das Leben im ›Don Juan‹ einigermaßen überstehen. Durch die äußerst geringe Nahrungsaufnahme bin ich zudem auch stark geschwächt, was den Zustand der Teilnahmslosigkeit wesentlich unterstützt.

Den Nachmittag verbrachte ich, wie die übrigen Gäste auch, in der großen Halle und gab mich der Gazettenlektüre hin. Ich ertappte mich dabei, daß ich die Körpermaße von Stephanie eingehend studierte und einen Artikel las, dem zufolge man durch den Genuß von Äpfeln schlank werden soll. Das Schlankwerden ist im ›Don Juan‹ kein großes Problem, und die Körpermaße von Stephanie gehören eigentlich auch nicht zu jenen Dingen, denen ich immer schon mal auf die Spur kommen wollte, dennoch las ich beide Artikel mit gesammeltem Ernst und löste sogar das Kreuzworträtsel.

Der Nachmittag verging darüber.

Bereits um acht schleppten dann glutäugige Jungs die Instrumente auf die Bühne und begannen damit, sich einzuspielen. Ich nahm unmittelbar nach dem Abendessen (Hahn in Sekt) an einem der kleinen Vierertische Platz und bestellte einen Sherry. Ich war wild entschlossen, mich auch zu amüsieren ... irgendwie ... so wie sich Maud und Badi amüsierten, mitsamt der netten Truppe, und wie sich Audrée und ihr reicher Ehemann amüsierten ...

Ich saß noch nicht lange, als sich ein junger Mann über meine Schulter beugte. Er wies auf einen der leeren Stühle und fragte: »Frei?« Ich nickte verwirrt. Der junge Mann hatte spärliches rotes Haar und eine niedrige Stirn, aber gemessen an den übrigen Gästen umgab ihn doch ein gewisses Flair. Er lächelte mich an. Ich lächelte zurück. Dies nahm er zum Anlaß, vertraulich näher zu rücken.

»Willst du dich mal amüsieren?« fragte er und hatte somit meine intimsten Wünsche erraten.

»Ja!« sagte ich.

Das hätte ich nicht tun sollen. Er rückte auf engste Tuchfühlung heran und entfaltete ein schmuddeliges Stück Papier.

»Willst du dich mal amüsieren«, las er laut vom Blatt vor. »Geh ins ›Don Juan‹ dinieren.«

Er machte eine erwartungsvolle Pause, wohl um mir Zeit zu geben, anerkennend mit der Zunge zu schnalzen. Ich tat ihm den Gefallen.

»Hab' ich selbst gedichtet, gestern abend! Waren Sie schon mal im Schwimmbad?«

»Ja!«

»Wie, richtig drin, im Wasser?«

»Natürlich!«

»Sind Sie aber abgekocht«, stellt er mit einiger Bewunderung fest. »Ich war schon mehrmals da, nicht drin natürlich, mehr so am Rande, mal gucken und so, und da war mir sofort klar, datt ich da niemals reingehen werde!«

»Warum nicht?«

»Mädchen«, sagt er und sieht mich geradezu väterlich an.

»Datt muß man doch so sehen: die Toilette in der Halle ist meist abgesperrt, und im Schwimmbad ist auch keine, und da muß man doch überlegen, ob da nicht ... Sie wissen, watt ich meine?«

Ich beeilte mich zu versichern, daß ich schon wüßte.

Angesichts der Tatsache, daß ich bereits zweimal im Wasser gewesen war, vornehmlich, um mich aufzuwärmen, machte mir das Thema keinen rechten Spaß.

»Mein Name ist übrigens Biertümpel, Hermann Biertümpel, meine Freunde nennen mich Männi.«

Er reichte mir die Hand.

»Julika!«

»Angenehm! Wir Deutschen im Ausland müssen zusammenhalten, sonst wirst du an jeder Ecke ... na Sie wissen schon.«

Er lachte herzlich, und ich dachte, daß dem Zusammenhalt der Deutschen gegen die Spanier nicht das geringste im Wege stand, im ›Don Juan‹ waren wir zumindest in der Überzahl.

»Wollen Sie mal hören, watt mir sonst noch zu unserem Spanienurlaub eingefallen ist?«

Ich nickte gottergeben, was sollte ich sonst tun?

»Ja, dann passen Sie auf, datt Gedicht heißt:

Urlaub im ›Don Juan‹, erste Strophe:

Willst du dich mal amüsieren, geh ins ›Don Juan‹ dinieren, hingegossen auf dein Bett, hörst du später dann wie nett es die lieben Nachbarn haben, wenn sie sich die Köppe schlagen, wenn sie streiten, wenn sie lachen, oder wenn sie Liebe machen …«

Er unterbrach sich.

»Dichte immer für unsere Vereinszeitung, merkt man, watt?«

»Allerdings!«

»Ja also, oder wenn sie Liebe machen …« Er blinzelte mich listig an. »Sie wissen doch, watt ich meine?«

»Doch, ja!«

»Wenn sie pennen, meckern, scherzen, aber nimm's dir nicht zu Herzen, sondern denke dann und wann lieber an das ›Don Juan‹, wenn du glaubst, es ging dir schlecht, und schon ist dir alles recht!

Vino tinto für den Durst, für den Hunger rosa Wurst!

Staune, staune, weine weine, in España? Nix als Steine!«

Er unterbrach sich.

»España heißt Spanien, Sie verstehen?«

»Interessant!«

»Muß man nämlich wissen, sonst versteht man datt ganze Gedicht nicht, wenn man nicht weiß, was España heißt. Gibt's übrigens auch 'n sehr schönes Lied von! Aber weiter:

Und es gibt, eh ich's versäume, auch verdammt sehr wenig Bäume. Und ich merke voller List, der Kaffee, der ist schwacher Mist!

Und beim Umschaun, da erschreck' ich, das Hotel ist ganz schön dreckig!

Vino tinto für den Durst, für den Hunger rosa Wurst!«

Ich betrachtete Männes Hand, die den fettigen Zettel hielt' und seufzte beim Anblick der dicken Trauerränder unter seinen Fingernägeln.

»Willst das Ganze du noch retten, kauf dir billig Zigaretten. Und dann rauch auf dem Balkon, und bewundere die Sonn'!

Wenn sie scheint! Sonst spring geschwind, wenn's Wasser durch die Decke rinnt.

Doch das sei dir auch egal, am Abend geht es ja zum Ball!

Herr Meier aufs Parkett dann driftet, Frau Meier gar das Röckchen lüftet, ... der Ober aber, der guckt stumm, voll Traurigkeit im Saal herum.«

Er faltete sein Gedicht zusammen und ließ es sorgsam in der Brieftasche verschwinden.

»Gut getroffen, watt?«

»Sehr gut!« sagte ich, ehrlich beeindruckt.

»Man muß hier selbst für seinen Spaß sorgen«, meinte er vertraulich und legte seinen Arm um meine Schulter – und ließ ihn ernüchtert wieder herabsinken, denn an unserem Tisch war Frau Biertümpel erschienen.

Daß Männi und sie ein Paar bildeten, sah man an dem Blick, den sie ihrem Mann zuwarf. Ich fand Frau Biertümpel auf Anhieb wenig sympathisch.

Kleine harte Kräusellöckchen, eine Brille auf einer sehr spitzen, leicht geröteten Nase, eng zusammenstehende Augen, welche mich wenig erfreut musterten.

Wenn das Brillengestell noch kleiner wäre, würde es mühelos in die Augen fallen.

»Hallo, Wallyschatz«, säuselte Männi.

»Schön, datt du da bist. Was möchtest du? Auch Sherry?«

»Bist du verrückt?« brauste sie auf.

»Denen noch watt in Rachen stecken?«

Und zu mir: »Nehmen 110 Pesetas für datt Glas, und drüben ...«, rasche Kopfbewegung zu der Bar am Ende des Saales, »nur 100! Denken, datt wir zu dämlich sind, datt zu merken!« Sie rückte näher an mich heran und beäugte mich durch die Gläser ihrer kleinen Brille derartig konzentriert, daß ich schuldbewußt auf meinen Sherry blickte. Das Glas war bereits zur Hälfte geleert, mindestens 60 Pesetas hatte ich völlig unbemerkt und sinnlos in mich hineingegossen.

»Waren Sie schon mal in Almeria?«

»Nein, lohnt es sich denn?«

»Ja, für die Busgesellschaften!«

Sie lachte freudlos.

»400 Pesetas eine Fahrt, 700 Hin und Rück, 1400 Pesetas für zwei!«

»Aha, Sie waren schon dort?«

Wallyschatz stieß einen spitzen Schrei aus.

»Wir? Nee, für sowatt is unser Geld zu schade. Dafür sind wir nich doof genug! Außerdem is eine Fahrt nach Almeria ja im Reisepreis mit drin, die fahren immer montags. Umsonst! Bloß der Trick is ja, datt man unterwegs auch watt verzehren muß, kostet extra! Wie finden Sie es sonst hier?«

Ich sagte ironisch, ich fände es recht preiswert.

»Preiswert?« Die Brille rutschte ihr vor Erregung über die Nasenspitze, sie schob sie hastig wieder zurück.

»Mensch, Sie, rechnen Se doch mal ...

Frühstück schlecht, sehr schlecht, morgens is man ja als Deutscher watt gewohnt, ich mein', datt richtig watt auf'n Tisch kommt ... Geht man also, kauft sich selber Wurst, zack, 200 Pesetas! Kaffee kannste nich trinken, man will ja schließlich im Urlaub nicht schlechter leben als zu Hause, gehste, kaufs Kaffee! Zack, 400 Pesetas. Brot, uralt, pappig, is man nicht gewöhnt, geht man, kauft Brot, zack 50 Pesetas!

Willste abends in die Bar, einen trinken gehn, machse zu Hause ja auch, trinkse auch bloß ein einziges Bier ... hauen se dir 180 Pesetas auf die Rechnung, da sind die knallhart, da kennen die nix.« Sie machte eine Pause und fügte hinzu: »Nee, ich will ehrlich gut leben, man lebt ja schließlich bloß einmal, kann ja später nix mitnehmen, da sollet ruhig watt kosten, aber datt ich mein sauer verdientes Geld den Drecksäcken vor die Füße schmeiße ... nee!«

Ich staunte das Ehepaar Männi und Wallyschatz schweigend an. Interessante Leute. Sie waren erst wenige Tage am Ort, und doch hatte er bereits ein mehrstrophiges Gedicht verfaßt, das Wasser des Schwimmbades geprüft, die mannigfaltigsten Beobachtungen gemacht, und seine bessere Hälfte kannte die ortsüblichen Preise besser als die junge Frau, die in meinem Selbstbedienungsladen in Düsseldorf die Kasse bedient. Wenn der jeweilige Preis nicht dick und unübersehbar aufgedruckt ist, lehnt sich Frau Herzer zurück und ruft gellend durch den Laden:

»Reni, was kosten die Tomaten?«

Wallyschatz weiß, was die Tomaten kosten.

»Letztes Jahr auf Mallorca, 90 Pesetas datt Kilo, schnittfest und prima Ware, und hier nehmen se einem glatt datt Doppelte ab, weil se wissen, datt die Konkurrenz fehlt und man den Hotelfraß ohne watt Frisches auf der Zunge gar nicht runterwürgen kann.«

Sie wimmelte den Kellner, der sich zum drittenmal erkundigen kam, ob sie denn nicht etwas trinken möchte, mit einer ungeduldigen Handbewegung ab und fuhr fort:

»Wenn Se Tomaten wollen, gehen Se ja nich zu Spar. 180 datt Kilo, wenn Se Glück haben und bloß Ramsch. Auf dem Markt in der Altstadt, wo die Spanier selbs kaufen, kriegen Se welche für 100 datt Kilo und ausgesuchte Ware! Gehen Se aber zu Fuß hin und kaufen Se auch Rotwein und Obst ein, dann müssen Se allerdings zurück mit 'm Bus, kostet aber bloß 80 Pesetas, und Sie haben doch noch 'ne Menge gespart.«

Für Wally, das konnte man ihren weiteren Ausführungen unschwer entnehmen, bestand die Welt ausschließlich aus hundsgemeinen Händlern, die ständig auf der Lauer lagen, sie zu betrügen, denen sie, Wallyschatz, aber nicht auf den Leim ging.

Ihr Kopf funktionierte wie ein automatischer Rechencomputer, in ihren Augen klingelte ohne Unterlaß die Registraturkasse, ihr Herz war ein riesiger Sparstrumpf, in dem sie ihre Ersparnisse aufbewahrte. Sie kannte sämtliche Preise der umliegenden Hotels, Bars und Geschäfte, die Preise der Sonderangebote ihres Feinkostladens zu Hause und sämtliche Preise aller Lebensmittel, die sie auf ihren Reisen, irgendwann und wo auch immer gekauft hatte. Ihre Welt bestand ausschließlich aus Preisschildern, Sonderangeboten und Wucherei.

Männi und sie waren gewöhnlich im Sommer mit dem Wohnwagen unterwegs und trieben sich in Jugoslawien und Bulgarien herum (is nich mehr so billig wie früher, aber für Eingeweihte immer noch billiger als woanders), und Wally ratterte mühelos sämtliche Preise der jeweiligen Campingplätze herunter, als ob sie die Listen für eine Prüfung auswendig gelernt hätte.

Ich sagte, es gäbe doch in Bulgarien sicher noch schöne, ruhige Plätze, und sie sagte: »Die am Meer kosten fünf Mark und die oberhalb der Straße bloß vier, aber da darf man den Wagen nicht mit auf den Platz nehmen, kostet extra! Waren Sie schon mal in Bulgarien?«

Ich sagte, ich wäre bis jetzt immer in Frankreich gewesen, und sie bedachte mich mit einem verächtlichen Blick.

»War einmal da, nie wieder! Die Autobahn hat 80 Franc gekostet und heiß duschen konnte man nur, wenn man zwei Franc in den Automaten steckte. Wo haben Sie Ihre Schuhe gekauft?«

Ich sagte verwirrt, daß ich sie in Düsseldorf gekauft hätte.

Mit einem leisen Pfiff der Verachtung wandte sich Wallyschatz an ihren Gatten.

»Schön blöd, watt Männi?«

Dann zu mir: »In Almeria kriegt man sie für die Hälfte!«

Ich sagte kampflustig, daß ich die Schuhe zu einem Zeitpunkt gekauft hätte, zu dem ich dringend welche brauchte und noch nicht wußte, daß ich jemals nach Almeria kommen würde.

»Schön blöd«, wiederholte Wally, und milder:

»Kaufen Sie zwei Paar zum Vorrat, datt macht den Fehler wieder wett!

Tischdecken aus Spitze sind auch billig!«

Ich hatte an sich bis heute keine Spitzendecke vermißt, aber um sie zu beruhigen, sagte ich, daß ich eine kaufen würde.

»In Almeria!«

Wallyschatz ging fast in die Luft vor Entsetzen.

»Die müssen Sie bei der Zigeunerin kaufen, die hier immer rumschleicht. Die Decken sind zwar ein paar Pesetas teurer als in Almeria, und deshalb rennen die Blödmänner dafür in die Stadt. Aber sehen Se, die Völker vergessen datt Fahrgeld! 700 Pesetas allein dafür, dann werden Se durstig, gehn Se watt trinken, datt Mittagdinner im Hotel, watt Se ja schließlich bezahlt haben, fällt aus, dann sehen Se noch irgendwatt, watt Se eigentlich gar nicht brauchen ... und zack, kostet die Decke datt Dreifache, ohne datt Se datt merken.«

Ich sagte, daß mich der Verlust, in dem Falle, daß ich ihn nicht bemerkte, so arg ja nicht träfe, und sie starrte mich durch ihre kleinen Brillengläser hindurch an und war sichtlich bemüht, den Sinn meiner unqualifizierten Bemerkungen zu begreifen.

Männi warf seiner Frau einen Blick zu und sagte sehr vorsichtig: »Wir haben in der Altstadt eine spanische Kneipe entdeckt, sagenhaft dreckig, muß man zugeben, aber datt Glas Rotwein kostet nur 80 Pesetas! Wir wollen heute abend noch hin, wenn Sie wollen, können Sie mitkommen. Bier gibt's auch«, fügte er hinzu, »watt kostet das Glas noch, Wallyschatz?«

»Weiß ich nicht mehr«, sagte sie giftig und warf mir einen Blick zu, dem unschwer zu entnehmen war, daß sie mich in dem Falle, daß ich Lust verspürte, sie zu begleiten oder gar ihren Männi anzuflirten, unverzüglich erwürgen würde, mit anschließendem Schnellbegräbnis in der Steppe für höchstens 40 Pesetas.

Ich sagte schnell, daß für Ausgehen jeglicher Art kein Spielraum in meinem Reisebudget vorgesehen wäre, und das schien sie zu beruhigen. Sie reichte mir fast freundlich die Hand und meinte, ich solle ihre Tips nicht vergessen.

Als die beiden dem Ausgang zustrebten, hörte ich, wie Wallyschatz zu Männi sagte: »Typisch, plempert mit den Penunsen rum und hat dann nich mal 'n paar lumpige Pesetas für 'n Bier inne Taverne!«

Es war inzwischen halb zehn geworden. Der Saal war dicht besetzt. Die meisten Gäste hatten sich schwer in Schale geworfen und sogar das gute Brokatene oder das gute Schwarzseidene bemüht. Die Kapelle hatte sich lange genug eingespielt und genügend Mut angetrunken und hob nun schmetternd mit ›Ganz in Weiß, mit einem Blumenstrauß‹ an. Im Nu war die Tanzfläche bevölkert. Der Saal war bis auf den letzten Platz besetzt. Viel spanisches Jungvolk war aus den umliegenden Dörfern erschienen und drängte sich lachend an der Theke zusammen. An einem etwas abgelegenen Tisch entdeckte ich zu meinem Erstaunen auch Frau Vogel, die, von einem attraktiven Spanier begleitet, gerade eine Flasche Champagner öffnen ließ.

»Die alte Dame genießt hier ihren ganz persönlichen zweiten Frühling«, ließ sich ›Gestatten Alfred‹ vernehmen, der sich zu mir setzte. »Ich hab' die beiden schon wiederholt im Dorf gesehen und vorgestern in Alt-Roquetas, als sie gerade beschwingt aus einer Bar kamen. Der Galan flirtete sie so unverschämt und gekonnt an, daß es ihr wahrlich leicht fallen muß, all die Wanderurlaube in Tirol zu vergessen und ihre Großmutterpflichten in Haffingen obendrein. Ich wette, daß sich ihre Sippe im Skiurlaub nicht halb so gut amüsiert wie sie hier in Roquetas.«

Ich lächelte und warf ihm einen Blick zu. Er war glatt rasiert, in englisches Tuch gekleidet und von seinem Badewannenspiel sichtlich erschöpft.

»Heute nur zehn Durchgänge«, teilte er mir den Stand der Dinge mit. »Der Abfluß ist ein bißchen verstopft, da dauert es etwas länger.

Schade, daß du dich an der Revolte nicht beteiligst, wir zwei zusammen, wir könnten 'ne Menge bewirken. Du bist nett, du gefällst mir«, fügte er ohne Übergang hinzu. »Frage mich die ganze Zeit, wer oder was dich ausgerechnet nach Roquetas getrieben hat!«

Ja, das fragte ich mich auch.

Er legte wie zufällig seinen Arm um meine Schulter und wies auf die Tanzfläche. »Guck mal die da!«

Eine sehr gewichtige, sehr große Dame tanzte vorbei. Den grazilen, etwa zwanzig Jahre jüngeren Spanier hielt sie so fest an ihren großen, mütterlichen Busen gepreßt, daß man Mühe hatte, ihn vor dem großgeblümten Hintergrund ihres Kleides überhaupt noch zu erkennen. Der kleine Spanier war sichtlich bemüht, ihren langen Schritten zu folgen. Von Zeit zu Zeit warf er den Kopf mit dem mittels reichlich Pomade zurückgestriegelten Haar nach hinten, feixte mit blitzenden Zähnen zu ihr hinauf und ließ seine hohen Absätze zum Takt der Musik knallen. Die Dame ließ ihn von Zeit zu Zeit los, um sich die feuchten Handflächen abzutrocknen, und er holte mehrmals tief Luft, ehe sie ihn wieder in ihre Umarmung riß.

»Hab' gehört, daß die Tante aus Heilbronn ist«, schrie mir Alfred ins Ohr. »Den Sommer über begießt sie wahrscheinlich das Grab ihres Gatten und den heimischen Schrebergarten und kümmert sich um die Enkel, aber im Winter bewohnt sie ein Apartment im ›Paradiso‹! Dort hat sie den Affen vor drei Jahren kennengelernt. Seitdem hat er seinen Winterjob aufgegeben, umtanzt und umschwänzelt sie, hat für keine andere mehr einen Blick übrig, und sie hat etwas gefunden, was ihrem Leben einen Sinn gibt und an das sie im Sommer denken kann, wenn die Familie es wieder mal zu arg treibt.«

Ich stellte mir die alte Dame vor, wie sie zu Hause ein sittsames Leben führte, einschließlich Gräberpflege und Strümpfestopfen, und die von ihrer Familie längst abgeschrieben und als ›Oma fürs Grobe‹ mißbraucht wurde und von der kein Mensch ahnte, daß sie den Winter flamencotanzend mit einem jungen Spanier verbrachte. Der Spanier umschwirrte seine gewichtige Partnerin jetzt hackenknallend und händeklatschend im Takt eines schmissigen, lateinamerikanischen Rhythmus, und sie hielt das feiste Ärmchen über dem Kopf gebeugt, während sie mit der anderen Hand neckisch den Rock ihres Abendkleides schürzte. Dazu warf sie ihm tiefe Blicke zu, wie sie es von den Flamencotänzerinnen gesehen hatte.

»O Gott, o Gott«, murmelte Alfred und drückte wie zufällig meine Schulter ein wenig, und ich rückte wie zufällig von ihm ab, indem ich mich nach einem imaginären Fussel auf meiner Schuhspitze bückte. In der totalen Weltabgeschiedenheit eines Hotels wie dem ›Don Juan‹ verirren sich die Gefühle. Sie haben sonst so wenig zu tun. Ich sah plötzlich in Alfreds Altväterblick ein jugendliches Glimmern, bemerkte zu meinem Erstaunen, daß Frau Vogel und ihr Spanier Wange an Wange tanzten und die gewichtige Dame aus Heilbronn ihren flotten Tänzer an sich preßte, als ob sie ihn nie mehr loslassen wollte.

›Gestatten Alfred‹ ergriff meine Hand und meinte, wenn ich mich durchaus nicht an der Badewasserrevolte beteiligen wollte, gäbe es doch da noch diverse andere Möglichkeiten, dem Aufenthalt im ›Don Juan‹ ein bißchen Vergnügen abzutrotzen.

»Wer hier allein hinfährt und allein bleibt, der ist verrückt«, teilte er mir unverblümt mit.

»Eben«, sagte ich.

Um zwölf spielte die Kapelle: »Das gab's nur einmal, das gibt's nie wieder, das war zu schön, um wahr zu sein«, und die Kellner begannen unverzüglich die Stühle auf die Tische zu stellen. Ich verabschiedete mich gefühllos von ›Gestatten Alfred‹, der mich zu einem zärtlichen Tête-à-tête an die Bar einladen wollte.

»Ich bin müde, gute Nacht!«

Mir ist nicht nach tête-à-tête zumute. Genug des Vergnügens, man muß nichts übertreiben, und wenn's am schönsten ist, soll man aufhören. In meinem Zimmer ist es kalt. Die Steinfliesen, das Wasser, das Bettzeug, die ganze Welt: eiskalt. Ich schließe die Augen und versuche zu schlafen. Nebenan höre ich, wie jemand leise stöhnt.

HEUTE! ERSTER RICHTIGER FERIENTAG, WOLKENLOSER HIMMEL, GLÜCK

Vor genau vier Stunden haben die Ferien angefangen. Vor genau vier Stunden kam ich auf dem Wege zum Frühstück an der Rezeption vorbei, welche von dichten Menschentrauben umlagert war.

»Was 'n los?« fragte ich ›Gestatten Alfred‹, der beschäftigungslos herumstand.

»Erdbeben?«

»Ja, hier drinnen«, sagte er und pochte sich gegen die Brust.

»Nee, die Marokkofahrer kommen morgen zurück, einen Tag eher als vorgesehen, und jetzt haben sie nicht genug Betten, obwohl gar nicht alle Marokkofahrer zurückkommen, datt gibt 'n Preisnachlaß«, mischte sich Wallyschatz in unser ›Gespräch‹.

»Wieso?« fragte ich, etwas zittrig in der Stimme. »Sind sie unterwegs gestorben?«

Wallyschatz musterte mich mit geringschätzigen Blicken. »Es gibt ein Sonderangebot für Granada, so billig kriegen se datt nicht wieder geboten, die Schlauen haben sich da angeschlossen.«

»Ist denn schon heraus, wer ankommen wird und wer nicht?« fragte ich.

»Die Liste können Sie an der Rezeption einsehen, aber geben Sie dem Boy kein Trinkgeld dafür, daß er Sie reingucken läßt, dazu ist er verpflichtet.«

Sie ergriff den Ärmel des vorbeikommenden Männe, wahrscheinlich, um jeglichen Flirtversuch zwischen uns beiden von vornherein zu unterbinden, und dirigierte ihn durch die Halle, wobei ihr wohl durch den Sinn schoß, daß die Tomaten in Granada aller Wahrscheinlichkeit nach preiswerter sind als die gleiche Ware bei ›Spar‹.

Ich erbat die Liste der Neuankömmlinge für den morgigen Tag, und mein Herz tat einen kleinen Hüpfer.

Ganz zuoberst: Badiolla Assisi.

Meine Augen rannten die ganze Liste runter, vorbei an Berger, Busmann, Doll, Ehrhardt, ganz, ganz hinunter bis hin zu den Schlipsmüllers, jedoch war kein einziger Schlipsmüller vermerkt.

Frau Schlipsmüller zog wohl eine Reise nach Granada vor, oder sie hatte sich in Afrika verliebt … egal, wohin sie auch immer gefahren war, ich wünschte ihr weiterhin die schönsten Erlebnisse, solange sie diese nur nicht in Roquetas suchen würde.

Ich drückte dem Boy einige Pesetas in die Hand.

Ich war so glücklich. Wallyschatz war nirgends zu sehen.

Ich war so glücklich.

In meinem sonnendurchfluteten Zimmer fand ich einen Brief von Maud vor.

Liebe Nichte!

Bin mit Kranzmeier ab nach Granada. Kranzmeier während der Überfahrt nach Marokko näher kennengelernt. (Immobilien!!!) Einzelheiten später. Marokko sehr schön, aber ziemlich verlaust. Machte übrigens die Bekanntschaft eines reizenden Orientalen, der behauptete, Dich zu kennen, zeigte ihm das Foto von Dir, auf dem Du so blöd lachst, hatte leider kein besseres bei mir. Er erkannte Dich aber trotzdem auf Anhieb wieder, wie klein doch die Welt ist. Ansonsten war die ganze Reisetruppe prima, hatten viel zu lachen. Manche wirst Du ja noch im ›Don Juan‹ erleben können, obwohl die meisten Granada vorziehen.

Schön blöd, daß Du nicht mit nach Marokko gekommen bist, melde mich, sobald wieder in der alten Heimat, bis dahin, Maud.

P.S. Habe jede Menge von Klamotten gekauft, spottbillig. Marokko hat sich in jeder Hinsicht gelohnt. (Sagt Kranzmeier auch!)

Ich las das Briefchen mehrere Male und genoß das kleine Glücksgefühl, welches sich beim Lesen einstellte.

Ich liebe das Leben, Roquetas, die Spanierin an der Wand, das Meer und sogar Maud.

Alles hat sich gelohnt.

Irgendwann in den letzten Tagen muß sich ein Engelchen (oder wer auch immer dafür zuständig ist) an meine Horoskope erinnert haben, oder, anders ausgedrückt, an mein Schicksal. Es hat sozusagen von oben herab in mein Zimmer hinein geguckt, in welchem ich lustlos und abgekämpft herumlag, und nachdenklich gesagt: »Wir müssen da mal was für Nr. 12345/67 tun. Pack ein bißchen Glück zusammen, wir schicken's per Expreß, damit sie es bald hat. Wartet schon lange und hat's ganz einfach verdient.«

»Wieso?« hat Engel Nr. 2 geantwortet, der für das Budget verantwortlich ist und dafür Sorge zu tragen hat, daß mit dem Glück nicht zu freigiebig umgegangen wird. »Hat doch eine schöne Wohnung, ein bißchen Camembert, eine freigebige Schwester, eine freigebige Tante … befindet sich zur Zeit auf Reisen …«

»Schmarren, das reicht nicht. Apropos Tante, diese 54321/67, die lassen wir nach Granada fahren, damit sie aus dem Weg ist, schick ihr 'n schickes Mannsbild über den Weg, damit die Sache auch klappt, und den Orientalen, den 53999/0-8, den reservieren wir für die Kleine in Roquetas.«

»Mensch, warum muß denn die alte Tante noch nach Granada, die Hitze hat ihr zugesetzt, die ist jetzt schon ziemlich fertig.«

»Damit sie in Roquetas nicht im Weg ist und stört. Außerdem brauchen wir ihr Bett!«

»Wir brauchen ihr Bett?«

»Jawohl, frag nicht soviel, sondern tu, was man dir sagt. Laß diesen Kerl da unten auf dem Dampfer mal recht nett lächeln, damit der Kram auch klappt und die Tante anbeißt. Das ist 'ne ganz Wilde, das weiß ich von früher, hat aber Haare auf den Zähnen, der kann man nicht jeden über den Weg schicken.«

Nun, ›der Kram‹ hat offensichtlich geklappt. Zu schade, daß ich nicht dabei gewesen bin, als Herr Kranzmeier um Maud warb. (»Verdrehn Sie nicht die Augen, junger Mann, als ob Sie meine Schönheit blendet, sondern sagen Sie frei heraus, was Sie wollen. Sind Sie auf mein Geld scharf oder auf den Liebreiz, der von meinem Hinterteil ausgeht?«)

DONNERSTAG

»Warten Sie hier auf jemanden?« fragte der nette junge Mann mit den wasserhellen Augen und den glatten, braunen Haaren.

Ich sah ihn an.

Er kam mir vor wie eine gelungene Mischung aus einem Typen von St. Germain des Prés und Heinrich Heine.

»Ja, auf den Bus mit den Marokkofahrern, warum?«

Er lachte. »Aber der kommt doch erst in einer Stunde!«

Ich senkte die Augen.

Ich weiß, daß der Bus erst in einer Stunde ankommen kann, frühestens. Aber der Aufenthalt auf dem staubigen Vorplatz des Hotels und die Gewißheit, daß Badi in Kürze hier von dem Trittbrett des Busses springen wird, erfüllen mein Herz mit einer seltsamen Süße. Der fremde junge Mann teilt diese Gefühle offensichtlich nicht.

»Wohnen Sie hier?«

Er streift das Hotel mit einem abschätzenden, leicht angewiderten Blick.

»Ja!«

»Ich meine hier, im ›Don Juan‹!«

»Ja!«

»Nicht möglich!«

Er betrachtet mich konzentriert, so als ob er sich Mühe gäbe, zwischen dem ›Don Juan‹ und mir eine tragbare Verbindung herzustellen. Er hat einen schön gezeichneten Mund und ebenmäßige weiße Zähne. Die Augen sind wach und sehr aufmerksam. Im Augenblick betrachten sie ziemlich unverhohlen ein neues Objekt. Es schießt mir durch den Kopf, daß dies sein Berufsblick ist. Vielleicht handelt er mit Briefmarken oder seltenen Münzen. An- und Verkauf. Nun, mich mag er ruhig betrachten. Ich trage weite Seidenpumphosen, eine gelbe Bluse und in den Ohren große Ringe; abgesehen von meinen streichholzkurzen Haaren sehe ich für meine Verhältnisse ziemlich verführerisch aus:

Außerdem bin ich glücklich, Glück macht immer hübsch.

»Warten Sie hier auf jemanden Bestimmtes?« fragt er, und sein Blick hakt sich in meinem Halsschmuck fest, einem Schlangenkopf mit Smaragdauge, der sich in den Schwanz beißt. Ein Geschenk von Paul, als er seinen Töchtern noch Geschenke machte.

»Ja!«

»Auf einen Mann?«

»Ja!«

»Das Süßeste an den Frauen ist ihre Schwatzhaftigkeit«, stellt er vergnügt fest.

Dann sachlich: »Ich wollte eigentlich auch mit einem Freund zusammen runterfahren, war in letzter Minute aber beruflich verhindert, so daß ich gestern mit dem Wagen nachkommen mußte. Eine Mordstour, wenn man allein fährt.«

»Ach ja?«

»Ich hab' von einer Tante eine Villa geerbt, ein schreckliches Erbe, bei näherem Hinsehen. Total zugebaut, total heruntergekommen. Praktisch nicht mehr verwertbar. Ich will's umbauen lassen und versuchen, das Haus dann loszuschlagen. Wollen Sie es einmal ansehen?« Und als er sieht, daß ich zögere: »Es ist keine hundert Meter weit, den Bus verpassen Sie also nicht!«

»Meinetwegen!«

»Gut, gehen wir! Übrigens Hackschneider, Pierre Hackschneider. Mir ist's lieber, Sie sagen Pierre zu mir, der Vorname ist der dekorativere Teil meines Namens, und ich bin schon immer eitel gewesen.«

Das Haus hat auch einen Namen: Strandvilla!

Die Schriftzüge sind, reichlich abgeregnet, über dem Eingang erkennbar. Weder von Strand noch von Villa ist das Geringste zu sehen. Da, wo sich früher der zu der Villa gehörige Strand erstreckte, hat man das ›Playasol‹ gebaut. Etwa fünfhundert blinde Fenster des ›Playasol‹ gucken neugierig in den Innenhof. Den Innenhof umgibt eine völlig nutzlose, etwa mannshohe Mauer. Er ist mit zerbrochenen Keramikplatten belegt und wirkt ebenso gemütlich wie der Fahrradkeller eines Hochhauses. Innen gibt es drei kleine Räume und eine geschwungene Treppe, die zu der Galerie führt. Von der Galerie zieht es empfindlich kühl herein. Da, wo früher die Wand war, hat man ein großes Loch gebrochen.

»Da soll das Panoramafenster hin, wie finden Sie es?«

»Scheußlich!«

»Warten Sie, wie es sein wird, wenn alles fertig ist!« sagt Pierre eifrig. »Ich hab' die Pläne selbst entworfen, sehen Sie ...« Irgendwie kommt er mir vor wie ein Architekt, der seinen Bauherrn überzeugen möchte.

»Die ganze Galerie wird Schlafempore, Matratzen auf dem Boden, Teppiche, Felle, intime Beleuchtung! Unten soll es spanisch zugehen. Ein langer schmaler Tisch vor dem Kamin. Pinienholz! Hochlehnige Stühle. Blick vom Tisch in die offene Küche. Rauhverputzte Wände, viel Kupfer, irdenes Geschirr, alles in offenen Regalen untergebracht ... Hier ...« Er deutet auf die Südwand, an der der Schimmelpilz hochkriecht, »eine doppelflügelige Tür! Lamellen außen, Sprossenfenster innen. Die eigentliche Tür zum Hof wird zugemauert, da soll ein offenes Regal eingebaut werden, wie finden Sie es?«

»Scheußlich!«

»Es sieht jetzt noch nach nichts aus!« stellt er einsichtig fest.

»Kommen Sie mal raus.«

Wir treten Seite an Seite in den tristen Hof. Gegenüber grüßt das

Playasol. Die Hinterfront des Playasol ist noch trauriger als die dem Meer zugewandte. Nach hinten heraus hat man die billigen Zimmer gebaut. Die Bewohner der billigen Zimmer können das Leben des Innenhofes von Strandvilla beobachten.

An der Mauer rankt eine halbvertrocknete Schlingpflanze um ihr Leben, die meisten Blätter sind weggeweht. In einer Ecke stapeln sich leere Tontöpfe. Ein Topf ist umgefallen. Der umgefallene Tontopf verleiht dem Hof die Atmosphäre einer seltsamen Leere.

»Wird alles neu ausgelegt. In diese Ecke kommt der offene Kamin, auf dem man auch grillen kann. So was mögen die Leute, werden es nie leid.

Gegen fremde Einblicke spannen wir ein großes weißes Segel auf. Sieht flott aus und ist unübertroffen. Im Winter rollt man es einfach auf, im Sommer können Sie dahinter nackt baden!«

»Wer, ich?«

»Sie nicht, natürlich, es sei denn, Sie entschließen sich, die Strandvilla zu kaufen. Oder Sie heiraten mich. Dann könnten Sie mich vielleicht dazu bringen, das Haus selbst zu behalten!«

»Möchte ich nicht!«

Er lacht.

»Glaub' ich, das Haus ist auch gar nicht mein Geschmack, ich würde ungern meine Ferien hier verbringen. Aber nach dem Umbau bringt es mindestens 200 000, die leg' ich dann woanders an.«

»Mein Gott, sind Sie Immobilienhändler?«

Er wirft mir einen Blick zu und scheint einen Augenblick lang irritiert. Dann lächelt er mich an.

Sein Gesicht verändert sich. Plötzlich sieht er wie ein Geigenvirtuose aus, der sich in Chopin und Mozart verliert und noch nie eine Gage selbst ausgehandelt hat.

»Ich bin Antiquitätenhändler. Spezialgebiet Louis Quatorze!«

»Nicht mein Geschmack!«

»Der Antiquitätenhändler?«

»Der Quatorze! Zu dünne Beinchen!«

»Sie sind originell«, sagt er. Und wie er mich so ansieht, freut mich sein Kompliment auf einmal sehr.

»Ich glaube, wir heiraten doch. Den Schlangenkopf müssen Sie aber abnehmen, wenn ich Sie küssen soll!«

»Sie sollen ja nicht … mein Gott … der Bus …«

Ich setze mich in Bewegung. Pierre muß noch abschließen, er kommt beschleunigten Schrittes hinter mir her.

»So warten Sie doch, das muß aber ein sehr geliebter Mensch sein, den Sie da erwarten.«

Er umfaßt im Laufen meinen Ellenbogen.

»Mein Freund und ich wollen uns in den kommenden Wochen um den Umbau kümmern, damit die Arbeiter auch gute Sache machen, weiß man ja nie. Vielleicht kennen Sie meinen Freund überhaupt von der Hinreise nach Lloret … Badi …«

»Oh!«

Nicht gesagt, bloß gedacht.

Er wartet meine Antwort nicht ab.

»Ich hätte es allein gar nicht geschafft, Badi kann spanisch, er wird mir die Verhandlungen mit den Arbeitern abnehmen.«

»Wie schön!« Audrée hatte es ja schon angedeutet:

Badi scheint ein außerordentlich hilfsbereiter Typ zu sein.

Reinigt Partyräume, hebt Köfferchen in Gepäcknetze, spricht für Freunde spanisch … Tröstet verlassene Bräute!

Wahrscheinlich täte er es, wenn ich ihn darum bäte …

»Wir haben uns nicht im Bus kennengelernt, sondern schon vorher, auf einer Karnevalsparty in Kaiserswerth.«

Er bleibt stehen und lacht.

»Dann sind Sie ja Julika und mir bereits bestens bekannt. Badi hat mir von Ihnen erzählt, Sie sind hübsch, nett, drollig, arbeitslos und zur Zeit ohne Telefon. Ein toller Kerl aus der Schickeria hat Ihretwegen ein Starlet verlassen.«

»Nein, der tolle Kerl hat mich wegen eines Starlets verlassen.«

»Sie sind verdammt ehrlich!« stellt er fest und mustert mich mit einem Blick, als ob er überlegen würde, ob das Starlet das Opfer wert war.

»Weiß Badi, daß Sie hier sind, oder sind Sie eine Überraschung?«

»Das letztere, ich bin meistens eine Überraschung.«

»Na, für mich sind Sie eine.«

Als wir vor dem Hotel ankamen, stand da ein großer Reisebus mit weitgeöffneten Türen. Hinter dem Steuer räkelte sich ein gähnender Fahrer. Er nickte kurz, als er uns sah.

Sonst war nichts zu sehen. Die neu angekommenen Gäste waren wohl schon schlafen gegangen.

Ich ging auch schlafen. Vor meinem inneren Auge sah ich Badi auf der Baustelle der Strandvilla, während ich einsam und allein über die Palmenallee wandelte.

In dieser Nacht träumte ich von Hochzeiten. Ich sah Herrn Kranzmeier und Maud vor dem Traualtar. Herr Kranzmeier hatte glattes braunes Haar und erstaunlich dünne Beine (Louis Quatorze). Maud war einen Kopf größer als er, was ihr sichtlich zu gefallen schien. Dann traten Badi und Audrée an und hauchten ihr ›Ja‹. Sie waren ein sehr schönes Paar, alles was recht ist. Audrée trug den weißen, enganliegenden Anzug, den sie im Bus angehabt hatte, und kniehohe, weiße Schaftstiefel. Das rote Haar fiel ihr bis in die Kniekehlen. Über der Stirn trug sie einen luftigen Kranz aus weißen Blüten. Ich saß in einer der hinteren Reihen, angetan mit dem blaßblauen Seidenkleid, das Doris anläßlich ihres dreißigsten Geburtstages getragen hatte und das unter den Armen zu eng ist. Die Luft in der Kirche war schwül, mir war heiß. Ich fühlte, wie mir der Schweiß auf der Stirn stand. Götz und Felizitas, in Samtanzügen, streuten Blumen. Die Kapelle, oben auf der Galerie, spielte: ›Ganz in Weiß …‹

Karli kam zu spät, drängte sich durch die Reihen und nahm schließlich an Pierres Seite Platz. Die beiden tuschelten miteinander und lachten. Dann drehte sich Pierre zu mir um und sagte mit glasklarer Stimme: Warum haben Sie das Telefon abgemeldet?

Als Badi und Audrée gemessenen Schrittes die Kirche verließen, sah ich an Badis Hals etwas funkeln. Es war mein Schlangenhalsband.

Ein blöder Traum, alles in allem.

Ich bin ziemlich erschöpft aufgewacht und sah, daß es erst vier Uhr früh war, konnte jedoch nicht mehr einschlafen. Ich beobachtete, wie das Viereck des Fensters langsam grau wurde, dann heller, dann gelb. Zögernd fiel der erste Sonnenstrahl ins Zimmer. Er fiel direkt auf den entblößten Busen der Spanierin.

An diesem Morgen zog ich mich sehr sorgfältig an und dann noch dreimal um. Schließlich wählte ich die enge schwarze Leinenhose und eins von Doris' T-Shirts, die mir leider alle ein bißchen zu weit sind und somit jenen flotten Sitz vermissen lassen, den man von einem T-Shirt eigentlich erwarten kann. Aber das haben geschenkte

Klamotten nun mal so an sich. Zum Trost wand ich mir einen langen Fransenschal dreimal um den Hals und sah zum Schluß doch recht passabel aus. Obwohl draußen die Sonne schien und sich die Strahlen in den tausend Fenstern des ›Miramar‹ spiegelten, was der Szenerie doch einen heiteren Anstrich verlieh, war der Speiseraum wie immer in Düsternis gehüllt. Fensterlos, von wenigen 15-Watt-Birnen auf das sparsamste erhellt, wirkte er wie eine Bahnhofswirtschaft dritter Klasse. Die Schlange der Frühstückshungrigen schob sich an den Herrlichkeiten des Buffets entlang und wählte gewissenhaft zwischen roter und grüner Marmelade und rosa Wurst. Ich sah Männi und Wallyschatz, die ihren Frühstückstisch mit Privateinkäufen bestückt hatten und sich aus einer Plastikdose den Obstsalat auf den Teller häuften, den sie gestern abend vom Buffet mitgenommen hatten. Alfred winkte mir müde zu und stellte sich dann hinter mich. »Gestern hatte ich nur drei Durchgänge«, flüsterte er mir zu. »War den ganzen Tag irgendwie schlapp. Muß am Wetter liegen. Was sagst du zu den Neuankömmlingen? Frisches Blut dabei, die dahinten ...«, er wies mit dem Daumen zu einem Ecktischchen hinüber, »ist doch allerhöchstens zwanzig. Die Freundin hat kaum mehr auf dem Buckel. Und einen Kavalier haben sie auch schon«, fügte er mit trauriger Stimme hinzu.

Ich sah in die angegebene Richtung und erblickte Badi, von zwei jungen Mädchen flankiert und eifrig ins Gespräch vertieft.

Das eine Mädchen hatte kurze, blonde Haare, die ihr vorne in die Stirn fielen, und ein hellklingendes Lachen. Das Lachen schwirrte durch den ganzen Raum, kletterte die Wände hinauf und pendelte auf den Kronleuchtern hin und her. Es gellte mir unschön in den Ohren. Die andere war schwarzhaarig, sehr mollig, aber auch irgendwie hübsch. Wenn die Blonde ihr gurrendes Lachen ausstieß, lehnte sich die Schwarze zurück, schloß die Augen zu zwei schmalen Schlitzen und lachte lautlos in sich hinein. Badi schien amüsiert. Er hatte den rechten Arm um die Schultern der Blonden gelegt und unterhielt sich angeregt mit der Schwarzen. Ich stellte mein Frühstückstablett unsanft auf einen unbesetzten Tisch und setzte mich, indem ich der munteren Truppe in der Saalecke den Rücken zuwandte.

Einen enormen Frauenverbrauch hatte der Junge, das mußte man schon sagen. Ich aber mag Männer, die nur mich leiden können und sich möglichst beim Anblick jeder anderen Frau über vierzehn mit Ekel abwenden.

Ich hatte gerade die rote Marmelade von meinem Fransenschal abgewischt, als ich das Lachen näher kommen hörte.

Es schwirrte direkt auf mich zu. Dann fühlte ich einen sehr warmen, sehr angenehmen Druck auf der Schulter. Er kam von Badis Hand.

»Julika!«

Ich blickte auf. Zwei dunkle Augen strahlten mich voll Wärme an. »Mein Herzchen! Daß ich dich endlich sehe! Deine Tante hat mir soviel von dir erzählt, ich bin vor Sehnsucht fast vergangen ...«

Dies sagte er, und zwar ganz ungeniert.

»Darf ich dir übrigens Britta und Vivi vorstellen. Die zwei waren in Afrika ganz daneben. Die Schiffsreise ist ihnen nicht bekommen. Na, jetzt geht's wieder, was?«

Britta stieß ihr gurrendes Lachen aus und sagte:

»Wenn wir Badi nicht gehabt hätten, wären wir gestorben, was Viv?«

Viv nickte und sagte: »Er hat uns Umschläge gemacht, erst kalte, als uns auf dem Schiff schlecht wurde, dann heiße, als wir uns erkältet hatten!« Britta nickte und lachte wieder. Wenn sie es noch ein einziges Mal in meiner unmittelbaren Nachbarschaft tut, stecke ich ihr das pappige Brötchen in den Hals.

Britta ahnte nichts von meinen dunklen Gedanken und sagte: »Schön, daß Sie hier sind. Wir wollen zu viert Tischtennisspielen und 'n Match machen. Ich spiele mit Badi gegen Sie und Vivi, und dann Vivi und Badi gegen uns beide.« Nett, wie sie die Mannschaften aufstellte.

»Hans-Georg gibt die Schläger gar nicht heraus«, sagte ich und war Hans-Georg irgendwie dankbar.

»Was?« Britta schob die Unterlippe vor.

»Wo es doch im Prospekt steht und wir uns so darauf gefreut haben ... Badi ...«

»Ist schon gut«, tröstete er und strich ihr wie eine Mama besänftigend über das Haar.

»Im Ort gibt's sicher Schläger zu kaufen. Ich werde heute nachmittag mit euch hingehen. Jetzt möchte ich ein bißchen mit Julika ...« Sein Blick traf mich. Es war wieder der Blick von der Karnevalsparty, jener Blick, nach dem ich mich in gewissen Stunden gesehnt hatte. Ich wollte mich gerade erheben und seinen Arm ergreifen und mit der anderen Hand die beiden per: ›Hinweg mit euch‹ von unserer Seite wedeln, als es in der Nähe des Eingangs laut wurde. Ein Mann mittleren Alters, an den Schläfen reichlich ergraut, einen müden Zug um die Mundwinkel und vorgebeugte Schultern, hob ein Mikrofon gegen den Mund und räusperte sich.

»Meine Damen und Herren, mein Name ist Kipper, ich bin Ihr Reiseleiter für Roquetas, kommen Sie bitte künftig mit allen Problemen zu mir!« Er schluckte und fuhr schnell fort: »Ich meine, falls Sie welche haben sollten! Ansonsten bitte ich die Damen und Herren, die vor einer Woche aus Lloret de Mar, und die, die gestern abend aus Afrika gekommen sind, zu einem Drink an die Bar!« Herr Kipper warf das Mikrofon zur Seite und entfernte sich so schnellen Schrittes, daß man das Gefühl hatte, er sah sich von etwaigen Problemen verfolgt, denen er sich auf keinen Fall stellen wollte.

Wenig später hatten wir alle ein Glas mit einer himbeerfarbenen Flüssigkeit in der Hand und folgten den Ausführungen, die Herr Kipper mit reichlich lustloser Stimme von sich gab.

Er teilte uns das Vergnügungsprogramm der nächsten Tage mit. »Wer will, kann sich heute nachmittag dem Pastor anschließen, der einen Spaziergang durch Roquetas machen wird. Abmarsch vierzehn Uhr. Treffpunkt ist die große Eingangshalle. Bitte seien Sie pünktlich. Pastor Schreiberle wartet nicht. Zur gleichen Zeit findet im Bierstübel ein Skatturnier statt, Anmeldungen dafür nehme ich anschließend selbst entgegen.

Heute abend ist ein Discoabend mit der Band ›Caramba‹ angesagt, Beginn 22 Uhr. Im Filmraum gibt es ab 20 Uhr einen Stummfilm aus dem Jahre '32, eine Attraktion für unsere älteren Herrschaften. Im benachbarten Hotel Playasol findet morgen nachmittag ab sechzehn Uhr das große Preistanzen der Senioren statt. Jeder, der über sechzig ist, kann sich beteiligen. Wer mitmacht, hat die Chance, den goldenen Tanzschuh von Roquetas zu gewinnen. Im gleichen Hotel läuft abends eine Schönheitskonkurrenz für die Jüngeren unter Ihnen. Wenn ich mich so umsehe«, Herr Kipper sah sich reichlich leidenschaftslos um, »hat eigentlich jede der anwesenden Damen die Chance, Miß Playasol zu werden.«

An dieser Stelle machte Herr Kipper eine wirkungsvolle Pause, und man hörte Brittas gurrendes Lachen, doch das Lachen wurde sozusagen mitten im Ton unterbrochen, brach jäh ab und erstarb, denn draußen, vor der großen gläsernen Flügeltür, geschah in diesem Augenblick etwas Erstaunliches. Ein signalroter Lancia hielt vor dem Portal, und ein elegant gekleideter junger Mann sprang heraus, der weder zu Roquetas noch zu dem ›Don Juan‹ so recht zu passen schien, jedoch auf ebendieses mit freudig erregten, elastischen Schritten zueilte. Ich sah es, und mein Herz tat einen erschreckten Hüpfer: es handelte sich um meinen guten Karli in höchsteigener Person.

Karli, von Kopf bis Fuß in rehfarbenes Wildleder gehüllt, ein Siegerlächeln auf dem Gesicht und soviel Aufmerksamkeit erregend, wie er sich nur wünschen konnte. Er eilte auf Herrn Kipper zu und begrüßte ihn per Handschlag.

»Kerstens, Sie erinnern sich vielleicht nicht mehr, ich war im vergangenen Jahr einer Ihrer dankbarsten Gäste ...«

Herr Kipper wirkte verwirrt. Offensichtlich erinnerte er sich nicht mehr.

Dann wandte Karli seine Aufmerksamkeit der Reisetruppe zu. Er lächelte gewinnend und kam dann auf mich zu.

»Julika, mein Goldkehlchen, fein siehst du aus, schon richtig erholt, na kein Wunder, bei so netten Reisegenossen und so schönem Sonnenschein.« Er strahlte die Umsitzenden, die, das himbeerfarbene Gesöff in den Händen, erstaunt auf Karli glotzten, der Reihe nach an und wandte sich dann wieder zu mir.

»Na, was sagst du, war der Tip nicht goldrichtig? Hab' 'n paar Tage loseisen können und dachte, fährst mal rasch runter nach España, nachsehen, was die Juleschka macht ...« Es klang ganz so, als ob es zu seinem Tagesprogramm zählen würde, zwischen Lunch und Dinner mal rasch an die ›Sol‹ oder an die ›Biscaya‹ zu fahren, um ein Sonnenbad zu nehmen oder ein bißchen zu surfen.

»Großer Gott«, flüsterte Badi an meiner Seite.

»Wer ist das?«

»Mein Exverlobter!«

»Großer Gott«, sagte er noch einmal.

Karli wandte sich jetzt an meine, vor Verblüffung noch immer stumm dasitzenden Reisegenossen und sagte in jenem liebenswürdig-charmanten Ton, den Herr Kipper so schmerzlich vermissen ließ: »Darf ich die Herrschaften vielleicht zu einem Glas Sekt an die Bar einladen! Wir wollen doch auch mal ein bißchen feiern, oder?« Er machte eine kleine Pause und fügte hinzu: »Übrigens, ich bin der Cary!«

Er lächelte seine Fans, (ich bin sicher, daß er bereits zu diesem Zeitpunkt sämtliche Anwesenden für Fans hielt) warmherzig an und schenkte ihnen noch einen Rundblick. Der Rundblick wanderte auch über Badis Gesicht hinweg, stolperte jedoch, hielt inne und kehrte zurück.

»Hoppla«, sagte er.

»Sind Sie Spanier? Holidays im eigenen Land?«

»Orientale«, sagte Badi sehr ruhig.

Karlis Blick weitete sich zu einem rundäugigen Staunen, welches ihm irgendwie nicht besonders gut stand. Dann wandte er sich zu mir: »Verdammt noch mal, Julie«, sagte er leise. »Das mit der Liebe unterm Baldachin ist wohl das erste deiner Märchen, das du nicht erfunden hast ... ich hätt's schwören können, daß es eine deiner Possen war ... und nun das ...«

Er gönnte sich noch einen Augenblick nachdenklichen Staunens, dann faßte er sich und klatschte wie beim Kindergeburtstag in die Hände:

»Kommt, Freunde, der Sekt wird ja warm!«

»Der ist sonst sicher Animateur in 'nem richtig tollen Schuppen«, hörte ich Britta flüstern, die Arm in Arm mit Vivi an mir vorbei drängte.

»Oder Discjockey«, antwortete Vivi ehrfürchtig.

In der folgenden Stunde war Karli mächtig in Form.

Er hatte eine kleine Schlappe erlebt und mußte nun demonstrieren, daß ihm die Schlappe nichts ausmachte. Er demonstrierte es, indem er seinen an sämtlichen Theken Europas erprobten Charme voll aufdrehte, mit Vivi und Britta gleichzeitig flirtete, älteren Damen leutselig die Wangen tätschelte und im Nu jene Stimmung erzeugte, auf die man im Hotel sonst vergeblich hoffte. Die hauseigene Musikbox hatte er verächtlich ignoriert und dafür seinen eigenen Recorder in Betrieb gesetzt, denn: »Die guten Leutchen hier sind in Sachen Musik ja doch nicht so auf dem laufenden!« Es dauerte nicht lange, und Karli hatte es tatsächlich geschafft, einem normalen Mittwoch morgen, den man ansonsten damit verbracht hätte, sich auf der Palmenpromenade die Füße zu vertreten, lesend oder strickend in der Halle zu sitzen oder allenfalls einen Spaziergang zu ›Spar‹ zu unternehmen, das Flair eines Sektfrühstücks in Monaco zu verleihen. So hatte man sich das süße Leben immer vorgestellt. Die glänzenden Augen der weiblichen Teilnehmer verrieten es ganz deutlich, daß hier endlich einmal ihre durch ausdauernde Gazettenlektüre angeregten Wunschvorstellungen realisiert worden waren. Fehlte eigentlich nur noch, daß Fürst Rainier auftrat, um mit volkstümlicher Miene seinem Volk ein Familienereignis bekanntzugeben. Nun, der Fürst trat nicht auf, es war auch nicht nötig. Mein Karli übernahm auch diese Rolle selbst, und er beherrschte sie aus dem Effeff. Denn um zwei, als der Höhepunkt des Festes bereits ein kleines bißchen überschritten war (zwei Damen waren, vom Sekt besäuselt, mit glücklichem Lächeln eingeschlafen), bat er plötzlich mit lässig erhobener Hand um Ruhe.

Dann schnippte er mit zwei Fingern gegen sein Glas und wartete leise lächelnd, bis auch das letzte Geräusch verstummt war.

»Ich möchte jetzt das strenggehütete Geheimnis lüften, welches den Grund dafür bildet, daß wir alle hier und heute zu dieser kleinen Feier zusammengetroffen sind«, sagte er in dem gemessenen Ton eines Festredners und legte eine wirkungsvolle Pause ein, um dann lauter, jedes Wort stark betonend, den Trumpf auszuspielen. »Unsere vielgeliebte Julika«, er verneigte sich leicht in meine Richtung, »möchte nämlich heute ihre Verlobung bekanntgeben. Ein Herr aus dem Orient (Verneigung für Badi) hat das Glück, sie in Kürze heimzuführen.«

Die Anwesenden waren einen Augenblick lang reichlich verblüfft. Erstens hatte ich bislang kaum ein Wort mit ihnen gewechselt und war weit davon entfernt, ›ihre Julika‹ zu sein, zweitens war ihnen meine Verlobung mit dem ›Herrn aus dem Orient‹ schnurzegal, und drittens war es ihnen völlig entgangen, daß es ›ein Geheimnis‹ zu lüften gab und wir aus diesem Grunde zusammengetroffen waren. Aber Karlis Sicherheit erstickte jeden Zweifel augenblicklich im Keime. Man war gelöster Stimmung, vom Sekt angenehm berauscht und zur Verbrüderung bereit, egal aus welchem Grunde. Ich fühlte mich von wildfremden Armen umschlungen, und Leute, die ich bis jetzt noch nie in meinem Leben gesehen hatte, versicherten mir, daß dies einer der schönsten Augenblicke ihres Lebens sei.

Für mich war er es nicht.

Mit Grauen dachte ich an meine großmäuligen Lügen in Düsseldorf. Nun waren mir die Lügen nachgereist, bleckten die Zähne und rieben sich freudig erregt die Hände. Zwischen zwei Umarmungen erhaschte ich den Blick meines ›Verlobten‹. Er ruhte zärtlich-amüsiert auf der Braut, die da so überraschend in sein Leben gefallen war, dann mußte er Frau Vogel trösten, die ihm die Hände schüttelte und versicherte, bei Anlässen dieser Art immer weinen zu müssen. Badi streichelte beruhigend ihr Haar und überreichte ihr sein Taschentuch.

Die Feier erlebte jetzt noch einmal einen Höhepunkt. Angeführt von Karli, fanden wir uns sogar zu einer Polonaise zusammen, zogen durch die große und die kleine Halle, den großen und den kleinen Speisesaal und umrundeten das Schwimmbecken. Karli, das Volk wie ein Karnevalsprinz armeschwenkend grüßend, Badi und ich mit verklärtem Lächeln Hand in Hand hinter ihm, und dann die fröhliche Gästeschar.

Ich sah im Vorbeigehen Wallyschatz und Männe, den verblüfften Hans-Georg hinter seiner Theke, Alfred, der angelockt durch den ungewohnten Lärm sogar sein Badewannenspiel unterbrochen hatte, und etliche Gäste, die uns in fassungslosem Erstaunen nachstarrten. Und bei alledem fühlte ich die tröstliche Wärme, die Badis Hand entströmte und mir einsuggerierte, daß dies nur einer meiner albernen Träume ist und am Ende doch noch alles gut wird.

»Sag mir bloß schnell, warum wir verlobt sind und ob der Hochzeitstermin schon feststeht«, flüsterte er einmal.

»Verlegenheitslüge«, flüsterte ich zurück. »Ich brauchte aus bestimmten Gründen einen Verlobten, und da hab' ich dich dazu ernannt, denn du warst mir sympathisch und überdies so angenehm weit weg.«

In der großen Halle tanzten wir dann unseren Verlobungstanz, umringt von sämtlichen Gästen des Hotels, die im Kreis standen und uns zuklatschten. Allen war inzwischen klar, daß es sich bei uns beiden um ein prominentes Paar handelte, von dessen Eheschließung in den Gazetten schon seit längerem gemunkelt worden war. Eine Dame wollte sogar gehört haben, daß Badi ein schwerreicher Ölmulti sei, der in Begriff stände, das ›Juan‹ samt der umliegenden Hotelkästen und der Einkaufsquelle ›Spar‹ zu erwerben.

»Inkognito hier ...«, zischte sie.

»Wollen nicht erkannt werden. Politisch zu gefährlich«, fügte sie einsichtig hinzu.

Nach und nach bröckelte das Fest dann ab. Die Gäste tranken ihre Gläser aus und begaben sich zur Siesta. Kellner erschienen, um die Abfälle der Verlobungsfeier zusammenzufegen. Karli und ich trafen uns für einige Minuten an der Bar.

»Ach Julika«, sagte er. »Ich bin ein Idiot.«

Er senkte die Augen, und ich sah eine Träne in seinen Wimpern schimmern.

»Warum denn, Karli?«

»Ach weißt du, damals, an diesem Abend, in Düsseldorf, da hast du mich ganz schön verwirrt, weißt du, du sahst so frisch und so hübsch aus, und bei deinen Schilderungen von diesem Orientalen, da war ich mir nicht so sicher, ob das nicht wieder bloß eine von deinen verrückten Erfindungen ist, und als du dann so spontan auf Roquetas reinfielst und behauptet hast, daß dein Scheich genau da hin fahren will, mit dir, da war mir plötzlich klar, daß alles nur erfunden sein kann ... und auf dem Rückweg, da überfielen mich plötzlich so Erinnerungen, wie ich sie mit Ev und den anderen Miezen irgendwie nicht richtig hingekriegt habe ... und weil du ja kein Telefon mehr hast, hab' ich Feline angerufen, und ich dachte, ich fall, vom Stuhl, als sie mir erzählte, daß du tatsächlich nach Roquetas gefahren bist ... alleine! Und ich dacht's mir so hübsch, dich hier abzufangen und mit dir in ein Hotel zu gehen, in ein kleines, intimes, irgendwo an der Sol, wo ... wo wir dann unsere Verlobung hätten erneuern können. Und 'n bißchen Spaß hab' ich mir auch ausgedacht, die roten Seidenkissen, weißt du, die hab' ich im Kofferraum mitgebracht, und 'ne rote Glühbirne und schummrige Musik, wirklich Julie, du hättest gar nichts vermißt, du hättest es richtig gut gehabt.«

»Sie hat es auch so gut«, sagte Badi und legte seinen Arm um meine Schulter.

»Komm, mein Bräutchen, du siehst etwas mitgenommen aus! Wir legen uns ein bißchen hin!«

Zu dritt fuhren wir in den siebenten Stock. Badi verabschiedete Karli gefühllos auf dem Gang. Ohne zu zögern und wie selbstverständlich schloß er dann meine Zimmertür auf und legte sich auf Mauds Bett. Ich legte mich sehr vorsichtig auf das meine. Zwei himbeerrote Drinks hatte ich getrunken und wenigstens fünf Gläser ›Hausmarke‹. Mir war auf einmal ziemlich schlecht.

»Warum hat sich Cary damals eigentlich in diese Ev verguckt?« fragte Badi neben mir. Die Stimme erschien mir ziemlich weit weg zu sein.

»Ich war zu sehr verliebt in ihn und sah keinen anderen an. Das fand er wohl reichlich langweilig.

Mich sah auch kein anderer an, ich meine hinterher ... jetzt reißen sich auf einmal zwei Männer um mich.«

Undeutlich erschien das Bild von Pierre vor meinem inneren Auge. »Nein drei! Gestern habe ich einen Heiratsantrag von einem Unbekannten bekommen ... stell dir vor!«

Ich hörte Badi leise lachen und öffnete sehr mühsam die Augen. Den Kopf auf die Hand gestützt, sah er amüsiert zu mir hinüber. »Ich finde dich ungeheuer sexy!« sagte er.

»So à la: einzi plus fünfi!«

Er stand auf, ging ins Bad und holte ein Aspirin mit einem Glas Wasser.

»So, trink das mal, schön langsam, Schlückchen für Schlückchen!« Er deckte mich sehr sorgfältig zu und schloß die Vorhänge. »Und jetzt wird erst mal ein Stündchen geschlafen, ja?«

Liebevoll blickte er auf mich hinunter. Von wilder Begierde war nichts in diesem Blick, nichts von ›Tausendundeiner Nacht‹. Badi hatte auch kein Messer im Strumpf, mit dessen Hilfe er mein Gemach vor eventuellen Eindringlingen zu verteidigen gedachte, aber die Hand, die er mir jetzt auf die Stirn legte, war angenehm kühl.

»Weißt du, an wen du mich erinnerst?« fragte ich, bereits im Halbschlaf.

»Ja?«

»An meine Oma! Nicht an die, die ihrem Ehemann bereits in der Hochzeitsnacht mit einem vorbeikommenden Zigeuner durchbrannte, an die andere. Die, die immer sagte: Es ist kalt draußen, zieh dein Jäckchen an.«

»Nun schlaf mal schön«, sagte Badi mit einer sehr geduldigen und sehr nachsichtigen Stimme.

»Für die Dauer unseres hiesigen Aufenthaltes bin ich erst mal dein Bräutigam, nachher werden wir uns das mit der Oma überlegen.« Ich hörte, wie er hinausging und die Tür sehr vorsichtig hinter sich schloß. Dann machte er sie noch einmal auf und steckte den Kopf durch den Türspalt.

»Wenn du etwas brauchst, ich wohne direkt nebenan!« flüsterte er. »Du brauchst nur an die Wand zu klopfen!«

Ich drehte mich auf die andere Seite und nahm die Nackenrolle sehr zärtlich in den Arm. Mir war noch immer ziemlich übel, aber dennoch war ich so glücklich, wie es eine frisch Verlobte eben zu sein hat.

»Mein Liebchen«, flüsterte ich und ertappte mich dabei, daß ich lächelte. Dann küßte ich die Nackenrolle auf das ›Don‹ von ›Don Juan‹.

EIN TAG SPÄTER

Was ist, mal ganz sachlich gesehen, ein Verliebter?

Jemand, der sich selbst furchtbar wichtig nimmt und über den alle anderen ein bißchen lächeln. Er selbst lächelt auch, nämlich über die, die da glauben, ebenfalls zu lieben, die armen Narren. Wo doch im Grunde genommen nur er … und im Grunde genommen nur sie … die einzige, die immer wieder einzige …

Ich wache früh auf. Glücklich! Weiß im allerersten Augenblick nicht warum.

Es ist hell im Raum. Die Sonne zwängt sich durch die Jalousie, malt Kringel an die Wand, malt Kringel in meine Gedanken.

Voller Freude begebe ich mich unter die kalte Dusche, putze mir anschließend mit Andacht die Zähne. Ein schönes Hotel, eine herrliche Welt, und die Sonne scheint, mitten im Winter, das muß man sich einmal vorstellen, mitten im Winter.

Man muß Ansichtskarten schreiben, schwärmen, loben, Fotos knipsen, im Sonnenschein die Palmenallee auf und nieder schreiten und auf einer der Bänke sitzend das Meer betrachten. Ich habe es auf einmal mächtig eilig, eine Menge Urlaub muß sozusagen im Zeitraffer nachgeholt werden.

Irgendwie scheint es mir, daß ich mich seit gestern woanders befinde. Nicht mehr im ›Juan‹, nicht mehr in Roquetas de Mar. Ich befinde mich nicht mehr an einem bestimmten Ort, sondern in einem bestimmten Zustand, jenem zauberhaften Zustand, der der Liebe vorausgeht, wo die Gefühle erst noch gefühlt werden müssen, die Gedanken erst noch gedacht werden müssen, die Worte erst noch gesagt werden müssen, und der Verrat noch weit entfernt ist ...

In jener wundersamen Phase, in der alles noch schwebt und man wieder einmal bereit ist, an das Wunder zu glauben, an das Wunder, daß die Liebe dies eine Mal stärker sein wird als die Zeit.

Noch hat man, wie es scheint, alles in der Hand. Noch ist alles möglich, noch gibt es die Gelegenheit, sich Erinnerungen zu machen. Erinnerungen für später, für Notzeiten.

Ich höre, wie nebenan die Balkontür klappt. Herrlich ist so ein hellhöriges Hotel. So verbindend, so kommunikativ. Niemand fühlt sich allein. Ich trete hinaus, in die Morgensonne.

Tausend Fenster des ›Miramar‹ blitzen mich an. Das Meer rauscht, die Luft ist weich und duftet nach frisch gemähtem Heu. Etwas hat sich verändert ...

»Fast wie Frühling heute, nicht?« sagt da jemand direkt an meiner Seite. Ich blicke hinüber, zum nachbarlichen Balkon, und muß lachen. Ich sehe direkt in Pierres Gesicht.

»Gehen Sie mit runter, zum Frühstück, bißchen mit Marmelade kleckern?« Ich nicke. »Mein Freund Badi ist auch gleich fertig«, fügt er beruhigend hinzu. »Wir treffen uns am Fahrstuhl, ja?«

Ich erwische den Fahrstuhl gerade noch, ehe sich die Türen schließen. Eingeklemmt zwischen ein Ehepaar und seinen Freund Pierre steht mein Bräutigam. Unsere Begrüßung ist herzlich. Er küßt galant meine Hand und dann, mit einem Hauch, meine Nasenspitze. Dann lacht er mich an.

»Der Pierre muß jetzt gleich zu seiner Baustelle eilen, und was machen wir? Wir könnten ihn begleiten und zugucken, wir könnten ihn auch nicht begleiten und woanders zugucken, uns zum Beispiel ...« Das Ehepaar stieg verschreckt ein Stockwerk zu früh aus. Badi gehört zu jenen Leuten, mit denen jeder übergangslos befreundet ist. Man kennt sich schon lange, man hat zusammen Räuber und Gendarm gespielt, man ist zusammen sitzengeblieben, man war zusammen beim Militär. Seite an Seite hat man in den Schützengräben gelegen, und im Duett sang man: Good-bye, Johnny ...

Er war es, der mir zum erstenmal das Märchen von Hänsel und

Gretel erzählt hat und später, wie sich das zwischen Mann und Frau so verhält, und von ihm bekam ich meinen ersten Kuß. Seinetwegen werde ich jetzt nach langer Zeit zum erstenmal wieder einmal rot …

Es liegt an den verwirrend kurzen Übergängen zwischen den einzelnen Rollen, die er so virtuos beherrscht. Er läßt mich ›kleines Mädchen‹ sein und hat im nächsten Moment so etwas im Blick, so etwas Wissendes, Ahnendes, das sehr viel Erfahrung verrät. Etwas, wofür die uns verbleibende Zeit eigentlich zu kurz ist und dem ich deshalb entgehen möchte und mit Sicherheit nicht entgehen kann. Dann ist da noch etwas in seinen Augen, und wenn man das entdeckt, dann ist man geneigt zu sagen:

»Ach, Herr Doktor, ich würde so gern mal bei Ihnen denken lassen.« Zu diesem Blick paßt die große Brille, die den Blick wie ein Emailleschild umrahmt: ›Dr. Badi, Sprechstunden nach Vereinbarung.‹ Heute morgen war davon nichts zu sehen. Ein Junge nahm mich an der Hand, ein Spielkamerad für die Ferien. Unser Eintritt in den Speisesaal erregte einiges Aufsehen.

Man nickte den ›Verlobten‹ feierlich zu. Ich hatte beide Hände in die Hosentaschen gesteckt und die Jacke lose über die Schultern gehängt. Den leeren Jackenärmel führte Badi sehr höflich und würdevoll zum Frühstücksbuffet, lässig nach links und rechts grüßend. Ich nahm aus Versehen vier Scheiben rosa Wurst und kleckste grüne Marmelade obenauf.

Nachdem wir ›gespeist‹ hatten, führte Badi wieder meinen leeren Jackenärmel. Der Oberkellner öffnete uns die Tür, er starrte uns fassungslos an. Badi verneigte sich würdevoll vor ihm.

Der Maharadscha führte die Prinzessin die Marmorstufen hinab und verbeugte sich. »Mylady, darf ich Ihnen jetzt vielleicht mein Reich zeigen …«

»Mit Vergnügen …«

»Vorher würde ich jedoch gern Ihr Näschen küssen. Es ist hierzulande Brauch, den Damen nach dem Frühstück die Näschen …« Er tat es.

Es war ein Hauch von einem Kuß, ein Spiel, ein Spaß. Nichts Begehrendes, nichts Schweres lag darin. Kein Versprechen und keine Spur von Zukunft.

Das ist mir bis jetzt noch nie passiert.

Ich habe mein Leben so dahingelebt, so dahingeträumt. Bin mit den Händen in den Taschen umherspaziert, hab' zuviel Nebensächliches betrachtet und meine Mitmenschen zu lange und zu eingehend studiert. Hab' ihre Spielregeln trotzdem nicht so richtig verstanden. Hab' die Welt, von ihrer Seite aus gesehen, nicht erkennen können und stand wohl selbst auch meist auf der verkehrten Seite.

Wenn ich es todernst meinte, sagten sie: Sei nicht albern.

Wenn sie lachten, blieb ich ernst. Erörterten sie ihre Lieblingsthemen, saß ich stumm dabei.

Sie wußten so vieles nicht, ich wußte so vieles nicht.

Sie konnten zum Beispiel in Prozenten rechnen und mühelos einen Scheck von einem Reklamezettel unterscheiden, ich kannte den Himmel in allen seinen Schattierungen und jene Stellen, an denen die besten Brombeeren wachsen. Sie wußten, worauf es im Leben angeblich ankommt; ich verliebte mich stets in Nebensächlichkeiten. Schließlich waren wir es müde, uns immer und immer wieder gegenseitig die Spielregeln erklären zu müssen.

Badi dagegen kennt die Spiele samt der dazugehörigen Regeln. Bereits als Kinder haben wir gemeinsam in Regenpfützen gespielt, haben gemeinsam und ohne jeden Erfolg auf Spatzen geschossen. Es scheint, als wäre jeder ein paar Jahre allein durch das Leben getrampt, dann trafen wir uns wieder, zu den alten Spielen.

»Ich werde dir jetzt mal die Stadt zeigen, ich bin die Oma zu Besuch. Wenn du lieb bist, werde ich dich anschließend zu einem Eiscremesoda in die Taverne einladen. So, das hier wäre zuerst mal unsere Palmenallee, die Palmen sind ein bißchen zerzaust, das kommt vom häufigen Gebrauch, man hat sie zu Tode fotografiert, paß auf, daß dir das nicht auch passiert.«

»Was?«

»Daß man dich zu Tode fotografiert, weil du so schön bist. Das dahinten ist unser Einkaufscenter!«

»Das ist unser Einkaufscenter?«

»Nein, Dummchen, das ist das städtische Altersheim. Paß doch auf, damit du endlich weißt, wo du wohnst, mein ungebildetes Touristchen. Das da, rechts, ist das Delikatessengeschäft ›Spar‹! Komm mir nur immer schön nach, wir werden da jetzt eine Tafel Schokolade kaufen.«

»Die gibt es im Hotel auch!«

»Aber nicht so teure, habe ich mir sagen lassen. Man muß sich ja schließlich informieren. Außerdem esse ich nur die zu dreifünfzig die Tafel. Ich möchte halt gern irgendwas mit dir zusammen tun. Warum nicht mit dir zusammen verarmen? Außerdem weigere ich mich, noch länger ohne Plastiktüte in der Hand durch Roquetas de Mar zu gehen. Man fällt ja direkt auf, denn alle anderen haben eine. Die Leute denken ja, wir wären jetzt schon verarmt, wo wir doch erst später ... wenn wir alt sind ...«

»Tatsächlich, das habe ich noch gar nicht bemerkt!«

»Was?«

»Daß wir die einzigen Touristen in Roquetas sind, die ohne Plastiktüte in der Hand herumlaufen!«

»Weil du nicht richtig hinguckst. Man muß sich doch ein bißchen für Land und Leute interessieren, wenn man im Ausland ist, man will doch später mal was zu erzählen haben, zu Hause ... so, jetzt bist du mitten durch eine Pfütze gegangen, paß doch endlich einmal auf, wo du hintrittst. Wie du wieder aussiehst. Die guten Sonntagsschuhe, wenn Papa das sieht, wenn Tante Margot das sieht, wenn Onkel Eduard das sähe ... Gottlob ist er schon tot, aber wenn er das sähe ...« Zwei Damen, beide eine Plastiktüte von ›Spar‹ in der Hand haltend, sind erstaunt neben uns stehengeblieben und sehen unserem Spielchen mit fassungslosem Gesichtsausdruck zu. Badi putzt mit dem Taschentuch meine bespritzten Schuhe blitzblank und zupft und schiebt an mir herum, ganz wie eine verzweifelte Mama, deren Kind sich heute schon zum drittenmal wieder eingedreckt hat.

Dann lächelt er die Damen bezaubernd an.

»Sie ist ein schreckliches Kind, wissen Sie, aber ich liebe ihr Näschen!«

Die beiden machten, daß sie weiterkamen.

Andere schlenderten heran und warfen uns interessierte Blicke zu. »Ich weiß nicht, was die Leute haben, die gucken alle so komisch, verstehst du das?«

»Nein, das verstehe ich nicht, man muß auch nicht alles verstehen, kann man gar nicht! Nun komm weiter und paß auf, daß du nicht fällst, heb die Füßchen und halte dich gerade!«

»Du, Badi?«

»Hm?«

»Was machst du eigentlich sonst, ich meine sonst ... wenn du nicht ...«

»Ich? Ich erfinde! Zur Zeit erfinde ich zum Beispiel das schnurlose Telefon. Es ist sehr schwierig, es hat lange gedauert, bis ich es konnte. Lange, harte Jahre voller Entbehrungen liegen hinter mir ... übrigens, glaubst du mir das?«

»Ja!«

Er blickte mich ruhig von der Seite her an.

»Das ist gut!« sagte er dann.

Wir gingen eine Weile schweigend nebeneinander her, jeder mit seinen Gedanken beschäftigt.

»Trinken wir doch etwas in der Taverne!«

Die Taverne ist geschlossen. Halb Roquetas ist geschlossen. Nur das Meer ist geöffnet, ist für den Gebrauch jedoch zu kalt.

»Komm, dann wollen wir uns hier auf diese schöne öffentliche Bank setzen und ein bißchen auf das Wasser blicken, dafür ist man ja schließlich hier und hat die Strapazen einer 32stündigen Fahrt auf sich genommen.«

Wir sitzen schweigend nebeneinander und blicken auf das Meer. Es ist blau, sonst nichts. Nicht mal ein einziges Schiff ist zu sehen. Überwinterungstouristen mit blassen Gesichtern wandeln langsam vorbei. Mit der Palmenpromenade muß man sparsam umgehen, muß sie gemessenen Schrittes benutzen, wenn man zu schnell geht, muß man zu oft umdrehen.

Wir blicken den Leuten, die paarweise auf uns zukommen, entgegen, wenn sie an uns vorbeigegangen sind, sehen wir ihnen nach. Die meisten gucken starr geradeaus. Sie haben das Meer schon zu oft betrachtet, alles verliert mit der Zeit seinen Reiz.

»Was wirst du tun, wenn du alt bist, Julika?« fragt Badi.

»Das weiß ich genau! Ich will auf jeden Fall eine erstaunliche Greisin werden. Ich werde in alten Alleen spazierengehen und mich dabei meinen weisen Gedanken hingeben, die Hände auf dem Rücken verschränkt. Ich werde unter allen Umständen gut wirken. Die Leute wissen natürlich, wer ich bin. Wenn sie mich treffen, werden sie mit scheuem Gruß an mir vorbeieilen, um meine Gedanken nicht zu stören.«

Badi blickt mich an. Sein Blick ist ernst, unergründlich. Dann lächelt er.

»Schön, gefällt mir. Ich will auch in alten Alleen wandeln, an deiner Seite!«

»Nein, das geht nicht, du kannst ein Stück vor mir hergehen, oder hinterher, keinesfalls neben mir, denn nur das einsame Wandeln hat diese ganz bestimmte Wirkung von Weisheit und Abklärung, auf die es mir ankommt. Aber noch ist es nicht soweit, die Gedanken sind noch nicht weise genug, die Hände noch zu gut erhalten, als daß ich sie bereits für immer auf dem Rücken verschränken könnte ... du darfst mich übrigens küssen, vielleicht werde ich mich zuerst ein bißchen zieren, aber das darf dich nicht abschrecken, das mußt du mir versprechen.«

Als er mich in den Arm nahm, spürte ich sofort, was diese Umarmung so unvergleichlich machte: da war sehr viel Wille, sehr viel Erfahrung und sehr viel Unschuld.

»Komm, wir wollen ›ich liebe dich‹ spielen.«

Der Spielplatz ist einerlei. Warum nicht Roquetas de Mar, es könnte ebensogut irgendwo anders sein.

Erinnerst du dich noch an jene Zeit, in der eine alte Knopfschachtel genügte, um abwechselnd Puppenstube, Lokomotive, Piratennest oder Adlerhorst zu sein? Und an guten Tagen sogar alles gleichzeitig? Bis dann jemand kam und sagte: »Aber das ist ja gar kein Piratennest, das ist ja bloß eine ganz gewöhnliche Knopfschachtel.«

Genau an diesem Tage, so scheint mir, hat das ganze Elend angefangen. Bei Doris zum Beispiel könnte ich mir sehr gut vorstellen, daß sie so etwas sagt.

Bei Badi scheint es mir ganz unmöglich.

Badi gibt jedem, was er braucht.

Ich zum Beispiel, ich brauch' ein altes Kinderspiel, und er hat's sofort gemerkt.

Als wir gegen Mittag ins Hotel zurückkehrten, trafen wir Pierre. Er irrte ziellos durch die Halle. Die Blicke der müßig Herumsitzenden hoben sich bei unserem Anblick von ihren Journalen. Wir sind ein prominentes Paar.

Pierre hakte sich freundschaftlich bei mir unter, und ich begegnete seinem waidwunden Blick.

»Die Arbeiter sind heute überhaupt nicht gekommen, stellt euch vor, nicht ein einziger war auf der Baustelle, nur ich, ganz allein, stellt euch vor!«

Wir versprachen ihm tröstend, es uns vorzustellen, sobald wir Zeit dazu fänden.

»Natürlich«, sagte Pierre. »Euch geht das alles nichts mehr an, ihr seid nach Unbekannt verzogen, befindet euch auf einem anderen Stern, Eintritt verboten! Wir anderen müssen zusehen, was wir anstellen, damit uns dieses verflixte Roquetas nicht fix und fertig macht. Ich war heut früh oben im Solarium, stellt euch vor, alles liegt da nackt herum. Zwei Spanier, die irgend etwas reparieren sollten, sind fast vom Dach gefallen.«

»Und?«

»Was und? Nichts und. Das Solarium konnte mich auch nicht erfreuen. Bin gleich wieder gegangen. Seitdem suche ich euch.«

»Ich auch!« sagte ›Gestatten Alfred‹, der sich zu uns gesellte.

»Sag Püppchen, hast du mich gestern vermißt?«

»N … nein, eigentlich nicht so sehr!«

»Na, gottlob, hab' mir schon Sorgen gemacht. Bin nämlich gegen fünf nach … nach der Feier noch abgehauen, nach Almeria … bitte schön … für dich! Aus Almeria!«

Er überreichte mir ein Paar buntbemalte Kastagnetten und lächelte. »Würdest du heute mit mir auf meiner Terrasse zu Mittag essen? Ich hab' wunderbare Salami!«

»Aus Almeria?«

»Von Spar! Frisch eingetroffen, zwölf Mark das Kilo, aber auch wirklich ganz ausgezeichnet.«

Es gelang ihm nicht, länger an Badi und Pierre vorbeizusehen. »Wer ist das eigentlich?«

Pierre stellte sich vor. Als ernstzunehmender Immobilienhändler. Ob Herr Alfred das beste Objekt der Saison, die Strandvilla, vielleicht einmal sehen möchte? Ganz unverbindlich?

»Und der …?«

Alfred musterte Badi mit wenig erfreuten Blicken. Viel Ablehnung schwang darin und eine gehörige Portion Eifersucht.

»Sind Sie etwa Spanier?«

»Schlimmer! Orientale!«

Manchmal kann Badi so unbezwingbar kühl sein, daß man unwillkürlich zurückweicht.

»Aha«, sagte Alfred. »Und nun?«

»Wie meinen Sie das?«

»Seien Sie vorsichtig mit Julika und Badi«, bemerkte Pierre. »Sie sind im Augenblick schonungsbedürftig, sie befinden sich nämlich mitten in einer Liebesgeschichte, in der Sie und ich zur Zeit recht tölpelhaft herumstehen. Lassen Sie die zwei ihren Mittag genießen und begleiten Sie mich zum Diner. Es gibt Buletten Flamenco! Sicherlich die ausgekochten Tanzschuhe einer abgetakelten Tänzerin.«

Im selben Augenblick stürzte Britta aus dem Fahrstuhl. Bei Badis Anblick blieb sie sozusagen in der Luft stehen. Sie gesellte sich mit ihrer herzerfrischenden Fröhlichkeit zu uns.

»Kommt ihr heute abend zum Disco-Ball ins Paradiso?«

Sie sagte ›ihr‹, blickte aber nur Badi an.

Dieser schenkte ihr ein strahlendes Lächeln. Sein Vorrat scheint unerschöpflich zu sein. Bei der Verteilung des Lächelns, einst im Himmel, hat er hundertmal ›hier‹ geschrien. Deshalb laufen jetzt auch so viele Menschen in der Welt herum, die nie ein Lächeln besessen haben.

»Sie sammeln für Ihren Harem, was?« ließ sich Alfred deutlich vernehmen, die Worte fielen direkt in dieses schöne, warme Lächeln herein, wie ein Stein in einen Teich fällt.

»Wenn man die Ausländer so wenig mag, sollte man besser zu Hause bleiben«, sagte Pierre leise.

»Sie können aber trotzdem unbesorgt mit mir zum Essen gehen, ich stamme aus Wesel.«

Wir winkten unseren Freunden zu und liefen Hand in Hand Richtung Fahrstuhl.

»Nicht vergessen«, schrie Britta uns nach.

»Heute abend, im Paradiso, wir halten Plätze frei. Cary kommt auch hin.«

»O Gott«, sagte ich, als der Fahrstuhl sich in Bewegung setzte. »Den hab' ich ja ganz vergessen.«

»Wen?«

»Karli – Cary. Ich hab' so lange allein gelebt, daß mein immer größer werdender Bekanntenkreis anfängt, mich zu überfordern.«

Die Sonne schien. Die Terrasse war wohltuend erwärmt.

Wir trugen die leichten Metallgestelle der Betten ins Freie und legten uns auf die Matrazen. Dann plauderten wir schläfrig vor uns hin.

»Erzähl ein bißchen mehr von dir, Julika. Wo bist du geboren?«

»In Düsseldorf, meine Großmutter stammt aus Polen!«

»Hm. Und was tust du seitdem?«

»Wenig! Bißchen Kindergarten, bißchen Schule, bißchen Arbeit.«

»Wo?«

»In einem Kontor! Ich habe Rechnungen getippt!«

»Kannst du gut Rechnungen tippen?«

»Ich konnte es sehr gut. Seitdem ich arbeitslos bin, bin ich natürlich nicht mehr so in Form! Mir liegt das Arbeiten sowieso nicht so sehr, es ermüdet mich. Meine Mutter ...«

»... ist auch arbeitslos? Ich kriege ja ein Drama zu hören!«

»... ist auch freiberuflich tätig. Malerin! Meine sonstigen Verwandten, Vater, Omas, Opas, Tanten und der ganze Kram, waren auch immer freiberuflich oder überhaupt nicht tätig. Oder nur manchmal ...«

Wie mich Badi, den Kopf auf den Arm gestützt, jetzt so nachdenklich und konzentriert mustert, habe ich einen Augenblick lang das Gefühl, daß ihn meine Geständnisse verwirren.

In seiner Familie liegt so etwas offensichtlich nicht, ich meine das ›nur manchmal Tätige‹.

Unsere Augen begegneten sich, er lächelte mich an.

Badi ist am ganzen Körper braun, von Natur aus. Das Haar fällt ihm in Kinderwirbeln in die Stirn. Allein des Trotzes wegen, der von den Wirbeln in seinem Haar ausgeht, könnte ich mich schon in ihn verlieben. Wenn er spricht, ist er mir ganz nah. Wenn er mich schweigend ansieht, ist da eine fremde Süße in seinem Blick, eine Unbekannte liegt darin, mit der ich rechnen muß. In diesen Augen kann es plötzlich dunkel werden.

Ich bin mit einem Male soviel unwissender als er und aus diesem Grunde so seltsam unterlegen.

Liebst du mich ...? fragt man in den alten Geschichten, und erst dann, erst danach ...

Badi fragte nichts.

»Komm«, sagte er leise und küßte mein sonnenheißes Gesicht. Ein Hauch Enthaltsamkeit war dabei, ein Gran Forderung und sehr viel Bereitschaft zum Verzicht, viel zärtliches Verstehen und ein bißchen Ironie.

Wir gingen behutsam miteinander um, wie Kinder, die bedächtig ein unbekanntes Terrain erkunden, die sich Zeit lassen, wohl wissend, daß sie das Gebiet am Ende erobern werden.

Kleine Wellen hoben uns sacht empor und trugen uns wieder zur Erde zurück. Eine starke Süße war da und gleichzeitig eine hellwache Konzentration, denn ich liebte ihn am meisten mit den Augen. Und auf einmal, zwischen zwei Küssen, mußte ich ein bißchen lachen.

»Wie ist denn das so plötzlich gekommen?« fragte Badi sehr viel später, als die Sonne längst hinter den Schornsteinen des Miramar verschwunden war und ein kühler Windhauch über unsere Körper strich.

»Ich weiß nicht«, sagte ich.

Und da lachten wir zusammen. Wir lachten wie Komplizen.

DIENSTAG

Das ›Don Juan‹ ist kein besonders guter Ort für Liebende, alles was recht ist.

Man kann sich nicht aus dem Wege gehen, und die, die nicht lieben (sie sind in Roquetas stark in der Überzahl), langweilen sich, was zur Folge hat, daß sie den Liebenden lästig fallen. Wenn die Verliebtheit jenes Stadium erreicht hat, in dem man keine Stichwortgeber mehr benötigt, befindet man sich eigentlich ständig auf der Flucht. Unser Fluchtweg führt dabei auf jeden Fall durch die Halle, und in der Halle lauern Vivi, Britta, Karli und Pierre. Ganz zu schweigen von ›Gestatten Alfred‹, den meine ›Verlobung‹ so aufregt, daß er sogar seine Badewannenspiele aufgegeben hat. Sobald die Clique der zusammengewürfelten Freunde unser ansichtig wird, gehen sie in Position. Das heißt, daß Karli unverzüglich eines der Mädchen in den Arm nimmt und sehr auffällig mit ihr flirtet, während er über ihre Schulter hinweg nach meiner Reaktion schielt. Das Mädchen schmachtet derweil Badi an, und Pierre entrollt todsicher einen seiner Baupläne und stöhnt zum Steinerweichen.

›Gestatten Alfred‹ unterbricht seinen kummervollen Rundgang und eilt auf mich zu.

»Hast du mich heute morgen gesucht? Ich war in Altroquetas, auf dem Markt!«

Oh, wenn er doch zu seinem Badewannenspiel zurückkehren würde, es gäbe seinen Gedanken eine andere Richtung und seinem Leben einen wirklichen Sinn.

Als Badi und ich heute morgen den Fahrstuhl betreten wollten, um zum Frühstück zu fahren, erwischten wir eine alte Dame dabei, wie sie permanent die Tür des Aufzuges aufhielt und diesen somit am Abfahren hinderte. Wir wollten einsteigen, aber durch energisches Zurückzerren hielt sie uns davon ab.

»Benutzen Sie gefälligst den anderen Fahrstuhl«, zischte sie uns mit so blitzenden Augen an, daß wir erschrocken zurückwichen.

»Dieser hier ist nämlich meiner! Ich benutze seit Wochen nur diesen und lüfte ihn täglich wenigstens ein bis zwei Stunden. Deshalb hab' ich es auch nicht gern, wenn andere Personen darin fahren.«

»Was tun Sie?« fragte Badi interessiert.

»Ich lüfte meinen Fahrstuhl«, wiederholte die alte Dame, jedes Wort einzeln betonend. Und dann, mit vertraulich gesenkter Stimme: »Das Personal kümmert sich ja nicht darum, denen ist es ja egal, ob es in den Aufzügen stinkt.«

Wir gingen schließlich zu Fuß in die untere Etage, da der andere Fahrstuhl so überlastet war, daß er nie bis zu uns durchkam, und ich überlegte, wie unterschiedlich doch die Gäste des ›Don Juan‹ den Punkt: ›Möglichkeiten zur vielseitigen Unterhaltung, langweilig wird es sicher nicht‹ für sich zu nutzen wußten.

Die Halle war leer. Unsere Freunde befanden sich wohl gerade beim Frühstück. Wir verzichteten leichten Herzens auf das unsere und nahmen statt dessen einen Mokka im ›Paradiso‹. Dann beschlossen wir, den sonnigen Morgen für ein paar Aufnahmen zu nutzen, schließlich muß man zu Hause ja was zum Vorzeigen haben, vor allem, wenn Gäste kommen, die einem in früheren Zeiten einmal schweres Leid angetan haben. Mit nichts kann man die Laune seiner Gäste so nachhaltig trüben, als wenn man mitten in die schönste Unterhaltung hinein einen Packen Urlaubsfotos wirft.

»Und das hier ist das Hotel, in dem wir gewohnt haben. Da, wo das Kreuz ist, war unser Fenster. Und das hier ist die Eingangshalle des Hotels, in dem Putti gewohnt hat. Ist ein bißchen verwackelt, aber ich habe noch mehr Fotos davon, die zeig' ich euch später.«

Für Anlässe dieser Art knipsten wir das ›Don Juan‹ von vorn und hinten und die sehr malerische große Wasserlache vor dem Busbahnhof.

»Mein Fräulein, jetzt werde ich hier dieses rostige Liegestuhlgestell fotografieren, man will ja was Typisches haben, etwas, das sofort verrät: aha, das kann ja nur in Roquetas de Mar gewesen sein, so, wie die Taubenschwärme immer den Markusplatz von Venedig versinnbildlichen, vorher bitte ich jedoch um eine sehr wichtige Information …«

»Bitte?«

»Ich trau' mich nicht!«

»Gut, dann knips mich mal hier unter der Palme, einmal Julika mit Palme, aber paß auf, daß unten meine Füße und oben alle Palmenwedel mit draufkommen.«

»Ich trau' mich doch.«

Ganz sachlich, wie eine alte Dame, die nach dem Weg fragt: »Würden Sie mir bitte einmal sagen, ob Sie mich lieben?«

»Das wird sich machen lassen, die Verbindung ist günstig.«

»Ja, dann möchte ich so frei sein und Sie hier in aller Öffentlichkeit küssen.«

Er tat es mit Andacht und Hingabe. Die Öffentlichkeit bestand zu dieser frühen Morgenstunde aus einem verlausten Köter, der dabeistand und verwundert zusah.

Dann knipste mich Badi mit Palme, ich knipste ihn ohne Palme, dann die Palme allein. Wir zankten uns ein bißchen, wer die blaue Bretterhütte mit der Aufschrift ›Sonnenschirmverleih‹ knipsen durfte. Wir waren beide angestrengt der Meinung, daß der andere gar nicht fotografieren kann und immer alles verwackelt. Dabei verwackelten wir, wie sich herausstellen wird, die meisten Fotos tatsächlich. Auf den von mir geknipsten wird in erster Linie Badi zu sehen sein, der mir mit entsetztem Gesichtsausdruck in den Arm fällt, um zu verhindern, daß ich schon wieder ein Foto vergeude.

Schließlich fotografierten wir noch, ganz ernsthaft und ohne uns zu streiten, die Palmenpromenade, das ›Paradiso‹, einige schaurigschöne Bauruinen, den Strand mit Meer, den Eingang des ›Spar‹

und die Tafel mit dem heutigen Angebot: ›Deutsches Sauerkraut, Dose 250 Pesetas‹. Zum Schluß spendierten wir dem verlausten Köter eine Nahaufnahme. Der Hund ist sicher noch nie in seinem Leben abgelichtet worden und zeigte sich sichtlich gerührt.

Er verliebte sich auf der Stelle in uns und folgte uns auf Schritt und Tritt, indem er Badi sanft in die Fersen biß und mit Triefaugen zu ihm aufschaute.

Auf der Palmenpromenade führt wenig später ein gut genährtes und gut gekleidetes deutsches Ehepaar seinen Spaniel spazieren. Der Spaniel ist schon ein wenig mehr als bloß gut genährt, er ist total verfettet. Schwer und asthmatisch keuchend, schleppt er an seinem Wirtschaftswunderbauch. Wir folgen dem Ehepaar mit seinem Hund, der verlauste Köter folgt seinerseits uns.

An einer hohen, sehr schön gewachsenen Palme bleibt das Ehepaar stehen.

»Nun Ankaliebling, mach dein Bächlein«, sagt die Dame und klopft aufmunternd an den Stamm des Baumes.

Ankaliebling glotzt stumpfsinnig vor sich hin, schließlich geruht sie ein wenig an der Palme zu schnuppern und schreitet dann zögernd zur Tat.

Der verlauste Köter zeigt sich sichtlich erstaunt beim Anblick der pinkelnden Hundelady. Er hat ein struppiges, glanzloses Fell, dünne zittrige Beine, von denen eins lahmt, und vorstehende Rippen. In seinen Augen schimmern die Tränen.

Anka trägt ein lila Halsband, an dem Halsband ein rotes Herzchen. Auf dem Herzchen ist in Goldbuchstaben ihr Name eingraviert: Anka!

»Ich mache mir Sorgen um Ankas Stuhlgang«, sagt die Dame und seufzt. »Seit gestern ist er etwas hart. Es muß an der hiesigen Ernährung liegen. Wir werden einen Diättag einlegen.«

Der Mann antwortet nicht.

Schweigend, mit umwölkter Stirn, blickt er über das Meer.

Die Dame seufzt abermals, diesmal etwas lauter. Dann bückt sie sich und betastet Ankas Bäuchlein. »Ich muß ein Abführmittel besorgen«, flüstert sie und vergräbt sekundenlang ihr Gesicht in Ankas Fell. »Mein armer Liebling.«

Der verlauste Köter hat genug gesehen. Er dreht sich um und humpelt davon, so schnell es ihm auf seinen drei intakten Beinchen möglich ist. Sein dreckverkrusteter, steilaufgerichteter Schwanz drückt Verachtung aus.

»Dieses Roquetas ist ein herrlicher Beweis dafür, wozu Langeweile die Menschen treiben kann«, sagt Badi. »Wenn ich so an die alte Dame mit ihrem Fahrstuhl denke und an die Dame mit Ankaliebling ...«

In der Halle kommt uns Alfred entgegen. Er streckt mir beide Hände entgegen.

»Gut, daß ich dich sehe, hast du mich heute morgen gesucht?«

»Nein, eigentlich nicht, warum?«

»Weil es vergeblich gewesen wäre, ich hab' eine Wanderung gemacht, zum Turm!«

»Zum Turm?«

»Ja, geschichtlicher Fund aus der Zeit der Araber, das wäre etwas für dich gewesen: kulturgeschichtlich unvergleichlich interessant.« Er sieht nur mich an, blickt an Badi geflissentlich vorbei. Ergreift dann erneut meine Hände und sieht mir mit Leidenschaft in die Augen.

»Versprich mir, daß du dir das ansiehst, es wäre unverzeihlich, hier gewesen zu sein und den Turm aus der Zeit der Araber nicht gesehen zu haben. Schade, daß du nicht dabei warst. Ich interessiere mich für Geschichte, hätte dir alles schön erklärt. Schon die Wanderung durch die weite, unberührte Steppe, kein Mensch weit und breit, man kann den Blick und die Gedanken wandern lassen, ist mit sich und dem freien Land ganz allein ... ja und dann erst der Turm ...«

»Da gehen wir heute sofort hin!«

Wir wollen auch allein sein, Alfred hat unsere innigsten Wünsche erraten.

Wenn man vom Balkon aus zwischen dem ›Miramar‹ und dem Meer hindurch über die Steppe blickt, entdeckt man an klaren Tagen ganz am Horizont ein winzig kleines Streichholz.

Das ist der Turm aus der Zeit der Araber.

Während wir faul auf der Terrasse sitzen, Brot mit Käse essen, Wein trinken und das teuer bezahlte Mittagessen ausfallen lassen (Hahn in Sekt), beschließen wir, gleich heute nachmittag tatsächlich den Ausflug zu starten.

»Gut, aber ich werde den Fotoapparat mitnehmen.«

»Nein, ich werde ihn mitnehmen, du verdirbst nur wieder alles.«

»Gut, du darfst ihn tragen, aber ich werde das Foto machen, du erlaubst es mir, ja? Bitte, bitte, nur einmal. Dafür darfst du den Apparat auch wieder zurücktragen und morgen noch mal das ›Paradiso‹ knipsen, ja? Ich will zu Hause sagen können, daß ich den Turm ganz allein geknipst habe ...«

»Du«, sagt Badi und sieht mich an.

»Du, werd nicht schon wieder süß ...«

Und leise: »Sonst werden wir nämlich überhaupt nicht gehen. Dieser Rotwein und dann die Sonne auf meinen nackten Zehen ... und du ...«

Wir brachen unverzüglich auf.

ABENDS

Der Turm aus der Zeit der Araber ist mit Sicherheit die am wenigsten sehenswerte Sehenswürdigkeit, die ich jemals besucht habe. Noch blöder beispielsweise als der Märchenwald in der Eifel, wo auf kümmerlich vergilbtem Rasen Blechautomaten herumstehen, die, nachdem man sie mit einem Markstück gefüttert hat, mit blecherner Stimme kaum verständliche Märchen herunterleiern. Alberner sogar als jene verfallene Bretterhütte, die man nach stundenlanger Wanderung erreicht, um mittels einer überwucherten Tafel zu erfahren, daß an eben jener Stelle der Dichter Hans Sachs die ersten Worte seines ›Schüler im Paradeis‹ gedichtet habe.

Nein, der Turm der Araber kann allenfalls mit negativen Superlativen aufwarten. Die am schwersten zu erreichende, lächerlichste, verfallenste Sehenswürdigkeit, die ich in meinem Leben besichtigt habe.

Auch, daß sie als solche nirgends erwähnt wird, in keinem Reiseführer genannt, von keinem Reiseleiter gepriesen wird, macht den Turm der Araber so einzigartig.

Er ist ein echter Geheimtip.

Der Turm steht da, er hat sonst nichts zu tun. Um ihn herum dehnt sich nichts als schwarzsandige, distelbewachsene Steppe. Rechts, ziemlich weit weg, das Meer. Links, sehr weit weg, die

Halden, die sich Berge nennen. Am Horizont stippt ein bleifarbener Himmel in die Ebene. Dreht man sich um, so sieht man am anderen Ende, winzig klein, die Anlage des ›Miramar‹.

Es ist sehr ermutigend zu wissen, daß man wenigstens zwei bis drei Stunden Fußmarsch vor sich hat, ehe man wieder in das wohlig-warme Leben des Hotels tauchen kann.

Hier ist es sehr einsam. Tödlich einsam. Tatsächlich, wenn man den Turm so betrachtet, muß man unwillkürlich an sein eigenes Ende denken.

Die Besichtigung des Turmes als solche wird wenig Zeit kosten. Der obere Teil ist heruntergefallen und kann, separat am Boden liegend, besichtigt werden. Die leere Türöffnung gibt den Blick ins Innere frei. Der Boden ist mit Gras bewachsen, oben hat man freien Ausblick in den Himmel. An der Wand steht: ›Uli war hier‹. Am 5. Februar 1977, das ist lange her! Wer weiß, wo Uli heute steckt, vielleicht ist er bereits gestorben, aber der Turm der Araber, der steht noch immer am selben Platz, weicht nicht von der Stelle, lockt die Touristen in die Steppe und hält sie zum Narren. Ein ausgefülltes Dasein.

Nun gut, Uli war hier, Alfred war mit Sicherheit nicht hier, sonst hätte er uns heute mittag nicht so taufrisch entgegenkommen können. Wahrscheinlich wollte er unsere junge Liebe einer harten Prüfung unterziehen, vielleicht hat er gehofft, daß wir unterwegs elendig verrecken, auf daß wir ihm nicht mehr unter die Augen kommen, wer weiß …

Schon der Hinweg erwies sich als äußerst beschwerlich. Fröstelnd waren wir über den schwarzkörnigen Sand gewandert, hatten uns fluchend im Gestrüpp der Disteln verfangen und immer wieder anhalten müssen, um den Sand aus den Schuhen zu schütteln. Die Sonne hatte sich verzogen, der Himmel war bleigrau, wie das Meer und der Boden unter unseren Füßen. Ringsum nichts als diese seltsame Leere, aber vor uns das verlockende Ziel: der Turm der Araber.

Irgendwann ist man total erschöpft, kann aber nicht mehr umkehren, jetzt, wo das Ziel so nahe ist, jetzt, wo man schon klar erkennen kann, daß das ›Streichholz‹ ein richtiger Turm ist, eine Rarität, ein geschichtlicher Fund … Man wird ja schließlich auch für all die Strapazen entschädigt werden.

Einmal sagte Badi: »So ein Fotoapparat kann ganz schön schwer sein.« Dann liefen wir wieder Seite an Seite, schweigend, um Kräfte zu sparen. Als wir schließlich ankamen, war es empfindlich kühl und bereits zu dunkel geworden, um noch ein Foto zu machen. Nach dem langen Anmarsch fühlten wir uns irgendwie verpflichtet, eine gewisse Zeit in der Nähe des Turmes zu verweilen, obwohl wir entsetzlich froren und die Besichtigung eigentlich in fünf Minuten erledigt war. Wenn man einige Male in das muffig riechende Innere geschaut und eingehend studiert hat, daß Uli hier gewesen ist, bleibt nichts weiter zu tun. Man schenkt der am Boden liegenden Turmspitze die gebührende Beachtung und betrachtet mit zurückgelegtem Kopf aufmerksam jene Stelle, wo die Spitze einst gesessen hat und jetzt Unkraut wächst. Dann kann man sich allenfalls noch in den Anblick eines ausgebrannten VW-Busses versenken, der seltsam verloren auf der eingefallenen Zufahrtsstraße steht.

Badi umschritt den Turm dreimal und sagte: »Ich weiß nicht, hab' mich nie sonderlich für Geschichte interessiert.« Dann setzte er sich in den Windschatten des Turmes und vergrub das Gesicht in den Händen.

Ich setzte mich neben ihn.

»Woran denkst du?« fragte er.

»Atomkrieg«, sagte ich.

»Nachher! Wir sind die einzig Überlebenden.«

»Ich denke an Mord«, entgegnete er düster.

»Hab' den Alfred ermordet, dafür hat man mich in die Verbannung geschickt. Seitdem spiele ich den Turmwächter. Alle fünf Jahre einmal verirrt sich ein Tourist hierher. Meistens eine Dame, die sind geschichtlich interessierter als die Männer. Die Dame läßt sich alles ganz genau erklären und liest mit gesammeltem Interesse die geheimnisvolle Inschrift, die davon Kunde tut, daß Uli einmal hier gewesen ist. Dann fragt die Dame unvermittelt nach der Uhrzeit. Sie bricht ziemlich hastig auf und läßt mich allein, und Jahr für Jahr vergeht, ohne daß sich wieder einmal ein Tourist blicken läßt. Die Zeit für Turmbesichtigungen ist vorbei. Die Leute haben einen anderen Zeitvertreib gefunden, und der Turmwächter wird langsam vergessen.«

Der vor Einsamkeit fast wahnsinnig gewordene Turmwächter tat mir leid. Ich nahm ihn in den Arm und streichelte sein Haar. Er küßte mich wie ein Ertrinkender. Dann beschwor er mich, ihn nicht länger in seinem Elend allein zu lassen.

Ich versprach ihm, ihn mitzunehmen und heute nacht in meinem Bett zu verstecken. Diese Worte beruhigten ihn zusehends. Er lehnte den Kopf an meine Schulter und schloß die Augen. So saßen wir eine ganze Weile, während es immer kälter und immer dunkler wurde.

»Laß uns gehen«, sagte Badi auf einmal. »Ich hab' so Sehnsucht nach dem ›Don Juan‹.«

Der Rückweg erwies sich als ein originelles Unterfangen, Überschrift: »Mein schönstes Ferienerlebnis.«

Wir bewegten uns offensichtlich auf einer Art Rollband, denn das ›Miramar‹ rückte nicht näher, so flott wir auch ausschritten, und wenn wir uns umdrehten, so war uns der Turm offenbar gefolgt, denn er war noch immer so nah, daß wir sogar die am Boden liegende Turmspitze erkennen konnten. Der Wind war inzwischen so kühl geworden, daß er mir die Tränen in die Augen trieb, sie rollten mir lautlos über das Gesicht. An der linken Ferse schmerzte in höllischem Brand eine Blase. Badi warf mir einen prüfenden Blick zu. »Hast du was?«

»N... nein!«

Er lächelte.

»Das liebe ich so an dir. Du jammerst nicht rum, wie andere Frauen.«

»Das weiß ich, mag's auch so an mir.«

Er lachte leise vor sich hin. Dann wanderten wir wieder stumm vor uns hin.

Plötzlich trafen wir auf unserer einsamen Steppenwanderung zwei menschliche Gestalten. Wir hatten sie schon von weitem gesehen, wie sie in gebückter Haltung nach irgendwas suchten. Beim Näherkommen entdeckten wir dann zu unserem großen Erstaunen zwei alte Damen, welche mit hochroten Köpfen und dreckbespritzten Waden wie besessen an den Wasserlachen herumgruben, welche den Weg stellenweise schwer passierbar machten. Die beiden Arbeiterinnen hatten die Ärmel ihrer Spitzenblusen aufgekrempelt und die Röcke zwischen den Beinen mit Hilfe von Sicherheitsnadeln festgesteckt. Die grauen Haare standen ihnen wild vom Kopf ab.

Die eine Dame bemerkte uns und richtete sich auf. Sie wies mit dem Kinderschippchen, welches sie in der Hand hielt, in unsere Richtung und sagte: »Lore, laß die Herrschaften mal vorbei.«

Lore musterte uns feindselig und antwortete: »Ist auch nicht richtig, Alice, daß die einfach den Weg benutzen, den wir mit Mühe trockengelegt haben.«

»Ach, laß doch!« sagte Lore. Und zu uns: »Wir entwässern nämlich die Steppe. Nach den Regenfällen ist der ganze Zugangsweg überschwemmt, und die Drecksspanier kümmern sich ja um nichts!«

Wir bedankten uns, daß wir passieren durften, und auf dem restlichen Weg, den wir noch zurückzulegen hatten, entdeckten wir immer wieder kleine Entwässerungskanälchen, die Lore und Alice gegraben hatten.

»Irgendwer müßte eigentlich mal den Turm der Araber renovieren«, sagte Badi nachdenklich. »Ich glaube, ich werde morgen mal damit anfangen. Sonst liegt die abgebrochene Spitze nächstes Jahr noch an genau derselben Stelle, wetten?«

Ich stimmte ihm zu, und in beinahe derselben Sekunde murmelten wir:

»Drecksspanier!«

Wir hörten Stimmen und wandten uns um. Eilenden Schrittes, die Schippchen in der Hand, kamen Lore und Alice hinter uns her. »Es ist ja eigentlich nicht richtig, daß man den Spaniern alles abnimmt«, sagte Alice etwas keuchend, als sie uns erreicht hatten. »Dann lernen die nämlich nie, was Sauberkeit und Ordnung bedeuten.«

Lore betrachtete kummervoll ihre total ruinierten Schuhe und den durchweichten Rock, welcher ihr unschön um die Knie klatschte, und sagte: »Das lernen die sowieso nicht! Weil sie ja immer Dumme finden, die ihnen den Dreck wegmachen«, fügte sie weitsichtig hinzu.

Ich fragte sie, wie alt sie wären, und sie sagten, sie wären über siebzig und Schwestern, und sie hätten ihr Leben lang schwer gearbeitet.

»Und dann gibt's hier in Roquetas plötzlich so wenig zu tun«, setzte Lore mit leiser Stimme hinzu.

Am ›Miramar‹ bogen sie nach links ab und sagten, daß sie im ›Paradiso‹ ein Apartment gemietet hätten, weil ihnen im ›Don Juan‹ die Küche nicht bekommen wäre. »Und der Tag vergeht auch schneller, wenn man selbst kocht«, fügte Alice erklärend hinzu.

Wir verabschiedeten uns herzlich voneinander, und ich winkte ihnen zu, als sie am ›Miramar‹ um die Ecke bogen. Ich verstand sie sehr gut. Das plötzliche Nichtstun nach einem langen arbeitsreichen Leben fällt immer schwer, in Roquetas jedoch, da wacht man am Morgen auf und sagt sich: »Entweder dem Wahnsinn verfallen oder die Steppe umgraben.« Dann geht man zu ›Spar‹ und kauft sich ein Schippchen.

Sehr angenehm an dem Leben im ›Don Juan‹ ist, daß auf Äußerlichkeiten nur wenig Wert gelegt wird. Kein Mensch regt sich zum Beispiel darüber auf, wenn man zur ›Dinerzeit‹ die Halle durchquert, an einem Fuß einen schmutzigen Turnschuh und an dem anderen einen blutdurchtränkten Socken trägt. Die Gäste, welche wie immer müßig herumsaßen, hoben nur kurz die Augen von Strickstrumpf oder Zeitung und vertieften sich sofort wieder in ihre Tätigkeit. Alfred irrte ruhelos herum, kam auf uns zu und fragte: »Wo seid ihr gewesen?«

»Am Turm der Araber, ein unvergleichliches Erlebnis. Der ganze Aufenthalt in Roquetas bekommt plötzlich einen Sinn. Das sagten die anderen auch.«

»Welche anderen?«

»Nun, die Touristen, welche man in Bussen hingefahren hat. Es werden ja täglich Fahrten organisiert, um auch den Gästen der weiter entfernten Orte die Möglichkeit zur Besichtigung zu bieten. Heute war eine Gruppe aus Amerika da, die eigentlich für Granada nach Spanien gekommen waren. Sie sagten, ganz Granada könne man vergessen, nachdem man den Turm der Araber gesehen hat. Für uns dagegen war die Wanderung durch die unvergleichlich unberührte, wilde Natur eigentlich das größte Erlebnis.«

Britta kam aus dem Speisesaal und schrie:

»Ich möchte auch diesen Turm sehen, wie kommt man hin?«

»Immer geradeaus, es ist ganz leicht zu finden.«

Wir hörten, daß sie sich mit Vivi und einem älteren Herrn zur Turmbesichtigung verabredete und Alfred auf der Stelle beschloß, die Wanderung durch die Steppe ein zweites Mal zu unternehmen und den Turm diesmal auch zu filmen.

»Morgen werden wir den ganzen Tag auf unserer Terrasse sitzen und zusehen, wie sie durch die Steppe wanken«, sagte Badi vergnügt, als wir im Fahrstuhl standen.

Ich sah ihn an und wunderte mich ein bißchen. Billigurlaub verroht die Menschen.

»Ich liebe dein Näschen«, sagte er dann. »Aber im Augenblick bin ich zu müde, um es zu küssen. Vergiß dein Versprechen nicht.«

»Welches Versprechen?«

»Das Versprechen, das du dem armen Leuchtturmwächter gegeben hast. Du hast versprochen, ihn heute in deinem Bett schlafen zu lassen.« Ich nahm den armen Turmwächter mit in mein Zimmer. Er sah sich um und sagte: »Das ist aber unordentlich hier!«

»Wieso?«

»Was heißt wieso? Ich sehe, daß sich dieser Haushalt in einer gewissen Auflösung befindet, ich werde hier erst mal Ordnung schaffen.«

Ich legte mich auf das Bett und sah Badi zu, der geschäftig im Zimmer hin und her ging, Kleider in den Schrank hängte, den Papierkorb leerte und alte Zeitschriften zusammenlegte. Dazu brach er in das Gezeter einer überlasteten Hausfrau aus.

»Dies lasse ich mir nicht länger bieten, Willi, ich bin schließlich nicht dein Dienstmädchen, wenn du ein richtiger Mann wärst, würdest du … sieh dir den Mann von Frau Müller an, der kann was, der schafft was, der verdient auch mehr als du, na kein Wunder … Sieh dir den Mann von Frau Meier an, der hat … andere Männer hätten längst …«, er bückte sich nach dem Handtuch, welches ich mir als Teppich vor das Bett gelegt hatte, und schüttelte es voll Inbrunst über der Balkonbrüstung aus.

»Ich hab' dir schon mal gesagt, wie sehr du mich an meine Großmutter erinnerst, nicht an die, die mit dem Zigeuner durchbrannte, an die andere …«, sagte ich.

»Wie war die andere denn?«

»Sie machte einen ganz kribblig, weil sie einem ständig winzige Flusen vom Pullover zupfte und den Teller wegriß, ehe man noch ganz zu Ende gegessen hatte. Der Anblick eines nicht gespülten Tellers konnte sie schier zur Verzweiflung treiben …«

»Eine feine alte Dame. Du hast wenig von ihr mitgekriegt«, bemerkte Badi mit einem angewiderten Blick auf den überquellenden Aschenbecher, in dem sich außer zahlreichen Zigarettenkippen auch Apfelreste und die Schalen einer Apfelsine befanden.

Dann bückte er sich nach zwei auf der Erde liegenden Schals, legte sie säuberlich zusammen und verstaute sie in der Kommodenschublade. In heimlichen Augenblicken erinnert er mich an den kleinen Prinzen. Er hat so etwas rührend Besorgtes, schon möglich, daß er auf einem anderen Stern lebt und sich Sorgen um seine Blumen macht. Gestern zum Beispiel sorgte er sich um meinen blutenden Fuß, dann bekümmerte ihn der Anblick der vielen Zigarettenschachteln und des halbgeleerten Schlaftablettenröhrchens auf der Spiegelablage im Badezimmer. Während er das Bad aufräumte, schilderte er mir die verheerenden Folgen, die Nikotin- und Tablettensucht auf Körper und Seele haben. »Ich glaube, auf dich muß man sehr aufpassen«, fügte er hinzu. »Um dich müßte sich dringend mal einer kümmern.« Zunächst kümmerte ich mich um ihn. Der kühle Wind auf unserem langen Marsch durch die Steppe hatte ihm nicht gutgetan, nun litt er unter kombiniertem Kopf- und Zahnschmerz. Er holte sich mein wollenes Umschlagtuch aus dem Schrank, betrachtete es konzentriert, küßte die Fransen und band es sich schließlich dreifach um den Kopf. Mit den beiden über die Ohren hängenden Zipfeln sah er wie ein kummervoller Osterhase aus. Ich sagte es ihm, er seufzte. Dann legte er sich auf Mauds Bett.

»Mach dich nur lustig über mich«, sagte er. »Wir Orientalen vertragen keinen kühlen Wind von außen, das verstehst du nicht.«

»Verstehe ich doch!«

»Dann tu was dagegen. Mein Onkel Ali hatte ein unfehlbares Hausmittel gegen gerade diese Art von Schmerz. Wir leiden sehr darunter, weißt du!«

»Welches denn?«

»Man muß sich ein Tuch um den Kopf binden und in das Bett einer blonden Dame legen, schwarzhaarige Damen tun es zur Not auch, aber blonde sind besser, man sagt, sie seien sanfter und redeten nicht soviel.«

»Was muß die blonde Dame dann tun?«

»Sie muß den schmerzenden Kopf in den Arm nehmen, sanft streicheln und bestimmte Beschwörungsformeln murmeln. Die beste Beschwörungsformel ist zum Beispiel Montaradustaram … sprich mir nach.«

Um die Therapie des weisen Onkels Ali anwenden zu können, mußten wir zunächst einmal das Kommödchen an das andere Ende des Zimmers tragen und die beiden Pritschen zum Doppelbett vereinen. Die leichten Metallgestelle ließen sich mit dem kleinen Finger verschieben, es benötigte allerdings ebensowenig Kraft, daß sie wieder auseinanderrutschten, so daß das liebende Paar bei der geringsten Bewegung in der Mitte auf den Boden fiel.

Dies tat unserer Laune nicht gut. Man soll sich an einem einzigen Tag nicht zuviel zumuten, es macht gereizt und verstimmt. Dennoch betrieben wir das Spielchen des Bettenzusammenschiebens, Auf-den-Boden-Fallens, Wiederaufstehens und Wiederfallens mehrere Male, bis es uns schließlich zu dumm wurde. Im Grunde ein dämliches Spiel, überhaupt ein dämliches Spiel, einschließlich Beschwörungen murmeln und ›in den Arm nehmen‹. Ich will ja auch gar keinen Orientalen, der auf so komplizierte Art und Weise getröstet werden muß.

Was soll das? Vor gar nicht so langer Zeit wußte ich überhaupt noch nicht, daß es einen Badi gibt, und war auch ohne ihn unglücklich. Zum unglücklich Herumliegen brauche ich ihn nicht, schon gar nicht mit Zahnschmerz, schon gar nicht mit pedantischem Ordnungswahn oder Belehrungen darüber, ob und wie ich meine Schlaflosigkeit zu bekämpfen habe. Immerhin bekämpfe ich sie klaglos und allein, taktvoll, diskret und verschwiegen und bitte keinen darum, meine Hand zu halten oder die Tabletten in Wasser aufzulösen.

Ich liege mit verschränkten Armen auf meiner Pritsche und starre böse die Decke an. Der Anblick verärgert mich auch. Links oben ist irgendwann einmal Wasser durchgesickert und hat unschöne Spuren hinterlassen, die keiner beseitigt. Typisch spanisch! Ich zittere ein bißchen unter der dünnen Decke und klappere probehalber mit den Zähnen, kein schönes Geräusch. Die Ohren tun mir ein wenig weh, und in der linken Ferse klopft es vernehmlich. Wahrscheinlich beginnende Blutvergiftung, eine Erkenntnis, die mich mit grimmiger Zufriedenheit erfüllt. Wenn man doch wenigstens heiß duschen und sich ein bißchen erwärmen könnte, aber die Heißwasserversorgung hängt auf seltsame Art und Weise mit der

Ernährung zusammen. Wenn das Essen so gut ist, daß man problemlos eine kleine Portion davon genießen kann, fällt prompt der Heißwassertank aus. Defekt! Es dauert stets einige Tage, bis ein neuer Tank aus Madrid herbeigeschafft worden ist. Funktioniert die heiße Dusche wieder, verschlechtert sich das Essen so rapide, daß man sich nur noch von Obstsalat und den Vorräten ernähren kann, die man sich allabendlich selbst mitbringt und täglich bei ›Spar‹ besorgt. Zeigen sich die ersten Hungerödeme und stoßen die ersten, zum äußersten entschlossenen Trupps laut krakeelend bis an die Rezeption vor, wird das Essen schlagartig besser. Dafür geht der Heißwassertank kaputt. Langzeiturlauber kennen das Spielchen bereits, Neuankömmlinge glauben noch an die Geschichte mit dem Heißwassertank aus Madrid. Im Moment ist das Essen genießbar (wenn man sehr ausgehungert ist), dafür klappert man mit den Zähnen. Ich bat das Stubenmädchen schon zweimal um eine zusätzliche Decke, vergeblich. Das Stubenmädchen lächelt, sagt »si« und geht hüftenschwenkend davon. Wenn man sich schließlich einen Orientalen anlacht, um sich an dessen Feuer zu wärmen, rutschen die Betten auseinander.

Ein sehr feines Hotel, der Teufel ist Portier.

»Heute abend gibt's schon wieder Hahn in Sekt«, sagt Badi, etwa einen Meter von mir entfernt auf Tante Mauds Pritsche liegend. »Ich werde nicht viel davon essen können, wegen meiner Zahnschmerzen, aber hinterher esse ich wahrscheinlich eine doppelte Portion Zimtreis.«

»Das interessiert mich nicht.«

»Was heißt, das interessiert mich nicht? Du interessierst dich wohl nur für dich selbst, was?«

»Ach!«

Mir ist das ganze Dasein zuwider. Ich hatte vor der Abfahrt nach Roquetas keine Stelle, nach der Rückkehr werde ich auch keine haben. Das Geld, mit dem ich meine dringlichsten Schulden hätte begleichen können, werfe ich für nichts aus dem Fenster. Vielleicht werde ich gleich aufstehen und anstelle von ›Hahn und Sekt‹ meine Schlaftabletten verzehren, mit Messer und Gabel und alle auf einmal. Ich seufze vernehmlich vor mich hin.

»Steh mal auf«, sagte Badi.

Ich zierte mich erst ein wenig, gab dann aber nach.

Badi rückte die Bettgestelle zusammen, hob die leichten Matratzen hoch und legte sie beide quer, so daß nichts mehr auseinanderrutschen konnte.

Auf diese Idee hätte er auch eher kommen können. Später behauptete ich, das mit der Matratzenumlegung wäre meine Idee gewesen, ich brauche an einem solchen Tag einfach ein Erfolgserlebnis. Aber Badi kämpft stets für die Wahrheit. Er sagte aus, daß ich völlig passiv auf dem Bett gelegen und an Selbstmord gedacht hätte, während er seine Schmerzen niedergekämpft, mein Zimmer aufgeräumt und das Bad entmistet hätte. Zu guter Letzt hätte er dann noch den genialen Einfall gehabt, die Matratzen quer in das Bett zu legen, so daß die Gestelle nicht mehr auseinanderrutschen konnten.

Ich gab ihm schließlich recht, nur damit er still war, nahm seinen Kopf in den Arm, streichelte das Osterhasentuch, murmelte »montaradustaram« und alles was er wollte, und küßte die schwarzen Locken, die vorne aus dem Tuch herauslugten. Der Zauber schien tatsächlich zu wirken, denn Badi erholte sich zusehends und wurde ziemlich munter, und es dauerte nicht lange, bis es uns völlig egal war, ob wir Hahn in Sekt essen würden oder Zimtreis, ob die Dusche heißes oder kaltes Wasser gibt, ob die Fahrstühle gelüftet werden und ob man die Steppe trockenlegt, ob Roquetas am Meer liegt oder an den städtischen Rieselfeldern ... ganz und gar egal.

Mich interessiert nicht mehr, was nachher kommt und ob ich meine Schlaftabletten vielleicht doch noch verzehren werde. Im Augenblick bin ich glücklich, und wenn es jetzt an der Tür klopfen und eine fremde Stimme sagen würde, mein Leben sei beendet, so wäre ich ganz zufrieden.

Es hätte sich doch gelohnt.

Wenig später saßen wir auf der Terrasse und betrachteten das Meer. Das Meer von Roquetas ist bei Nacht am bewundernswertesten, dann sieht man den Dreck nicht, der den Strand verunstaltet, und nichts von der erbärmlichen Bretterbude und den verrosteten Liegestuhlgestellen. Die Anlage des ›Miramar‹ bleibt auch diskret verborgen. Man hört die Wellen rauschen und blickt hinauf zu den Sternen.

»Was denkst du?« fragte Badi.

»Nichts Besonderes, ich tauche gerade in die Stille der Nacht ein.«

»Das Abendessen ist fast vorbei«, sagte er. »In der Kaltwasserperiode ist es eigentlich unklug, darauf zu verzichten. Möglich, daß der Sekthahn heute zu essen ist.« Und nach einer Weile nachdenklichen Schweigens fügte er hinzu: »Wir haben auch nur noch eine Apfelsine.«

Ich überlegte mir das.

»Gut, gehen wir, obwohl ich eigentlich keine Lust habe, dauernd essen zu gehen, aber wenn du unbedingt möchtest. Dann ziehe ich aber deinen Anzug an.«

»Welchen?« schreit er entsetzt.

»Den grünen, den, den du sonst immer anhast. Den aus dunkelgrünem Cord.«

»Dann kannst du allein gehen. Jeder wird sehen, daß du meinen Anzug trägst.«

»Sei doch nicht so spießig, jeder sieht doch auch, daß du schwarze Haare hast.«

»Den Zusammenhang verstehe ich nicht.«

»Hiäääl!«

»Was soll denn das schon wieder?«

»Das ist thailändisch und heißt: ich liebe dich.«

»Fergläää!«

»Was heißt das?«

»Ist auch thailändisch, heißt: ich liebe dich auch, aber der grüne Anzug bleibt im Schrank. Wir werden ihn beide nicht tragen.«

»Dann geh du nur allein.«

»Das werde ich nicht tun, du schickst mich bloß fort, damit du mich in der Zwischenzeit in aller Ruhe betrügen oder dich vielleicht mit jemandem verloben kannst. Du hast dich überhaupt schon lange nicht mehr verlobt.«

Schließlich versöhnten wir uns wieder, gingen gemeinsam unter die kalte Dusche und dann zum Essen. Keiner von uns trug den grünen Anzug. Ich hängte mir lediglich die Jacke über die Schultern. Sie war hinterher ein bißchen verknittert, was Badi schon wieder bekümmerte. Dabei hatten wir einen ganz anderen Grund, bekümmert zu sein, denn der gesamte Vorrat an Sekthahn war bereits aufgebraucht. Uns blieb nur der Anblick der leeren Schüsseln. Auch der Obstsalat war verschwunden. Wir aßen schließlich jeder eine große Portion Zimtreis, ein furchtbares Erlebnis. Nach dem

Essen begaben wir uns sofort in unser Zimmer und schliefen unverzüglich ein.

Wir waren sehr erschöpft.

ZWEI TAGE SPÄTER

Der Zigeunermarkt von Roquetas ist eine Sensation, auf die bereits während der Hinreise seitens der Reiseleitung hingewiesen wurde. Er findet nur einmal im Monat statt, und der Kurzurlauber tut gut daran, seine Reisezeit so zu wählen, daß der Zigeunermarkt in ›seine‹ Spanne fällt. Ich hatte bei der Buchung meiner Reise überhaupt nicht darauf geachtet, aber das Glück war uns hold. Der bewußte Mittwoch fiel in diese Woche. Man hatte uns versprochen, daß wir die authentische südliche Atmosphäre zu spüren bekämen, daß Zigeuner in bunten, abenteuerlichen Gewändern ihre exotischen Waren unter dem Firmament des ewig blauen Himmels ausbreiteten, daß sich Dinge darunter befänden, die man noch nie gesehen hätte, und daß das Ganze ein Schauspiel wäre, welches die Investition eines 32er Farbfilms schon lohnen würde.

Schon gestern war im Hotel eine spürbare Unruhe zu bemerken gewesen, und die abendlichen Tischgespräche gingen darum, daß es ratsam wäre, gleich den ersten Bus nach Roquetas zu nehmen, da zu erwarten sei, daß sich sämtliche Gäste des ›Paradiso‹ auch auf den Markt begeben und den Bus somit leicht überfüllen würden. Etwa zwanzig- bis dreißigmal pro Stunde wurde der arme Hans-Georg gefragt, wann denn der erste Bus nach Roquetas fahren würde. Auch Badi und ich ließen uns von der allgemeinen Unruhe anstecken. Beim ersten Lärm, der am frühen Morgen von den Fluren zu uns hereindrang, sprangen wir wie besessen von unseren Pritschen hoch.

»Mach doch schnell, der Bus fährt ab.«

»Was ziehe ich heute bloß an? Ich werde meine weiße Sommerhose anziehen.«

Ich hatte sie eingepackt, um unter einem strahlendblauen Himmel am strahlendblauen Meer spazierenzugehen.

Bis jetzt habe ich sie noch kein einziges Mal getragen. Badi war natürlich dagegen. Er sagte, bei so trübem Novemberhimmel zöge man keine schneeweiße Sommerhose an, es gezieme sich einfach nicht, die Leute würden uns nachsehen.

»Die sehen uns auch so nach!«

»Aber nicht deswegen.

Sie werden sich umdrehen und hinter unserem Rücken über deine Hose tuscheln.«

»Die tuscheln doch sowieso, wenn sie uns sehen.«

»Aber nicht, weil wir verkehrt angezogen sind.«

»Was heißt wir? Nur ich werde doch in einer weißen Hose auftreten. Du kannst meinetwegen im Frack gehen.«

Es stellte sich heraus, daß Badi gar keinen Frack besitzt.

Er wird die gedeckte Kammgarnkombination tragen, welche er für kühles Wetter eingepackt hat und die er in Roquetas meistens trägt. Ich finde ihn in heimlichen Augenblicken ungeheuer spießig. Wie immer war er eher fertig als ich. Er setzte sich auf den Bettrand und trieb mich zur Eile an.

»Du hast dein Haar nur vorne gekämmt, hinten steht alles wie Kraut und Rüben durcheinander. Deine Schuhe sind auch schmutzig, die halbe Steppe klebt an den Sohlen.«

»Die wird auch kleben bleiben, es sei denn, du holst sie runter.«

Sofort stand er auf und versuchte, meine Schuhe mit Hilfe von viel angefeuchtetem Toilettenpapier zu säubern.

»So, zieh dein Strickjäckchen an, es ist wieder sehr kühl draußen. Ein Kopftuch brauchst du nicht!«

»Warum nicht?«

»Weil es ungebügelt ist. Du bist überhaupt irgendwie so ungebügelt.«

»Das sagt Doris auch.«

»Wer ist Doris?«

»Meine Schwester, hat Betriebswirtschaft studiert und ist immer tadellos angezogen, ihr würdet prima zueinander passen.«

»Mag sein, aber ich kann mich nicht schon wieder verloben. Hast du dein Taschentuch?«

»Ja!«

»Zeig's her!«

Ich zeigte es ihm. Er faßte es mit zwei spitzen Fingern an und warf es in die Toilette.

»So, nun komm! Daß du dich gar nicht schämst.«

»Du bist eine richtige penible deutsche Hausmaus!«

»Und du eine polnische Drecksmarie. Wenn man schon die Verzweiflung in deinen Augen sieht, sobald du unter der Dusche stehst.«

»Ich bin eben nicht gerne naß. Liebst du mich?«

»Natürlich, aber jetzt beeil dich, der Markt wird vorüber sein, und du stehst noch immer vor dem Spiegel und malst dein Gesicht an.«

»Hast du schon mal wen vor mir geliebt?«

»Nein, noch nie. Es ist das erste Mal. Früher war ich zu beschäftigt für so was. Das erste Mal, daß ich nicht zu beschäftigt bin, und ausgerechnet du läufst mir über den Weg. Aber was soll ich machen, ich liebe dich trotzdem, Allah möge es mir verzeihen.«

»Du lügst! In aller Verborgenheit liebst du nämlich kleine dralle Frauen mit rabenschwarzen Locken und lackierten Fingernägeln, los, gib's doch zu. Frauen, die sich immerzu waschen und die Sofakissen aufschütteln.«

Badi verschloß mir den Mund mit einem Kuß.

Dann kämmte er sehr sorgsam und konzentriert mein Haar auch von hinten und nahm mich wie ein Kleinkind an die Hand.

»Nun komm schön, wir können jetzt gehen. Wenn wir im Flur jemandem begegnen sollten, sagst du schön guten Tag und stehst nicht so verlegen herum, wie sonst immer, wenn ich Bekannte begrüße. Und nimm den Finger aus dem Mund, es sieht irgendwie dümmlich aus.«

Ich lachte, er zog mich auf den Gang. Der Fahrstuhl war gerade frei. Zwischen dem siebenten und dem ersten Stock nahm ich sein Gesicht in beide Hände und versuchte, es mir ganz genau einzuprägen. Nichts von diesem Gesicht, von diesem Ausdruck darf ich jemals vergessen. Dann gab ich unserer Geschichte einen Titel.

Badi, oder der Zufall des Glücks.

In der Halle warteten unsere Freunde bereits auf uns. Wie sie mich anöden!

Vivi und Britta kamen uns entgegen und schrien aufgeregt, daß wir uns doch beeilen möchten, der Bus fahre gleich ab. Tatsächlich sahen wir den größten Teil der Gäste des ›Don Juan‹ im ungewohnten Eilschritt zur Bushaltestelle sprinten. Sie trugen Einkaufstaschen und Netze bei sich und befanden sich offensichtlich in angeregter Wettkampfstimmung.

»Ich geh' nicht zum Zigeunermarkt«, sagte Badi und lächelte bezaubernd. Und dann, mit vertraulich gesenkter Stimme: »Das Ganze ist ja doch wieder nur ein ausgemachter Bluff. Es soll nichts weiter zu sehen geben als ein paar jämmerliche Stände, die in großen Wasserlachen herumstehen. Hab' gehört, daß nicht mal die Zigeuner echt sind. Zu kaufen gibt es auch nichts, es sei denn, ihr bräuchtet eine altmodische Strickjacke oder einen Kochtopf.«

Es gelang ihm mühelos, Britta und Vivi davon zu überzeugen, daß sie gut daran täten, gerade heute den Turm der Araber zu besichtigen. Heute, wo alles nach Roquetas zum Zigeunermarkt eilt, werden sie die Sehenswürdigkeiten ganz allein genießen können.

»Oder wollt ihr mit zur Strandvilla gehen? Das machen wir nämlich, Bauschutt wegkarren. Kann meinen Freund nicht ganz allein im Dreck sitzen lassen«, fügte er hinzu.

Einen furchtbaren Augenblick lang sah es so aus, als ob Brittas keimende, im Anfangsstadium steckengebliebene Verliebtheit selbst das Bauschuttwegkarren in Kauf nähme, sofern dies nur an Badis Seite geschähe, aber mit einem Blick auf meinen Jackenärmel, den Badi sorgsam in seiner Jackettasche verstaut hatte, nahm sie von dem Vorhaben wieder Abstand.

»Okay, gehen wir heute zum Turm. Aber wir sehen uns ganz bestimmt heute abend zur Disco, ja? Gestern habt ihr uns auch sitzen lassen, Cary ist heute früh voller Wut nach Almeria gefahren«, fügte sie hinzu.

»Für Wut ist Almeria ein ausgezeichneter Ort«, sagte Badi.

»Also dann, bis heute abend.«

Es gelang uns schließlich noch, Alfred abzuwimmeln, der sich lustlos entschloß, die beiden Damen zum Turm zu begleiten, und entkamen an Hans-Georg vorbei ins Freie.

So folgte uns heute nur der dreibeinige Hund. Er treibt sich mit Vorliebe in der Nähe der Mülltonnen herum, beseelt von der Hoffnung, eventuell Abfälle des Sekthuhns zu finden, oder er betrachtet voller Verbitterung die Gäste des ›Don Juan‹, wenn sie ihre prallgefüllten Plastiktüten von ›Spar‹ ins Hotel tragen. Oft steht er zur Salzsäule erstarrt und fixiert irgendeinen fernen Punkt am Horizont, dann läuft er unvermutet wie besessen im Kreis herum und versucht, sich selbst in den Schwanz zu beißen. Ein elendes Dasein, denn er schafft es nie, obwohl er täglich trainiert.

Wir liefen im Eiltempo die Palmenallee hinunter, der Köter hinterher. Wenn wir stehenblieben, stieß er uns sanft mit der Schnauze in die Kniekehlen, drehten wir uns um, so sahen wir die Tränen in seinen Augen, die Bitte um ein bißchen Zuneigung, um ein klitzekleines Stückchen des Kuchens, den die Hundelady Anka von Geburt an so überreichlich genoß, lag darin. Seine Blicke bettelten noch, als wir den Bus bereits bestiegen hatten. Verzweifelt irrte er hin und her, bis er schließlich an jener Stelle stehenblieb, wo er uns durch das Busfenster hindurch sehen konnte. Wahrscheinlich gab er die Hoffnung erst auf, als wir tatsächlich ohne ihn abfuhren. Er träumte wohl den gleichen Traum, der so oft auch die Menschen ein Leben lang verfolgt.

Einsteigen, abfahren, wegfahren, egal wohin.

Dagegen gibt es kein Mittel.

Der Bus war gestopft voll mit Hausfrauen, die in den Apartments des ›Paradiso‹ wohnten, in ihre gute Sonntagsgarderobe gepreßt, erwartungsvoll und energiegeladen auf ihren Plätzen saßen und die Henkel ihrer respektabel aussehenden Einkaufstaschen umklammert hielten. Sie sahen genauso aus wie Hausfrauen, die in einer Trabantenstadt in der Nähe von Gelsenkirchen wohnen und nur zum Einkauf in die Stadt fahren. Sie schienen sich alle zu kennen, und ihre Unterhaltung drehte sich um das diesjährige schlechte Wetter und die Preissteigerung. Eine Dame mit einer starren Dauerwelle und starren Puppenaugen erzählte laut, daß die Wäsche auf dem Balkon nicht trocknen würde und sie deshalb alles im Wohnraum auf den Heizkörper legen müßte. »Willi sagt immer, bei uns sieht's aus wie bei Hempels unterm Sofa«, eine Bemerkung, die dazu angetan war, daß beinahe die Hälfte aller Mitfahrenden vor Lachen fast aus den Sitzen fiel.

Das Thema wechselte dann zu John, dem jungen Mann, der im ›Paradiso‹ allabendlich die Disco leitete. Er schien eine gewichtige Persönlichkeit zu sein, denn alles, was John getan oder gesagt hatte, wurde eifrig besprochen.

Badi sagte in meine Richtung gewandt:

»Hab' übrigens gestern mit meinem Freund John gesprochen. Will noch diesen Monat im ›Paradiso‹ aufhören, hat 'n tolles Angebot nach Las Vegas, man sagt, Fränki hat ihm den Job vermittelt.«

Er sagte es laut, so daß alle es hören konnten, und nach einer Minute des Schweigens ließ sich die schrille Stimme der Dame mit den Rougebäckchen vernehmen, die lauthals kundtat, daß sie das mit Las Vegas auch schon gewußt hätte. »Johnny hat's mir ganz im Vertrauen erzählt, gleich an dem Abend, als er mit Fränki telefoniert hat.«

»Wer ist denn Fränki?« wollte eine Dame wissen, die sich bis jetzt nicht an der allgemeinen Unterhaltung beteiligt, sondern still vor sich hin gestrickt hatte.

»Ach, der Sinatra, Johnny und er kennen sich schon lange«, sagte die mit den Rougebäckchen.

Der Bus raste in halsbrecherischem Tempo die Hauptstraße entlang. Vorbei an schier endlosen Feldern, auf denen in regelmäßigen Abständen Treibhäuser standen, die mit Plastikfolie bedeckt waren. Ich dachte, welche Mengen frischen Gemüses hier täglich geerntet wurden und wie wenig wir im ›Don Juan‹ davon zu sehen bekamen. Die Straße wies unzählige Schlaglöcher auf, und wir wurden in die Höhe geworfen und durcheinandergeschüttelt, was die Damen zu schrillen Quiektönen veranlaßte.

Endlich hielt der Bus auf einem öden Platz in der Nähe des Autofriedhofes. Wir drängten uns hinaus und sahen uns um.

»Scheußlich«, sagte Badi.

In der Tat. Alt-Roquetas ist ein häßlicher Ort. Nicht malerisch verkommen, sondern wirklich nur öde, häßlich und nichtssagend. Zudem regnete es wieder. Es gibt eine Hauptstraße und mehrere kleine Wohnviertel. Die Wohnviertel sehen alle gleich aus.

Längs der ungepflasterten Straße reihen sich kleine Häuschen aneinander, einstöckige Gebäude ohne jedes Zierwerk. Fenster und Türen sind verschlossen. Ein Hund, sicher ein naher Verwandter unseres dreibeinigen Freundes, drückt sich an den Häusern entlang. Wir wechseln einen einzigen Blick miteinander, schon nimmt er unsere Verfolgung auf. Weil Markttag ist, herrscht in den Straßen eifriges Treiben, Frauen schleppen Einkaufstaschen und zerren mit der freien Hand plärrende Kinder hinter sich her. Alles ist unglaublich schmutzig, ein deprimierender Anblick.

Wenn es doch wenigstens aufhören würde zu regnen. Meine

strahlendweiße Sommerhose war im Nu von vorbeifahrenden Autos bis zu den Hüften mit Dreck bespritzt. Badi sah mich kummervoll an, aber da die anderen Marktbesucher kaum weniger eingedreckt waren, durfte ich weiterhin in der Öffentlichkeit verweilen. Allerdings mußte ich zugeben, daß kein einziger Mensch außer mir eine weiße Hose trug, so daß der Dreck bei mir besonders stark auffiel.

»Ich kann nicht verstehen, wie ein erwachsener Mensch sich derartig zurichten kann«, sagte Badi und sah mich bekümmert an.

Wir suchten den sagenumwobenen Zigeunermarkt lange und erfolglos. Schließlich klärte uns ein deutscher Tourist, den wir um Rat fragten, darüber auf, daß die wenigen Stände, die man um die Markthalle herum aufgebaut hatte, den Zigeunermarkt darstellen sollten. Wir hatten einen kurzen, desinteressierten Blick auf die wackeligen Bretterbuden geworfen und waren dann weitergegangen.

Die düstere Prognose, die Badi zwecks Abschreckung an Vivi und Britta gegeben hatte, sollte sich nun auf das schönste bewahrheiten. Wenigstens würden sie heute abend von den anderen Gästen erfahren, daß er nicht gelogen hatte.

Nun gut, schauen wir uns den Zigeunermarkt an der Markthalle an. Schon die Halle als solche ist eine trübselige Angelegenheit. Bis auf drei Stände ist alles geschlossen. Wenn man die Waren dieser drei Stände betrachtet hat, kann man noch feststellen, daß es eiskalt ist und durch die beiden geöffneten Türen gewaltig zieht. Dann bleibt nichts weiter zu tun.

Draußen, auf dem eigentlichen Zigeunermarkt, ist es nicht weniger ungemütlich. Oben tropft einem das Regenwasser von den Planen direkt in den Hemdkragen, unten watet man bis zu den Knöcheln im Schlamm. Man kann Strickjacken, Kochtöpfe und geflochtene Ledergürtel erstehen. Um dem Marktbesuch nachträglich doch noch einen gewissen Sinn zu verleihen, entschloß ich mich zum Kauf eines geflochtenen Gürtels. Ich überlegte gerade, ob ich einen mit Gold- oder einen mit Silberschnalle erstehen sollte, als Wallyschatz auftauchte. Sie überragte die übrigen Marktbesucher um mindestens zwanzig Zentimeter und äugte wie eine Brillenschlange mit geneigtem Kopf auf die Besucher und Händler hinunter, wohl registrierend, was die einen kauften und was die anderen in ihren Kassen hatten. Bei meinem Anblick blieb sie abrupt stehen. Sie nahm mir den Gürtel, welchen ich gerade in der Hand hatte, aus den Fingern und hängte ihn zurück an den Ständer.

Energisch wehrte sie den inzwischen herbeigeeilten Händler ab.

»Um Gottes willen, tun Sie datt nich«, sagte sie. »Genau dieselben gibt es bei uns inne Kepa für neun Mark!«

Ihr Auftritt war so despotisch, und ihr Brillenauge ruhte so erbarmungslos auf mir, daß ich zitternd stammelte, den Gürtel ja nur anschauen, beileibe nicht kaufen zu wollen.

»Sie hatten datt Portmonneh doch schon inne Hand«, sagte sie.

»Ich wollte nur mal schnell nachzählen, ob mich der Busfahrer nicht betrogen hat«, erwiderte ich.

»Datt fällt Ihnen aber spät ein«, sagte Wallyschatz.

»Datt tut man gleich vor Ort.«

Ich versprach hoch und heilig, das nächste Mal darauf zu achten, und sie schlängelte sich von dannen, aufmerksam um sich spähend. Schließlich stolperten wir inmitten der deutschen Hausfrauen wieder auf den Busbahnhof zu, mit leeren Händen und ohne auch nur den Hauch jenes Eindrucks mitzunehmen, welchen südliche Märkte sonst vermitteln. Die Langzeiturlauber hingegen zeigten sich sichtlich angeregt und schleppten mit eingeknickten Beinen riesige Einkaufstaschen, wobei sie sich über die Apfelsinenschwemme und die Preissteigerung für Fleisch unterhielten.

Der Busbahnhof war eine einzige Wasserpfütze. Es regnete noch immer. Ich dachte an die Stelle des Reiseprospektes, wo es unter dem Punkt ›klimatische Bedingungen‹ hieß: »Dieser Küstenstrich zeichnet sich durch schier unerschöpflichen Sonnenreichtum aus. Es regnet durchschnittlich zwei Tage im Jahr. Kaum denkbar, daß Sie das Pech haben sollten, ausgerechnet in Ihrer Urlaubszeit beide Regentage zu erwischen.«

Nun, wir hatten das Pech.

Nach der ›Zwei Regentage im Jahr‹-These wanderten wir jetzt schon auf das Jahr 2000 zu, aber im Eilschritt.

Der Bus wartete bereits, aber der Fahrer schien wenig Sympathie für deutsche Touristen aufzubringen, was ich ihm nicht verdenken konnte. Obwohl es inzwischen in Strömen goß und der Bus erst in zwanzig Minuten abfahren sollte, ließ er uns nicht einsteigen. Breitbeinig, ein grimmiges Grinsen auf dem Gesicht, stand er in der Tür und blickte zufrieden auf die total aufgeweichten Gäste, mit ihren in der Auflösung befindlichen Einkaufstaschen, hinunter. Die Macht, welche er in diesen zwanzig Minuten über andere Menschen besaß, gab seinem Leben einen Sinn, und er wollte sie gründlich auskosten.

Als wir schließlich im ›Don Juan‹ ankamen, war uns bis auf die Knochen kalt. Die Warmwasserversorgung funktionierte wieder nicht, der neue Tank aus Madrid war jedoch bereits unterwegs. Wegen der schlechten Wetterverhältnisse mochte es jedoch einige Tage dauern, bis er in Roquetas eintraf, im Zimmer war es kalt. Die Bettwäsche fühlte sich feucht und klamm an. Wir traten auf die Terrasse hinaus und blickten über die Steppe. Der Turm der Araber verschwand im Nebel, von unseren tapferen Steppenwanderern war nichts zu sehen.

»Sie tun mir jetzt doch leid«, sagte Badi.

Auf dem Tisch fanden wir einen Zettel vor, den das Zimmermädchen dorthin gelegt hatte. Er war für Badi bestimmt und stammte von Pierre.

Lieber Exfreund!
Bitte Dich, sofort zur Strandvilla zu kommen. Stop. Brauche dringend jene Hilfe, die zu geben Du einst versprochen hast. Stop. Bin dem Wahnsinn nahe. Stop. Denke an das Band unserer Freundschaft, welches uns einmal verbunden hat, und vergiß Dein Liebesleben für einen einzigen Nachmittag. Stop. Pierre
P. S. Bin wirklich dem Wahnsinn nahe. Es ist furchtbar, in Roquetas gefangen zu sein und zudem noch vergessen zu werden. Hab Erbarmen, die Götter werden es Dir danken. Ich auch. Stop

»O Gott«, sagte Badi. »Pierre, wer war das noch?«

Ich erinnerte mich schwach.

»Pierre! Glattes braunes Haar, helle Augen, schöne Zähne. Ihr kennt euch von irgendwoher. Ihr wolltet euch gemeinsam um ›Strandvilla‹ kümmern. Gemeinsam angekommen seid ihr nicht, aber ihr wolltet gemeinsam abfahren.«

»Mit dem Auto«, fügte Badi angestrengt nachdenkend hinzu. »Ich glaub', es ist wichtig, daß ich ihn daran mal erinnere.«

»An was?«

»Daran, daß er mich nicht zurückläßt, wenn er abfährt. Stell dir das bitte mal vor, ihr anderen seid alle weg, Pierre auch, und ich hier ganz allein mit dem dreibeinigen Hund als einzigem Freund!«

Er sah richtig verschreckt aus.

»Du, ich bin gleich wieder da. Trockne dir bitte die Haare, sie sind ganz naß. In der Halle, hinter der großen Blattpflanze, direkt oberhalb der Fußleiste, habe ich eine passende Steckdose für deinen Fön entdeckt, da kannst du ihn anschließen. Wenn du dich ganz flach auf den Boden legst, kannst du dir da in Ruhe dein Haar trocknen und brauchst nicht zwölf Mark zu bezahlen. Bitte tu es.«

»Ja!«

»Was ja?«

»Ja! Ja!«

»Und vergiß mich nicht. Heirate nicht etwa einen deiner anderen Verlobten, ehe ich zurück bin. Wo ist er überhaupt?«

»Wer?«

»O Mann, dein anderer Verlobter, der schicke Cary.«

Ich wußte nicht, wo der schicke Cary war. Ich hatte ihn total vergessen, so wie wir beide Pierre vergessen hatten und alles, was außerhalb unserer Beziehung lag.

»Na, ich hau' ab. Küß mich noch einmal.«

Ich tat es.

»Und sei vorsichtig auf der Straße, es fahren ja doch manchmal Autos, nicht daß dir was passiert.«

»Nein, ich bitte dich, denk an deine Haare, sie sind ganz naß ...«

Es dauerte doch noch eine geraume Weile, bis wir uns voneinander verabschiedet hatten und Badi mich schließlich verließ.

Drei Stunden später war er wieder da, er ließ sich erschöpft auf seine Pritsche fallen.

»Bin total erledigt, habe auch wieder Kombinationsschmerz. Wo ist mein Tuch?«

Ich reichte es ihm.

Sofort verhüllte er sein schönes Haupt und schloß gequält die Augen.

»Was ist los?«

»Wir fahren in drei Tagen ab. Übermorgen. Samstag!«

Ich wurde wahrscheinlich ein bißchen blaß.

Mein eigener Abreisetag wird der kommende Montag sein, was soll ich ganze zwei Tage ohne Badi anfangen, noch dazu in Roquetas, in einem Ort, wo einem jede Ecke ›weißt du noch‹ zuruft, wo selbst die Nackenrolle auf dem Bett, jedes einzelne Fenster des ›Miramar‹ und der wacklige Terrassenstuhl ›weißt du noch‹ rufen. Der, der abfährt' ist ja immer im Vorteil.

Wer zurückbleibt, lehnt den Kopf gegen die Fensterscheibe und findet alles auf einmal zum Sterben.

»Ja, wieso denn so plötzlich?« fragte ich und versuchte, meiner Stimme einen normalen Klang zu geben. Es gelang mir nur unvollkommen.

»Die dicke Dame aus Heilbronn hat ›Strandvilla‹ gekauft.«

»Wann?«

»Gestern! Ich meine, sie hat das Haus gekauft! Gestern!«

Der arme Badi ist ganz durcheinander.

»Für den kleinen Spanier! Er will die restlichen Bauarbeiten selbst übernehmen. Er will es selbst machen, den Sommer über, damit sie im nächsten Winter endlich ein eigenes Liebesnest haben. Die dicke Dame scheint sehr reich zu sein«, fügte er träumerisch hinzu. »Sie kauft ihrem kleinen, süßen Liebhaber eine Villa.«

Nun ja, ich bin nicht reich, ich werde meinem kleinen süßen Liebhaber keine Villa kaufen können, den Reichtum hat mir die reiche Dame aus Heilbronn voraus. Andererseits ist sie ja auch schon vergeben, der kleine Spanier wird sie unter allen Umständen für sich behalten wollen, jetzt, wo er ›Strandvilla‹ hat.

»Und warum solltest du heute nachmittag kommen?« fragte ich.

»Ich sollte einen Interessenten spielen, der den Preis in die Höhe treibt, was aber gar nicht nötig war. Die dicke Dame schrie immerzu, daß sie ›Strandvilla‹ um jeden Preis haben will, sie kauft das Haus wie es ist, mit oder ohne Baustelle, selbst mich hätte sie mitgekauft, wenn es darum gegangen wäre.« Er seufzte.

»Sie scheint viel Geld zu haben.«

»Das hast du schon mal gesagt!«

»Sie hat auch sehr viel Geld. Der kleine Spanier hat es gut.«

»Wie schön, daß wenigstens einer es gut hat.«

Vor meinem inneren Auge huschen bereits Bilder vorbei, Überschrift: der letzte Abend, der letzte Kuß, der letzte Blick. Dann die Rücklichter eines abfahrenden Autos …

»Sie wollen gleich morgen nachmittag zum Notar!« sagte Badi.

»Überübermorgen fahren wir!«

Mir fällt auf, daß er sich ständig wiederholt. Der Aufenthalt in Roquetas fordert seinen Preis. Die geistige Spannkraft läßt nach. Wir hätten den Abend gern allein an der Bar verbracht! Es geht nicht.

An diesem grausamen Ort kann man nirgendwohin fliehen, man wird von seinen Peinigern verfolgt, trifft immer wieder auf dieselben Gesichter. Die Dusche war abends warm, dafür konnte man das Essen nur mit Mühe hinunterwürgen. Während man kaut, muß man sich vorstellen, daß man sich mitten im Kriege oder am Ende einer langen Hungerepidemie befindet, dann geht es, auch wenn einem die Augen tränen. Es gab ›Spaghetti de Mar‹, ein ausgezeichneter Name für ein Gericht, das so aufgequollen war und so salzig schmeckte, als hätten die Spaghetti tagelang im Meerwasser gelegen. Dazu gab es eine nach Fischtran schmeckende, grün-gelbe Sauce.

»Schmeckt wie Qualle!« bemerkte ein Herr, der sich zu uns gesetzt hatte. Daraufhin bekamen wir irgendwie keinen Bissen mehr hinunter.

»Heute werde ich vor dem Schlafengehen noch einmal sehr lange heiß duschen und vielleicht ein bißchen Duschwasser trinken«, meinte Badi.

Der Herr sah ihn an und sagte: »Ich mag das Badewasser hier nicht, zu stark gechlort.« Dann begann er sehr detailliert von seiner Gallenoperation zu erzählen, die er im Herbst mit knapper Not überstanden hatte. »Ich war innen ganz verwest!« bemerkte er vergnügt und stand auf, um sich eine zweite Portion Zimtreis zu holen.

Am Nachbartisch saß Alfred, der ein neu angekommenes Ehepaar mit lautstarken Reden und seiner Lieblingsgeschichte zu unterhalten versuchte. Er hatte also neue Freunde gefunden (die Sache mit dem Araberturm verzeiht er uns nie). Er erzählt seine Geschichte immer wieder jedem, der sie hören will, und jedem, der sie nicht hören will. Auch uns hat er sie bereits mehrere Male erzählt. Dabei fällt auf, daß egal wovon auch immer die Rede ist, ob sich das Thema um Schnarchen, Notzuchtverbrechen, Babynahrung oder Trunkenheit am Steuer dreht, Alfred bestimmt eine Möglichkeit findet, die Rede auf ein blondes ›Mädel‹ zu bringen, welches völlig unmotiviert und überraschenderweise in das Geschehen eintritt und sich wenig später von einem Lustmolch entführen und schänden läßt. Das blonde Mädel weiß zuerst nicht, was es tut, gerät ins Elend und wird daraufhin von Alfred gerettet. Alfred unterdrückt etwaige eigene Lustgefühle und hilft dem Mädel, in Ausnahmefällen sogar dem Sittenstrolch, aus der Klemme, ohne selbst den geringsten Nutzen davon zu haben. Lustmolch und Mädel gehen dann ihrer Wege, und Alfred bleibt zurück, einsam, ein klein bißchen traurig und in Ehren benachteiligt. Er war bereits am Ende seiner Geschichte angelangt, an jener Stelle, wo das blonde Mädel seine Hände drückt und mit Tränen in der Stimme versichert, ihn, Alfred, niemals zu vergessen.

»Mädel, sagte ich, paß auf dich auf, denn nicht immer ist ein Alfred zur Stelle, der ...« Wir flohen schnell aus dem Speisesaal, ehe seine wachen Augen uns entdecken und seine Stimme uns zu sich rufen konnte, aber wir kamen nur bis an die Bar, wohin uns Britta und Vivi, etwas später auch der gute Alfred mit dem neuen Ehepaar im Schlepptau, folgten.

Auch der schicke Cary kam ›auf einen Sherry‹ hinunter, und im Arm hatte er ein spanisches Mädchen, welches der Spanierin auf den Bildern in den Hotelzimmern auf verblüffende Art und Weise glich, obwohl ihr Busen beinahe ganz bedeckt war.

Er stellte sie uns als ›Carmen‹ vor. Sie schmiegte sich an seine männliche Brust, sagte auf alles ›si‹ und lächelte ihn an, während er schweigsam seinen Sherry trank und selbstvergessen mit ihren schwarzen Locken spielte.

»Wie geht's?« fragte er einmal, und ich sagte: »Danke, gut!«

Und: »Bist du glücklich?« fragte er, und ich sagte: »Ja!«

Daraufhin zahlte er und hielt mir zum Abschied die Hand hin. »Carmen und ich hauen morgen früh ab, nach Madrid, ich muß 'n bißchen Stadtluft schnuppern. Wird Zeit, daß man mal wieder 'n paar flotte Leute zu sehen kriegt.«

»Roquetas hat sich wohl sehr verändert in der kurzen Zeit, in der du nicht hier warst?« sagte ich anzüglich und überlegte, ob wohl die glutäugige Carmen den neuesten Caryservice, nämlich Seidenkissen und Schummerbeleuchtung, gebührend zu würdigen weiß.

Karli grinste mich an, und in seinen Augenwinkeln blitzte sekundenlang der alte Karli von früher auf, den ich so gern gehabt hatte.

»Roquetas war damals schon genauso häßlich und genauso billig wie jetzt. Ich steckte gerade in einer Finanzkrise, als ich mit Conny hier war, und hatte auch so schon genug in sie investiert, wenn man allein an all die Rosenbouquets denkt und an den Rehpinscher, der übrigens bereits eingegangen war, als wir zurückkamen. Nein …« Er lachte herzlich und steckte sich eine Zigarette an. »Sie war so entsetzt von dem Ort, dem Hotel und dem ganzen Drumherum, daß sie sich einfach weigerte, das Zimmer häufiger als unbedingt nötig zu verlassen. Was meinen Absichten schließlich natürlich sehr zugute kam«, fügte er hinzu.

Carmen spitzte das Mäulchen, küßte ihn schelmisch auf die Wange und sagte: »Ich liebe dich! In Madrid du mir kaufen Schuhe!«

Karli versprach ihr alles, was sie wollte, und verabschiedete sich schließlich mit Küßchen von mir und viel Schulterklopfen von dem Barkeeper, den er Fernando und Amigo nannte und zu sich nach Hamburg einlud.

Als sie gegangen waren, legte Fernando eine schmalzige Platte auf. Britta riß Badi von meiner Seite und trieb ihn mit wilder Entschlossenheit und ihrem ›Jetzt oder nie‹-Gesicht auf die Tanzfläche. Ich überlegte gerade, ob es ratsam sei, etwas zu tun, und was das wohl sein könnte, ohne allzusehr aufzufallen oder aus der Bar gewiesen zu werden, als eine Dame neben mir Platz nahm. Ohne Umschweife erzählte sie mir, sie hieße Reni, wäre in zweiter Ehe verheiratet und hätte von ihrem ersten Mann fünf und von ihrem zweiten Mann überhaupt keine Kinder.

Ich sah sie stumm an und lächelte angesichts der Streiche, die das Schicksal einem so spielen kann. Dies nahm sie zum Anlaß, näher an mich heranzurücken und mir unverzüglich die Geschichte ihres Lebens zu erzählen.

Staunend vernahm ich, daß sich der erste ihrer Ehemänner durch zwei Eigenschaften ausgezeichnet und durch ebendiese beiden Eigenschaften bei ihr unbeliebt gemacht hatte.

»Er war nämlich besessen von nicht nachlassendem Ordnungswahn und nicht nachlassender Zeugungskraft!«

Ordnungswahn und Zeugungskraft jedoch sind Gegensätze, die es, wie Reni zu berichten wußte, in dieser Kombination eigentlich gar nicht geben dürfte, da bei anwachsender Kinderschar die Ordnung unweigerlich auf der Strecke bleibt.

»Wenn er mich dabei erwischte, daß ich die Tassen nicht mit exakt ausgerichteten Henkeln in den Schrank gestellt hatte, konnte es passieren, daß er monatelang nicht mit mir sprach«, sagte Reni. »Ein Umstand, der sich auf seine zweite Eigenschaft, die Zeugungslust, jedoch nicht negativ ausgewirkt hat, denn in den fünf Jahren, die unsere Ehe gedauert hat, bekam ich Jahr für Jahr ein Kind. Schließlich wurde ich schuldig geschieden, weil ich der ehelichen Pflicht nicht mehr nachkommen wollte!«

Sie lachte und fügte hinzu, der Tag der Scheidung wäre trotzdem ein guter Tag gewesen, denn das mit den Tassenhenkeln hätte sie schon nach der Geburt des dritten Kindes nicht mehr so richtig hingekriegt, so daß sie in den letzten Jahren ihrer Ehe fast gar nicht mehr miteinander gesprochen hätten. Ich sagte, daß ich ihre mutige Scheidungstat bewundern würde, und blickte zu Badi und Britta hinüber. Britta hing an Badis Hals und lachte. Er lachte auch, wobei seine Augen die meinen suchten.

»Später habe ich Wilfried geheiratet, den Lehrer meines ältesten Sohnes«, fuhr Reni, unbeirrt durch meine merklich aufsteigende Nervosität, in ihrer Lebensbeichte fort.

Wilfried, etliche Jährchen älter als Reni, lächelte gütig und sagte: »Ich habe mein Mädi auf Händen getragen, sie und ihre fünf vaterlosen Kinder.«

Reni neigte sich zu mir und flüsterte in mein Ohr: »Er nahm mir alles ab, die Erziehung, die Verantwortung und die finanziellen Probleme. Mir blieb nichts weiter zu tun, als ihm dankbar zu sein. Die Dankbarkeit war jedoch schließlich anstrengender, als das Alleinleben samt Kindererziehung und Berufstätigkeit hätten sein können.«

Ich lächelte sie an und bedauerte ihr Schicksal, denn ich konnte mir die Qual lebenslänglicher Dankbarkeit sehr plastisch vorstellen, eine Dankbarkeit, die sie schließlich dazu verpflichtete, ihrem frisch pensionierten Ehemann in die Verbannung zu folgen, für drei Monate nach Roquetas, und das, »weil für ein besseres Hotel das Geld nicht mehr reicht, bei einer so großen Familie, und er so gern über das Meer guckt und meine Hand halten will, endlich in Ruhe und ohne jegliches Kindergeschrei, lang genug hat es ja gedauert, bis er es konnte, nur ich bin noch nicht abgeklärt genug, daß ich dieses ›Es ist vollbracht‹-Gefühl genießen könnte.«

Wilfried lächelte mich an, und ich sah tausend Lachfältchen um seine Augen herum, die ihn sympathisch machten.

»Mein Mädi hat es immer gut gehabt und soll es weiterhin gut haben. Mein Mädi ist erst 44 und kann doch schon monatelang in einem Hotel wohnen, ohne etwas tun zu müssen, was andere erst dürfen, wenn sie sechzig oder siebzig Jahre alt sind.«

Ich sah Reni und Wilfried so an und fand, daß es nette Leute waren, die ein etwas seltsames Schicksal miteinander verbunden hatte, und auf einmal taten sie mir leid.

Kurzfristig.

Denn dann tat ich mir selbst leid, weil ich meinerseits Britta dankbar gewesen wäre, wenn sie mir meinen Noch-drei-Tage-Badi zurückgegeben und unseren kostbaren Abend nicht kaputt getanzt hätte. Es kam eine heiße Wut in mir hoch, und ich hatte nicht übel Lust, aufzustehen und wenigstens ihr Lachen zu erwürgen. Alfred ergriff die Kastagnetten, die auf der Theke lagen, sah mir tief in die Augen und fiel in eine Art Sprechgesang.

»Es war einmal, zu Roquetas im Winter … klack klack ein blondes Mägdelein.

Das machte den Alfred beinahe zum Sünder, des Nachts, bei Mondenschein, klack … klack! Das Mädchen aber, o schwere Not, das liebt einen andern, und der liebt rotes Haar viel mehr als blonde Locken, sie konnte ihn leider nicht locken … und der Alfred bekam die Blonde nicht, und die Blonde bekam den Schwarzen nicht, und der Schwarze bekam die Rote nicht, doch das war ihm egal klack klack.«

Er warf die Kastagnetten auf die Theke und sagte: »Na, laß gut sein!« und fügte mit vertraulich gesenkter Stimme hinzu: »Aber trenn dich von diesem Badi, 'n Orientale und 'ne Europäerin, das taugt nichts, geht nicht gut, bringt Unglück!«

Und plötzlich sah ich ihn so in etwa drei, vier Monaten in einem heruntergekommenen Billighotel auf Mallorca sitzen und einem Ehepaar aus Recklinghausen folgende Geschichte erzählen: »Im

Vorfrühling war's in Roquetas de Mar, ganz wunderbarer Badeort an der Küste, herrliches Hotel, hervorragende Küche, hervorragender Service, nicht so 'n heruntergekommener Laden wie hier, also da war auch so ein ganz reizendes blondes Mädel, Julika, ganz was Süßes, und da verguckt sich das Mädel doch in so eine Ausländertype, nett, aber eben 'n richtiger Orientale, na und der spielt auch 'n bißchen mit ihr rum, und sie fällt drauf rein, obwohl ich sie gewarnt hatte, wissense, ich hatte so väterliche Gefühle für sie, und sie schenkte mir auch gleich Vertrauen ... und am letzten Tag, da kommt se und sagt: Alfred, sagt se, du hast ja so recht gehabt, mein Badi, der ist da mit so 'ner Rothaarigen verduftet, na, ich hab' mir den Burschen mal vorgeknöpft, hab' das Mädel getröstet, so gut es ging, und bin abends mit ihr essen gegangen.«

Klack klack!

Wilfried sagte plötzlich: »Ich war im Krieg gegen die Russen dabei!« Und es ergab sich, daß Alfred auch gegen die Russen ... »Ja, wo denn, ja, wann denn?« und daß beide zusammenrückten und Mädi und ich den ganzen Russenfeldzug zu hören kriegten, während Britta und Badi ohne Unterlaß tanzten.

Sie tanzten noch, als die Russen den Feldzug niedergeschlagen hatten und die Männer komische kleine Geschichten zu erzählen begannen, die alle mit dem Sätzchen: »Kennense den ...« anfingen.

Ich wurde auf einmal ziemlich wütend.

»Ich bin müde! Gute Nacht!«

»Was, Sie wollen schon gehen?«

»Jawohl! Gute Nacht!«

Die Halle ist bereits leer. Es ist ziemlich spät. Der Fahrstuhl, der Gang, das Zimmer, das Bett, die ganze Welt: leer! Ich werfe mich auf die Pritsche und starre böse die Decke an. Es wird zwölf, Badi kommt nicht! Halb eins, er kommt nicht. Viertel vor ... nichts.

Einmal höre ich den Fahrstuhl kommen, doch die Schritte schlurfen vorbei.

Um eins schloß die Bar. Fünf nach eins war er da. Er warf sich auf das Bett und vergrub sein Gesicht in den Händen. »Ich bin zutiefst gedemütigt, daß du das weißt!«

»Warum denn?«

»Weil du mich den ganzen Abend nicht beachtet hast, dabei

sollte dir doch klar sein, daß es einer von drei Abenden war, die wir noch haben, einfach vertan, sinnlos vergeudet, so ... pfff!«

Schweigen! Dann:

»Aber du unterhältst dich mit der komischen Tante, die sich Mädi nennt, flirtest mit diesem lächerlichen Alfred. Morgen schlage ich ihn aus dem Anzug!«

»Wen?«

»Alfred, wen denn sonst? Daß dich diese Klatschgeschichten überhaupt interessieren, ich bin enttäuscht, ich bin enttäuscht! Den ganzen Abend lang sprichst du mit dieser fremden Frau über Kinder, und ich muß tanzen wie ein bezahlter Gigolo, bin ich der kleine Spanier? Sag, bin ich der?«

Pause! Dann:

»Wir haben noch drei Abende, ich könnte dein Händchen küssen, ich könnte dein Näschen streicheln, aber nein, du lauschst den Worten des göttlichen Wilfrieds, begleitest ihn nach Rußland, begleitest ihn zum Zahnarzt ...«

»Zu wem?«

»Zum Zahnarzt! Meinst du, ich hätte nicht genau gehört, wie du sogar über den dämlichen Witz gelacht hast, wo die Frau zum Zahnarzt geht und sagt: Doktor, mein Herz tut so weh, und der Arzt sagt ...«

»Der Zahnarzt sagt gar nichts, der Zahnarzt zieht schweigend eine Spritze auf und ...«

»Das interessiert mich nicht!«

»So! Das interessiert dich nicht! Aber du hast doch währenddessen sehr schön mit der flotten Britta getanzt! Oder? Ich meine, in der ganzen Zeit, der ich der ersten Heirat, der Scheidung und der zweiten Heirat von Mädi beigewohnt habe, in der alle fünf Kinder erwachsen geworden sind und Wilfried für sie gesorgt hat, in der all die blonden Mädels gerettet wurden, wir zu viert in Rußland und schließlich zu zweit beim Zahnarzt waren ... in dieser ganzen Zeit hast du doch sehr schön mit Britta getanzt.«

»Was heißt denn sehr schön? Wenn man nach einer bestimmten Frau Sehnsucht hat, dann tanzt es sich nicht sehr schön mit einer anderen. Du hättest ein bißchen nervös werden können, ein bißchen eifersüchtig, das gehört sich ganz einfach so, statt dessen tröstest du dich ja verflucht schnell mit einem anderen! So!«

»Was so?«

»Nichts! Nur so!«

Lange Stille. Draußen rauscht das Meer. Nebenan dreht sich jemand auf die andere Seite und schnarcht friedlich vor sich hin.

»Badi?«

Nichts.

Schließlich, sehr widerwillig: »Ja?«

»Weißt du was?«

»Nein!«

»Weißt du, daß ich alles gern mit dir tu? Ich tu' sogar gern mit dir streiten.«

»So?«

»Ja, weißt du übrigens, wie du aussiehst, wenn du streitest? Wie ein beleidigter Buddha! Weißt du, wie ein beleidigter Buddha aussieht?«

»Nun, wie ich, nehme ich an.«

Das Lachen fängt in den Augenwinkeln an und breitet sich langsam über das ganze Gesicht aus. Er kommt sehr nah zu mir und legt den Kopf auf meine Brust. »Beruhige mich mal, so mit Küssen und so. Ich brauche viele kleine, zarte.«

Ich küßte sein Gesicht und sein Haar und seinen Nacken, bis dahin, wo der Kragen anfing.

»Komm«, sagte er schließlich. »Laß uns ein bißchen baden, im Wasser liegen, Schiffchen schwimmen lassen und die Augen zumachen. Und du sagst mir dann, daß es doch absolut unsinnig ist, eifersüchtig zu sein, bei jemandem, den man gar nicht besitzt, nie besessen hat und mit Sicherheit bald an die Realität verliert, komm, setz mir das mal schön sachlich auseinander.«

Das Wasser ist richtig heiß, man sollte immer um diese Zeit baden. Ein Schiffchen besitzen wir nicht, aber notfalls geht es auch ohne. Badi sagt: »Irgendwie steht dir alles süß, sogar Badeschaum steht dir süß.«

Das fand Karlemann schon, daß mir Badeschaum süß steht, aber ich sage nichts, das hätte Badi nur wieder traurig gemacht. Ich meine die Tatsache, daß schon einmal ein Mann und ich und Badeschaum zueinander in Beziehung getreten sind. Denn selbst bei einer so leichten, so kleinen Vorbeigehliebe wie der unsrigen spielen die alten Regeln eine Rolle. Die Regeln von: Nie zuvor! Nie wieder!

Nur mit dir! Und natürlich sollst du glücklich werden, das wünsch' ich dir von ganzem Herzen, aber glücklich gewesen sein, doch bitte nur mit mir!

Mir gebührt das ewige Lämpchen, die unvergleichbare Erinnerung, für mich das goldene Rähmchen, die Extraseite in deinem Bilderbuch.

Für die anderen tut es auch der Sammelkatalog. Und verrate das Geheimnis nicht, gib unsere Codeworte nicht preis, und sag niemals zu einem anderen … na du weißt schon was. Denn nur wir beide … nur du und ich …

Herrjeh, jedesmal, wenn man verliebt ist, hofft man auf das Wunder.

Er nahm mich in die Arme und zog mich aus, was schnell ging, denn ich hatte nur noch sehr wenig Badeschaum an.

»Warum nur, verflixt noch mal, will man immer alles dauerhaft machen, immer alles behalten?« überlegte er laut. »Es ist ja, als ob man den Sonnenuntergang dauerhaft machen wollte, bloß weil man sich vor der Nacht fürchtet.«

Die Luft war sehr warm. Wir trugen die Pritschen auf die Terrasse und wickelten uns fest in unsere Decken. Ein Stern glitzerte herab, in der Steppe zirpten die Heimchen. Es war wie eine Sommernacht.

Der Tag ist zu Ende. Die Ernte eingefahren. Tut gut, jetzt ein klein bißchen müde zu sein.

Zuerst war da ein tiefes, schönes Schweigen zwischen uns. Dann begann Badi plötzlich zu reden. Er sprach von sich. Von früher. Von heute. Nacheinander schlug er die Seiten seines Lebens auf, las die einzelnen Kapitel vor.

Kein heiterer Roman, kein Kinderspiel. Der kleine, mutige Junge hatte es schwer gehabt. Irgendwann hat jemand auf den rostigen Abzug eines Gewehres gedrückt, und er ist aus der luftigen Höhe seiner Träume gestürzt. Ist aufgestanden und weitergegangen, ziemlich allein. Ein paarmal hat er zögernd an einer Weggabelung gestanden, ist schließlich einer lockenden Stimme gefolgt, hat später bereut. Dann hat er geglaubt, was jeder glaubt, daß man von der Liebe alles erwarten kann, daß die Liebe stärker ist als die Zeit. Die Zeit hatte jedoch jedesmal gesiegt.

Von da an war er vorsichtiger, gab sich nur noch stückchenweise. Auch mir hat er ein Stück von sich geschenkt, das unversehrteste vielleicht, das kostbarste. Für mich hat er den kleinen Jungen aufgehoben, der er einmal gewesen ist.

Ansonsten ist er heute der, den die Umwelt jeweils verlangt. Er beherrscht seine Rollen im Schlaf, macht selten Fehler. Jeder glaubt ihn zu kennen, und niemand kennt ihn wirklich. Badi, der durch Leiden weise gewordene, der Weglächler, der alte Chinese, der sich sehr höflich und artig verweigert.

Als der Morgen kam, waren wir noch immer nicht müde. Wir fröstelten, aber es war uns egal. Eine leere Rotweinflasche und ein überquellender Aschenbecher standen auf dem Fliesenboden. Ich sah Badis Gesicht, welches in der Dämmerung des nahenden Morgens Konturen annahm. Beinahe übergangslos wurde es plötzlich taghell.

Es war eine seltsam kurze Nacht gewesen. Zwei Erwachsene, die sich einmal als Kinder sehr gemocht haben, sind sich als Fremde begegnet. Haben sich nur in Momenten wiedererkannt. Es gibt auf einmal so viel unbekanntes Drumherum, soviel gelebtes Leben, welches störend zwischen ihnen und dem Spielplatz steht, auf dem sie glücklich miteinander gewesen sind.

Seine Augen sehen mich an.

Der ganze Orient scheint in diesen Augen versunken zu sein. Die hohen Mauern, die bärtigen Helden, die weisen Propheten, die verschleierten Frauen, die verwilderten Gärten, die Orangen- und Zitronenbäume, die ernsten Zypressen, die Olivenhaine, die stummen Nachmittage, die mystischen Zahlen, die Gebote der Götter, alles dahin, erstarrt in der Kälte des Nordens.

»Ich glaube, ich könnte dich richtig lieben«, sagte ich plötzlich und zu meinem eigenen Erstaunen. Die Worte waren mir irgendwie von selbst gekommen.

Badi streichelte mein kurzes Haar sachte gegen den Strich und sah mich zärtlich-amüsiert an.

Er sagte nichts, doch ich kannte inzwischen sein Gesicht und fand mich gut darin zurecht. »Kenne ich!« sagten seine Augen. »Kenne ich alles! Das bißchen ich liebe dich, das bißchen Verzichtbereitschaft, den leichtfertigen Schwur ewiger Treue, die Hingabe in der Nacht … und schließlich den Verrat, noch ehe der Hahn kräht.«

»Natürlich liebst du mich«, sagte er dann mit zärtlicher Stimme, wie zu einem Kind, dem man verzeiht, weil es nichts weiß. Dann stand er unvermittelt auf, und ich hörte, wie er im Zimmer hin und her ging und dazu eine bekannte Melodie pfiff. Es war die Melodie zu:

»Jetzt müßte die Welt versinken, jetzt müßte ein Wunder geschehen!«

Dann kam er zurück und gab mir mit dem Finger einen kleinen Stups auf die Nasenspitze.

»Laß es so sein, wie es ist, etwas Gutes, würde ich sagen. Eine kleine Liebe vielleicht nur, eine vergängliche, aber zumindest doch keine umsonst geliebte. Ich würde immer Sehnsucht nach etwas haben, und du würdest es immer spüren. Und schließlich sagen können, ich bin zehn Tage lang vollkommen glücklich gewesen, wer kann das schon?«

Wir frühstücken auf der Terrasse. Apfelsaft, Kekse und Orangen. Die Sonne erhebt sich aus dem Meer und lacht grüßend zu uns hinüber. Wir sind von einer stillen Heiterkeit erfüllt, die Nacht ist noch in diesem Morgen, verlöscht ganz still. Wir schweigen. Wenn Badi seinen Blick über das Meer schweifen läßt, so weiß ich, daß er denkt. Aber er denkt nicht an mich, nicht mehr, schon jetzt nicht mehr …

Dann kommt der Blick zu mir zurück, wandert in meinem Gesicht umher und trifft schließlich meine Augen.

»Du hast es gut«, sagt Badi, »du kannst auch künftig mit dir zusammensein, du wirst dich nie langweilen.«

Ich wickelte mich aus meinen Decken und stand auf.

Meine Augen schweiften über das Wasser, über die Steppe, verweilten kurz beim streichholzkleinen Turm der Araber und seinem unglücklichen Wärter. Dann kehrten sie zurück und wanderten die Palmenallee entlang.

In den Bäumen hing bereits die Sehnsucht.

Die Sehnsucht nach dem jetzigen Augenblick, die Sehnsucht nach diesem sonnigen Morgen.

»Noch zwei Tage«, sagte Badi. »Laß uns noch ein bißchen spielen, wer weiß, wann ich wieder dazu komme … ich meine, zu spielen.«

SPÄTER

Es tut mir leid um meine strahlendweiße Sommerhose.

Sie war wie frisch gefallener Schnee. Jetzt sieht sie aus wie Schnee, auf den es sehr lange geregnet hat. Dabei könnte ich sie heute sehr schön spazieren führen. Es ist warm, die Sonne scheint, der Himmel ist wolkenlos. Das Meer sieht aus wie auf den Ansichtskarten.

Ansichtskarten müssen wir auch noch besorgen.

»Heute wäre übrigens der richtige Tag für deine weiße Sommerhose!« sagt Badi.

»Genau der richtige Tag. Aber du konntest ja nicht warten. Es würde mir große Freude machen, wenigstens ein einziges Mal mit einer wirklich gut gekleideten Dame am Arm durch Spanien zu wandeln. Alle Leute würden uns nachsehen.«

»Die Leute sehen uns auch so nach!«

»Aber nicht deswegen. Es ist zu schade! Genau das richtige Wetter für einen Spaziergang in einer schneeweißen Sommerhose. Das blaue Meer, der blaue Himmel, die palmengeschmückte Promenade, und dann du in deiner weißen Hose ... ein Genuß wäre das gewesen!«

Ich sehe ihm zu, wie er im Zimmer hin und her geht, die Kissen aufschüttelt, die leeren Flaschen und Apfelsinenschalen wegräumt, und muß lächeln. Manchmal sind wir wie ein altes Ehepaar, das nach langjähriger Gewohnheit anfängt, sogar dasselbe zu denken. Aber wir lamentieren hier über die weiße Sommerhose, dabei ist es einer der letzten Tage, wir haben keine einzige Ansichtskarte geschrieben und sind nicht mal in Almeria gewesen.

»In Almeria sind wir auch noch nicht gewesen«, sagt Badi.

»Gut, daß wenigstens einer von uns beiden an so was denkt, obwohl ich nicht weiß, warum du nie ... und immer ich! Ansichtskarten müssen wir auch schreiben. Ich schreibe sogar zwei Stück, eine an meinen Hauswirt und eine an mich selbst.«

»Was schreibst du denn an dich selbst?«

»Daß ich jetzt bald nach Hause komme und mich sehr auf meine Heimkehr freue!«

Almeria ist eine lebendige, gutgelaunte Stadt, durch das Flußbett in zwei Teile geteilt. Der Fluß ist seit langem ausgetrocknet. Deshalb hat man da, wo einst das Wasser sprudelte, einen Übungsplatz für Fahrschüler eingerichtet. Eine gute Idee. Die Leute kurven unten in dem Flußbett herum, und man kann ihnen, gemütlich über das Brückengeländer gelehnt, von oben dabei zusehen.

Ein breiter, palmengesäumter Boulevard führt zur Markthalle. Die Halle gefällt mir, sie ist voller Leben. Dicht an dicht drängen die Menschen an den Ständen vorbei, befühlen die Tomaten, klopfen an die Melonen. Es gibt Berge von Fleisch und Gemüse, Pyramiden von Orangen und Zitronen, Fische mit gebrochenen Augen lagern auf zerstoßenem Eis, hunderterlei Gewürz duftet durcheinander. Man kann auch lebende Fische kaufen, Hummer, lebende Hühner und leise vor sich hin piepsende Küken.

Auf der Stelle möchte ich eine kleine Wohnung mieten und mit Badi dort einziehen. Eine Wohnung, die der Markthalle gegenüber liegt. Ich würde den randvoll gefüllten Korb leise vor mich hinsummend nach Hause tragen. »Badi, nimm doch bitte diesen schönen großen Fisch aus und rupf mir ein Hühnchen, aber sei vorsichtig, ich glaube, es lebt noch.« Während sich das duftende Knoblauchöl leise zischend in dem großen Topf erhitzt, stehe ich müßig auf dem kleinen Balkon mit dem schmiedeeisernen Gitter und sehe von oben herab, was die anderen Leute nach Hause tragen.

Dann laufe ich noch einmal los und kaufe ein paar von den kleinen gelben Honigmelonen.

Nach dem Essen ruhen wir Seite an Seite im Halbdunkel der herabgelassenen Jalousie. Badis Haut ist sehr warm. Durch die beiden herausgebrochenen Lamellen grüßt ein Stückchen des tintenblauen Himmels.

»Buenas dias, ich bin der Himmel!«

Wie schön.

Ein Sonnenstrahl drängt sich durch die Jalousie und inspiziert den abgegrasten Tisch. Zwei leere Teller, eine noch zur Hälfte gefüllte Rotweinflasche, auf der Tischdecke Reste gebrochenen Brotes. Es riecht so schön nach Kräutersauce und schläfriger Sättigung. Etwas klappert an der Etagentür.

»Bleiben Sie liegen, Señorita«, ruft der Geldbriefträger. »Es ist bloß das Päckchen von Tante Maud!«

Ach ja, Tante Maud. Sie wird niemals nach Almeria kommen. Sie wird auch niemals Geld schicken.

Ach ja!

»Ich hab' da hinter der Markthalle so ein kleines Lokal gesehen«, sagt Badi.

»Da könnte man sicher was essen!«

Das kleine Lokal ist ganz leer.

Wir sind die einzigen Gäste. Es ist ungeheuer schmutzig und ungeheuer schön hier. Die Tische sind mit Papierdecken belegt, auf der großen Anrichte unter dem Fenster stehen Schüsseln mit Früchten und Salat. Durch die weit geöffnete Tür fällt in breitem Strom die Sonne. Die lindgrün gestrichenen Wände sind seit Ewigkeiten nicht neu getüncht worden. Man kann aber sowieso nicht viel von den Wänden sehen, weil sie dicht an dicht mit Ölgemälden behängt sind. Gerade eben nimmt der Wirt zwei kleine Sonnenuntergänge herunter und hängt statt dessen eine Meeresstimmung auf. Er tritt ein paar Schritte zurück und betrachtet zufrieden die Wirkung. Sein Sohn hat inzwischen eine Literflasche Rotwein, kleine Schälchen mit Oliven und Nüssen und ein rundes Körbchen mit frischem, duftendem Brot gebracht. Sofort fangen wir an zu trinken und machen uns wie die Wölfe über das noch warme Brot her. Weit entfernt grüßen ›Don Juan‹ und sein warmes Buffet.

Draußen geht ein alter Mann vorbei, der ein Vogelbauer mit sich herumträgt. Er hält es hoch und flüstert mit dem kleinen gefangenen Zeisig in einer Sprache, die sicher nur die beiden verstehen. Bestimmt erzählt er ihm, daß er nicht so traurig auf dem Boden seines Käfigs sitzen, sondern ein bißchen herumhüpfen soll, auch wenn ihm zum Herumhüpfen nur zwei Stangen zur Verfügung stehen. Der kleine Zeisig soll dankbar sein für das, was er hat.

Auch der Alte selbst hat es nicht leicht, wie der erbärmliche Zustand seiner Jacke zeigt, an der sämtliche Knöpfe fehlen. Der Zeisig hört mit schief geneigtem Köpfchen zu und hüpft munter hin und her. Dann kommt der Alte in das Lokal und nimmt am Nebentisch Platz. Das Vogelbauer stellt er sehr behutsam auf den zweiten Stuhl. Der Wirt erscheint und schüttelt ihm voller Freude die Hände, während der Sohn den Zeisig mit Brotstückchen füttert.

Ohne daß wir extra darum gebeten hätten, bringt man uns nacheinander eine dicke Minestrone, ein überbackenes Fleischgericht, kleine knusprig braun gebratene Fischchen, Salat, Käse und Kuchen. Wir essen! Wie zufrieden so ein Essen macht. Der Wein schimmert im Glas. Die knusprig braun gebratenen Fischchen haben goldene Augen. Ihr Fleisch ist sehr zart.

Ich liebe das Leben, ich liebe Badi!

Und den Alten mit dem Zeisig, den schmuddeligen Wirt, die Sonne, die ins Zimmer scheint, ebenso wie die andalusischen Mädchen in ihren Goldrahmen.

Wir zahlen; erfreulich wenig Pesetas. Selbst Wallyschatz hätte nichts auszusetzen gehabt.

Als wir das Lokal endlich verlassen, ist es still.

Siestazeit. Die Stadt träumt. Es ist heiß in den engen Straßen, und sogar das Flußbett liegt wie ausgestorben.

Badi sagt: »Ich fühle mich so beschwingt, wie nach zwei Flaschen Wein.«

»Wir haben ja auch zwei Flaschen getrunken!«

»Nein, drei!«

»Nein, eine!«

»Gut, aber eine sehr große!«

»Mir ist jedenfalls wie nach drei Flaschen zumute, liebst du mich noch? Ich meine, trotz der drei Flaschen?«

»Und wie!«

»Ja, dann komm, der Bus fährt in fünf Minuten ab.«

»Ich hab' keine Lust zu hasten. Ich möchte mir hier in aller Ruhe dieses Schaufenster betrachten. Ich hab' so was lange nicht gesehen, und die Auslage von ›Spar‹ befriedigt mich nicht mehr. Sie verliert jeglichen Reiz, wenn man sie täglich beguckt.«

Badi nimmt schließlich den Zipfel meines langen Schals in die Hand und zieht mich wie ein widerspenstiges Eselchen hinter sich her.

»Du?«

»Ja?«

»Die Leute gucken schon wieder so!«

»Laß sie, die sind bloß neidisch.«

Im Bus sitzen wir ganz hinten und malen uns eine schöne Zukunft aus. »Komm, laß uns das kleine blaue Haus da vorne kaufen, das mit den Perlenschnüren im Eingang. Wir können morgens auf der Bank neben der Tür sitzen und frühstücken. Abends sitzen wir wieder da und sehen zu, wie die Sonne schlafen geht. Dann gehen wir auch schlafen.«

»Ein anregendes Leben. Arbeiten wirst du natürlich nicht mehr?«

»Ich habe Wichtigeres zu tun. Ich werde endlich wieder einmal dazu kommen, alte Talente neu zu beleben. Zum Beispiel werde ich öfter mal auf dem Kopf stehen, ich konnte es früher sehr gut. Später werde ich dann ziemlich oft, um nicht zu sagen täglich, kopfstehen.«

»Dann stelle ich mich aber daneben. Glaub ja nicht, daß ich immer die Fische ausnehme, während du in der Sonne auf dem Kopf stehst. Die Nachbarn werden anfangs ziemlich erstaunt sein. Dann werden sie sich jedoch an unseren Anblick gewöhnen und anfangen, uns täglich zu begießen.«

Eine alte Dame, die vor uns saß, drehte den Kopf immer mehr zurück, um unserem Gespräch zu lauschen. Plötzlich stand sie auf und setzte sich ganz nach vorne, direkt neben den Fahrer.

Ich bekam es auf einmal mit der Angst zu tun. »Du, Badi, glaubst du, daß wir in den Himmel kommen?«

Er sah mich an und lächelte.

»Ich denke schon, mein Herzchen. Für'n Stehplatz wird's reichen.«

Bei ›Spar‹ kauften wir für jeden zwei Ansichtskarten und frischten unsere Wein- und Käsevorräte auf. Der Andenkenstand zog mich unwiderstehlich an.

»Was möchtest du haben?« fragte Badi.

»Nichts!«

»Doch! Du sollst etwas mitnehmen, als Erinnerung. Zum Aufden-Schrank-stellen, zum An-die-Wand-hängen, damit du etwas zum Angeben hast, etwas, was gleich allen Leuten, die dich besuchen, zeigt, daß du mal in Roquetas warst, sag schnell, was du möchtest, und genier dich nicht.«

»Ich … ich weiß nicht!«

»Na los, mach schon. Möchtest du die Spanierin in dem Spitzenkleid? Möchtest du? Man kann sie auf die Frisierkommode setzen, oder auf die Bettdecke. Findest du ein schwarzes oder ein lila Spitzenkleid schöner?«

»Ich weiß nicht!«

»Na, überleg schön in Ruhe. Vielleicht möchtest du auch lieber diesen Torero mit den Feueraugen und dem Stierkopf in der Hand, hm? Oder das Glaspferdchen mit den vielen schönen Pralinen im Bauch? Man weiß nur nicht, ob die Pralinen frisch sind und ob das Pferd mit leerem Bauch noch so gut wirkt. Nicht, daß du später enttäuscht bist, denn es soll ja was fürs Leben sein, etwas, an dem du immer Freude hast!«

»Ich möchte eigentlich lieber den Buddha.«

Der Buddha ist aus dunkelgrünem Glas, hat einen dicken Bauch und bläst verächtlich die Backen auf. Hinten befindet sich ein Stöpsel zum Rausziehen, denn er ist innen mit Wein gefüllt. Badi kaufte ihn mir auf der Stelle. Er ließ ihn kunstvoll als Geschenk verpacken und überreichte ihn mir mit einer tiefen Verbeugung. »Paß bitte gut auf ihn auf und laß ihn um Gottes willen nicht fallen. Er hat ein Vermögen gekostet, aber ich denke, die Ausgabe lohnt sich. So ein Buddha ist eine Anschaffung fürs Leben, so was kauft man sich nur einmal.«

Der viele Wein, die Fahrt in dem ungelüfteten Bus und die plötzliche Hitze hatten uns schläfrig gemacht. Das ganze Zimmer war von der Sonne durchwärmt, sogar der Steinboden unter unseren Füßen war warm. Wir ließen die Jalousie zur Hälfte herab und legten uns auf die Laken. Sie waren wie von Sonne durchtränkt. Es war sehr still.

Draußen rauschte das Meer, und auf einmal war es richtig wie Ferien, nein besser als Ferien, es war wie Zeitlosigkeit.

Ich legte mich auf Badis Rücken und vergrub mein Gesicht in seinen Haaren. Es war fünf Uhr nachmittags. Ein Nachmittag, der nur sich selbst gehörte, eine Stunde, in der ich plötzlich keinen Wunsch mehr hatte, in der ich das Gefühl verlor, zu irgend etwas zu gehören und jede Spur von Angst.

»Wirst du wohl zuweilen an mich denken?« fragte Badi.

Natürlich werde ich sehr oft an ihn denken, aber ich sagte es nicht.

Wenn ich durch die Straßen gehe, lache, rede, arbeite, wenn ich sehr glücklich bin, oder sehr traurig, wenn der Himmel eine ganz bestimmte Färbung hat und die Welt aussieht, wie von einem kleinen Jungen gemalt, wenn es regnet und die Menschen Tropfen in den Haaren haben, und immer, wenn ich eine ganz einfache Liebesgeschichte lese, die ein Weiser geschrieben haben könnte oder ein Kind, dann werde ich wohl wieder an ihn denken.

Schon um der Sehnsucht willen, die ich nach ihm haben werde und die mir das Gefühl des Lebendigseins vermitteln wird, hat unsere Begegnung sich gelohnt.

Auch wenn schließlich nichts weiter übrig bleibt als der grüne Buddha mit den Pustebacken und das bißchen lächelnde Erinnerung.

Erinnerung an einen Fremden, der mir alles auf einmal gewesen ist: Vater, Clown, Freund.

Ein Geliebter, ein Weiser, ein Kind.

Was ich eigentlich für ihn war, blieb immer sein Geheimnis.

DÜSSELDORF

Diese stille Stunde nach dem Ausflug nach Almeria, diese stille Stunde auf dem erwärmten Laken, in der wunschlosen Zufriedenheit totaler Zeitlosigkeit, war eigentlich der Abschied. Wir wußten es nicht, aber was danach kam, war schon der Alltag. Da war zunächst einmal die Karte von Maud, welche uns am Abend an der Rezeption ausgehändigt wurde.

Liebes Nichtchen!
Mit Kranzmeier heftig verzankt. Fahre bestimmt nie wieder nach Spanien. Vorzeitige Abreise war fällig. Hoffe sehr, daß Du noch lebst und rechtzeitig in Germany ankommen wirst.
Melde Dich, wenn eingetroffen, es gibt viel zu tun.
Behüt Dich Gott, Maud

Dann kam der Abend in der Bar, den wir mit unseren neuen Freunden und mit Pierre verbrachten. Die reiche Dame aus Heilbronn und ihr spanischer Galan hielten alle Anwesenden frei, und wir tranken mehrere jubelnde Male auf die deutsche Gründlichkeit, die spanische Gastlichkeit und die deutsch-spanischen Beziehungen im allgemeinen. Und auf ›Strandvilla‹ natürlich, die wir leider nicht persönlich an die Bar holen konnten. Der kleine Spanier küßte uns alle der Reihe nach und bat uns mit Tränen in den Augen, doch ›du‹ und Carlos zu ihm zu sagen. Dann beteuerte er, daß er die Deutschen ganz unsäglich sympatico fände.

Er meinte, wenn einer von uns das nächste Mal nach Roquetas käme, im Sommer vielleicht, dann könne er ja ›Strandvilla‹ von ihm mieten, und nannte dabei einen saftigen Preis. Ich bewunderte seinen schönen schwarzen Anzug, die blank gewienerten Schuhe, die Tränen in seinen Augen und seine Geschäftstüchtigkeit.

Dann trat Pierre neben mich, legte seinen Arm um meine Schultern und sagte:

»Wenn ich schon so grausam bin und Badi entführe, dann möchte ich es zumindest nicht versäumen, Ihnen anzubieten, die Rückreise in die Heimat mit uns gemeinsam zu meistern. Sie können wahlweise Badis Hinterkopf und mein klassisches Profil betrachten, je nachdem, wo Sie sitzen.«

»Oh, ich bin zufrieden, wenn ich hinten sitzen darf«, sagte ich schnell, und da lachte er sehr, und immer, wenn ich im Laufe des Abends seinem Blick begegnete, fand ich jenen Ausdruck eines Auktionsbesuchers darin, der die ausgestellten Stücke mustert, überlegend, ob sich das Mitbieten heute lohnt.

Und dann der letzte Urlaubstag, unwiderruflich.

Ja nun, das haben ›letzte Tage‹ im allgemeinen so an sich. So strahlend hat die Sonne nie geschienen, so lau ist die Luft nie gewesen, so melodisch haben die Wellen nie den Strand geküßt. Letzter Blick von der Terrasse, letzter Blick über das Meer.

Da ist schon eine leise Fremdheit, und wenn wir von der nächsten Zukunft sprechen, so heißt es ganz selbstverständlich wieder: ›Ich‹. Das ›Wir‹ hatte so wohlgetan, war so tröstlich gewesen. Nun würde es zurückbleiben. Es hatte zu Roquetas gehört wie das schreckliche ›Don Juan‹, wie der Turm der Araber oder der Andenkenstand von ›Spar‹ und war nicht übertragbar.

Die Stunden des letzten Tages bekommen auf einmal Gewicht, und deshalb gehen sie seltsam langsam und seltsam träge dahin.

Es liegt schon soviel Gewesenes darin, der ganze Ort hat plötzlich so etwas Gewesenes, man geht sich nichts mehr an, man sagt wieder ›Sie‹ zueinander, und der Ankündigung ›Montag frisches deutsches Sauerkraut‹, welche heute bei ›Spar‹ im Schaufenster hängt, schenken wir keine Beachtung.

Wir sind ziellos umhergewandert, es lohnt irgendwie alles nicht mehr so richtig.

»Wollen wir nach Alt-Roquetas gehen, zu Fuß, wo die Sonne so schön scheint, wollen wir?«

»So weit? Nun gut, gehen wir, ist ja egal.«

Gehen wir also nach Alt-Roquetas, zum Hafen, immer am Strand entlang. Die Füße platschen durch das seichte Wasser, die Schuhe baumeln in der Hand. Das Licht tut weh, so hell scheint die Sonne auf die Wellen.

»Eigentlich haben wir dem Ort doch unrecht getan, jetzt, bei Sonnenschein sieht alles gleich ganz anders aus.«

»Ja!«

Am Hafen gibt es kleine Lokale mit Perlenschnüren in den Eingängen. Tisch und Stühle hat man davor auf die eingesunkenen Pflastersteine gestellt.

»Zwei vino tinto!«

Da sitzen wir und sehen uns an.

Das Wasser plitscht gegen die Ufermauer.

Dann verliert sich Badis Blick plötzlich irgendwo in der Ferne. Seine Hand ist noch da, liegt locker auf meiner Hand, aber der Blick ist schon abgereist, vertieft sich in Zahlenkolonnen, schweift an grauen Aktenordnerreihen entlang und vertieft sich ohne jede Zärtlichkeit in das Auge eines Geschäftspartners. Das Telefon klingelt, die Herren aus USA sind da, eine Konferenz, das Telefon klingelt, ein hübsches junges Mädchen serviert Kaffee, fünf Minuten Einsamkeit im Waschraum, der Griff nach den Magentabletten, ein Terminkalender, ein Buch mit wichtigen Telefonnummern, weiße Hemden, Anzüge, Krawatten.

Im Flur, auf dem Höckerchen neben der Garderobe, steht ein kleines schwarzes Aktenköfferchen …

Ich drücke sachte seine Hand.

Der Blick kommt zögernd zurück, erkennt mich wieder und lächelt. Die ganze Welt könnte dieser Mann mit diesem Lächeln umarmen, an diesem Morgen habe ich es noch einmal für mich allein.

»Du mein kurzes Glückchen«, sagt er.

Und dann, sehr ernst:

»Ich danke dir … sehr!«

Er nahm meine Hand, drehte sie um und vertiefte sich in den Anblick der Innenfläche, dann legte er sehr langsam und behutsam seine Stirn hinein.

»Es wäre doch möglich«, sagte er, »daß wir hin und wieder zur selben Minute aneinander denken, ich glaub', ich würd' das merken …«

Dann kam ein kleiner Junge und verlangte energisch, daß Badi mit ihm Ball spielen sollte, und er tat es natürlich.

Der Nachmittag verging darüber.

Der letzte.

ABREISETAG

Die Koffer sind gepackt, stehen im Raum herum, stehen im Weg. Ich steh' mir selbst überall im Weg. Die Zimmermädchen erscheinen und beginnen rasch und methodisch mit ihrer Arbeit. Sie nehmen den Abfallkorb, leeren ihn in einen großen Beutel, und ich kämpfe mit dem sentimentalen Wunsch, ihnen den Abfall zu entreißen und einzupacken. Er birgt soviel süße Erinnerung zwischen den Orangenschalen, der zerrissenen Zeitung und der zerdrückten Zahnpastatube.

Badi sagt: »Vergiß die Turnschuhe nicht!«

»Was?«

»Die Turnschuhe«, sagt Badi sanft.

»Auf dem Balkon! Und deine Socken, die du nachts immer im Bett trägst, liegen unter dem Kopfkissen!«

Wer wird nach uns in diesem Zimmer sein, in dem die Zärtlichkeit in jeder Ecke gewohnt hat? Wer wird nach uns auf der Terrasse stehen, nach uns über die Steppe blicken und sich um den einen Korbstuhl streiten?

Sicher ein ältliches Ehepaar, welches den zu Hause eingepackten Überdruß nun hier auspacken wird. Sie werden im Raum herumstehen und die sprachlosen Möbel ansehen. Dann werden sie mißgelaunt die Bettdecken zurückschlagen.

Na, einigermaßen sauber ist die Bettwäsche ja.

Aber sonst …

Dann werfen sie sich gegenseitig vor, die blödsinnige Idee mit der Reise nach Spanien ausgebrütet zu haben.

»Na hör mal, wer wollte denn in dieses gottverdammte Nest, ich oder du?«

»Na, du doch!«

»Nein, du!«

»Nein, du!«

Ach, zieh die Gardinen zu und laß mich schlafen.

Zwei Schuhe fallen polternd zu Boden, jemand seufzt, ein einziges Mal nur, doch sehr bekümmert.

Niemand wird künftig mehr die Nackenrolle in den Arm nehmen und das Überschlaglaken küssen.

Nun ja, kurzes Glück ist leichter.

Langes Glück verliert die Form, zieht sich zäh und leiert aus.

LETZTES FRÜHSTÜCK

Rosa Wurst aus Pappmaché!

Der Oberkellner steht links des Eingangs, schön, stumm und untätig wie immer. Kleine Aushilfskerlchen laufen hin und her und sammeln gewissenhaft die Wurst ein, die auf den Tellern zurückbleibt, für morgen!

Wir sind morgen nicht mehr hier.

Blicklos nimmt der junge Mann an der Rezeption die Schlüssel in Empfang.

Die Halle ist plötzlich so fremd, als ob man sie zum ersten Male sähe. Durchgangsstation, Umsteigen auf Gleis sechs.

Wenn jetzt plötzlich jemand kommen und sagen würde:

Ich schenke euch noch eine Woche Glücksverlängerung, bitte schön, Zimmer 608!

Ich weiß nicht, ob ich mich freuen würde.

Mir ist so nach Veränderung zumute, so unweigerlich nach Abreise. Verabschiedung von Britta und Vivi.

»Hier ist unsere Telefonnummer, wenn du mal in Heidelberg bist …«

Badi nimmt das Zettelchen lächelnd entgegen.

»Rufe ich an, ist ja klar!«

Ist ja klar, daß er es niemals tun wird.

Pierre klimpert nervös mit den Wagenschlüsseln, und wir werden auf einmal so ungeduldig, als ob ein Zug abfährt.

Alfred kommt, schließt mich sekundenlang in die Arme und haucht mir einen Kuß auf die Stirn. »Es war wunderschön, dich kennengelernt zu haben, Mädel, und nimm das andere nicht tragisch.«

Er wirft Badi einen vielsagenden Blick zu und fügt hinzu: »Das Leben geht weiter!«

Mir fällt auf einmal etwas ein. Zu Fuß haste ich in den siebenten Stock. Badi läuft hinter mir her.

»Was ist denn? Was hast du …«

»Ich hab' was ganz Wichtiges vergessen!«

Unsere Zimmertür steht sperrangelweit auf, Müllsäcke verstellen den Weg, irgendwo am Ende des Ganges schlägt krachend ein Fenster zu. Ich nestle meinen Kugelschreiber aus der Tasche und schreibe fünf Worte auf die Tür, direkt unter die Zimmernummer.

Ich schreibe:

Badi und Julika waren hier.

Hier endete das Tagebuch. Ich klappte es zu und schloß die Fensterläden. Draußen spielte der Januarwind in den kahlen Zweigen der Weiden.

»Das Leben geht weiter!« hatte der weitsichtige Alfred versprochen, und in der Tat, das Leben ging weiter. Programm- beziehungsweise horoskopgemäß gab es nach der ›wichtigen Begegnung im Vorfrühling‹ den ›Profit im Sommer‹, ›die Anregung im Herbst‹ und schließlich ›das Happy-End im Dezember‹.

Maud schrieb mir gleich nach meiner Heimkehr nach Düsseldorf, ich solle doch um Gottes willen nicht wieder eine Stelle als Rechnungstipperin annehmen, sie hätte haufenweise Arbeit in ihrem Verlag. Aufs Altenteil zöge sie sich erst mit achtzig zurück, denn ganz ohne Arbeit, das hätte sie eingesehen, wäre das Leben einfach zu langweilig.

Sie eröffnete daraufhin ein Zweigbüro in Düsseldorf, und ich wurde Lektor in Sachen Herzroman. Das ältliche Fräulein Stratmann, von Hamburg übernommen, arbeitete mich ein. Bald war ich so firm auf diesem Gebiet, daß ich selbst anfing, Herzromane zu schreiben. Mein erster trug den Titel: ›Orientalische Nächte‹ und handelte von einer bildschönen, leider verarmten jungen Frau, die unter südlicher Sonne einen jungen Orientalen kennenlernt, der ihrem Zauber total verfällt. Er ist ungeheuer reich (Öl), hat aber leider einen bösartigen Papa, dem der ganze Kram noch gehört und der ihn aufgrund der unstandesgemäßen Liebe sogar enterben will. Als der Sohn keine Vernunft annehmen will (Zauber der jungen Frau ist zu groß), eilt der Papa persönlich nach Europa, um dem Spiel ein Ende zu machen, verliebt sich dabei aber dummerweise ebenfalls in junge Frau. Nach spannenden Eifersuchtsszenen bleibt schließlich alles zusammen. Das Vermögen, die Ölquellen, die junge Europäerin und ihr Galan. Der Friede wird schließlich wieder hergestellt, indem sich der Papa seinerseits mit einer Europäerin namens Kitti tröstet, die altersmäßig auch besser zu ihm paßt.

Es war eine sehr schöne Geschichte, die mir von Maud viel Lob einbrachte und nach deren Lektüre mir Kitti fast die Freundschaft kündigte.

Mein zweiter Roman, ›Wer dem Ruf folgt‹, handelte von einer älteren, aber jung gebliebenen, sehr energischen Dame, welche auf einer Marokkoreise einen Herrn namens Wilfried kennenlernt, der, von einem schweren Schicksalsschlag reichlich mitgenommen (verstorbene Gattin trank!), vom Leben nicht mehr viel erwartet.

Die junggebliebene alte Dame namens Maggi Mauve gibt ihm in ihrer liebevoll-energischen Art jedoch den verlorengegangenen Lebensmut zurück, woraufhin Wilfried beschwingt beschließt, sie zu heiraten. Maggi Mauve zögert lange. Da ist diese neue Liebe, die auch sie verjüngt (ohne daß sie es jemals zugeben würde), und da ist der Mann, der sie liebt, braucht, doch auf der anderen Seite steht das Ehrenwort, welches sie ihrem verstorbenen Mann Leo auf dem Sterbebett gegeben hat. Maggi hat nämlich versprochen, das gutgehende Geschäft ihres ehemaligen Mannes weiterzuführen. (Ich lege mein Lebenswerk in deine Hände, Maggi, und ich *weiß*, daß du sorgsam damit umgehen wirst.)

Und zu guter Letzt gibt es in ihrem Leben noch eine arbeitslose Nichte, der sie ihre Unterstützung zugesagt hat. Maggi Mauve entscheidet sich zugunsten der Verpflichtungen, welche ihr die Vergangenheit auferlegt hat, und kehrt ohne Wilfried in die Heimat zurück. (Schickt Wilfried aber noch sehr nette Weihnachtskarte.)

Diesen übrigens sehr gut gelungenen Roman warf Maud in den Papierkorb, ich weiß bis heute nicht, warum eigentlich. Trotzdem schrieb ich weiterhin Herzromane und kam überdies der Arbeit in dem Verlag nach. Das brachte mir die so lange ersehnte berufliche Anerkennung und den in Aussicht gestellten ›Profit im Sommer‹! (Maud erhöhte mein Gehalt um 500 DM.)

Ich kleidete mich von Kopf bis Fuß neu ein, nahm bedenkenlos einen Kredit auf und bot Doris die Wildlederkombination an, welche ich mir von meinem allerersten Gehalt gekauft und kaum getragen hatte. Sie war wirklich wie neu und nur an den Rändern ganz leicht angeschmutzt. Doris lehnte jedoch mein großzügiges Angebot ab und machte ihren ›spinösen‹ Mund. Sie besuchte mich nur noch selten und wenn, dann um mir mitzuteilen, daß ich mich um Gottes willen nicht an meinen Reichtum gewöhnen solle, denn: »Wer weiß, wie lange er anhält.«

Felinchen dagegen war von meinem neuen Job begeistert und schickte mir in regelmäßigen Abständen Ideen zu weiteren Herzromanen, welche ihr während der Stunden vor der Staffelei eingefallen waren. Die im Horoskop angezeigte ›Anregung im Herbst‹ war eher als ›Aufregung im Herbst‹ zu bezeichnen, denn ich bekam sehr unvermutet eine Einladungskarte zum Richtfest der ›Blauen Mühle‹, von Pierre unterzeichnet.

Hinten hatte er mit Bleistift geschrieben:

»Komm unbedingt, es lohnt sich. Ich bin noch genauso attraktiv wie in Spanien, und die Attraktivität der ›Mühle‹ schlägt die von ›Strandvilla‹ um Längen. Du wirst sehen!«

Ich fuhr hin und sah. Einen uralten Schuppen, im Umbau begriffen. Auf dem abgedeckten Dachstuhl flatterten die Bänder des Richtkranzes im Wind. Dekorative Weiblichkeit und dekorative Männlichkeit zierte den alten Mühlenhof, hob bei meinem Anblick das Glas und sagte: »Hey!«

Ich sagte auch ›hey‹ und war überdies etwas verwirrt, denn ich hatte den Eindruck, daß mich alle Anwesenden irgendwie zu kennen schienen und überdies Pierre und mich für die zukünftigen Mühlenbesitzer hielten.

»Sie sollen Pierre ja so außerordentlich beim Umbau von ›Strandvilla‹ zur Seite gestanden haben«, sagte ein junger Mann mit Stirnband.

»Wenn Sie mich fragen, so passen Sie genau hier hin.«

Im Geiste sah ich mich bereits mit Holzpantinen an den Füßen und im handgewebten Kaminrock über den Hof eilen, eine Schar schneeweißer, flügelschlagender Gänse vor mir her treibend.

Pierre kam lässig heran und legte mir besitzergreifend den Arm um die Schulter.

»Und wie findet ihr *sie?*« fragte er freundlich in die Runde lächelnd. »Da muß man extra bis nach Roquetas fahren, um ein Mädchen aus Düsseldorf zu kriegen. Erinnert mich ein bißchen an den kuriosen Fall mit dem wundervollen niederrheinischen Vitrinenschrank, den ich nicht etwa in Xanten, sondern bei einem Antiquitätenhändler in Rom gefunden habe.«

Ich hatte es ja schon in Roquetas bemerkt, der Blick, mit dem er mich bei unserer ersten Begegnung gemustert hatte, war sein Berufsblick gewesen.

Was? Wie alt? Wie teuer? Brauchbar? Restaurierungsbedürftig?

Lohnt sich das Mitbieten jetzt, oder ist es besser, noch ein bißchen zu warten?

In meinem Falle hatte sich das Warten jedenfalls gelohnt, und so löste dann dieser Abend in der Mühle das ein, was mit dem vorausgesagten ›Happy-End‹ im Dezember enden sollte.

»Hast du eigentlich mal wieder was von Badi gehört?« fragte ich so ganz nebenbei, viele, viele Stunden später, als die Gäste bereits gegangen waren und Pierre und ich den Keller der Mühle aufräumten, in dem die Party stattgefunden hatte.

»Nee!« sagte er. »Du?

»Nee!« sagte ich.

»Gott sei Dank!« sagte er.

Und: »Zum Dritten!« flüsterte deutlich vernehmbar der Mühlengeist.

Blaue Mühle, im Januar

Liebe Maud,
vielen Dank für die Horoskope und Dein Briefchen, habe beides mit Interesse gelesen. Las auch das Tagebuch noch einmal und

glaube nicht, daß Du es verwerten kannst. Nicht heiter genug und ohne Happy-End.
Gestern erhielt ich ein Schreiben von Pierre. Eveline, das junge Mädchen, welches sein Praktikum in unserer Mühle absolviert hat und mit Pierre ›geschäftlich‹ in Paris ist, hat dort einen jungen Kunststudenten kennengelernt und kommt nicht wieder mit zurück, eine Tatsache, die …
An dieser Stelle wurde ich unterbrochen, weil Herr Liebchen geräuschvoll unsere Küche betrat.
›Das hab' ich unterwegs dem Telegrammboten abgenommen‹, sagte er und schielte verlangend nach der Schnapsflasche. Ich reichte sie ihm und riß das Telegramm auf, das er mir in die Hand drückte.
›Habe Paris und manches andere zum Sterben satt Stop Ankomme heute, sechzehn Uhr Stop Habe Sehnsucht nach Dir Stop In Liebe, Pierre.‹
›Sie strahlen ja so!‹ sagte Herr Liebchen und schenkte sich gleich noch einen Klaren ein.
›Ist's möglich, bei dem Sauwetter gute Nachrichten zu kriegen? Da stirbt doch jeder an Rheumatismus.‹
›Alles ist möglich!‹ sagte ich weise. ›Selbst Wunder sind möglich!‹
›Na, daran glaub' ich nicht mehr!‹ antwortete er und verschwand mit hochgezogenen Schultern im Nebel der Rheinwiesen.

Claudia Keller – Meisterin des flotten Frauenromans

Mit bisher dreizehn Büchern hat sich Claudia Keller eine große Lesergemeinde erobert. Die Gesamtauflage ihrer Bücher beträgt weit über eine Million Exemplare. Doch auch die Kritik wurde auf sie aufmerksam; sie erhielt mehrere Literaturpreise, darunter den Literaturpreis der Stadt Aachen und den Frankfurter Fabrikschreiberpreis.
Sie ist der Sproß einer echten Künstlerfamilie: Ihr Vater war Schauspieler, ihre Mutter Tänzerin und von ihrem Großvater, dem Dichter Paul Keller, hat sie das Talent zum Schreiben geerbt. Das Geheimnis ihres Erfolges ist die glückliche Verbindung von ironischem Erzähltalent und einem unverfälschtem Blick auf die großen und kleinen Ungereimtheiten des Alltags.
Neben Romanen schreibt Claudia Keller Kurzgeschichten, Satiren und Drehbücher; außerdem ist sie Herausgeberin mehrerer Anthologien.
Sie wohnt in Frankfurt am Main.

Verzeichnis lieferbarer Titel

(Stand April 1997)

Der blau-weiß-rote Himmel (01/8733)
Briefe einer verhinderten Emanze
Du wirst lachen, mir geht's gut
Der Flopp
Frisch befreit ist halb gewonnen
Frühstück unterm Fliederbusch
Herbst in Baden-Baden
Ich schenk dir meinen Mann
Kein Tiger in Sicht
Kinder, Küche und Karriere
Schaffe, spare, Häusle baue
Selbst Wunder sind möglich (01/9059)
Windeln, Wut und wilde Träume

Die Bandnummern der Heyne-Taschenbücher sind jeweils in Klammern angegeben